Elogios ao livro *O Ano 1000*

"Os leitores são levados a uma aventura pelo mundo inteiro... Destacando encontros de nórdicos, maias, africanos, chineses, árabes e outros, o livro mostra como eles se uniram na guerra e na paz, comércio e cultura, moldando profundamente o porvir. Uma leitura dinâmica e repleta de surpresas. O livro *O Ano 1000* descreve nosso presente globalizado com uma atenção cuidadosa."

— Joanne B. Freeman, autora dos livros *Affairs of Honor* e *The Field of Blood*

"O mundo está conectado há mais tempo do que os livros escolares contam, pelo menos, um milênio inteiro a mais: conexões do ouro e das especiarias, dragões, escravos e fé. Valerie Hansen traz à tona vínculos poucos conhecidos entre mercados chineses, fortunas em Bagdá, estrangeiros loiros nos muros de templos maias e vikings em rios russos, em um relato histórico verdadeiramente global e meticuloso, mas acessível."

— Michael Pye, autor de *The Edge of the World*

"Uma jornada épica com marinheiros, comerciantes e peregrinos, homens e mulheres por todo o planeta há 1 mil anos. Uma história corajosa e divertida, enfim, uma celebração da diferença, da disponibilidade e do desconhecido."

— Arezou Azad, pesquisador sênior na Universidade de Oxford e membro Humboldt na Freie University de Berlim

"Extraordinário... Valerie Hansen nos leva a impérios africanos e comércios mesoamericanos, pela Rota da Seda até a Europa, em uma embarcação com marinheiros de várias etnias do Oceano Índico e vikings que seguiram do Volga até o Império Bizantino. Mais do que uma história do comércio global, o livro descreve encontros de pessoas que ganharam vida com desenhos e vozes de todos os cantos de um planeta medieval conectado."

— Nile Green, autor de *Sufism: A Global History*

"Baseando-se em uma pesquisa arqueológica inovadora das Américas, África, Ásia e Europa, Hansen faz um relato muito claro de como as conexões globais foram forjadas bem antes de Colombo. A sugestão dela de que a aceleração e o aumento da comunicação sempre trouxeram desafios e oportunidades é particularmente valiosa em uma época em que enfrentamos as implicações da globalização moderna."

— Catherine Holmes e Naomi Standen, editoras da *The Global Middle Ages*

"[Uma] fusão única das primeiras investigações em campo no mundo inteiro e uma pesquisa aprofundada em bibliotecas distantes, acervos e museus. E mais, toda essa atividade acadêmica dinâmica é combinada com um argumento irrefutável de uma nova hipótese relacionada às origens da globalização, um tópico que dificilmente poderia ser mais pertinente em nossa era atual."

— Victor H. Mair, editor da *The Columbia History of Chinese Literature*

"A narrativa de Hansen sobre a circulação de pessoas, produtos, religiões e ideias por volta do ano 1000 deixa claro que a globalização não é novidade e as civilizações se abrem aos desafios do desconhecido, no qual pessoas prosperaram. Ninguém contaria melhor tal história."

— Stuart B. Schwartz, autor de *Cada Um na Sua Lei*

"Uma comprovação oportuna de que a globalização tem um ponto de origem e uma longa história. Ontem e hoje, sempre foi uma questão de troca, competição e exploração... Hansen mostra em 300 páginas eloquentes o tipo de textura profunda que dá vida a uma era."

— Paul Freedman, autor de *Out of the East*

"Intenso e fascinante... Cruzando mares e terras em seis continentes, Hansen procura conexões interessantes e inesperadas, mostrando que a globalização não é algo novo, inerente aos tempos atuais."

— David Abulafia, autor de *The Discovery of Mankind* e *O Grande Mar*

"Um passeio emocionante por várias sociedades humanas no momento em que o mundo reconectou... Examina o arco das culturas do globo em um momento de destaque na história da humanidade, quando homens e mulheres foram para o Ocidente, cruzando o tempestuoso Oceano Atlântico, e encontraram pessoas iguais no continente americano. O resultado é uma história fascinante da capacidade humana de conexão, comunicação, comércio e adaptação."

— William N. Goetzmann, autor de *Money Changes Everything*

"Uma leitura apaixonante que aproxima um mundo distante."

— Francesca Trivellato, Andrew W. Mellon; professor de História no Instituto de Estudos Avançados em Princeton e autor de *The Familiarity of Strangers*

O ANO
1 0 0 0

O ANO
1000

Quando Exploradores Conectaram o Mundo — E a Globalização Iniciou

Valerie Hansen

ALTA BOOKS
E D I T O R A

Rio de Janeiro, 2021

O Ano 1000

Produção Editorial
Editora Alta Books

Gerência Comercial
Daniele Fonseca

Editor de Aquisição
José Rugeri
acquisition@altabooks.com.br

Produtores Editoriais
Illysabelle Trajano
Maria de Lourdes Borges
Thales Silva

Marketing Editorial
Livia Carvalho
Gabriela Carvalho
Thiago Brito
marketing@altabooks.com.br

Equipe de Design
Larissa Lima
Marcelli Ferreira
Paulo Gomes

Diretor Editorial
Anderson Vieira

Coordenação Financeira
Solange Souza

Produtor da Obra
Thiê Alves

Equipe Ass. Editorial
Brenda Rodrigues
Caroline David
Luana Rodrigues
Mariana Portugal
Raquel Porto

Equipe Comercial
Adriana Baricelli
Daiana Costa
Fillipe Amorim
Kaique Luiz
Victor Hugo Morais
Viviane Paiva

Atuaram na edição desta obra:

Tradução
Eveline Machado

Copidesque
Carlos Bacci

Revisão Gramatical
Carol Suiter
Fernanda Lutfi

Diagramação
Catia Soderi

Dados Internacionais de Catalogação na Publicação (CIP) de acordo com ISBD

H249a   Hansen, Valerie

O Ano 1000: Quando Exploradores Conectaram o Mundo — E a Globalização Iniciou / Valerie Hansen ; traduzido por Eveline Machado. - Rio de Janeiro : Alta Books, 2021.
320 p. ; il. ; 16cm x 23cm.

Tradução de: The Year 1000
Inclui bibliografia e indice.
ISBN: 978-65-5520-298-4

1. História. 2. História do mundo. 3. Globalização. I. Machado, Eveline. II. Título.

CDD 158.1
2021-3025   CDU 159.947

Elaborado por Vagner Rodolfo da Silva - CRB-8/9410

Ouvidoria: ouvidoria@altabooks.com.br

Editora afiliada à:

ALTA BOOKS
E D I T O R A

Rua Viúva Cláudio, 291 — Bairro Industrial do Jacaré
CEP: 20.970-031 — Rio de Janeiro (RJ)
Tels.: (21) 3278-8069 / 3278-8419
www.altabooks.com.br — altabooks@altabooks.com.br

Para Jim,
que foi a muitos lugares
e leu tudo.

Sumário

Nota da Autora

Para atingir um maior número de leitores, segui algumas diretrizes. Usei o mínimo possível de nomes e palavras estrangeiras. Empreguei uma escrita mais familiar e evitei a maioria dos sinais diacríticos. Fiz referências a países e regiões da era moderna, evitando que o leitor tivesse dificuldades com nomes de lugares não mais utilizados. Converti medidas históricas e unidades nas métricas atuais. Escrevi notas finais com informações suficientes para localizar as fontes.

Prólogo

A rua está lotada de clientes comprando colares de pérolas do Sri Lanka, ornamentos esculpidos em marfim da África; perfumes preservados com fixadores do Tibete e da Somália; frascos esculpidos em âmbar dos países bálticos; e móveis feitos de todo tipo de madeira aromática imaginável. O cheiro de incenso de origem estrangeira permeia o ar. Uma loja na esquina vende produtos caros e de alta tecnologia ao lado de versões modificadas para consumidores locais. Dependendo do feriado, devotos hindus, muçulmanos ou budistas se juntam à multidão. Mais tarde, quando você visita uma amiga, ela oferece uma bebida gelada com uma fragrância incomum. A família mostra suas últimas aquisições: uma mesa fina feita de sândalo javanês, com chifre de rinoceronte esculpido com primor. Muitos dos enfeites parecem importados, indicando o gosto cosmopolita de sua amiga.

Esta cidade, com suas muitas conexões com lugares distantes, parece-se com qualquer outra metrópole moderna importante, mas era assim a cidade chinesa de Quanzhou no ano 1000. Entre Xangai e Hong Kong na costa chinesa, e de frente para Taiwan, Quanzhou foi uma das maiores e mais ricas cidades portuárias do mundo.

Todos os produtos à venda eram mercadorias comuns na época. Por séculos, os chineses importaram madeiras perfumadas, como sândalo da atual Java e da Índia, e resinas vegetais aromáticas, inclusive mirra e olíbano da Península Arábica. Os chineses queimavam incenso importado para perfumar o ar, defumavam os tecidos com aromas importados para que exalassem uma fragrância agradável, e condimentavam remédios, bebidas, sopas e bolos com especiarias importadas.

Um fluxo intenso de exportações financiava a importação dessas mercadorias, e o produto chinês com tecnologia mais sofisticada era a cerâmica feita em alta temperatura. Uma concorrência de baixo custo vinha de ceramistas do Oriente Médio que misturavam uma imitação de vidro que lembrava a cerâmica chinesa brilhante, mas não ia ao fogo com as mesmas temperaturas altas. Com o surgimento de novas rotas, os artesãos, que eram os únicos fornecedores de seus compatriotas, de repente começaram a competir por uma fatia de mercado com fabricantes do outro lado do planeta.

O ano 1000 marcou o início da globalização. Foi quando as rotas comerciais ganharam forma no mundo todo, permitindo que produtos, tecnologias, religiões e pessoas saíssem de casa e fossem a um lugar novo. As mudanças resultantes foram tão profundas que afetaram até as pessoas comuns.

No ano 1000, ou o mais perto que os arqueólogos conseguem determinar, exploradores vikings deixaram para trás sua terra natal, a Escandinávia, cruzaram o Atlântico Norte e chegaram à ilha da Terra Nova, na costa nordeste do Canadá, uma região para onde nenhum europeu tinha viajado antes (ninguém havia chegado até as Américas desde uma onda de migrações da Sibéria para a costa oeste americana há mais de 10 mil anos). Os vikings conectaram as rotas comerciais preexistentes nas Américas com as da Europa, Ásia e África; um território que chamaremos de Afro-Eurásia. Pela primeira vez na história mundial um objeto ou uma mensagem podia viajar por todo o globo terrestre.

Diferente dos nórdicos, os outros integrantes principais no ano 1000 (chineses, indianos e árabes) não eram europeus. A rota marítima mais longa usada regularmente conectava a China com as cidades de Omã e Basra no Golfo Pérsico, o porto mais próximo de Bagdá. A rota Golfo Pérsico–China combinava dois caminhos de peregrinação: um para os muçulmanos que iam da China para Meca e outro para o leste africano, também fazendo o hajj. Grande parte do tráfego ia da Península Arábica até os portos na costa sudeste da China, mas alguns produtos seguiam até os portos na costa leste africana.

Os agentes da globalização no ano 1000 incluíam os vikings do norte europeu e os habitantes das Américas, África, China e Oriente Médio. Comercializando produtos em troca de mercadorias que nunca viram antes, esses exploradores abriram rotas por terra e por mar que marcaram o verdadeiro início da globalização. Os novos caminhos que esses comerciantes e viajantes desbravaram permitiram que diversos reinos e impérios se relacionassem, levando produtos, pessoas, micróbios e ideias para novas regiões. Diferentes partes do mundo entraram em contato pela primeira vez e o mundo globalizado de hoje foi o resultado final.

Acredite, as pessoas que viviam em algumas regiões, como Roma, Índia e China, sabiam bem antes do ano 1000 que havia outras sociedades. Uma rota marítima bem documentada ligava o Império Romano à costa oeste com o sul da Índia nos primeiros séculos d.C., mas essa rota acabou desaparecendo. Por outro lado, as Rotas da Seda por terra e por mar, formadas por volta de 500 d.C., criaram laços culturais e comerciais duradouros entre Índia, China e os países no sudeste asiático, que ainda persistiam no ano 1000. Além disso, essas duas redes comerciais, por mais sofisticadas que fossem, cobriram apenas uma parte do mundo. A expansão das regiões que ocorreu no ano 1000 afetou todo o planeta.

Com certeza não foi uma globalização no sentido atual da palavra. Pessoas comuns não podiam viajar para outro lugar, entrar em uma loja e comprar produtos de qualquer país.

Todavia, as mudanças por volta do ano 1000 constituíram a globalização no sentido mais fundamental. O que acontecia em um lugar afetava profundamente os moradores de outras regiões distantes. Novos caminhos ligavam diferentes partes do globo, e mercadorias, pessoas e religiões passavam por essas vias. A demanda contínua por escravos em Constantinopla (atual Istambul), Bagdá, Cairo e outras cidades resultou no movimento forçado de milhões de pessoas da África, leste da Europa e Ásia Central, evento esse ocorrido centenas de anos antes do tráfico de escravos no Atlântico ter iniciado.

A globalização afetou profundamente as pessoas que nunca tinham saído de casa. Quando um governante se convertia, e vários o fizeram por volta do ano 1000, muitos de seus subordinados adotavam a nova fé também. As pessoas que viviam no continente e nas ilhas do sudeste asiático abandonaram suas ocupações tradicionais para trabalharem em tempo integral a fim de abastecer os consumidores chineses, ricos e pobres, com especiarias e madeiras perfumadas. À medida que mercadores estrangeiros se beneficiavam à custa dos comerciantes locais, as primeiras desordens e revoltas antiglobalização do mundo contra os recém-ricos romperam em cidades como Cairo, Constantinopla e Guangzhou.

O material disponível para pesquisa sobre o ano 1000 não fornece números exatos dos produtos e pessoas que percorriam o mundo naquela época. É por isso que prestaremos muita atenção em outros tipos de evidência. Rastrearemos as mercadorias conforme sua circulação por diferentes caminhos e veremos quais pessoas e informações as seguiam. Estamos interessados nas pessoas que escreviam sobre suas jornadas reais, assim como naquelas que registraram o que ouviam dos outros, porque são nossas principais testemunhas da transformação em massa que ocorreu após o ano 1000.

As transações comerciais do ano 1000 abriram algumas rotas pelas quais produtos e pessoas continuavam a viajar após Colombo ter atravessado meio Oceano Atlântico. Mas o mundo no ano 1000 era diferente da realidade em 1492 de modos importantes. Primeiro, os viajantes que se encontravam no ano 1000 eram muito mais próximos tecnologicamente; diferentemente de 1492, quando armas de fogo e canhões permitiam que os europeus derrubassem o que cruzasse seu caminho.

No ano 1000, os agentes de maior presença na cena mundial também eram diferentes. Algumas partes do mundo, como China e Oriente Médio, prosperaram, ao passo que outras (a Europa em particular) ficaram para trás. Na verdade, o mundo no ano 1000 se parece muito com nosso mundo atual, em que chineses, árabes e norte-americanos são todos rivais genuínos dos europeus.

Os eventos ocorridos no ano 1000 foram um ponto importante na evolução da humanidade e produziram efeitos positivos e negativos. O resplandecer dos caminhos globalizados causava fertilização e infecção, enriquecimento intelectual e fragmentação cultural, o desenvolvimento de novas tecnologias e a extinção de artes tradicionais. Os caminhos encorajavam fraternidade *e* conflitos. Abriram os olhos de algumas pessoas para possibilidades nunca antes percebidas, mas também precipitaram a submissão daqueles menos capazes de se defender do domínio alheio.

Este livro é o primeiro a reconhecer esses eventos como "globalização". Essa globalização sempre produz vencedores e perdedores, e foi assim também no ano 1000, quando o mundo mudou em sua essência. Ainda sentimos os efeitos hoje e precisamos entender a herança de longo prazo desse ano.

A narrativa é muitíssimo familiar, mas, quando voltamos ao ano 1000, percebemos como o cenário era diferente. O mais óbvio é que a industrialização não tinha ocorrido ainda. Nem havia energia a vapor e eletricidade. A energia vinha de pessoas, animais, água e vento.

As unidades políticas da época também eram diferentes: bandos armados, tribos, reinos e impérios. Não eram Estados-nação que podiam forçar todos os cidadãos a servirem ao exército e pagarem impostos (isso ganhou forma apenas no século XIX).

Este livro explica quem desenvolveu redes nas maiores regiões do mundo e como essas redes se entrelaçaram. Quando as pessoas que viviam em regiões diferentes estabeleceram contato entre si em torno do ano 1000, elas prepararam o terreno para a próxima fase da globalização nos anos 1500, ocasião em que os europeus remodelaram as redes existentes segundo seus próprios interesses. Mas os europeus não inventaram a globalização. Eles mudaram e aumentaram o que já existia. Se a globalização já não estivesse em curso, eles não teriam conseguido entrar em muitas regiões com tanta rapidez.

Globalização sempre foi algo tenso: assim que as pessoas se deram conta de que não estavam sozinhas no planeta, enfrentaram novos perigos. As pessoas que vivenciaram a globalização pela primeira vez tiveram que planejar uma estratégia, e fizeram isso a partir de diferentes pontos de vista.

Quando os indivíduos encontravam pessoas desconhecidas, como aconteceu no mundo inteiro no ano 1000, eles avaliavam os riscos: Os estranhos vinham para matá-los? Para capturá-los? Eles tinham que julgar sua posição relativa: Se houvesse uma luta, quem venceria? Quem teria a melhor tecnologia? E se os estrangeiros soubessem ler e escrever? Esses indivíduos precisavam tomar decisões fundamentadas sobre o que fazer e suas decisões têm muito a nos ensinar.

Algumas reações eram precipitadas e injustificadas: os vikings, por exemplo, às vezes matavam inocentes dormindo antes que eles tivessem chance de dizer uma única palavra.

Outras reações eram espontâneas e, para dizer a verdade, bizarras. Quando os ameríndios atacaram um assentamento viking e os líderes nórdicos bateram em retirada, uma mulher viking grávida, mal-humorada e chamada Freydis, não conseguiu acompanhar os homens. Ficou sozinha, diante de um bando de guerreiros indígenas. Ela colocou seu seio para fora e "bateu" nele com uma espada. Os ameríndios assustados se dispersaram imediatamente; só falta acreditar no que diz a saga.

Outras respostas no ano 1000 são mais instrutivas: algumas almas corajosas engoliam seus medos e falavam com pessoas que nunca tinham visto antes, estabelecendo relações comerciais.

Muitas vezes os lugares com menos recursos naturais acabavam exportando as próprias pessoas como escravas. A maioria dos escravos do mundo não veio de um único lugar. Os centros urbanos mais ricos importavam escravos das regiões mais pobres que tinham poucas mercadorias de exportação, exceto o trabalho humano: oeste e leste da África, Ásia Central, norte e leste da Europa (vieram tantos escravos do leste europeu que a palavra inglesa que os designa — "slave" — deriva de "Slav" ou eslavo).

Às vezes, pessoas sem nada para comercializar se tornavam atravessadores bem-sucedidos. Elas foram essenciais para o desbravamento de novas rotas comerciais. Curiosamente, pessoas de uma sociedade com menos tecnologia muitas vezes eram superiores a alguém com melhor tecnologia porque aprendiam as novidades com rapidez.

Um dos modos mais rápidos de entrar na sociedade era se converter à religião de uma sociedade mais desenvolvida, uma decisão nem sempre baseada em convicção religiosa. Um governante que vive na atual Ucrânia (seu nome era príncipe Vladimir) aspirava fortalecer seu reino e examinou seus vizinhos próximos a título de modelos. Como muitos outros monarcas, ele escolheu uma religião que lhe oferecesse a maior possibilidade de consolidar poder e formar alianças com vizinhos poderosos. A maior fonte de informação do príncipe Vladimir eram os relatórios apresentados por mensageiros que ele enviava para visitar outros governantes. Trabalhando como espiões, eles voltavam com novidades da vizinhança.

Vladimir escolheu o Cristianismo em uma lista muito pequena, especificamente o Cristianismo Ortodoxo Oriental, como praticado no Império Bizantino. Ele pesou os prós e os contras do Judaísmo, Islamismo, Cristianismo Romano e Ortodoxia Bizantina. Rejeitou o Judaísmo porque os judeus tinham perdido Jerusalém. Descartou o Islamismo porque proibia bebidas. Rejeitou o Cristianismo Romano sem explicação. Escolheu a Ortodoxia Bizantina porque a imponente catedral de Santa Sofia na capital bizantina de Constantinopla representava uma maravilha tecnológica, tão impressionante na época quanto o mais novo arranha-céu é nos tempos atuais.

Quando outros líderes escolheram religiões para seus reinos nos anos imediatamente antes e após o ano 1000, o número de religiões no mundo diminuiu. Uma dessas religiões, Maniqueísmo, que era popular na região que agora conhecemos como Irã e enfatizava uma luta constante entre o bem e o mal, desapareceu por completo porque não conseguiu competir com as religiões mais estabelecidas ou atrair o mesmo apoio.

Nenhuma grande religião nova surgiu após o ano 1000, exceto o Sikhismo, Baha'i e Mormonismo, além de algumas outras. Elas eram novas combinações, misturando elementos das religiões já estabelecidas por volta desse ano.

Outros governantes tomaram decisões parecidas com a escolha de Vladimir quanto à Ortodoxia Bizantina. O resultado foi uma grande expansão no ano 1000 do número de devotos que professavam lealdade a religiões maiores. O norte e o leste da Europa se tornaram cristãos, o reino do Islã se expandiu para o leste até a Ásia Central e o sul no norte da Índia; o Budismo e o Hinduísmo se espalharam pelo sudeste da Ásia. Vivemos em um mundo modelado por interações do mundo no ano 1000; 92% dos fiéis atuais estão comprometidos com uma das quatro religiões que ganharam tradição desde essa época.

Na verdade, vivendo em um mundo moldado segundo os eventos do ano 1000, estamos lutando exatamente com os mesmos desafios que as pessoas enfrentaram pela primeira vez: Devemos cooperar com o próximo, negociar com eles, permitir que trabalhem em nossos países e lhes dar liberdade de culto quando vivem em nossa sociedade? Devemos tentar mantê-los afastados? Devemos retaliar as pessoas que ficaram ricas negociando? Devemos tentar criar produtos novos que copiam as tecnologias que ainda não dominamos? Por fim: A globalização nos tornará mais conscientes de quem somos ou destruirá nossa identidade?

O objetivo deste livro é abordar essas questões.

CAPÍTULO UM

O Mundo no Ano 1000

C uriosamente, nenhuma tecnologia nova foi a causa dessa gran-de expansão nas viagens entre as regiões nos anos 1000. Anteriormente, as pessoas viajavam por terra, basicamente andando a pé, montando animais ou usando carroças, e atravessavam rios e mares em canoas, barcos a vela ou navios de madeira. O comércio entre as diferentes regiões aumentou no ano 1000 porque um excedente na agricultura levou ao crescimento da população e permitiu que alguns povos parassem de plantar por completo e passassem a fabricar produtos para comercializar, tornando-se negociantes.

O lugar no mundo com a mais alta taxa populacional no ano 1000, era, como agora, a China. Sua população chegou a 100 milhões. Ao longo da história, os chineses constituíram entre um quarto e um terço da população do planeta. A economia cresceu durante a dinastia Song (960–1276), conforme mercadores e embarcações chineses negociavam com o sudeste da Ásia e o sul da Índia, onde localidades que cultivavam arroz também davam suporte às populações em expansão.

As populações das áreas produtoras de grãos no Oriente Médio e Europa não eram tão altas quanto as da Ásia, mas ainda assim eram significativas. De 751 a cerca de 900, o império Abássida controlou uma grande faixa de território do norte da África na região oeste até a Ásia Central no leste.

A unificação sob o domínio Abássida facilitou a circulação de muitas colheitas no império. Algumas, como a soja, tiveram origem no oeste da África; outras, como o arroz, vieram da Índia. O cultivo de plantas tropicais do Irã e da Índia transformou a vida de todo o reino Abássida, encorajando os fazendeiros a trabalhar durante o verão (algo que não acontecia antes). Essa mudança trouxe uma prosperidade contínua para o centro islâmico nos primeiros anos do califado Abássida.

Mas após 900, o império se dividiu em dinastias regionais, cada uma governada por um líder militar diferente. O califa em Bagdá continuava sendo o chefe nominal da comunidade islâmica (os muçulmanos continuavam mencionando-o em suas orações às sextas-feiras em todo o antigo território da Abássida), mas o império não estava mais unido. Todavia, a população das antigas terras da Abássida continuava crescendo, sendo estimada entre 35 e 40 milhões no ano 1000.

A população a oeste da Europa também aumentou quando os habitantes adotaram mudanças profundas na agricultura, que o historiador britânico R. I. Moore chamou de "cerealização". Eles plantavam cada vez mais trigo e cevada. No norte da França e da Inglaterra, pela primeira vez os agricultores reconheceram que cultivar a mesma plantação em certo campo anos seguidos reduzia sua produtividade; tiveram, então, a ideia de deixar de um terço até metade de suas terras para descansar.

Após o ano 1000, os fazendeiros começaram a alternar as plantações. Uma rotação popular era nabos, cravos-da-índia e grãos, que ajudavam a manter os nutrientes e a qualidade do solo. Essa prática, tão importante para aumentar a safra agrícola, se espalhou lentamente (ela já era muito conhecida na China). Ao mesmo tempo, outras inovações também aumentaram o resultado: arados puxados por cavalos, moinhos de água, moinhos de vento e ferramentas de ferro que podiam rasgar mais fundo o solo em comparação com as de madeira. Antes da cerealização, grande parte da terra no oeste da Europa não era cultivada regularmente, algo que ocorreria depois com a maioria delas.

Além de aumentar a população, essas mudanças contribuíram para o surgimento de assentamentos na Europa. Antes de o cultivo de grãos se difundir, muitos fazendeiros no oeste da Europa eram itinerantes, mudando de lugar para trabalhar a terra e criar gado. Foi assim com fazendeiros na Escandinávia e no leste da Europa, que seguiam suas criações de porcos, cabras, ovelhas, gado e cavalos. Mas primeiro na

França, Inglaterra e Alemanha, depois no leste e no norte da Europa, os fazendeiros começaram e construir casas e a se estabelecer em vilas, graças à rotação de culturas e a outros avanços agrícolas.

A população da Europa quase dobrou, indo de menos de 40 milhões no ano 1000 para 75 milhões em 1340 (antes de a Peste Negra assolar o continente em 1347). Esse incremento populacional coincidiu com o Período Quente Medieval, que iniciou em 1000, atingiu o pico por volta de 1100 e terminou em 1400. Como os historiadores climáticos não sabem ainda se a tendência de aquecimento ocorreu no mundo inteiro, agora eles se referem ao período como Anomalia Climática Medieval. Uma pesquisa em andamento sugere que, embora algumas regiões, como a Europa, tenham tido um aumento na temperatura, outras ficaram mais frias.

A distribuição populacional da Europa também mudou. A população ao sul e ao leste da Europa (Itália, Espanha e Península Balcânica) aumentou em 50%. Mas, por causa de avanços nas técnicas agrícolas, o crescimento a oeste e ao norte da Europa, a região da França e da Alemanha atualmente, foi muito maior: a população aumentou três vezes, de modo que quase metade dos habitantes da Europa vivia no norte e no oeste do continente em 1340.

O movimento da população chinesa lembrava o da Europa, mas na direção oposta: os chineses foram para o sul do Rio Yangtze para as áreas de cultivo de arroz precisamente ao mesmo tempo em que os europeus foram para o norte, afastando-se do Mediterrâneo, em direção ao Mar do Norte. Em 742, 60% da população de 60 milhões viviam no sul da China, onde cultivavam arroz, uma cultura muito mais produtiva do que os grãos do norte.

Em contraste com o que ocorria na China, submetida a um imperador, não havia na Europa do ano 1000 um monarca que reinasse de modo absoluto. No leste da Europa, o Império Bizantino era o poder mais próspero, mas sua força bélica diminuía rapidamente. Embora o exército bizantino estivesse a cada dia se enfraquecendo mais, forçando o imperador a depender de mercenários ou exércitos estrangeiros, Constantinopla (atual Istambul) era a cidade mais avançada na Europa. Quando os europeus ocidentais a visitaram, mal podiam acreditar na beleza de suas alamedas ou na sofisticação das construções, sobretudo a magnífica catedral de Santa Sofia.

Na Europa Ocidental, Carlos Magno unificara as atuais França e Alemanha, mas, após sua morte em 814, o reino foi dividido em três. Nos anos 900, o rei Oto I da Alemanha, seu filho Oto II e o neto Oto III (os três são conhecidos como otonianos), foram os governantes mais poderosos no oeste da Europa. Oto controlava o território da Alemanha e de Roma, mas não toda a Península Italiana, que pertencia em grande parte ao Império Bizantino. O poder de Oto lhe permitiu indicar o papa. Por sua vez, o papa coroou Oto I imperador do Sacro Império Romano em 962, uma posição que seu filho e neto sucederam também.

Oto III escolheu o papa Silvestre II (999–1003) para chefiar a igreja romana. Um dos homens mais cultos de seu tempo, Silvestre sabia um pouco de Álgebra, uma técnica matemática que os europeus aprenderam no mundo islâmico (a palavra "álgebra" vem do árabe *al-jabr*, que se referia às manipulações necessárias para equilibrar os dois lados de uma equação).

O ano 1000 ocorreu durante o reinado de Silvestre II, embora esse ano não tivesse muito significado para os europeus porque bem poucas pessoas usavam um calendário que contava os anos, iniciando no nascimento de Jesus. Esses calendários já existiam desde os anos 500, mas o sistema de datas ganhou terreno aos poucos, conseguindo aceitação oficial da igreja apenas em 1500. A maioria das pessoas se referia ao ano pelo reinado do rei ou do papa que governava, chamando o ano 1000, por exemplo, de o segundo ano do reinado de Silvestre.

Poucos cristãos acreditavam que Cristo voltaria à Terra no ano 1000. Diversos pregadores itinerantes e reformadores da igreja afirmavam ser o messias e lideravam rebeliões, mas os movimentos ocorreram em séculos diferentes, nenhum chegando perto do ano 1000.

De todos os impérios agrários do mundo no ano 1000, os estudiosos conhecem, pelo menos, os maias na Mesoamérica. Em algum momento antes do ano 600, os maias já tinham começado a usar extensivamente a irrigação para cultivar milho, que eles plantavam em campos elevados na área central original onde ficam hoje México, Belize, Guatemala, El

Salvador e Honduras. Os maias chegaram ao seu apogeu em torno do ano 700, quando sua população total atingiu milhões (uma estimativa de 2018 sugere de 10 a 15 milhões). A cidade maia de Tikal, na atual Guatemala, uma das maiores entre 600 e 800, tinha em torno de 60 mil habitantes. No fim dos anos 700, várias cidades entraram em colapso e foram abandonadas, possivelmente por causa do excesso de produção agrícola e mudança ambiental. Após 830, ocorreram poucas construções novas. Uma seca prolongada aconteceu entre 1000 e 1100, causando um declínio acentuado da população, assim como uma migração em massa para o norte de Iucatã, onde surgiu a nova cidade de Chichén Itzá.

Embora os registros escritos em glifos maias tenham cessado antes do ano 1000 (a última inscrição em um monumento de pedra data de 910), os maias em Chichén Itzá passaram por um renascimento, estendendo seus contatos comerciais ao norte do Vale do Mississípi e na região dos Quatro Cantos (onde se encontram Colorado, Novo México, Arizona e Utah), e ao sul até Panamá e Colômbia. A metrópole Chichén Itzá contém um enorme pátio redondo e um sofisticado observatório astronômico. A cidade era tão impressionante no ano 1000 que muitos governantes vizinhos enviavam mensageiros carregados de presentes para visitar o governante maia.

Qual era a população mundial no ano 1000? Estimativa aproximada: em torno de 250 milhões. Sabemos muito mais sobre sociedades que realizavam censos (como a China) do que aquelas que não mantinham registros, e as sociedades que praticavam a agricultura tinham populações muito maiores do que as com rebanhos nômades. A Ásia, o lar para China, Japão, Índia e Indonésia (todos grandes produtores de arroz) detinha a maior parte da população mundial (mais de 50%, ou aproximadamente 150 milhões de pessoas) e a Europa vinha em seguida, com cerca de 20%. África ficava com os outros 20%, deixando 10% ou menos para as Américas (a população da Oceania nunca atingiu 1% do total no planeta).

Uma população mundial de 250 milhões representou um marco na história. Quando exploradores partiam de seus países de origem e iam para os territórios vizinhos, era mais provável que encontrassem pessoas do que nos períodos anteriores, de menor população.

Em locais diferentes ao redor do mundo, nos quais a produção agrícola explodiu e a população cresceu, algumas pessoas conseguiam parar de plantar, passando a viver em cidades. As cidades europeias entre 1000 e 1348 não eram as maiores do mundo: Paris tinha uma população entre 20 e 30 mil e a Córdoba islâmica, 450 mil, ambas menores que as capitais Kaifeng e Hangzhou da dinastia Song, cada uma com, pelo menos, um milhão de habitantes.

Conforme as cidades cresciam, aumentava o número de mercadores. Os objetos incomuns que eles obtinham em terras distantes estimulavam o desejo de mais. Os produtos negociados eram com frequência objetos leves, como penas, peles de animais, belos tecidos e remédios. Metais preciosos eram uma importante exceção; as pessoas se dispunham a transportá-los por enormes distâncias.

Nessas mesmas sociedades, os excedentes agrícolas também davam suporte a grandes burocracias alfabetizadas. Todas tinham seus próprios sistemas de escrita. Os maiores acervos de fontes sobre o mundo no ano 1000 estão em latim, islandês antigo, grego, árabe, persa, sânscrito e chinês. Devido a registros escritos, sabemos mais sobre as pessoas em seus redutos e seus vizinhos próximos do que sabemos sobre lugares sem sistemas de escrita.

Este livro não cobre as partes isoladas da Terra sobre as quais não há registros ou não se fazia negócios com as regiões vizinhas. Esse era o caso da Austrália, parte da África Subsaariana e diversas áreas nas Américas. Em alguns desses lugares, os habitantes praticavam caça e coleta, com um plantio intermitente. Eles plantavam sementes na primavera e retornavam no outono para a colheita, sem cultivarem no verão. Nos últimos anos, esteve em questão se a vida como caçador/coletor era muito melhor do que trabalhar como agricultor cultivando o campo. É uma possibilidade. Mas o caçador/coletor não produzia excedentes suficientes para dar suporte a um crescimento populacional significativo. Nem a escrita surgiu em nenhuma dessas sociedades, significando que sabemos pouco sobre elas, exceto o que conseguimos aprender com a arqueologia. Muitos acreditam que a escrita surgiu pela primeira vez nos grandes impérios agrícolas porque os governantes precisavam controlar seus assuntos e registrar os impostos.

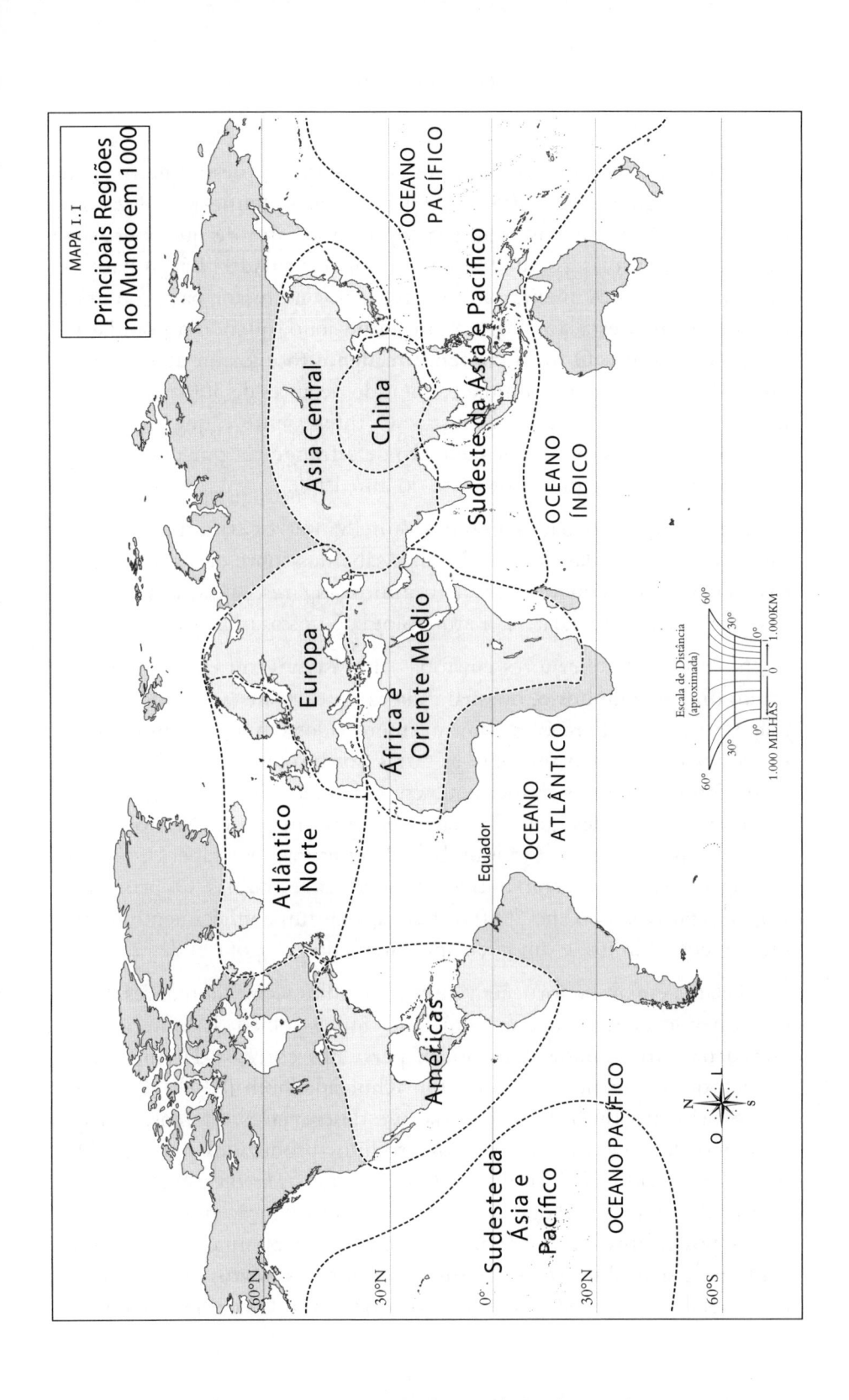

MAPA 1.1

Principais Regiões no Mundo em 1000

E mais, as áreas que tinham pouco contato com estrangeiros não eram todas iguais. No oeste da África, a cidade Jenne-jeno fez com que os estudiosos repensassem sua suposição básica de que apenas as sociedades agrícolas assentadas podiam formar cidades. Lá, os nativos eram pastores, movimentando seus rebanhos na maior parte do ano, mas passavam a estação chuvosa em Jenne-jeno, quando a população chegava a 20 mil. O local contém um depósito enorme de cerâmica quebrada de 8m de profundidade, datando de antes de 300 a.C., quando o maior assentamento já existia. O interessante é que os únicos registros escritos sobre Jenne-jeno são de estrangeiros que começaram a escrever sobre a cidade por volta do ano 1000.

É certo que povoados grandes semelhantes existiram nas partes menos documentadas do mundo, mas sabemos sobre eles apenas graças a escavações arqueológicas. Em muitos lugares, como nas Américas e na África Subsaariana, a arqueologia é nossa única fonte.

No ano 1000, escritores em toda a Eurásia viviam em um mundo muito diferente do nosso, no qual cada canto do planeta foi explorado e mapeado em detalhes. Eles estavam interessados em lugares distantes e registravam o que sabiam sobre as terras nos limites do mundo conhecido. Todos os autores clássicos que escreviam em chinês, grego e latim descreviam entidades quase humanas que viviam por lá. Muitos autores mais tarde registraram vislumbres de criaturas sem cabeças, sem os membros do corpo ou com outras características estranhas. Os primeiros viajantes por volta do ano 1000 tinham apenas um conhecimento mínimo de seus vizinhos, e um poço aparentemente inesgotável de bravura.

Relatos em árabe fornecem muitos detalhes sobre moradores, produtos negociados, rotas e costumes de muitas sociedades anteriores à escrita na Afro-Eurásia. Um oficial persa nos correios de Abássida e serviço de inteligência chamado Ibn Khurradadhbih (820–911) escreveu o primeiro livro de Geografia que descrevia os diferentes países ao longo de rotas específicas e os produtos produzidos por eles. De modo apropriado, ele intitulou o trabalho como *The Book of Routes and Realms* [O Livro das Rotas e dos Reinos, em tradução livre]. Os geógrafos posteriores que escreviam em árabe e persa usaram o mesmo título para suas observações de diferentes lugares, textos de importância crucial para entender o mundo no ano 1000. Os chineses também tinham uma longa tradição de escrita sobre lugares estrangeiros e suas descrições dão informações igualmente valiosas.

Para julgar a veracidade de tais relatos, o melhor método é comparar uma narrativa com outras fontes disponíveis e formar uma opinião para saber se parecem reais.

Essa abordagem nos permite testar as diferentes teorias que afirmam que certos viajantes chegaram às Américas antes de Colombo. Algumas são bem confiáveis e receberam amplo apoio acadêmico; outras, muito infundadas, levantaram profundo ceticismo. Por exemplo, ao passo que a evidência das viagens dos vikings para a Terra Nova é irrefutável, o caso dos chineses chegando antes de Colombo nas Américas é especulação.

A ideia de que os chineses chegaram primeiro é, até certo ponto, atraente e intrigante: E se fosse verdade? É certo que a frota chinesa capitaneada pelo almirante Zheng He viajou para o sudeste da Ásia, Índia, Península Arábica e leste da África nos anos 1400.

No entanto, não existe uma evidência clara indicando que as esquadras do almirante Zheng He passaram do Cabo da Boa Esperança e seguiram para as Américas, Austrália ou polos Norte e Sul, todas afirmações apresentadas no livro *1421* de Gavin Menzies. O livro foi um grande sucesso, superou todos os outros livros sobre a história chinesa, embora pareça que nenhum estudioso sério da história chinesa aceite suas descobertas. Os problemas do livro são tantos que um acadêmico importante da dinastia Ming queixou-se com os editores do livro por o comercializarem como sendo de não ficção.

Exploradores muçulmanos também chegaram às Américas antes de Colombo, ou assim afirmou o presidente da Turquia, Recep Tayyip Erdogan, em um discurso em 2014. Suas evidências? Cristóvão Colombo registrou ter visto uma mesquita em Cuba. Na verdade, Colombo escreveu em seu diário: "Uma delas [as montanhas locais] tem outra pequena colina no topo, como uma delicada mesquita." É claro que Colombo estava descrevendo uma montanha em forma de mesquita, não uma mesquita real.

Um historiador profissional fez uma afirmação parecida sobre al-Biruni, um sábio brilhante da Ásia Central nascido em 973 e falecido após 1040. Ele era famoso por suas pesquisas sobre calendário, Astronomia, Geografia e a Índia. Afirmando que "Biruni descobriu a América", S. Frederick Starr sustenta que al-Biruni percebeu que havia um continente no lado oposto do globo, tendo a Afro-Eurásia como referência. Isso não é preciso.

Al-Biruni não sabia que as Américas existiam, mas reconhecia que a Terra era uma esfera, conhecimento transmitido pelos antigos gregos para os estudiosos que escreviam em árabe. Al-Biruni também deduziu que as pessoas viviam apenas em uma fração da superfície do planeta. Era frio demais para que seres humanos vivessem no Polo Norte e quente demais ao sul da linha do equador. Ele suspeitava que grande parte do lado oposto do globo, que era completamente desconhecido para os habitantes da Afro-Eurásia, era coberta por água, mas ele era um pensador rigoroso o suficiente para não descartar a possibilidade de terras habitadas. E mais, Al-Biruni nunca descobriu um continente, muito menos um chamado América.

Exceto por al-Biruni e outros estudiosos de destaque no mundo islâmico, poucas pessoas vivas no ano 1000 concebiam a ideia do globo inteiro. O mapa-múndi mais completo, mostrando grande parte da Afro-Eurásia, mas nada das Américas, foi feito em 1154 por al-Idrisi, um cartógrafo da Sicília, Itália, um dos portais islâmicos para a Europa. Trabalhando na corte do rei Rogério II, al-Idrisi, nascido em Ceuta, Marrocos, produziu um mapa-múndi sobre um disco de prata com mais de 2m de diâmetro, junto a uma lista completa das coordenadas latitudinais e longitudinais de todos os lugares mostrados. Não é nenhuma surpresa o fato de o mapa original ter sido destruído (provavelmente derretido por causa da prata), porém a lista de lugares de al-Idrisi e as pequenas descrições de cada localidade sobreviveram intactas, assim como os mapas feitos com base nas informações coletadas. Um deles aparece na capa deste livro.

Iniciando em 1000, conforme os europeus aprendiam a língua árabe e traduziam os textos desse idioma, mais conhecimento do mundo islâmico entrava na Europa. A Geometria de Euclides, de uma tradução árabe do original grego, foi traduzida em latim, e Fibonacci introduziu os numerais arábicos (muito mais convenientes que os numerais romanos).

A transferência de conhecimento não se limitava aos campos intelectuais. Os europeus também aprenderam novos jogos. O xadrez, criado primeiro na Índia por volta do ano 600, espalhou-se pelo mundo islâmico e ficou popular na Europa no ano 1000. O jogo ensinava sobre a estratégia militar básica; os jogadores aprenderam que era mais inteligente se mover com uma infantaria diversificada, ou peões, do que sozinho. À medida que o xadrez entrava na Europa, algumas peças assumiram novas identidades; os elefantes se tornaram bispos porque os artesãos confundiram as duas presas do animal com as duas pontas da mitra de um bispo. Certas peças do jogo eram feitas de marfim de elefante, mas a maioria era de marfim de morsa, que chegava à Europa em grandes quantidades na época em que os vikings tinham mais atividade no Atlântico Norte.

Os viajantes modernos, acostumados com aviões, trens, carros e navios tendem a exagerar as dificuldades para viajar nos períodos anteriores. Imaginamos como as pessoas conseguiam percorrer milhares de quilômetros a pé e esquecemos que a maioria delas podia andar 32km por dia, por longos períodos. As pessoas no ano 1000 estavam acostumadas: um mensageiro percorria a pé mais de 4 mil km entre 1024 e 1026.

O historiador que registra essa longa viagem não menciona como o mensageiro a fazia, mas podemos supor que ele, e a maioria dos exploradores neste livro, recebiam ajuda de guias locais, não importando a dificuldade do terreno. Nos anos 1990, camponeses ajudaram um grupo de pesquisa a vencer uma parte difícil dos Himalaias, mostrando-lhes várias rotas que não apareciam em nenhum mapa. Dependendo da época do ano e da quantidade de neve, essas rotas tinham níveis variados de dificuldade. Havia até uma rota gradual e plana para mulheres grávidas.

Dados sobre a velocidade com a qual as pessoas viajavam a pé sobrevivem de vários lugares e épocas. Se os emissários percorressem etapas individuais de uma jornada e não carregassem nada, uma equipe alcançava velocidades incríveis, até 240km em um único dia, como os hispânicos relataram sobre os incas no início dos anos 1500.

É claro que os soldados que carregavam seu próprio alimento e armas seguiam mais devagar. Os ritmos de viagem dos antigos exércitos, inclusive do governante persa Xerxes, Alexandre o Grande e Aníbal, e até do exército mais moderno da rainha Elizabeth I da Inglaterra, variavam entre 16 e 32km por dia. Ainda hoje, as diretrizes do Exército norte-americano definem um ritmo normal de marcha de 32km por dia. Qualquer coisa mais rápida é considerada uma marcha forçada.

Viajantes a cavalo são mais rápidos; um cavaleiro moderno na Mongólia pode percorrer 480km em um único dia se muda de montaria com frequência. No passado, os soldados mongóis conseguiam percorrer 100km por dia por alguns dias durante campanhas intensas.

Boas estradas também podem aumentar drasticamente as velocidades. Havia muitas estradas no ano 1000. Nas sociedades mais avançadas, como a China, eram comuns estradas de terra e pontes sobre rios, e o deslocamento era fácil. Em outras, existiam poucas estradas e os exploradores tinham que encontrar seus próprios caminhos.

As condições das viagens por terra também determinavam a distância em que as pessoas podiam carregar produtos a granel. Por volta do ano 1000, os habitantes de Chaco Canyon, no Novo México, carregavam regularmente milho por 150km e, às vezes, transportavam grandes troncos de madeira a 275km de distância (Chaco não tinha árvores). Eles iam ainda mais longe para conseguir produtos de luxo, como penas de arara.

No ano 1000, as distâncias terrestres não eram absolutas. Temperatura, terreno e a presença de obstáculos podiam aumentar ou diminuir a velocidade das jornadas.

O mesmo acontecia com as viagens de barco, por rio ou no oceano. O ritmo de viagem variava e, curiosamente, o tempo gasto velejando ou remando era em geral menor do que por terra. Claro, era muito mais fácil sentar em um barco do que andar no chão.

Os barcos vikings eram famosos por sua construção leve e flexível, velocidade e capacidade de aportar em águas rasas. As réplicas atingiam velocidades máximas de 27km/h ao velejarem, mas são difíceis de sustentar em longos períodos. Bem mais lentas, as canoas duplas da Polinésia, equipadas com velas triangulares, conseguiam metade dessa velocidade com ventos normais. Ainda hoje, veleiros tradicionais e bem construídos fazem em média 16km/h, enquanto os competidores da America's Cup atingem cinco vezes essa velocidade.

Barcos a remo ou canoas são bem mais lentos, chegando a 11km/h. É difícil remar mais rápido, exceto em um curto arranque, mas esses barcos podem seguir em qualquer direção, enquanto os veleiros não podem ir diretamente na direção do vento. O remo foi essencial para o sucesso dos vikings. Eles podiam velejar próximo da costa, remar perto do litoral, atacar de surpresa e fugir rápido, independentemente da direção em que soprava o vento.

As correntes oceânicas serviam de baliza para as jornadas que os navegadores faziam no ano 1000, como acontece hoje. Os marinheiros podiam avançar mais rápido se seguissem as correntes superficiais regulares do oceano, chamadas giros, que são determinadas por padrões eólicos, gravidade, calor do Sol e velocidade de rotação da Terra. Os giros no Hemisfério Norte (Giros do Atlântico Norte e do Pacífico Norte) seguem para a direita e os do Hemisfério Sul, para a esquerda.

Por causa da direção para a direita do Giro do Atlântico Norte, a viagem do Atlântico Norte até o Canadá era muito mais difícil do que o retorno. Seguindo de perto a costa, os vikings pegavam a Corrente da Groenlândia, mais lenta e fria, até a Islândia e a Groenlândia, e a partir de lá pegavam a Corrente do Labrador até o Canadá. A viagem tinha seus riscos. A Corrente da Groenlândia encontra a Corrente do Golfo muito mais quente no Cabo Farewell, o extremo sul da Groenlândia, e a neblina e os ventos resultantes afundam os barcos com frequência.

Provavelmente foi o que aconteceu com um navegador viking chamado Bjarni Herjolfsson em 985 ou 986, que zarpou da Islândia em direção à Groenlândia, onde esperava encontrar seu pai que tinha acabado de se mudar para um novo povoado iniciado por Érico, o Vermelho.

Bjarni e seus homens navegaram por três dias da Islândia até a Groenlândia. Então, diz a lenda que "o vento cessou e eles foram atingidos por ventos do norte e pela neblina; por muitos dias eles não sabiam por onde navegavam". Quando o céu abriu, ele e seus homens viram terra firme, mas Bjarni tinha ouvido histórias suficientes para saber como era a Groenlândia, e o que viam não correspondia àquela descrição. Depois de visitar outros dois lugares, eles mudaram o curso e voltaram em segurança para a Groenlândia. Bjarni e seus homens nunca aportaram lá, mas seu relato inspirou Leif Erikson, o primeiro viking reconhecido por chegar às Américas, a refazer seus passos no ano 1000. Foi quando ele chegou ao nordeste do Canadá.

Quando voltavam para a Escandinávia, os vikings conseguiam pegar a Corrente do Golfo, que faz parte do Giro do Atlântico Norte. Navegar na Corrente do Golfo é como seguir um rio rápido em um oceano lento. Ela segue ao norte, pela costa leste das Américas, então desvia no Atlântico, perto da Terra Nova. Chegando ao Reino Unido, continua ao norte pela Europa. Sua velocidade ultrapassa 160km por dia e sua largura, visível porque tem uma cor diferente das águas ao redor, é de 70km.

As distâncias no Pacífico eram muito maiores do que as do Atlântico: em seu ponto mais largo, entre a Indonésia e a Colômbia, o Oceano Pacífico se estende por 20 mil km, em comparação com 6.400km do Atlântico. O Japão e a Califórnia distam um do outro cerca de 8.800km. Os primeiros navegadores aproveitavam o Giro do Pacífico Norte para continuarem sua expansão pelo Pacífico em canoas duplas com velas; como os vikings, eles não usavam instrumentos de navegação. Saindo de Samoa, chegaram ao Arquipélago da Sociedade por volta de 1025 e levaram mais dois séculos e meio para chegarem ao Havaí, Ilha de Páscoa e Nova Zelândia.

Na verdade, se as condições fossem favoráveis, uma pessoa podia cruzar o Pacífico se deslocando pelas correntes oceânicas sem velas, como 14 navegadores japoneses sem sorte descobriram. No dia 2 de dezembro de 1832, o barco de pesca deles, feito de madeira, com 15m de comprimento, zarpou de Nagoia na costa leste do Japão e seguiu para Tóquio. Uma grande tempestade os tirou do curso e a nau sem mastro foi arrastada primeiro pela Corrente Kuroshio, depois pela Corrente do Pacífico Norte, ambas pertencentes ao Giro do Pacífico Norte.

A embarcação chegou à costa uns 14 meses depois, em janeiro de 1834, na cidade de Ozette, Washington. Só três navegadores sobreviveram coletando água da chuva, pescando e capturando pássaros ocasionalmente. Como não tinham uma fonte de vitamina C, ficaram vulneráveis ao escorbuto, que matou os outros 11 companheiros.

Os ventos dominantes facilitavam algumas viagens e dificultavam outras. Como qualquer navegador experiente sabe, os barcos podem viajar mais rápido com vento que empurra por trás. Padrões climáticos sazonais tinham grande impacto em certas regiões. Os mais conhecidos são os ventos de monções, causados pelo movimento do fluxo de ar em direção ao oceano quando a massa de terra da Eurásia aquece com a aproximação da primavera, então retorna na direção oposta seis meses depois. No ano 1000, os navegadores sentiam com precisão o momento em que os ventos podiam levá-los entre os Oceanos Índico e Pacífico.

Como mencionou o grande historiador da navegação árabe George F. Hourani (1913–1984): "Essa rota marítima, do Golfo Pérsico até Canton [Guangzhou], era a mais longa e usada pela humanidade antes da expansão europeia no século XVI, e merece atenção como um feito notável." As embarcações que seguiam a rota Golfo Pérsico–China viajavam quase duas vezes a distância de Colombo; se fosse acrescentado o trecho de Basra, no Iraque, a Sofala, em Moçambique, a rota seria três vezes maior.

Por volta do ano 1000, os Oceanos Índico e Pacífico testemunharam uma intensificação do comércio entre os portos árabe, indiano, sudeste da Ásia, leste da África e chinês. Nenhum marinheiro ia para o leste das Filipinas, pois os chineses acreditavam que todas as águas do oceano convergiam em um redemoinho perigoso, do qual nenhum barco poderia escapar.

Havia um quê de verdade nessa crença. O Caudal Indonésio carrega as águas quentes do Oceano Pacífico para o Oceano Índico; a direção do fluxo é predominantemente para o sul, passando pelo arquipélago indonésio, então indo para oeste até o Oceano Índico. Essas correntes colidem e se movem em todas as direções em torno das ilhas do sudeste da Ásia, elevando o nível dos oceanos em 46cm acima de qualquer outro lugar no planeta. As correntes são tão rápidas e grandes que cientistas tiveram que criar uma unidade, sverdrup, que tem um valor de um milhão de metros cúbicos por segundo, para medir o fluxo. A direção da corrente facilita que barcos e outros objetos flutuem no oceano em direção ao sul e a oeste no Oceano Índico, porém é muito mais difícil para qualquer coisa seguir para o norte.

Como é mais fácil seguir para o sul, as pessoas viajavam de barco para a Austrália inicialmente, há uns 50 mil anos, mas quase ninguém ia para o norte. Desse modo, havia bem pouco contato entre a Austrália e a Indonésia, ou o território no sudeste da Ásia até, pelo menos, 1300 ou 1400. De fato, os primeiros chineses foram para a Austrália em busca de lesmas do mar, também conhecidas como trepang, pepinos do mar ou bêche-de-mer. Os consumidores chineses gostavam tanto das lesmas do mar que os primeiros pescadores pescavam muito nas águas próximas de Guangzhou, depois foram para o sul ao longo da costa do sudeste asiático até o Vietnã, e de lá para a Indonésia, finalmente indo para a costa norte da Austrália em torno de 1400.

No ano 1000, a maioria dos homens do mar navegava por estimativa, significando que dependiam do olho nu e do conhecimento dos movimentos do Sol, da Lua e das estrelas para escolherem seu curso. As grandes exceções foram os navegadores muçulmanos, que usavam sextantes, e os chineses, que fabricavam bússolas magnéticas por volta do ano 1000.

Os habilidosos marinheiros vikings e da Polinésia conseguiam definir seu curso com a observação cuidadosa das ondas, algas marinhas, padrões de voo dos pássaros e contornos da terra firme. Mau Piailug, um micronésio que estudou o sistema polinésio tradicional de navegação, ensinou isso a Steve Thomas nos anos 1980, depois a um navegador ávido e mais tarde ao apresentador do programa *This Old House*. Quando o tempo estava claro, ele usava as estrelas para navegar, Mau explicou, e quando estava nublado observava as formas das ondas para determinar seu curso.

Como os exploradores da Polinésia, os vikings não usavam instrumentos. Por que eles viajavam para novos lugares no ano 1000? A estrutura social, sobretudo a dinâmica de bandos armados, tinha um papel essencial, uma vez que chefes ambiciosos buscavam novos territórios. O poema épico *Beowulf*, escrito em inglês arcaico, explica como funcionavam tais grupos (o único manuscrito que sobreviveu data do ano 1000 e a história se passa alguns séculos antes). O jovem príncipe sueco Beowulf vai para a Dinamarca ajudar um rei vizinho, cujo reino era ameaçado por um monstro chamado Grendel. Ele foi acompanhado de uns 20 jovens que lutavam a seu lado e viajavam com ele para terras distantes em busca de tesouros raros. Por sua vez, ele recompensava seus seguidores com presentes, geralmente braceletes de prata, pilhados de seus inimigos. Os homens do bando armado de

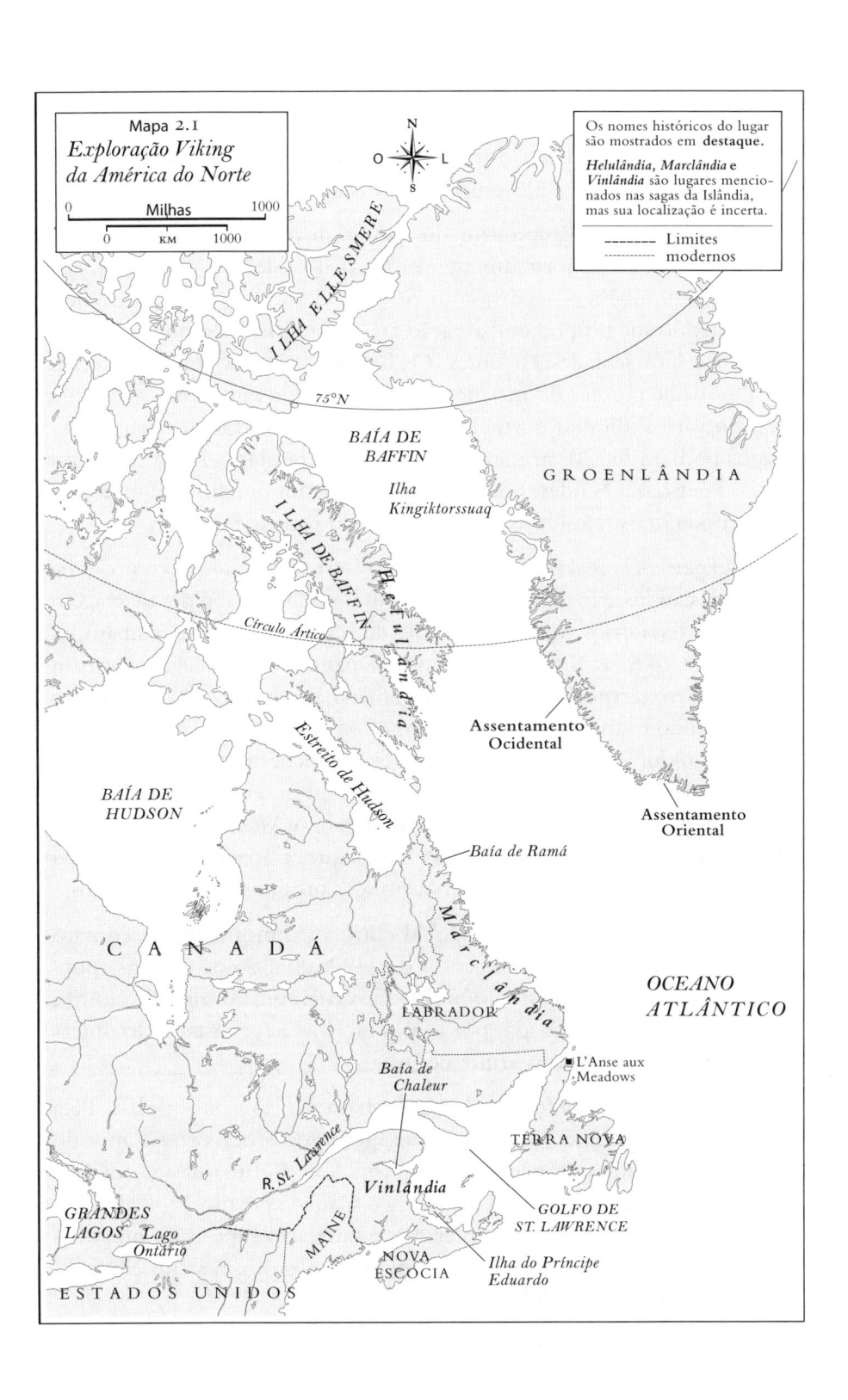

Mapa 2.1
Exploração Viking da América do Norte

Milhas 0 — 1000
KM 0 — 1000

Os nomes históricos do lugar são mostrados em **destaque**.

Helulândia, Marclândia e *Vinlândia* são lugares mencionados nas sagas da Islândia, mas sua localização é incerta.

------- Limites
---------- modernos

ILHA ELLESMERE

75°N

BAÍA DE BAFFIN

Ilha Kingiktorssuaq

GROENLÂNDIA

ILHA DE BAFFIN

Helulândia

Círculo Ártico

Assentamento Ocidental

BAÍA DE HUDSON

Estreito de Hudson

Baía de Ramá

Assentamento Oriental

C A N A D Á

Marclândia

OCEANO ATLÂNTICO

LABRADOR

■ L'Anse aux Meadows

Baía de Chaleur

TERRA NOVA

R. St. Lawrence

Vinlândia

GOLFO DE ST. LAWRENCE

GRANDES LAGOS *Lago Ontário*

MAINE

NOVA ESCÓCIA

Ilha do Príncipe Eduardo

ESTADOS UNIDOS

Beowulf não guerreavam o tempo todo; às vezes, eles se divertiam e desfrutavam do prazer da companhia uns dos outros.

Os membros do grupo armado não eram todos homens; às vezes, incluíam mulheres, normalmente a esposa do líder. As mulheres podiam lutar também; Freydis, com os seios desnudos, por fim acabou comandando sua própria embarcação até as Américas, como reza a lenda passada por seus descendentes. Os bandos armados tampouco eram compostos de pessoas do mesmo lugar; pessoas de outros países ou que falavam vários idiomas normalmente se reuniam. Pequenos grupos armados podiam ter 20 ou mais membros, mas podiam chegar a 100 ou até 200 pessoas. Os líderes desses grupos armados que tinham êxito em atrair ainda mais seguidores acabavam sendo príncipes ou reis.

A experiência real do viking Érico, o Vermelho, mostra como os líderes dos bandos armados conduziam seus homens nas regiões de origem até novos territórios. Em 980, depois de ser culpado de assassinato na Islândia, Érico foi exilado por três anos. Já banido da Noruega, ele partiu para um novo território, no caso a Groenlândia, avistada por volta do ano 900. Quando os três anos terminaram, ele voltou para a Islândia para recrutar seguidores que zarparam em 25 embarcações para a Groenlândia. Onze barcos desviaram da rota e nunca mais foram vistos. Quatorze embarcações chegaram e seus ocupantes fundaram o Assentamento Ocidental. O filho de Érico, Leif, e outros vikings que atravessaram o Atlântico Norte até o Canadá, também chefiavam seus próprios bandos armados.

Iniciaremos nossa jornada global com certo momento de contato entre a Europa e as Américas antes de 1492: quando os vikings aportam na Terra Nova no ano 1000. De lá, viajaremos o mundo inteiro, seguindo as rotas assinaladas por fontes escritas e reconstruindo outras com base em descobertas arqueológicas.

Em 1000, exploradores vikings fecharam o circuito global. Pela primeira vez um objeto ou uma mensagem podia percorrer o mundo inteiro. É verdade que não sabemos, ainda, se alguma dessas coisas o fez. Mas, como as viagens vikings para o Canadá no ano 1000 abriram uma rota da Europa para as Américas, é fato, não suposição, que uma rede de caminhos globais tomou forma naquele ano. E assim começamos nossa história da globalização.

CAPÍTULO DOIS

Rumo ao Oeste, Jovem Viking

Os vikings fizeram três viagens distintas para as Américas, como contam as sagas. A primeira ocorreu no ano 1000, quando Leif Erikson levou homens armados rumo às terras que Bjarni Herjolfsson tinha avistado anteriormente. Desviado do curso, Bjarni descreveu três lugares diferentes (ele nunca colocou os pés em nenhum) antes de chegar ao assentamento na Groenlândia fundado pelo pai de Leif, Érico, o Vermelho. Adquirindo a embarcação de Bjarni 15 anos depois, Leif partiu da Groenlândia com seu bando guerreiro para encontrar um lugar que ele mesmo poderia governar.

Leif e seus seguidores aportaram primeiro em um lugar "como uma rocha plana das geleiras até o mar", que eles chamaram de Helulândia, significando "terra das rochas lisas". Provavelmente era a Ilha de Baffin, entre o nordeste do Canadá e a Groenlândia. Depois foram para uma terra "plana e arborizada", "descendo suavemente em direção ao mar", com "muitas praias de areia branca". Leif a chamou de Marclândia, ou "terra das florestas", muito provavelmente a costa do Labrador no nordeste do Canadá, ainda conhecida por suas praias incrivelmente brancas. Os dois lugares eram muito frios e áridos para serem habitados pelo homem.

O terceiro destino era muito mais convidativo. Na maré baixa, a embarcação fez Leif e seus homens encalharem e "sua curiosidade pela terra foi tão grande que nem se importaram em esperar a maré subir", então desceram do barco e exploraram a região. Eles encontraram um terreno fértil com muita grama e peixes. Construíram barracas ou pequenas estruturas de madeiras cobertas com tecido para passar as noites, e chamaram seu primeiro assentamento de Leifsbudir, "barracas de Leif" e a ilha de Vinlândia ou "Terra das Vinhas". Estudiosos ainda debatem sobre o local em que aportaram. Após passarem o inverno em Vinlândia, Leif e seu bando voltaram para a Groenlândia sem encontrar nenhum povo indígena.

Alguns anos depois, o irmão de Leif, Thorvald, decidiu ir para Vinlândia em uma segunda expedição. Escolhendo não acompanhá-lo, Leif ofereceu sua embarcação e as construções que ele e seus homens tinham feito em Leifsbudir. Diferentemente de Leif, Thorvald encontrou nativos do novo continente, e para ele o encontro acabou sendo fatal. Ele e seus homens avistaram três "barcos encobertos", com nove homens escondidos embaixo deles.

Sempre que indígenas aparecem nas lendas, estão sempre remando "barcos encobertos" ou canoas. Embora as canoas de bétula fossem comuns nas regiões do nordeste dos atuais EUA e Canadá, as pessoas que viviam no Maine e na Nova Escócia cobriam as estruturas da canoa com peles de alce.

Sem que fossem provocados, os homens de Thorvald mataram oito desses nativos, talvez para saber se eram espíritos ou estavam vivos. Os humanos podiam ser mortos com armas de ferro, mas os espíritos não. O nono homem escapou e voltou com reforços, atirando flechas nos vikings. Uma delas entrou no peito de Thorvald e o matou. Uma lenda identifica o assassino como um ser com um só pé ou unípede, uma criatura que habitava terras distantes, como se acreditava. Assim, os homens de Thorvald voltaram para a Groenlândia sem ele.

A terceira expedição viking para Vinlândia foi liderada por um islandês chamado Thorfinn Karlsefni, um homem ligado a Leif por vínculos matrimoniais. Por causa do assassinato de Thorvald, Karlsefni e seus homens tinham bons motivos para ter medo quando viram, remando em sua direção, homens estranhos em "nove barcos encobertos" agitando varas de madeira, "que faziam um zumbido conforme eram giradas no sentido do Sol" ou para a direita.

Imaginando se as varas podiam indicar intenções pacíficas, Karlsefni ordenou que seus homens levantassem um escudo branco para saudar os estrangeiros, que então se aproximaram. "Eles tinham estatura baixa com traços ameaçadores e cabelo enrolado. Os olhos eram grandes e as bochechas largas." O encontro foi rápido. Os dois lados apenas se observaram e partiram.

Quando os indígenas voltaram na primavera, chegaram em um grupo maior. "Parecia que pedaços de carvão tinham sido jogados na água e havia uma vara balançando em cada barco." Dessa vez, os dois grupos trocaram mercadorias: pelas "peles escuras" dos nativos, os nórdicos ofereceram tecidos de lã e tingidos de vermelho. Os nativos queriam espadas e lanças, mas Karlsefni e seu imediato, Snorri, proibiram a troca de qualquer arma.

Quando trocaram peles por tecido, os habitantes enrolaram a lã vermelha em suas cabeças, e quando os suprimentos começaram a acabar os nórdicos passaram a cortar peças cada vez menores, algumas pouco "maiores que a largura de um dedo", mas ainda assim os nativos ofereciam peles inteiras pelos retalhos. Então, um barulho interrompeu a negociação. "Um touro, que pertencia a Karlsefni e seus companheiros, saiu da floresta e mugiu alto." O som assustou os habitantes, que pularam em seus barcos e partiram para o sul.

A descrição do escambo de tecido vermelho por peles de animais está na *Saga de Érico, o Vermelho*, um épico oral criado em islandês antigo, em homenagem a Érico, um glorioso ancestral da família cuja história a lenda reconta. Transmitida oralmente, a lenda teve vários autores desconhecidos. Ela conta que eram 140 os nórdicos presentes na terra nova; no verão, um grupo de 100 ou mais pessoas ficava no acampamento-base original de Leif, Leifsbudir, afirma a saga, enquanto Karlsefni e Snorri saíam para explorar com 40 homens.

Uma segunda saga, a *Saga dos Groenlandeses*, também sem autor conhecido, relata eventos parecidos em uma ordem diferente. O touro muge antes dos dois grupos negociarem e os nórdicos apresentam leite fresco e laticínios no lugar de tecido vermelho. A segunda saga relata que Thorfinn Karlsefni conduzia um grupo de 60 homens e 5 mulheres, menos da metade da quantidade informada na *Saga de Érico, o Vermelho*. Também conta que os bandos armados incluíam não apenas escandinavos, mas também prisioneiros de guerra capturados ou escravos comprados, em geral na Alemanha e na França.

Não sendo compostas apenas para entretenimento, as sagas exaltavam os feitos dos ancestrais, cujos descendentes ouviam as histórias sobre o passado de sua família. A *Saga de Érico, o Vermelho* reconta as proezas de Érico e seus filhos Leif, Thorvald e Thorstein, assim como sua filha Freydis. Os homens são heróis, mas Freydis é agressiva e muitas vezes mal-humorada. Tendo recebido o nome da deusa nórdica Freya, ela é uma força única. O público moderno não consegue deixar de gostar dela; mesmo que minta e às vezes mate, ela mostra uma bravura sem igual, como quando bate com uma espada em seu peito, desafiando outros invasores indígenas, por exemplo.

A *Saga dos Groenlandeses* muda o foco para Thorfinn Karlsefni e sua esposa, Gudrid, pois eles eram os ancestrais do bispo Björn Gilsson (morto em 1162) em cuja honra a saga foi composta. A esposa de Karlsefni, Gudrid (seu nome tem o mesmo radical de "God", Deus em inglês), é tão virtuosa quanto Freydis é caprichosa.

As duas sagas, conhecidas como sagas da Vinlândia, descrevem eventos que ocorrem antes da população da Escandinávia ter sido convertida ao Cristianismo, um processo que durou séculos, começando nos anos 900, quando os governadores da Dinamarca, então Noruega e Islândia, converteram-se oficialmente ao Cristianismo. Antes da chegada dessa religião, os nórdicos cultuavam inúmeros deuses, liderados por Thor, a divindade poderosa que governava o céu e controlava o trovão, o vento, a chuva e a colheita. Outras divindades importantes foram Freya, a deusa poderosa da fertilidade, e Odin, o deus da guerra.

Na época em que adoravam essas divindades, os nórdicos já tinham começado a se expandir até a área central da Escandinávia, local das modernas Noruega, Suécia e Dinamarca. Nesses territórios, as pessoas falavam latim ou islandês antigo (um idioma que se desenvolveu nas línguas islandesa, norueguesa, sueca e dinamarquesa atuais). Desde o tempo dos romanos, os escandinavos usavam um alfabeto com letras angulares, chamadas runas. Nos anos 1100, alguns passaram a usar o alfabeto romano com algumas letras adicionais, ao passo que outros continuaram com as runas, sobretudo nas lápides, porque eram mais fáceis de esculpir em pedra.

Alguns escandinavos se aventuraram em novos lugares porque as terras agrícolas estavam muito limitadas ao sul da Dinamarca e da Suécia, nas quais os moradores cultivavam grãos como cevada, centeio e aveia; e vegetais como ervilha e repolho. Como a terra para cultivo era escassa, a maioria dos escandinavos também tinha rebanhos de vacas, bois, porcos, ovelhas e cabras. Os que viviam mais perto do Círculo Ártico (inclusive os ancestrais dos povos sami de hoje na Lapônia) pescavam, criavam renas e caçavam morsas.

Os nórdicos moravam em pequenas fazendas. A maioria das pessoas casava tarde, só depois de terem riqueza suficiente para comprar sua própria terra, e antes disso trabalhavam para os proprietários de terra mais estabelecidos. A falta constante de terra, aliada às oportunidades limitadas para melhorar de posição social, fazia com que os nórdicos passassem a saquear. Alguns escandinavos não fizeram um único ataque, ao passo que outros atacavam apenas uma vez, só para conseguirem espólio suficiente para comprar uma fazenda. Havia também os que roubavam e saqueavam a vida inteira.

Esse é o significado original da palavra "viking": assaltar" ou "piratear". Na verdade, algumas fontes do ano 1000 se referem aos nórdicos como vikings. Por isso, este livro fará referência às pessoas da atual Dinamarca, Noruega e Suécia como escandinavos ou nórdicos, e reservará a palavra "viking" apenas para os saqueadores ativos.

Na maioria dos livros, a Era Viking começa com os ataques de 793 ao monastério de Lindisfarne, em Northumberland, na costa leste do Reino Unido. Mas escavações recentes de um funeral viking em Salme, Estônia, demonstram que os vikings assaltaram Salme em uma data anterior, entre 700 e 750.

Os primeiros barcos vikings não tinham velas. Os construtores usavam machados e cunhas para cortar as tábuas ou pranchas, de carvalho ou troncos de pinheiro, sobrepunham-nas ligeiramente e as pregavam em uma estrutura curva com preguinhos de ferro chamados clínquer. Os cascos pouco resistiam quando se chocavam com as rochas. Essas embarcações podiam navegar a remo por longas distâncias ou aportar em águas rasas, portanto, eram muito adequadas para viagens na Escandinávia. Com a introdução da vela quadrada por volta do ano 750, os barcos vikings podiam percorrer distâncias maiores (os navegadores do Mediterrâneo conheciam a vela há milhares de anos; a tecnologia chegou tarde na Escandinávia).

Os vikings teciam velas quadradas com lã ou linho, que eles podiam girar, mas não conseguiam incliná-las para acompanhar o vento, como as velas triangulares atuais. E mais, as réplicas modernas das embarcações vikings velejam diretamente no vento, em comparação com o que antes se imaginava ser possível.

Tesouros enterrados mostram a distância em que os vikings se aventuravam. Um conjunto de objetos, da ilha sueca Helgö, cerca de 32km a oeste de Estocolmo, contém um báculo episcopal de um bispo irlandês, uma concha egípcia, um punho de espada carolíngio, uma travessa de prata do Mediterrâneo e, o mais surpreendente, uma estatueta de bronze de Buda, com 10cm de altura, confeccionada no norte do Paquistão por volta do ano 500. Esses objetos chegaram à Suécia vários séculos após a introdução da vela.

Nos séculos anteriores à chegada do Cristianismo, os nórdicos transformavam os barcos em túmulo, que eles enterravam com bens luxuosos. Tais funerais revelam muito sobre a construção desses barcos vikings. Dois dos barcos intactos encontrados perto de Oslo, com quase todos os objetos funerários (mas nenhum metal precioso porque foram roubados) são muito esclarecedores sobre as técnicas de construção. Em geral, mas nem sempre, a madeira se desintegra quando é retirada do solo. Porém, desde que não entre em contato com o oxigênio, como pode acontecer em lama profunda, a madeira consegue sobreviver por séculos com poucos danos.

Hoje, as duas embarcações estão no Museu do Barco Viking em Bygdøy, um subúrbio encantador a uma curta viagem de barco, saindo do porto de Oslo. Talhado em tábuas de carvalho e enterrado em 834, o barco de Oseburg, primorosamente trabalhado, tinha tecidos raros, inclusive sedas importadas, e foi enterrado com uma carroça de madeira. Provavelmente um chefe do alto escalão usava o barco como recreação em águas doces antes de enterrá-lo.

O barco de Gokstad, datando de 890, continha os esqueletos de dois pavões e dois açores, falcões de cauda longa usados para caçar. Os corpos de 12 cavalos e 6 cachorros também foram enterrados próximo do barco, uma evidência da importância desses animais para o falecido. Com um corte horizontal na base de um carvalho com 24m de comprimento, o barco de Gokstad (23,24m) mede um pouco mais que o barco de Oseburg (21,58m) e era adequado para viagens oceânicas. O barco de Gokstad era o modelo mais típico, com apenas um entalhe decorativo no leme. Dezesseis tábuas sobrepostas são visíveis em sua parte externa.

Os vikings construíam diferentes tipos de barcos dependendo da finalidade. Os barcos de guerra tinham que ser longos e estreitos, ao passo que os cargueiros eram menores e mais largos. Quando viajavam por rios, os nórdicos trocavam para embarcações mais leves, que podiam ser carregadas de um rio para o outro.

Por volta do ano 1000, as embarcações nórdicas ficaram maiores, chegando a medir 30m. Esses navios possibilitavam que os nórdicos chegassem a águas mais distantes. Pilhas de resíduos nas cidades escandinavas da época contêm grandes quantidades de espinhas de bacalhau, um peixe importado da Islândia, mostrando com eram comuns as viagens de longa distância nos oceanos.

Os nórdicos velejavam para a Islândia nesses barcos nos anos 870 e para a Groenlândia por volta de 900. O primeiro assentamento permanente na Groenlândia ocorreu nos anos 980, quando Érico, o Vermelho, conduziu seus seguidores para lá após o fim do exílio. Os nórdicos estabeleceram dois assentamentos na Groenlândia: o Assentamento Oriental era maior que o Ocidental. Todos que partiam para a América do Norte tinham origem em um desses pontos.

As duas sagas descrevem as viagens do ano 1000, mas elas foram registradas após a conversão ao Cristianismo na região. Vivendo em tempos cristãos, os autores acreditavam que seus ancestrais eram cristãos, mas as histórias herdadas por eles descrevem um comportamento pré-cristão. Os narradores colocaram uma interpretação cristã retroativa no que eram claramente atos pagãos. Até a virtuosa esposa de Karlsefni, Gudrid, foi envolvida; em um momento ela se recusa a cantar uma canção de feitiçaria pré-cristã, mas concorda quando uma "mulher sábia", com poderes especiais, pede que ela cante especificamente uma. A reescrita cristã requer que ela proteste antes de começar a cantar esse tipo de música, que embora não seja cristã certamente era muito comum nos tempos anteriores a Cristo.

Grande parte da frustração dos historiadores é que o material nas sagas não pode ser datado com precisão. Um poeta recitando uma saga ou um copista posterior sempre poderia ter inserido um material novo.

O conteúdo da *Saga dos Groenlandeses* e a *Saga de Érico* algumas vezes se sobrepõem, e em outras entram em conflito. Salvo a descoberta de uma nova evidência, nunca saberemos ao certo qual é anterior. *Temos* certeza das datas dos primeiros manuscritos que sobreviveram. A *Saga de Érico, o Vermelho*, foi registrada logo depois de 1264 e a *Saga dos Groenlandeses* foi copiada em um compêndio maior em 1387. Provavelmente foram compostas pela primeira vez em 1200, uns 200 anos depois dos eventos descritos.

Considerando que uma fonte próxima da data dos eventos reais provavelmente é mais precisa, alguns historiadores descartam todas as informações das sagas como sendo tardias demais para serem confiáveis. Esses estudiosos veem as sagas mais como um reflexo da sociedade islandesa de 1200 e 1300 do que de períodos anteriores. Por exemplo, eles consideram improvável que Freydis realmente tenha batido em seu peito com uma espada. Eles sugerem que o poeta ou o escriba que incluiu o fato deve ter tido um motivo ligado à época: talvez o objetivo fosse enfatizar a coragem de Freydis, em oposição à covardia de seus companheiros homens. Ou talvez os descendentes de Freydis quisessem realçar os feitos dela.

Alguns estudiosos da literatura islandesa negam que quaisquer eventos nas sagas tenham ocorrido porque acreditam que um trabalho que descreva eventos reais tem menos mérito literário. Eles querem salientar a criatividade das pessoas que compuseram as sagas para que possam defendê-las como trabalhos genuínos da literatura mundial.

Contudo, outro grupo de acadêmicos é ainda mais extremo em sua negação de que as sagas da Vinlândia possam nos ensinar algo sobre a América do Norte. Eles insistem que as sagas não têm valor histórico porque simplesmente repetem frases literárias recorrentes sobre pessoas desconhecidas. Esses negacionistas estão convencidos de que os autores da saga não tinham ideia sobre onde se localizava a Vinlândia; eles afirmam que essa Vinlândia provavelmente estava na África, porque era lá onde os unípedes viviam, segundo outras fontes nórdicas.

Mas, se você aceita a teoria da sopa de relatos, essas objeções não importam. Essa teoria afirma que os poetas compunham as sagas selecionando diferentes itens em um conjunto preexistente, ou sopa, de relatos transmitidos oralmente e apresentados na ordem que contribuía para a narrativa mais emocionante. Isso explica por que as duas sagas concordam sobre os principais eventos do encontro entre o bando de Karlsefni e os povos indígenas, mas os apresentam em uma ordem um pouco diferente.

Os céticos que desafiam as sagas da Vinlândia se esquecem de dois pontos fundamentais: as sagas continham informações precisas suficientes para servirem como guia para o único local viking verificado em toda a América do Norte, em L'Anse aux Meadows. E, como veremos em seguida, a descrição das sagas dos indígenas e como eles indicaram seu desejo de negociar corresponde quase perfeitamente com o que Jacques Cartier vivenciou em sua primeira viagem para a região nos anos 1530. Se abordarmos as sagas com cuidado, elas terão muito a nos ensinar sobre a América do Norte no ano 1000.

As sagas usavam a palavra "skraeling", um termo pejorativo significando "miseráveis", para as pessoas que eles encontravam. Hoje, os estudiosos preferem ameríndios como um termo amplo que se refere a todos os povos indígenas que vivem nas Américas; os norte-americanos chamam essas pessoas de Americanos Nativos e os canadenses preferem se referir a eles como Primeiras Nações.

Três povos diferentes viviam na parte nordeste da América do Norte no ano 1000 na época das viagens nórdicas. O povo dorset vivia no norte da Groenlândia e no leste do Ártico canadense desde o ano 2000 a.C. Um objeto dorset foi encontrado em L'Anse aux Meadows: era de pedra-sabão, redondo, com uma leve depressão no topo. Nos anos 1960, os primeiros escavadores acharam que o objeto era um eixo de pedra islandês para uma porta, mas pesquisadores recentes o identificam como sendo um dorset característico. Ele pode apontar para um contato ou negociação com o povo dorset, significando que um grupo o negociou com seus vizinhos, que o negociou com outros, e assim por diante até chegar em l'Anse aux Meadows. Ou pode ter sido um item que os nórdicos pegaram em um local dorset abandonado.

Por volta de 1000 d.C., um novo grupo de pessoas, os thule, substituiu os dorset porque se adaptaram melhor às condições do Ártico. Eles migraram do Alasca para o norte do Canadá, e seus descendentes, os atuais nativos da Groenlândia, autodenominam-se inuíte ("pessoas") e rejeitam o rótulo pejorativo de esquimó ("comedores de peixe cru").

Antes e após a ocupação nórdica, diferentes grupos nativos ocuparam a área em torno de L'Anse aux Meadows, mas nenhuma evidência arqueológica da ocupação ameríndia no ano 1000 d.C. foi encontrada. É por isso que os arqueólogos não sabem com precisão qual grupo os nórdicos podem ter encontrado. É provável que eles tenham se deparado com um terceiro grupo de nativos, chamados beothuk ou Innu ancestral. Os beothuk viviam na Terra Nova, mas desapareceram no início dos anos 1800; os innu ainda vivem na costa do Labrador atualmente. Esses grupos depositaram alguns artefatos em L'Anse aux Meadows nos séculos XII e XIII.

Após 1500, as pessoas da região formaram a Aliança Wabanaki, que incluía os povos mi'kmaq, penobscot, maliseet e passamaquoddy. Wabanaki é uma palavra algonquina oriental para "pessoas da terra do amanhecer", significando as regiões mais a leste, do lado onde nasce o Sol. Os wabanaki falavam línguas algonquianas diferentes e nos anos 1500 suas redes de comércio se estendiam do sul de Labrador ao norte, passando por Maine até o oeste dos Grandes Lagos. Eles viviam caçando animais marinhos, sobretudo focas que migravam todos os anos do continente canadense para a Terra Nova. Os wabanaki comercializavam certas mercadorias, como objetos feitos de sílex de silicato translúcido que vinha da Baía de Ramá ao norte de Labrador.

Grande parte do que sabemos sobre o povo wabanaki tem origem em descrições posteriores, em particular as do explorador francês Jacques Cartier (1491–1557), que chegou em Quebec em julho de 1534. Perto da costa, Cartier descobriu que era possível viajar de barco do Rio St. Lawrence até a Baía de Chaleur, e carregar as canoas por terra onde os rios eram muito rasos. A fertilidade da região chocou Cartier: "A terra no lado sul [Baía de Chaleur] é muito bonita e boa, arável e cheia de belos campos e prados, como jamais vimos igual; e é tão plana quanto a superfície de um lago."

Em sua primeira viagem para a Baía de Chaleur, Cartier encontrou dois grupos de ameríndios mi'kmaq em "umas 40 ou 50 canoas". Podemos ter certeza de que eram mi'kmaq porque Cartier registrou algumas frases que eles pronunciavam, que foram identificadas como língua mi'kmaq. Quando chegou o primeiro grupo mi'kmaq, "um grande número de pessoas saltou do barco, pisou em terra firme, fazendo um grande clamor e um sinal frequente para que nós desembarcássemos, segurando algumas peles em varas." Mesmo com Cartier e seus homens tendo a impressão de que eram amistosos, os franceses se recusaram a sair de seus barcos e descer em terra firme. Quando os mi'kmaq os seguiram, os franceses dispararam dois canhões. O povo mi'kmaq ainda os acompanhou, fazendo os franceses dispararem dois mosquetes. Só então se dispersaram.

Eles retornaram no dia seguinte, "fazendo sinais para nós de que tinham vindo fazer escambo; seguravam algumas peles de pequeno valor com as quais se cobriam. Do mesmo modo, fizemos sinais para eles de que não queríamos machucá-los e enviamos dois homens à terra para lhes dar algumas facas e outros objetos de ferro, inclusive um chapéu vermelho para darem a seu chefe". Assim como os skraelings que encontraram os nórdicos 500 anos antes, os mi'kmaq queriam tecido vermelho. Diferente dos nórdicos, os franceses queiram comercializar facas de metal porque possuíam outras armas mais poderosas.

Depois que os franceses deram os presentes, Cartier registrou que o povo mi'kmaq "enviou para terra firme parte das pessoas com suas peles; e os dois lados negociaram. Eles mostraram um grande prazer em possuir e ter artigos de ferro e outras mercadorias, dançando e realizando muitas cerimônias, jogando água do mar sobre suas cabeças com as mãos. Eles trocaram tudo que tinham, a ponto de voltarem pelados, sem nada; e fizeram sinais para nós de que retornariam no dia seguinte com mais peles". A coincidência com o relato na *Saga de Érico* (o barulho, varas, peles e promessa de voltar no dia seguinte) é uma confirmação incomum da veracidade das sagas da Vinlândia. Também revela uma grande conexão entre os skraelings do ano 1000 e os mi'kmaq de 1534.

Quando Annette Kolodny, professora de Literatura e Cultura Norte-americanas na Universidade do Arizona, investigou se os ameríndios modernos que viviam na região nordeste do Canadá lembravam os nórdicos, ela descobriu que não. Um de seus entrevistados, Wayne Newell, um passamaquoddy idoso que vivia em Indian Township, no Maine, contou a Kolodny que o "vermelho era uma cor espiritual" para seu povo e a lenda dos chocalhos dos skraelings "trazia à sua lembrança flautas artesanais ou apitos girados na ponta de uma corda, um instrumento que ele tinha feito quando criança".

Embora nas sagas o encontro para escambo de peles tenha sido pacífico, Karlsefni sente que os skraelings são uma ameaça e constrói uma cerca de madeira em torno de sua moradia para proteger a esposa, Gudrid, e seu jovem filho, Snorri, considerado o primeiro bebê nascido nas Américas pelos europeus, cujo nome homenageava o colíder de Karlsefni. No início do segundo inverno, os skraelings voltaram para negociar. Quando Gudrid está sentada com seu filho, "uma sombra entra pela porta e uma mulher surge, de estatura bem pequena... Ela era pálida e tinha olhos grandes, nunca vistos em uma cabeça humana."

Ela pergunta a Gudrid: "Qual o seu nome?"

Gudrid responde: "Eu me chamo Gudrid, e você?"

A mulher responde: "Eu me chamo Gudrid."

Essa conversa faz sentido quando lembramos que as pessoas que não falavam a mesma língua geralmente repetiam as frases para o outro. A visitante desapareceu misteriosamente.

Então, um nórdico mata alguns skraelings que roubaram armas e correram. Karlsefni incita seus homens para se prepararem para o próximo ataque porque ele tem o maravilhoso dom da presciência (lembre-se: ele é o ancestral em cuja honra a saga foi criada).

Com certeza, três semanas depois os skraeling retornam e atacam em grandes números "tão abundantes quanto um rio perene". Dessa vez, eles estavam gritando, balançando suas varas para a esquerda e arremessando objetos. Os dois chefes, Karlsefni e Snorri, "viram os nativos levantarem nas varas um grande objeto redondo e preto, mais ou menos do tamanho da barriga de uma ovelha, que vinha voando por terra e fazia um barulho ameaçador quando chegava ao chão". Era uma catapulta, uma pele cheia de pedras que era lançada de uma estrutura de madeira. A descrição do século XIX relata que uma catapulta usada pelos algonquianos podia afundar um barco ou uma canoa: "Lançada repentinamente por um grupo de homens, causava consternação e morte."

De fato, após o ataque da catapulta, Karlsefni e seus homens abandonaram o acampamento e seguiram rio acima. Sempre rápida em falar o que pensava, a irmã corajosa de Leif, Freydis, repreendia-os: "Por que vocês fogem de oponentes tão miseráveis, homens como vocês que parecem capazes de matá-los como ovelhas? Se eu tivesse uma arma, com certeza lutaria melhor do que qualquer um." Grávida e andando devagar, ela seguia Karlsefni com relutância, saindo do assentamento, até pegar uma espada de um nórdico morto e voltar para combater os skraelings.

É quando ela bate no peito com a espada. Aceitamos isso como um fato verídico? Ou uma invenção de um poeta talentoso para exaltar seus ancestrais? Para mim, a visão é tão incomum que parece plausível, mas não há meios de assegurar se realmente aconteceu.

Na confusão, um dos nativos pega um machado de um nórdico morto. Ele tenta cortar uma árvore, assim como seus outros companheiros. Eles consideram o machado "um tesouro real", reza a lenda, mas, quando um dos companheiros tenta cortar uma pedra, demonstrando pouca familiaridade com ferramentas de metal, o machado se parte em dois. Desapontado, o homem o atira longe.

No combate corpo a corpo, as armas de ferro e aço dos nórdicos lhes davam uma leve vantagem, mas com certeza não garantiam a vitória, sobretudo quando estavam em menor número. Afinal, dois nórdicos tinham morrido na batalha, menos que "muitas" baixas entre os nativos, mas suficiente para dar uma pausa a Karlsefni. A *Saga de Érico* é sucinta: o "grupo de Karlsefni percebeu que, apesar de tudo que a terra tinha a oferecer, eles estariam sob constante ameaça de ataque de seus primeiros habitantes. Eles se prepararam para partir rumo a seu próprio território."

As sagas, como conhecemos, datam dos séculos XIII e XIV, mas algumas fontes mencionam a existência de Vinlândia sendo anterior. O primeiro relato mais detalhado das viagens nórdicas é em latim e data de 1076, quando um historiador alemão do Cristianismo, chamado Adam de Bremen, concluiu sua *History of the Archbishopric of Hamburg* [História da Arquidiocese de Hamburgo, em tradução livre]. Esse livro, uma história da região norte da Alemanha administrada por um bispo, descreve a conversão cristã da Escandinávia, Islândia e Groenlândia. O relato objetivo de Adam inclui alguns fragmentos duvidosos, como este sobre a Groenlândia [em inglês, "Greenland" ou "Terra Verde", em tradução livre]: "Lá, as pessoas são esverdeadas devido à água do mar, de onde vem o nome da região." A afirmação de Adam mostra as ideias erradas que circulavam na época, muito parecidas com a afirmação de Érico, o Vermelho, na esperança de atrair colonizadores, de que a Groenlândia era realmente verde.

Adam também registra sua conversa com o rei de Danes, Svein Estrithson (governou de 1046 a 1074), que "também falava sobre outra ilha entre as muitas encontradas naquele oceano. Chama-se Vinlândia porque videiras que produziam excelente vinho cresciam por lá". Aqui está mais uma prova, de uma fonte registrada menos de um século após a primeira viagem de Leif, de que as viagens vikings realmente aconteceram. Adam de Bremen continua: "Além dessa ilha", o rei explicou, "nenhuma terra habitada é encontrada nesse oceano, mas os lugares além estão repletos de gelo intransponível e uma imensa escuridão". Assim, Vinlândia marcava o fim do mundo conhecido para Danes.

Mas onde se localizava, precisamente, Vinlândia?

Por séculos, os leitores de Adam de Bremen e das sagas da Vinlândia imaginavam se as viagens nórdicas eram reais e, se fossem, aonde Leif e Karlsefni tinham realmente ido. Analistas examinaram as descrições na *Saga dos Groenlandeses* sobre os desembarques de Leif em Helulândia, Marclândia e Vinlândia.

Uma pista importante para o local de Vinlândia: as horas do dia nessa terra misteriosa eram muito mais longas do que na Groenlândia: "Na profundeza do inverno", explica a Saga dos Groenlandeses, "o Sol era alto no meio da manhã e ainda visível no meio da tarde", informação que coloca Vinlândia em qualquer lugar entre Nova Jersey e o Golfo de St. Lawrence.

Em 1960, o diplomata norueguês Helge Ingstad e sua esposa, a arqueóloga Anne Stine Ingstad, decidiram explorar a costa canadense para ver se conseguiam localizar por onde Leif Erikson tinha viajado. Velejando pela costa leste do Canadá, eles encontraram uma correspondência entre as praias do Labrador e a descrição de Marclândia na *Saga dos Groenlandeses*: "A terra era plana e arborizada, suavemente em direção ao mar, e eles [Leif e seus homens] cruzaram muitas praias de areia branca."

Os Ingstads raciocinaram que alguém que veleja para o sul de Marclândia/Labrador, como fizeram os vikings, chegaria à ilha de Terra Nova. Quando eles aportaram na vila de L'Anse aux Meadows, no extremo norte da ilha, perguntaram aos nativos sobre possíveis locais vikings. Um aldeão os levou a alguns "mounds" [em português, "montes"; em arqueologia, são monumentos em forma de colinas, que serviam de túmulos, templos e locais de moradia] cobertos de grama em uma praia, que eram ruínas de construções cobertas com estruturas de madeira. Os aldeãos acreditavam ser moradias abandonadas de ameríndios.

Só havia um modo de descobrir quem tinha vivido nas moradias cobertas: escavando. Embora os Ingstads tenham recebido o crédito pela descoberta, e com razão, os primeiros leitores das sagas tinham sugerido L'Anse aux Meadows como um possível local viking. Mas eles nunca testaram suas teorias com escavação. Durante oito verões, entre 1961 e 1968, os Ingstads escavaram oito estruturas. Inicialmente, eles não tinham certeza se as estruturas eram europeias ou ameríndias.

A maior evidência da presença nórdica em L'Anse aux Meadows não foi um item apenas, qualquer objeto poderia ter sido passado adiante em longas distâncias pelos nativos, mas um barracão anexo a uma construção maior que continha resíduos, bigorna, uma pedra grande e fragmentos de ferro, sinais de um oficina ativa. O barracão também tinha uma grande lareira, que os construtores de barcos usavam para aquecer a água e esquentar as tábuas para terem a forma correta antes de pregá-las nos barcos. Em outro cômodo, que era um puxadinho, os arqueólogos encontraram muitos fragmentos de pregos de ferro.

A usinagem ocorreu na América do Norte no ano 1000, mas em nenhum outro lugar no continente as pessoas trabalhavam com ferro. Portanto, quando os arqueólogos encontraram ferro trabalhado em L'Anse aux Meadows, sabiam que estrangeiros haviam feito a fundição.

Eles também descobriram vestígios de uma estrutura de madeira. Sem paredes, provavelmente era uma estrutura para construção de barcos, como as usadas no oeste da Noruega até hoje. A embarcação em construção media mais de 8m de comprimento, um tamanho comum dos barcos nórdicos usados nos canais de navegação do interior. No extremo da Terra Nova, L'Anse aux Meadows era o local ideal para um centro de reparo para barcos que cruzavam o Atlântico Norte, voltando para a Groenlândia.

Uma descoberta era característica da Escandinávia, confirmando que os moradores das oito estruturas eram nórdicos com certeza: um alfinete reto de bronze com um anel na ponta. Como geralmente acontece, os arqueólogos descobriram o alfinete no final do dia da última temporada em 1968. Em suas memórias, Anne Stine Ingstad descreveu a descoberta: "Demos um grito porque sabíamos de cara que era uma evidência que não poderia ser negada; um alfinete de bronze com um anel era incontestavelmente do período nórdico dos vikings." Usado para prender uma capa no pescoço, correspondia aos encontrados em locais nórdicos na Irlanda e na Escócia, datando entre 920 e 1050. Outros objetos também apontavam a presença escandinava: uma ferramenta de quartzito para afiar agulhas e um peso para segurar o fio de lã na tecelagem (chamado de espiral de fuso), mas eles não eram tão convincentes para os não especialistas quanto um alfinete de bronze para capa.

O amolador de agulha e a espiral de fuso indicavam que havia mulheres no local, mas em menor quantidade que homens. A construção principal tinha um quarto pequeno para o chefe do grupo de guerreiros e sua esposa, que provavelmente precisava de algumas mulheres para ajudá-la nas tarefas domésticas. Havia também um cômodo adjacente muito maior para os homens em sua comitiva, que não podiam trazer suas esposas. É por isso que o equilíbrio de gêneros era tão desigual.

Os Ingstads estavam certos de que L'Anse aux Meadows era o local de Leifsbudir, o assentamento onde os homens de Leif desembarcaram e construíram originalmente as casas. Mas havia um problema maior com essa identificação: a ausência de uvas silvestres na Terra Nova.

As sagas não deixam dúvidas sobre o motivo de Leif ter escolhido o nome Vinlândia. Até certo ponto, um dos homens de Leif, um alemão chamado Tyrkir, o sulista, afirma que fez uma importante descoberta em suas explorações. Quando conta a Leif, ele fala em alemão, "com seus olhos indo em todas as direções e o rosto angustiado. Os outros não entenderam nada do que ele dizia". O que estava acontecendo? Ele estava bêbado? Quando, por fim, Tyrkir passa a falar norueguês, ele conta que descobriu "videiras e uvas", que reconhecia de sua infância na Alemanha. É por isso que Leif, com o instinto de comércio de seu pai, nomeia a nova terra como Vinlândia.

Curiosamente, o texto identifica Tyrkir como um homem mais velho, possivelmente um escravo que conhecia Leif desde criança. Era comum que os escravos cuidassem de crianças e Tyrkir pode ter sido tal escravo trazido para a Groenlândia para cuidar do filho de Érico, o Vermelho.

A história de Tyrkir questiona a afirmação dos Ingstads de que a vila Leifsbudir se localizava em L'Anse aux Meadows: uvas silvestres não crescem ao norte da Terra Nova. O limite mais ao norte para essas uvas é o litoral sul do Golfo de St. Lawrence. Mesmo que o clima fosse um grau ou dois mais quente no ano 1000, as uvas silvestres ainda não teriam se desenvolvido na Terra Nova. Os Ingstads propuseram uma solução inteligente. Propondo que *vin* em Vinlândia tem um "i" curto e significava "trigo", não "uvas" (*vìn*, com "i" longo), eles escolheram desconsiderar a afirmação de Tyrkir quanto a ter descoberto uvas e nomearam Vinlândia como "a terra dos prados".

O falecido professor Erik Wahlgren (1911–1990), que ensinava Literatura Escandinava na UCLA, reagiu com veemência e de forma convincente a esse argumento; um nome genérico como "terra dos prados" não diz nada, ele raciocinou, ao passo que "terra das uvas" instigaria futuros colonizadores. Como Vinlândia tinha uvas, ele concluiu, L'Anse aux Meadows não poderia ser Vinlândia.

Uma pergunta relacionada: Para onde tinham ido os nórdicos na América do Norte? A *Saga de Érico* se refere à ilha Straum ("Ilha do Riacho" ou "Ilha da Correnteza Forte"), onde Leifsbudir se localizava e Karlsefni passou o primeiro inverno, assim como uma terra muito mais convidativa ao sul, chamada Esperança ou Lago da Maré.

A descoberta de três nogueiras brancas e um pedaço de madeira retorcida de um tronco de nogueira, chamado nó, em L'Anse aux Meadows, confirma que os nórdicos viajaram além do sul porque o limite norte para as nogueiras era o mesmo de hoje: uns mil km ao sul do extremo norte da Terra Nova e ao norte do Maine. A descoberta arqueológica de nogueiras corresponde à menção de uvas silvestres nas sagas; ambas são plantas que não crescem na Terra Nova, mas se desenvolvem mais ao sul. Essas descobertas mostraram que os nórdicos certamente tinham um assentamento em L'Anse aux Meadows e eles iam além do sul também.

Ninguém sabe porque as duas sagas se referem a tão poucos locais na Vinlândia. Com certeza os nórdicos foram para muitos outros lugares ao longo da costa leste do Canadá e possivelmente ao nordeste dos EUA. Talvez, conforme as lendas eram contadas e recontadas, alguns nomes de lugares foram esquecidos, um fenômeno comum nas histórias orais.

Sabemos que L'Anse aux Meadows era um local nórdico por causa do alfinete de capa e outras evidências arqueológicas irrefutáveis, embora as sagas não mencionem um centro de reparos de barcos, o que L'Anse aux Meadows certamente era.

Há bons motivos para acreditar que L'Anse aux Meadows não era o principal acampamento nórdico nas Américas. Diferente dos assentamentos nórdicos típicos na Islândia e na Groenlândia, o local não tinha campos agrícolas próximos e não podia fornecer alimentos aos habitantes. O lugar tinha evidências de alguns porcos, com a maior quantidade de ossos sendo de focas e baleias. Pior ainda, não havia nenhum lugar próximo para manter rebanhos e os escandinavos sempre viajavam com grandes rebanhos. Lembre-se do relato das sagas sobre o touro dos colonizadores cujos mugidos assustaram os skraelings.

O pequeno tamanho de L'Anse aux Meadows, combinado com a presença de nogueiras, assim como as menções de uvas silvestres nas sagas, sugere que o principal assentamento dos vikings ficava em algum lugar ao sul. Depois de um estudo cuidadoso de toda a evidência e da geografia do litoral, o professor Wahlgren sugeriu que o assentamento original de Leif em Leifsbudir estava localizado na Baía de Passamaquoddy, voltada para a ilha de Grand Manan, bem no lado norte-americano da fronteira de Maine com Nova Brunswick. E a principal arqueóloga por muitos anos em L'Anse aux Meadows, Birgitta Wallace, localiza Leifsbudir ao norte de Passamaquoddy na

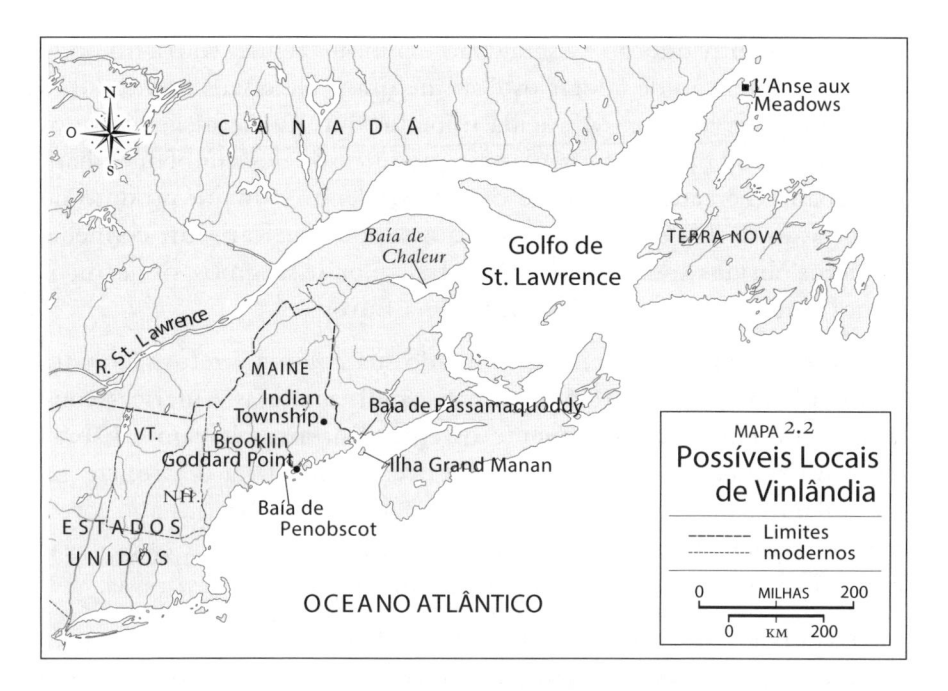

Baía de Chaleur, em parte devido às estranhas semelhanças entre a *Saga de Érico* e o diário de Cartier. Outros que se recusaram a apontar um local preciso concordam com a evidência que coloca Vinlândia em algum lugar no Maine ou na Nova Escócia.

Por que os nórdicos abandonaram Vinlândia? As sagas culpam o medo de ataques, e também sugerem indiretamente que os nórdicos não conseguiram encontrar nenhum produto realmente valioso para negociar além de madeira.

Os nórdicos partiram de L'Anse aux Meadows de forma organizada, retirando todos os itens de valor e deixando para trás apenas coisas que incluíam um alfinete de capa, talvez esquecido por acaso, e o objeto de pedra-sabão dorset, que era pesado demais para carregar.

Na volta para casa, eles tiveram inúmeros encontros hostis com nativos. Em certo momento, eles mataram cinco homens que dormiam perto da costa, só porque o tamanho pequeno do grupo indicava que eles deviam ser "foras da lei". Em Marclândia/Labrador, os nórdicos capturaram dois jovens depois que seus companheiros adultos, um homem e duas mulheres, correram e escaparam.

A linha entre adoção e escravidão era muito tênue. Karlsefni pode ter tido a intenção de adotar os dois meninos; ele e seus homens lhes ensinaram seu idioma. Mas nada impediu que Karlsefni vendesse os garotos na volta para a Groenlândia; nesse caso, eles também tinham se tornado mercadorias. Como os escravos eram o maior produto de exportação da Escandinávia, podemos supor que Karlsefni conhecia os lucros obtidos com a escravidão. Mas até onde sabemos, os nórdicos nunca venderam escravos ameríndios na Europa.

Após os nórdicos terem desmontado sua colônia e retornado para a Groenlândia, o comércio entre a Escandinávia e as Américas continuou limitado. Periodicamente os escandinavos voltavam a Labrador para reunir madeira por causa da recorrente falta de troncos na Groenlândia e na Islândia. Originalmente, a Islândia tinha árvores, mas os primeiros colonizadores as cortaram para construir casas e elas não voltaram a crescer. Até hoje dificilmente crescem árvores lá.

Depois do primeiro inverno em Vinlândia, quando voltou para casa, Leif encontrou 15 náufragos noruegueses em um recife perto da Groenlândia, onde ficaram encalhados, muito provavelmente desviados do curso em uma tempestade. Leif descarregou a madeira que transportava das Américas para a Groenlândia para os homens embarcarem. Depois que os levou em segurança, voltou ao recife para pegar a madeira, um sinal claro do valor da mercadoria.

Com a notável exceção de uma única moeda norueguesa, nenhuma evidência arqueológica do comércio posterior sobrevive nas Américas. Encontrada em Goddard, um grande assentamento de verão na cidade de Brooklin, de frente para a Baía de Penobscot, Maine, a moeda era de prata com cobre e chumbo. Foi cunhada entre 1065 e 1080, depois dos nórdicos terem deixado o Canadá.

Como a moeda viajou até Goddard, no Maine? Muito provavelmente os nórdicos a levaram para algum lugar na Ilha de Baffin, Labrador, ou Terra Nova, quando vieram cortar árvores. Então, ela foi passada adiante de um lugar para outro pelos nativos até chegar em Goddard, o local no extremo sul em que surgiram evidências arqueológicas dos nórdicos (a famosa runa "viking" de Kensington em Minnesota com certeza é uma falsificação).

Uma evidência arqueológica limitada da Groenlândia aponta para um contato contínuo entre a Groenlândia e as Américas após o ano 1000. Duas pontas de flecha encontradas na Groenlândia também vieram das Américas: uma trabalhada em sílex Ramá translúcido foi encontrada no cemitério nórdico em Sandnes, no assentamento ocidental e a outra, feita de quartzo, surgiu no terreno do qual Thorfinn Karlsefni partiu para as Américas nos anos 1000, Brattahlid, no assentamento oriental. Raramente as peles sobrevivem enterradas, sobretudo após milhares de anos, mas os tecidos preservados no gelo da Groenlândia no sítio Farm Beneath the Sand, ao sul do assentamento ocidental, contêm pele de urso marrom e bisão, animais nativos da América do Norte. Essas descobertas indicam que as Américas exportavam pele para a Groenlândia.

A decisão nórdica de abandonar os assentamentos na América do Norte deveu-se a um problema moderno: havia um desequilíbrio comercial. De fato, Vinlândia pode ter oferecido mercadorias úteis aos nórdicos, como madeira, peles raras e algumas curiosidades, como pontas de flechas, mas o continente europeu oferecia itens mais valiosos: produtos manufaturados, em particular espadas, adagas e outros objetos de metal, além dos sempre necessários farinha e sal. A constante necessidade desses itens contribuiu para a decisão dos colonos nórdicos de abandonar seus assentamentos nas Américas e voltar para a Groenlândia, lá permanecendo por mais 400 anos.

Sempre que um nórdico chegava em um novo lugar, verificava o ambiente, e a Groenlândia não foi uma exceção. O impulso de explorar levou os nórdicos ao norte da Groenlândia, mesmo que continuassem a viver em suas duas comunidades originais, na costa sul da ilha: os Assentamentos Oriental e Ocidental.

Pelo menos, duas expedições examinaram as regiões mais ao norte da Groenlândia. Um grupo viajou até o 75° paralelo, acima do Círculo Ártico e continuou por mais três dias passando desse ponto, como descobrimos com a descrição de uma carta copiada (agora perdida) escrita em 1266.

Um segundo grupo de 3 homens viajando nos anos 1330 chegou à Ilha Kingiktorssuaq na Baía de Baffin, fora da costa oeste da Groenlândia no 72º paralelo. Eles entalharam na pedra um texto em runas, na qual adicionaram três pilhas de pedras. Exploradores dinamarqueses descobriram isso no início dos anos 1800. Uma imagem de marfim de um nórdico com uma cruz no peito encontrada na Ilha de Baffin no Ártico canadense data dessa época. Feita de marfim de morsa, ela tem 5cm de altura e sugere que os nórdicos exploraram o extremo norte da Groenlândia.

Os nórdicos começaram a abandonar seus assentamentos na Groenlândia nos anos 1300, em parte porque o clima estava esfriando, quando a Anomalia Climática Medieval chegou ao fim e iniciou a Pequena Era Glacial. O mais importante é que os moradores de Thule, na Groenlândia, adaptaram-se ao clima frio melhor que os nórdicos. O povo thule dispunha de várias tecnologias que os nórdicos nunca adotaram.

Por exemplo, os thule vestiam roupas grossas de pelo de animal e usavam arpões para caçar focas e baleias. Os inuítes também sabiam como cavar buracos no gelo durante o inverno e pegar focas-aneladas, uma habilidade essencial que escapava aos nórdicos. Cães e ferramentas, como penas ou alfinetes leves de osso, ajudavam os inuítes a detectar focas respirando sob o gelo. Como as focas-aneladas nunca migravam, elas eram uma fonte de alimentos o ano inteiro. Boias separadas, feitas de peles de foca costuradas e infladas, permitiam que os inuítes caçassem grandes mamíferos marítimos, como baleias. Quando os caçadores lançavam o arpão na baleia, podiam manobrar até que o animal morresse. Todas essas tecnologias ajudaram esse povo a se mover ao norte do Alasca, cruzando o Canadá ártico até a Groenlândia entre 900 e 1200 d.C.

A população nórdica na Groenlândia chegou a ter mais de 2 mil pessoas em 1300, depois começou a diminuir abruptamente quando o povo thule foi para o sul, saindo de seus assentamentos no norte. Um histórico anual da Islândia, intitulado *Icelandic Annals* [Anais Islandeses, em tradução livre], tem o seguinte trecho para o ano 1379: "Os skraelings atacaram os groenlandeses, matando 18 deles e aprisionando 2 garotos." Aqui, "skraelings" se refere ao povo thule caçador de focas e "groenlandeses" indicam os nórdicos. Uma certidão de casamento de um casal escandinavo, na igreja de Hvalsey, mostra que os nórdicos ainda estavam na Groenlândia em 1408. Dois anos mais tarde, os *Icelandic Annals* relatam o retorno de um islandês solitário vindo da

Groenlândia. Depois de 1410, o registro histórico não menciona mais moradores nórdicos da Groenlândia.

Mesmo que os nórdicos tenham saído da Groenlândia, o conhecimento de Vinlândia nunca se perdeu. A conversa de Adam de Bremen com o rei dinamarquês circulou em alguns manuscritos em latim nos anos 1200 e 1300, assim como as sagas da Vinlândia foram gradualmente tomando sua forma atual, e o livro sobrevive em vários manuscritos. O testemunho de Adam dá uma ideia de como as informações sobre pessoas distantes eram passadas de geração em geração: ele registrou que o rei da Dinamarca lhe contou sobre Vinlândia, mas essa narrativa recebeu pouca atenção nos séculos seguintes. Era só mais um relato sobre um lugar perigoso no fim do mundo, como muitos outros na época medieval.

Comparado com outros encontros por volta do ano 1000, o contato entre nórdicos e ameríndios teve um impacto limitado a longo prazo. A extensão de contato entre esses dois povos se resume a algumas conversas, trocas ocasionais de produtos, e talvez alguns incidentes de combate corpo a corpo.

Saber que os ameríndios morreram em massa quando expostos aos germes europeus após 1492 não ajuda a imaginar se eles tiveram um destino parecido no

Este desenho de uma imagem de madeira rara, considerada um trabalho inuíte e feita em torno de 1300, retrata um missionário europeu que veio para as Américas antes de Colombo.

Amelia Sargent

ano 1000. Nem a saga menciona povos nativos ficando doentes em consequência do encontro com os nórdicos. Mas, em uma ocasião, os nórdicos adoeceram misteriosamente, possivelmente depois de comerem carne de baleia contaminada.

De fato, os ameríndios também não adoeceram logo depois de 1492. Levou várias décadas, até os anos 1520, antes que eles começassem a morrer em grande número. O breve período de contato, apenas os dez anos em que os nórdicos viveram em L'Anse aux Meadows, provavelmente foi curto demais para que os nórdicos infectassem os nativos da América do Norte.

Por volta de 1492, o conhecimento europeu da Groenlândia e da Vinlândia já estava desaparecendo. Naquele ano, uma carta papal descreve a Groenlândia como "uma ilha perto do fim do mundo... Por causa do gelo em volta da ilha, a navegação lá é rara, viagens por terra só podem ser feitas em agosto, quando o gelo diminui. Por isso, consideramos que nenhum barco esteve lá nos últimos 80 anos, e nenhum bispo nem padre estiveram lá".

E mais, o relato de Adam de Bremen circulou em uma pequena roda de estudiosos que liam em latim. Em 1590, quase um século depois da primeira viagem de Colombo, um professor islandês, chamado Sigurdur Stefansson, desenhou um mapa para dar suporte à afirmação da Islândia ter descoberto as Américas antes de Colombo.

Noruega, Grã-Bretanha e Irlanda são terras separadas no limite leste de seu mapa. Um único território nos limites norte e oeste do mapa e que contém Groenlândia, Helelândia (Helulândia com erro de grafia), Marclândia e Skralingelândia (um novo nome inventado por Stefansson), é ligado por uma enseada longa e estreita até o Cabo de Vinlândia. Essa descrição do Cabo como sendo pontiagudo deu uma dica essencial para os Ingstads procurarem um assentamento nórdico perto do extremo norte da Terra Nova.

O mapa de Stefansson reviveu a memória das viagens nórdicas para as Américas no ano 1000, que trazem muitos dos mesmos desafios impostos pela globalização atual. O que acontece se a tecnologia é desigual e surgem hostilidades? Quais são as consequências dos desequilíbrios comerciais? Se de um lado há mais pessoas, o que o outro lado pode fazer para compensar? Finalmente, por que é tão difícil aprender com o outro lado, mesmo que ele tenha dominado uma habilidade comprovadamente útil?

Quando os nórdicos encontraram ameríndios nas Américas, eles tinham a vantagem das armas de metal. Mas os nórdicos decidiram se retirar, talvez por causa da ferocidade dos ameríndios, talvez porque não pudessem obter com facilidade os suprimentos necessários para sobreviver. Do mesmo modo, aos poucos os nórdicos fugiram da Groenlândia, enquanto o povo thule migrava do Alasca. O encontro nórdico com os ameríndios nas Américas e com o povo thule na Groenlândia caracteriza os encontros mais equilibrados do ano 1000, portanto, diferente dos encontros após 1500, quando armas superiores e canhões quase sempre permitiam que os europeus prevalecessem.

Como abriram um novo caminho para o oeste, as viagens escandinavas pelo Atlântico foram importantes. Desbravando novas rotas no ano 1000, os nórdicos eram ativos em uma grande faixa de território que se estendia de L'Anse aux Meadows, no oeste, até o Mar Cáspio, a oeste. Eles abriram uma rota para o extremo norte da Groenlândia e podem ter viajado para outros destinos mais ao sul.

As viagens nórdicas para as Américas nos ensinam algo mais importante sobre a globalização: as viagens não iniciaram o comércio com as Américas. Como mostrará o próximo capítulo, os ameríndios encontrados já negociavam em longas distâncias. Por fim, as viagens nórdicas foram mais importantes porque suas explorações conectaram as redes comerciais preexistentes nos dois lados do Atlântico e, assim, iniciaram a globalização.

Em 1590 um professor islandês fez um mapa mostrando o entendimento dos vikings sobre as Américas no ano 1000. Esta é a primeira representação nórdica da América do Norte que sobreviveu.

CAPÍTULO TRÊS

Rotas Pan-americanas do Ano 1000

No ano 1000, a maior cidade das Américas provavelmente era o assentamento maia de Chichén Itzá, com uma população estimada em 40 mil habitantes. Situada cerca de 80km distante do mar, ela fica perto da costa norte da Península do Iucatã, México. Sem dúvida, a cidade mais preservada do mundo no ano 1000, Chichén Itzá atrai diariamente milhares de turistas. A principal atração é Castillo, uma pirâmide que pode ser escalada, com 30m de altura e degraus perfeitamente equilibrados nos quatro lados. Todos os anos, em 21 de março e 21 de setembro, multidões vão para lá admirar uma incrível obra de engenharia. Por volta das 15h, os raios do Sol criam um padrão de sombras que forma a imagem de uma serpente na face norte da pirâmide. Durante uma hora, o corpo da serpente estica até a cabeça de pedra, na parte inferior dos degraus, em um show de luzes perfeitamente coreografado, projetado 1000 anos atrás.

O pátio redondo também é impressionante, medindo 150m x 60m. Muito maior que um campo de futebol e datando do ano 1000, é o maior pátio redondo maia na Mesoamérica, a região composta pelo centro e sul do México, Belize, Guatemala, El Salvador, Honduras, Nicarágua, Costa Rica e Panamá. Em geral, os visitantes modernos começam o tour no pátio redondo porque fica bem na entrada.

Divididos em duas equipes, os jogadores moviam uma bola de borracha batendo nela com seus quadris, cotovelos e joelhos. O objetivo era passar a bola por um dos anéis de pedra no outro lado do campo. As bolas de 20cm eram feitas de látex retirado de seringueiras

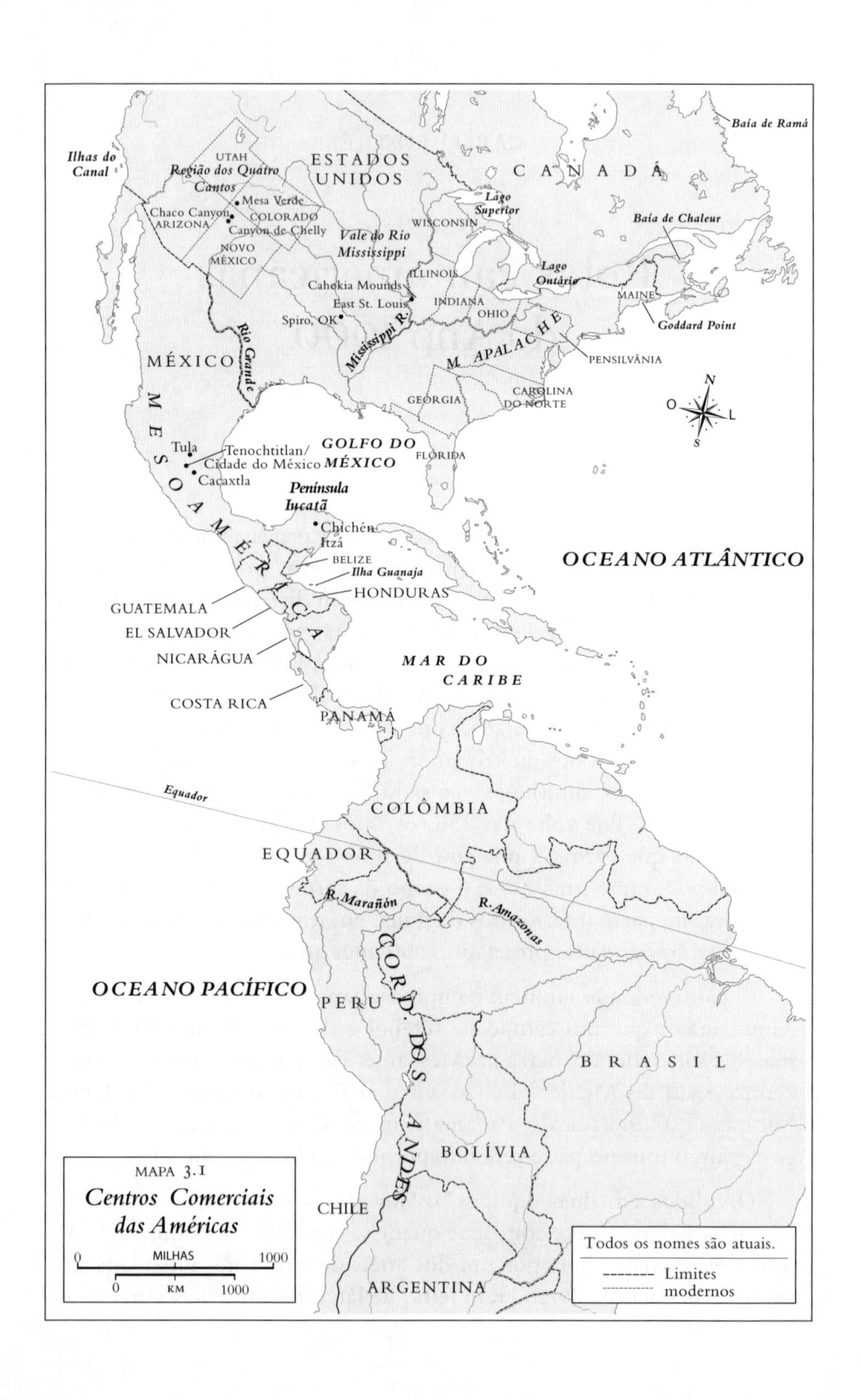

Baía de Ramá

Ilhas do Canal

UTAH
Região dos Quatro Cantos

ESTADOS UNIDOS

CANADÁ

Mesa Verde
Chaco Canyon
ARIZONA
Canyon de Chelly
COLORADO
NOVO MÉXICO

Lago Superior
WISCONSIN

Baía de Chaleur

Vale do Rio Mississippi

Cahokia Mounds
East St. Louis
Spiro, OK

ILLINOIS

Lago Ontário

INDIANA
OHIO

MAINE

Goddard Point

Rio Grande

MÉXICO

Mississippi R.

M. APALACHE

PENSILVÂNIA

GEÓRGIA

CAROLINA DO NORTE

MESOAMÉRICA

Tula
Tenochtitlan/ Cidade do México
Cacaxtla

GOLFO DO MÉXICO

FLÓRIDA

Península Iucatã

Chichén Itzá

BELIZE
Ilha Guanaja
HONDURAS

OCEANO ATLÂNTICO

GUATEMALA
EL SALVADOR
NICARÁGUA

MAR DO CARIBE

COSTA RICA

PANAMÁ

Equador

COLÔMBIA

EQUADOR

R. Marañón

R. Amazonas

OCEANO PACÍFICO

PERU

CORD. DOS ANDES

BRASIL

BOLÍVIA

MAPA 3.1
Centros Comerciais das Américas

CHILE

0   MILHAS   1000

0   KM   1000

ARGENTINA

Todos os nomes são atuais.

------- Limites
---------- modernos

que coagulava e era formatado em bolas. As seringueiras eram nativas das Américas. Os fabricantes de bolas adicionavam seiva da flor ipomeia para que elas quicassem mais. Os espanhóis nunca tinham visto a borracha e ficaram maravilhados com o movimento rápido e imprevisível das bolas.

Talvez para retratar o movimento independente das bolas, artistas maias as pintaram com caveiras. Uma dessas bolas aparece em relevo nas paredes do pátio redondo de Chichén Itzá, mostrando um membro da equipe perdedora com a cabeça cortada no chão, com seis cobras brotando do sangue que jorrava de seu pescoço. Os deuses dos maias exigiam grandes oferendas frequentes e sangue. Até os governantes deviam desenhar espinhas de arraias em seus pênis para satisfazer essa demanda.

Uma rápida caminhada pelo pátio redondo termina no Templo dos Guerreiros, com 200 colunas no exterior. As fachadas mostram suportes de presentes e guerreiros que deram nome ao templo, assim chamado por arqueólogos do Instituto Carnegie de Washington, D.C., entre 1925 e 1934. Retirando do templo borracha e árvores, esses arqueólogos também recuperaram muitas pinturas na parede, todas se deteriorando rapidamente, a partir de fragmentos no chão. Hoje, é possível vê-las apenas em desenhos em preto e branco ou reproduções de aquarela feitas pela equipe do Instituto. Como os visitantes não têm permissão para entrar nas estruturas de Chichén Itzá, é impossível ver as paredes nas quais esses murais foram pintados originalmente.

Muitas pinturas no Templo dos Guerreiros representam conquistas. A partir de 90 fragmentos diferentes, os estudiosos do Instituto Carnegie reconstruíram um mural gigante, representando um exército invadindo uma vila. Os invasores tinham peles acinzentadas; os defensores, peles claras com listras horizontais pretas. Seus escudos também eram diferentes, provavelmente para ajudar o observador a diferenciar os dois lados.

Não temos absoluta certeza sobre quem são os invasores mostrados nos murais de Chichén Itzá. É provável que os agressores sejam os toltecs, um povo que veio para Chichén Itzá da cidade mexicana central chamada Tollan (atual Tula), a 80km, na região noroeste da Cidade do México, como descobrimos em duas fontes mais tarde, ambas registradas após o contato com os hispânicos. Um relato toltec conta que um rei chamado Serpente Emplumada (Topiltzin Quetzalcoatl na língua toltec, nahuatl) saiu de Tula em 987, foi para a Costa do Golfo e então partiu em uma jangada. Por uma incrível coincidência, um registro maia conta sobre a chegada de um homem, também chamado Serpente Emplumada (K'uk'ulkan em maia), em Chichén Itzá no mesmo ano. Deve ter sido o mesmo homem, e ele se tornou o governante de Chichén Itzá.

Passando por uma entrada no Templo dos Guerreiros vê-se uma pintura bem incomum. Embora esteja na mesma parede que mostra a conquista de uma vila, ela representa pessoas totalmente diferentes dos guerreiros em outros murais porque são muito naturais.

Com cabelos amarelos, olhos claros e pele branca, uma vítima tem os braços amarrados para trás. Uma segunda tem contas trançadas no cabelo loiro, como é comum nos prisioneiros em outras pinturas maias (ambas mostradas nas placas coloridas). Uma terceira, também com contas nos cabelos, flutua na água, nua, enquanto um peixe ameaçador, de boca aberta, paira bem próximo. O artista usou o azul maia, um pigmento que combina a cor de anil com argila paligorsquite, para a água. Esses desafortunados prisioneiros de guerra foram todos jogados na água para se afogarem.

Quem eram as vítimas de pele clara e cabelo loiro?

Poderiam ser nórdicos capturados pelos maias?

Os primeiros estudiosos que escreveram sobre essas pinturas não pensavam assim. Ann Axtell Morris, uma conservadora meticulosa, também membro da equipe do Instituto Carnegie e que tinha uma coleção completa de cópias em aquarela dos murais nos anos 1920, não tinha certeza sobre a identidade das pessoas com cabelo amarelo, mas suspeitava que o artista usou o esquema de cores para "enfatizar uma diferença de tribo, ou mesmo de raça". Escrevendo em 1940, um estudioso propôs uma solução extrema: sugeriu que as vítimas usavam perucas amarelas com contas para que seus cabelos combinassem com o deus Sol, a quem estavam sendo sacrificados. Trabalhando bem antes dos Ingstads terem descoberto um sítio nórdico em L'Anse aux Meadows, essa geração de estudiosos não tinha motivos para achar que as vítimas de sacrifício poderiam ser escandinavas.

Mas agora, graças à escavação em L'Anse aux Meadows, podemos ter certeza de que os nórdicos estavam na América do Norte no ano 1000. A descoberta dos Ingstads lança uma luz totalmente nova nos murais do Templo dos Guerreiros. Esses murais diferentes podem, de fato, representar os escandinavos e seus barcos. Os famosos estudiosos maias que defendem essa visão, o arqueólogo Michael D. Coe e a historiadora de Artes Mary Miller, observam que nenhum outro mural maia mostra prisioneiros com cabelo loiro e pele clara.

O timing nessa questão é perfeito, coincidindo com as viagens nórdicas. Vários barcos nórdicos cruzaram o Atlântico Norte no fim dos anos 900 e início dos anos 1000, saindo da Escandinávia, Islândia ou Groenlândia, viajando para o Canadá e, possivelmente, Maine. É precisamente quando essas pinturas foram feitas (o Templo dos Guerreiros foi construído logo depois do ano 1000).

Os céticos observam que artistas maias retrataram os guerreiros usando diferentes esquemas de cor, portanto, descartam o cabelo loiro dos prisioneiros como uma convenção artística. Eles também imaginam se os pigmentos originais mudaram de cor nos mil anos antes das cópias em aquarela serem feitas.

Também podemos duvidar da identificação dos guerreiros pintados como nórdicos: nenhum artefato escandinavo foi encontrado ainda em Iucatã. Esse não é um impedimento tão grave quanto se pode pensar; o registro arqueológico está longe de estar completo. Muitas coisas que sabemos com documentos escritos não deixaram vestígios arqueológicos. As pessoas que pesquisam no Google a palavra arqueologia e a Batalha de Hastings em geral ficam chocadas quando descobrem que os arqueólogos podem ter descoberto apenas recentemente a primeira morte da batalha de 1066, que deu a Inglaterra a Guilherme, o Conquistador.

Dado o estado dos testes arqueológicos disponíveis hoje, não podemos ter certeza de que os nórdicos estavam em Chichén Itzá: apenas um diagnóstico de um artefato, como o alfinete de bronze de L'Anse aux Meadows, ou uma evidência genérica mostrando o DNA escandinavo, encerraria o caso. Algum dia tal evidência aparecerá. Mas, por enquanto, temos que concluir que os vikings teriam chegado em Iucatã, que teria sido o ponto mais distante até onde foram nas Américas.

Se os nórdicos realmente chegaram a Chichén Itzá, como conseguiram? Talvez tenham se desviado do curso e sido capturados. Uma cena de batalha no Templo dos Guerreiros mostra uma vítima de cabelos loiros ao lado de dois barcos marrons, um com uma proa entalhada, o outro decorado com escudos e afundando na diagonal.

Descobrimos muito mais sobre esses barcos incomuns em um mural de uma construção na antiga Chichén, chamada Las Monjas, que significa "freiras" e, por extensão, "convento de freiras" (os hispânicos achavam que qualquer construção com um grande pátio tinha que ser um convento, mas os maias não tinham conventos). Construído antes do ano 950, o Convento Las Monjas tem murais que podem ter sido pintados um pouco depois. Em uma dessas pinturas não há pessoas com cabelos loiros, mas ela mostra um marco com tábuas claramente definidas ou pranchas. O artista de Las Monjas representou as pranchas como cortadas em seções que não seguem o comprimento total do barco. Embora muitos desenhos publicados de barcos nórdicos não deixem isso claro, as tábuas nesses barcos quase sempre eram mais curtas que o comprimento total. Limitado pelo tamanho do carvalho ou dos pinheiros disponíveis, o tamanho das pranchas variava entre 1,5m e 5m nas embarcações nórdicas, algumas com 30m de comprimento.

O uso de pranchas indica que o barco de Las Monjas não pode ser um trabalho local porque os maias, como a maioria dos povos que vivia nas Américas, faziam suas canoas queimando e deixando ocos os troncos das árvores. Apenas um povo ameríndio fazia barcos com tábuas pregadas, os chumash, que os usavam para viajar até as Ilhas do Canal, saindo de Santa Barbara, Califórnia. Os homens no barco de Las Monjas parecem ser guerreiros maias que capturaram uma embarcação escandinava. Embora a pintura do barco em Las Monjas tenha recebido menos atenção do que o mural do Templo dos Guerreiros com relação aos guerreiros de cabelos loiros, na verdade, suas pranchas bem delineadas são uma evidência ainda mais convincente da presença nórdica em Chichén Itzá.

Muitas vezes os ventos impediam que os barcos nórdicos chegassem a seus destinos. Quando Érico, o Vermelho, partiu para a Groenlândia com 25 barcos, apenas 14 chegaram: "alguns recuaram e outros se perderam no mar", relata a *Saga dos Groenlandeses*. Lembre-se também de que Leif Erikson levou a tripulação de um barco naufragado para a Groenlândia antes de voltar para pegar a madeira americana que ele havia descarregado para que os náufragos pudessem embarcar. Um barco nórdico pode ter se desviado do curso em uma tempestade, ter sido levado pelas correntes oceânicas do Giro do Atlântico Norte e ter chegado à costa da Península do Iucatã. Pode ter sido uma viagem dura, mas não impossível, mesmo que o barco ficasse danificado e a tripulação não pudesse remar. Lembre-se da viagem pelo Pacífico da embarcação de pesca japonesa que acabou no Estado de Washington com apenas três sobreviventes.

Viajantes da África também podem ter sido transportados pelo Atlântico. Quando um frei espanhol chamado Alonso Ponce, que viajou pela costa de Iucatã em 1588, chegou à cidade de "Xequechakan" (na época pronunciava-se "shekechakan", mas agora é Hecelchakán no Estado mexicano de Campeche), perguntou o significado do nome da cidade. Os locais explicaram: "Nos tempos remotos, 70 moros [africanos negros] chegaram à costa com uma embarcação que tinha passado por uma grande tempestade." A experiência deles mostra que, quando ventos atingem um barco no meio do Atlântico, as correntes oceânicas podem levá-lo até a Península do Iucatã.

Os nativos continuaram: "Entre eles havia uma pessoa a quem o restante obedecia e respeitava, à qual chamavam de Xequé." Xequé? Eles explicaram que significa "senhor" ou "chefe", certamente uma variação da palavra árabe "sheik", um detalhe convincente, dado que os maias não conheciam a língua árabe. Quando os moros pediram para voltar para casa, os nativos os levaram a um porto perto de "uma savana e um país sem população", designado na língua maia como "chakan". A partir daí a cidade ficou conhecida como Xequechakan, explicaram os informantes de Ponce.

O relato de Ponce fornece outras informações importantes. Quando os moros, eles nos conta, chegaram pela primeira vez, "os índios, com pena deles, os abrigaram e foram bons anfitriões". Mas, assim que os locais mostraram aos visitantes o caminho para casa, os moros se voltaram contra seus anfitriões e mataram alguns. Os índios, vendo isso, informaram às pessoas vizinhas, que, armadas, vieram e mataram os desafortunados moros e o chefe e líder deles." Tal experiência sugere que qualquer náufrago na Península Iucatã poderia ter um destino parecido.

Se nórdicos chegaram a essa Península, provavelmente foi por mar. Também é possível, porém menos provável, que eles fossem escravizados em outro lugar e levados para Iucatã a pé. Começaremos nossa exploração das possíveis rotas a partir de Goddard Point, Maine, local em que foi encontrada a moeda viking, e prosseguiremos por terra até Chichén Itzá. A rota mais provável até o México, a partir do Maine, passava pelo Vale do Mississípi. Era uma viagem longa e difícil, e não há evidências da sobrevivência de ninguém, ou nenhum objeto, ao fazer a viagem inteira. E mais, temos certeza de que uma rede extensa de caminhos pela América do Norte foi formada no ano 1000; produtos, pessoas e informações passavam por ela quando se iniciou a globalização.

Goddard Point fica perto de uma praia na costa central do Maine. É um sítio arqueológico rico, com uma camada de resíduos, chamada sambaqui, medindo cerca de 25cm em seu ponto mais profundo. Quando os arqueólogos do Maine escavaram ali em 1979, o contexto original havia sido destruído. Eles conseguiram datar os materiais apenas com base em comparações com artefatos parecidos ou usando o teste de carbono 14. O material mais antigo no sambaqui datava de 2000 a.C., mas 90% do material recuperado, um total de 25 mil artefatos, vinham do período 1000 a 1600 d.C.

Estranhamente, o sambaqui continha poucas conchas, indicando que os nativos, ao contrário da maioria da população costeira, não consumiam muitos frutos do mar. A grande quantidade de ossos de focas e esturjão mostrou que eram os principais elementos da dieta local. E seções transversais de 17 dentes de focas-do-porto, focas cinza e visons marinhos revelaram ainda mais: as focas e os visons foram mortos entre junho e outubro. A conclusão? Ficou claro que por lá, a cada verão, os ameríndios se fartavam com focas e visons marinhos.

Arqueólogos descobriram 30 ferramentas e mais de 100 fragmentos de sílex na Baía de Ramá ao norte de Labrador, que tinham sido comercializados ao sul (sílex é um tipo de pedra que pode ser usada para fazer fogo ou produzir ferramentas). O sílex da Baía de Ramá tem outros atributos, além de sua aparência translúcida incomum. Sua composição com alta sílica faz com que se quebre em pedaços claros e previsíveis, tornando-o ideal para criar ponteiras anexadas a flechas, lanças e outros tipos de armas. As descobertas de sílex Ramá em locais distantes de Labrador datam, pelo menos, de 2000 a.C., mostrando que as trocas de longa distância do material começaram cedo.

Além do sílex da Baía de Ramá, o sítio de Goddard Point produzia dez minerais, inclusive outros sílex, riólitos e jaspes em todo o nordeste dos EUA e do Canadá. Essa quantidade grande e incomum de material externo (outros sítios contemporâneos tinham muito menos artefatos importados) mostra que Goddard Point era um núcleo importante em uma rede de comércio que se estendia da costa do Atlântico até o Lago Ontário e Pensilvânia.

Após o ano 1000, essa região foi o lar de pessoas que viveram no Late Woodland [um período arqueológico norte-americano pré-colombiano], que plantavam milho na primavera e voltavam para colher no outono. Essas pessoas se movimentavam em circuitos, coletando várias espécies de plantas e caçando diferentes animais, levando um estudioso a chamá-los de "fazendeiros nômades" (os algonquianos que trocaram tecido vermelho por peles de Jacques Cartier na Baía de Chaleur, eram indivíduos woodland).

Qualquer grupo que ia do nordeste para Ohio e seguia para o Vale do Rio Mississippi só percebia aos poucos que estava saindo de uma região e entrando em outra. Conforme se aproximavam de onde o Missouri se alinhava com o Mississippi, notavam que os nativos comiam milho com regularidade. Para os moradores do Vale do Mississippi, milho era o alimento básico em sua dieta e muito cultivado, e por essa razão cuidavam dos campos o ano inteiro.

As pequenas vilas se pareciam muito no nordeste: pequenas casas agrupadas. Mas, depois do cultivo intenso do milho ter se iniciado por volta do ano 900, assentamentos maiores começaram a aparecer no Vale do Mississippi, com pátios abertos e montes de terra bem altos, em cujos cumes, às vezes, eram construídos templos.

Os feijões chegaram no Vale do Mississípi por volta do ano 1000, contribuindo ainda mais para o crescimento populacional (as três colheitas que formavam a essência da dieta ameríndia, milho, feijões e abóboras, não foram plantadas juntas regularmente até 1300). Os moradores não dependiam apenas das safras cultivadas, como milho, feijões e quenopódios (um vegetal também chamado de ançarinha-branca), eles também caçavam veados e outros animais.

O crescimento populacional aumentou a vila. Um dos maiores assentamentos se localizava em Cahokia, na cidade de East St. Louis, Illinois. O povoado em Cahokia se expandiu tanto em 1050 que o principal arqueólogo que escrevia sobre o local, Timothy R. Pauketat, refere-se às mudanças daquele ano como Big Bang. Após o Big Bang, cerca de 20 mil pessoas viviam na cidade ou nos subúrbios, tornando Cahokia o maior complexo urbano nos EUA continentais antes de 1492 e com metade do tamanho da Chichén Itzá atual.

Em seu auge, a cidade de Cahokia cobria uma área de 13 a 16km². No centro dela havia um "mound" [em português, "monte"; em arqueologia, são monumentos em forma de colinas, que serviam de túmulos, templos e locais de moradia] enorme, chamado Monte dos Monges, com 30m de altura. Ao sul, os moradores usavam a terra para criar a superfície uniforme e plana do Grande Pátio, que media 275m x 365m.

No Monte dos Monges encontravam-se restos de vários tipos de comida, vasos de cerâmica quebrados, sementes de tabaco, tudo proveniente dos festejos que normalmente acompanhavam a construção dos mounds. Diferentes mounds, que são o traço marcante da cultura arqueológica e regional de Cahokia, são tão grandes que uma família, sozinha, não conseguia construí-los. A organização de uma grande força de trabalho é um dos sinais de que Cahokia era uma cidade.

Outros 200 mounds estavam distribuídos pelo local. Originalmente eles tinham cumes no topo, mas muitos perderam seu desenho característico nos séculos após 1250, quando Cahokia foi abandonada. Posteriormente, fazendeiros araram e plantaram nesses terrenos. Além dos mounds, Cahokia tinha uma cerca extensa feita de postes de madeira verticais, seis observatórios circulares protegidos por mais postes e milhares de moradias.

Os artefatos mais característicos de Cahokia são chamados de pedras chunkey. Viva nas diferentes línguas ameríndias faladas em Indiana, Wisconsin, Carolina do Norte e Flórida, a palavra foi registrada por Lewis e Clark no início dos anos 1800. Por causa dessa pesquisa do século XIX, sabemos como era o jogo. Uma pedra chunkey, com o tamanho de um disco de hóquei, era redonda com um entalhe em um lado. Os jogadores rolavam as pedras no chão e jogavam uma lança a 2,75m de distância, mirando os entalhes para parar as pedras. Quanto mais perto a lança caísse da pedra rolando, mais pontos o jogador recebia. Os riscos eram altos. Às vezes, os derrotados perdiam suas vidas. Mais que um passatempo, o chunkey criava lealdades entre governantes e governados.

Cahokia era claramente uma sociedade hierárquica. Uma escavação no sítio, Mound 72, revelou os corpos de dois homens. Um estava sobre 20 mil contas de conchas, e o outro logo abaixo em uma estrutura de madeira que lembra uma padiola. Como as contas estendiam-se por 1,8m e formavam a imagem de um pássaro, os arqueólogos concluíram que devem ter decorado um traje usado pelo homem, provavelmente uma capa. Enterrado próximo dos dois homens, havia um grupo de sete adultos cujos corpos estavam intactos, possivelmente a família do governante ou outras pessoas importantes.

O Mound 72 tinha diversas covas coletivas, uma com 200 vítimas. Em uma das sepulturas havia um grupo com quatro pessoas, com cabeças e mãos cortadas. Outra continha 53 mulheres, com 52 tendo idades entre 15 e 25 anos, e uma mulher (talvez a principal esposa?) por volta de 30 anos. Em outra cova estavam 39 vítimas que foram espancadas e possivelmente enterradas vivas. Quem eram esses infelizes? Com certeza prisioneiros, escravos ou membros de alguma classe inferior que acabaram como vítimas sacrificiais.

Ainda que não possamos identificar as pessoas nas diferentes sepulturas, está claro que os dois homens com a capa de contas pertenciam a um escalão superior. Ambos também foram enterrados com um grande bastão de cobre, uma pilha de 2 alqueires de mica, 700 flechas, uma lança chunkey, 15 pedras chunkey e várias contas de concha com mais de 2,5cm de diâmetro.

Alguns desses objetos, como flechas e pedras chunkey, podem ter sido fabricados no local, mas outros chegaram via comércio de longa distância. A mica, um mineral que capta luz, veio dos Montes Apalaches da Carolina do Norte, ao passo que o cobre é originário do Lago Superior. As primeiras sociedades ameríndias também negociavam cobre e conchas, mas os cahokians importavam números bem maiores de conchas e búzios do Golfo do México. Vasos de cerâmica, características de Cahokia e guardando conchas intactas, foram encontrados em sítios ao norte de Cahokia, que serviam como um centro de baldeação para produtos a caminho da região norte.

No início, os arqueólogos não achavam que as redes de comércio de Cahokia tinham ido além dos EUA continentais. Mas, para surpresa deles, um item certamente de origem mexicana, uma ferramenta usada para raspar, feita de obsidiana dourada com um tom esverdeado incomum, apareceu em Spiro, Oklahoma, um local onde os habitantes começaram a construir mounds e plantar milho intensamente por volta de 1250. Obsidiana é uma pedra vulcânica translúcida ideal para uma excelente ferramenta de corte, e era muito valorizada nas sociedades que não usavam facas de metal. Devido a sua agudeza, a obsidiana é frágil e quebradiça. Uma espectrometria de raio-X de tal ferramenta de Spiro mostrou que era das proximidades de Pachuca, México. Essa obsidiana era tão incomum que, como o sílex de Ramá no nordeste, foi negociada em uma grande área, inclusive Guatemala e Honduras.

Raramente a arqueologia mostra com exatidão como e em que uma sociedade influenciava outra. Há tempos os estudiosos queriam saber se os cahokians e os maias tinham contato direto: afinal, o cultivo intenso de milho, com origem no México, fundamenta o Big Bang de 1050, e os pátios abertos e mounds de Cahokia e suas regiões vizinhas lembram os das cidades maias.

Um exame criterioso de cadáveres de Cahokia causou surpresa: muitas pessoas, algumas enterradas no Mound 72, tinha dentes incisivos com 1 ou 4 entalhes na borda inferior, que ficavam visíveis sempre que abriam as bocas. Como apenas os mesoamericanos alteravam seus dentes assim, é provável que alguns deles visitaram Cahokia ou que alguns nativos da Cahokia visitaram a região maia, tiveram os dentes cortados e voltaram para sua região. Outro sinal de possível contato com os maias: cerâmicas com vestígios de chocolate, mas os arqueólogos ainda não excluíram a possibilidade de uma contaminação moderna.

Informações posteriores a 1492 reforçam a impressão de um amplo contato entre as regiões de Cahokia e maia. Observadores do século

XIX documentaram a origem de mitos de diferentes ameríndios, muitos afirmando descenderem de gêmeos ou de um governante e seu meio-irmão alter ego. Essas crenças replicam o mito maia de heróis gêmeos de um épico oral famoso desse povo, intitulado Popol Vuh, registrado pelo próprio apenas nos anos 1550. Dois corpos masculinos no topo do Mound 72 parecem ter sido governantes gêmeos e uma capa de contas em forma de falcão sugere que os moradores de Cahokia atribuíam a seus governantes a capacidade de voar.

Esses laços entre Cahokia e o mundo maia apontam um caminho que seguia o Rio Mississippi até o Rio Grande, e cruzava o Golfo do México até a Península do Iucatã.

Uma rota diferente para Chichén Itzá era conhecida pelas pessoas do Chaco Canyon, uma comunidade agrícola avançada muito ligada aos maias. Chaco Canyon fica no Novo México na região dos Quatro Cantos. Vivendo na mesma época dos moradores de Cahokia, os Ancestral Puebloans construíram três sítios muito visitados, considerados Patrimônio Mundial da UNESCO: Mesa Verde, Chaco Canyon e Canyon de Chelly, cuja beleza atrai uma enormidade de turistas, com desfiladeiros atingindo 300m de altura.

Esses sítios contêm muitos enigmas sem solução. Todos concordam que o sistema de estradas puebloan é uma obra de engenharia incrível, mas ninguém sabe por que esse antigo povo o projetou desse modo. Duas estradas, cada uma com 9m de largura, levam a 50km ao norte e ao sul, saindo de Chaco Canyon. Nem sempre visível por terra, essas estradas aparecem sempre em fotografias aéreas. Toda vez que uma das estradas chega a uma colina ou uma grande pedra, ela passa por cima. O que intriga é o fato de que os construtores não removiam os obstáculos. Pelo contrário, construíam rampas, degraus e escadas como parte das estradas. As subidas e as descidas verticais são tão abruptas que fica difícil imaginar que as estradas foram construídas para transporte. Elas tinham um significado simbólico? Refletiam uma crença de que era preciso andar em linha reta ao realizar rituais?

Os Ancestral Puebloans eram mestres construtores, e cortavam as pedras com precisão. Em Canyon de Chelly eles usaram a mesma técnica dos maias para construir paredes, que eram rebocadas. Incorporando grandes pedaços de arenito na argamassa feita de lama, os construtores cobriam os dois lados da parede com pedras lisas escolhidas com cuidado, o que é chamado de construção "parede e entulho".

Chaco tinha casas grandes com centenas de moradores, grandes kivas (armazéns redondos subterrâneos) e pátios espaçosos. Sua população total de apenas alguns milhares de pessoas era bem menor que as 20 mil de Cahokia. A maior casa grande em Chaco é Pueblo Bonito, cuja datação por anéis do tronco de árvores mostra que a construção foi iniciada no ano 860 e terminou em 1128. Depois disso, o povo puebloan migrou para outro lugar.

O complexo Pueblo Bonito, com 800 cômodos diferentes, contém várias estruturas de pedras com muitas histórias. Os estudiosos discutem sobre a finalidade das casas grandes: Eram entrepostos comerciais? Ou residências dos governantes e suas famílias? Seja qual for a resposta, certamente foram projetadas para impressionar, como ainda acontece hoje.

Chaco Canyon foi a base para pessoas de muitas regiões diferentes, como mostrou uma análise de esqueletos. Um grupo vivia nas casas grandes, como em Pueblo Bonito, ao passo que outro vivia em comunidades de pequenas casas, com uma arquitetura bem diferente. Os moradores também tinham funerais diferentes. Muito provavelmente o sítio era o lar de indígenas e migrantes do sudoeste do Colorado, que foram para lá no fim dos anos 800 ou início de 900. A presença de um único esqueleto com dentes cortados em Pueblo Bonito aponta para a presença de visitantes da região maia. Normalmente, na globalização, a circulação das pessoas seguia a troca inicial de produtos comercializados. E, conforme a negociação aumentava, mercadores iam para onde os novos clientes viviam e formavam comunidades expatriadas no local.

Os Ancestral Puebloans dominavam a arte da negociação com grandes suprimentos de algo que os maias adoravam: turquesas. Eles negociavam essa pedra em troca de pássaros tropicais com penas brilhantes, como papagaios e araras, cujas penas vermelhas decoravam tapeçarias que resistiram ao passar do tempo. Às vezes eles traziam somente as penas, outras levavam pássaros vivos, cujas penas podiam arrancar. Esses nativos respeitavam tanto as araras que lhes davam enterros formais. Embora os esqueletos de araras escavados indiquem que os pássaros eram malnutridos e não recebiam luz do Sol suficiente, um sinal de que, por mais que os Ancestral Puebloans admirassem os pássaros, ainda os engaiolavam.

Há cerca de dez anos, investigadores descobriram no Chaco Canyon outra importação surpreendente da Mesoamérica: chocolate. Arqueólogos descobriram em um sambaqui fragmentos de cerâmica de potes de conserva quebrados datando do período entre os anos 1000 e 1125. Sem conhecerem o conteúdo original, os cientistas usaram cromografia líquida de alto desempenho para identificar a assinatura química reveladora do chocolate, a teobromina. A absorção do chocolate pelos fragmentos de cerâmica indica que ele era líquido antes de secar (o chocolate foi utilizado pela primeira vez no Equador por volta de 1900 d.C.). O processamento do chocolate era complexo, com muitas etapas: assim que os cultivadores abriam as cascas, eles tinham de germinar as sementes (do contrário, elas não teriam o gosto de chocolate), secá-las ao sol por uma ou duas semanas, assá-las (pelo mesmo motivo) e descartar a casca.

Embora a Hershey Chocolate tenha financiado essa pesquisa, o gosto do chocolate que os maias consumiam e exportavam para Chaco, onde foi encontrado em potes, não lembrava em nada uma barra Hershey. Os maias bebiam o chocolate amargo e temperado com pimenta chili; eles o espumavam despejando de um copo para outro várias vezes, como os vendedores de chá fazem nas estações de trem da Índia. Arqueólogos acreditam que os especialistas em rituais da região maia acompanharam as sementes de chocolate até o norte, para que pudessem ensinar aos Ancestral Puebloans como preparar bebidas de chocolate, o que faz muito sentido. Assim que a comercialização atingiu certo volume, alguém teve que gerenciá-la e os expatriados puderam ensinar aos nativos como fazer chocolate.

As descobertas de chocolate, araras e outros pássaros tropicais mostram que rotas comerciais conectavam Chaco a Chichén Itzá com mais de 3.600km de distância. Claro, algumas pessoas que viajavam até o centro maia cobriam distâncias muito menores. Em algum momento por volta do ano 1000, o povo toltec migrou de Tula, a 80km na região noroeste da Cidade do México, para Chichén Itzá, atravessando o Golfo do México em barcos ou por terra.

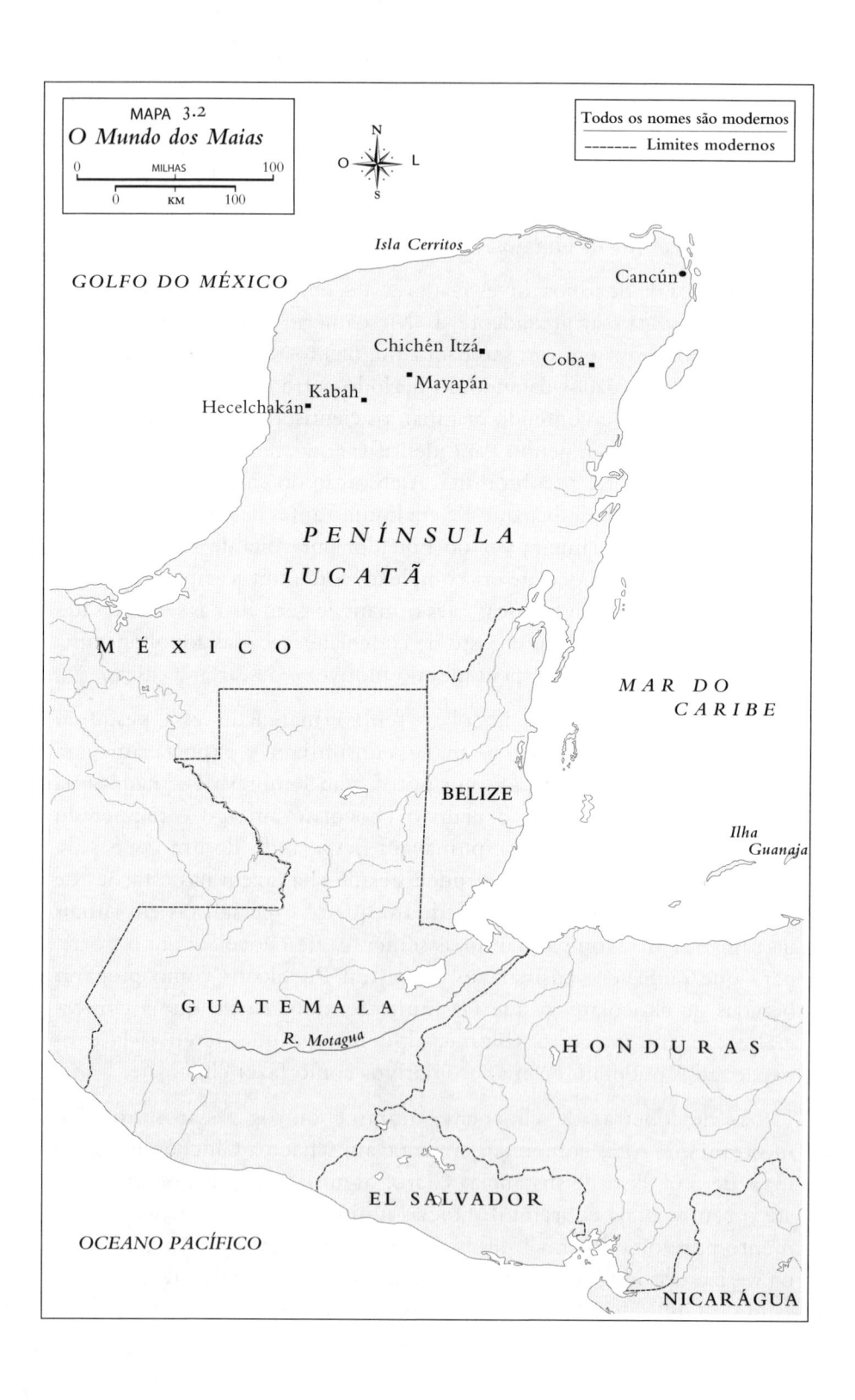

MAPA 3.2
O Mundo dos Maias

0   MILHAS   100

0   KM   100

Todos os nomes são modernos
- - - - - Limites modernos

N O L S

GOLFO DO MÉXICO

Isla Cerritos

Cancún

Chichén Itzá

Coba

Kabah

Mayapán

Hecelchakán

PENÍNSULA
IUCATÃ

MÉXICO

MAR DO
CARIBE

BELIZE

*Ilha
Guanaja*

GUATEMALA
R. Motagua

HONDURAS

EL SALVADOR

OCEANO PACÍFICO

NICARÁGUA

Sabemos sobre a jornada porque a arquitetura da cidade mudou após a chegada deles. Dois estilos distintos de arquitetura coexistem no local: o primeiro é anterior ao ano 950, e o último, após 950. Antes dos recém-chegados, o método de construção mais típico para paredes na antiga Chichén tem características idênticas ao de outras cidades maias na região; as construções na nova Chichén, como o Templo dos Guerreiros, mostram uma forte influência arquitetônica dos toltec.

Estudiosos chamam esse estilo de "internacional". Ele inclui muitos elementos do povo tula, como construções com colunas e pinturas na parede divididas em faixas. Curiosamente, as construções em Tula, terra natal dos toltec, também absorveram elementos maias, sugerindo um fluxo bidirecional de influência entre as duas cidades.

Umas 50 inscrições na língua maia indicam que a antiga Chichén foi construída entre 864 e 897. E, como no centro maia ao sul, as inscrições pararam abruptamente.

O fim das inscrições na língua maia em Chichén Itzá coincidiu com uma crise no território maia entre 800 e 925, período chamado de Clássico Terminal. Os governantes de vários reinos maias sempre lutaram entre si, mas a intensidade das lutas aumentou consideravelmente. O cultivo sistemático de milho esgotou o nitrogênio do solo e causou uma diminuição geral na fertilidade da terra conforme as populações urbanas aumentavam a níveis perigosos. Iniciada por volta do ano 900, uma seca prolongada assolou a região e as cidades locais encolheram, uma vez que os habitantes fugiram ou morreram.

A desaceleração na construção em Chichén Itzá coincidiu com o declínio da região central maia, mas depois disso a cidade se recuperou. As construções maiores, como Castillo e o Templo dos Guerreiros foram erguidas entre 950 e 1100.

O clima pode ter sido responsável pelo colapso e renascimento de Chichén Itzá? Como vimos, o ano 900 marcou o começo do crescimento populacional para as culturas Cahokia e Chacos, e algumas pessoas ligam esses desenvolvimentos à Anomalia Climática Medieval, que começou na Europa por volta de 950 e continuou até 1250. Estudiosos não sabem ainda quais mudanças climáticas as Américas tiveram quando a Europa passou pelo Período de Aquecimento Medieval. Mas o colapso da sociedade maia no centro da planície tropical e a lacuna nas construções em Chichén Itzá entre 900 e 950 apontam para um período prolongado de pouca precipitação.

Quando Chichén Itzá ressurgiu do período difícil, os governantes iniciaram uma campanha de construção em massa. Tal como os moradores de Chaco, os maias construíram um sistema de estradas elaborado com vias elevadas e bem retas, cuja finalidade não pode ter sido apenas para o transporte. Os maias nunca usaram a roda para viajar, mesmo que a conhecessem e fizessem brinquedos com elas. É possível imaginar se o terreno de planície tropical não era adequado para o transporte com rodas, mas as pessoas que viviam em áreas parecidas, como no sudeste da Ásia, usavam muito a roda. Qualquer que seja o motivo, os maias claramente planejaram as estradas para o tráfego a pé.

Uma estrada de calcário branco moído de 274m de comprimento liga nova Chichén a uma cratera ao norte da cidade. A palavra maia Iucatã para tal estrada era *sakbeh*, significando "estrada branca" e por tabela, Via Láctea. Os maias acreditavam que a Via Láctea ligava a Terra ao reino dos ancestrais e deuses, e caminhar longas distâncias tornavam os rituais mais eficazes. Uma das estradas sakbeh mais longas vai de Coba até a floresta de Iucatã, a mais de 100km. Curiosamente, essa estrada termina em um ponto a sudoeste, a 19km de Chichén Itzá, não na cidade em si.

A geologia da Península Iucatã inteira ganhou forma há uns 65 milhões de anos quando um asteroide atingiu o Golfo do México (a colisão cobriu a atmosfera com tantas cinzas que muitos animais do planeta, inclusive todos os dinossauros, foram extintos). As consequentes ondas provocadas por um choque dessas proporções no Golfo alagaram a formação calcária gigante da Península Iucatã. Como resultado, a região tem milhões de túneis subterrâneos e piscinas. Quando os tetos desses túneis caem, formam cavidades cheias de água, chamadas cenotes, que se conectam formando redes com centenas de quilômetros.

O Cenote Sagrado em Chichén Itzá é oval e grande, medindo 57m no ponto mais largo. A primeira descrição do cenote é do bispo Diego de Landa, um dos maiores observadores entre os primeiros monges espanhóis em meados de 1500 (ele também foi responsável pela destruição de centenas de livros maias, dos quais apenas quatro sobrevivem hoje). Landa relatou que os maias jogavam no cenote seres humanos em sacrifício na esperança de trazer chuva e que "eles também jogavam muitas outras oferendas de pedras preciosas e coisas de muito valor para eles" porque acreditavam que os cenotes e as cavernas subterrâneas serviam de portais para o mundo divino.

Uns 300 anos mais tarde, o relato de Landa chamou a atenção de um aspirante a arqueólogo chamado Edward Herbert Thompson. Visitando o local pela primeira vez em 1885, Thompson voltou em 1904 com financiamento suficiente para explorar o Cenote Sagrado. O primeiro esqueleto humano exumado pela escavação confirmou os relatos de Landa sobre sacrifício humano. Alguns esqueletos eram de jovens mulheres (um exame físico não conseguiu determinar se o esqueleto era virgem) e outros eram de homens adultos e crianças. Muitos objetos de jade e metal encontrados no cenote foram cortados em pedaços, provavelmente destruídos durante rituais antes de serem jogados.

Após três anos de exploração, Thompson quis recuperar objetos menores que passavam pelos dentes de metal da draga. Ele fez uma pausa para aprender a mergulhar e voltou a Chichén Itzá, onde instalou uma bomba para lhe fornecer ar. Depois, ele se equipou e pulou na água, descendo por camadas de sujeira tão espessas que não conseguia ver nada, mesmo com uma lanterna submarina. A certa altura, Thompson esqueceu de ajustar as válvulas conforme subia. Sofrendo com uma perda auditiva permanente, nunca mais voltou a mergulhar.

Embora controversa (com certeza suas técnicas não atendiam aos padrões modernos de escavação científica), sua extração revelou uma quantidade enorme de material, que agora fica em Harvard. As águas sem oxigênio do cenote preservaram os materiais, como fragmentos de tecido, copal [uma resina de árvores] e borracha, que degradam na maioria dos contextos (tal ambiente sem oxigênio também preservou tecidos e penas de pássaros nas embarcações vikings enterradas). Os maias queimavam copal, que liberava uma fragrância agradável, e a borracha, que produzia uma fumaça pungente e escura. Ambos intensificavam a experiência sensorial do ritual.

A importância das descobertas no Cenote Sagrado não é a evidência de sacrifício humano entre os maias, isso é bem conhecido hoje, mesmo que tenha sido novidade para Thompson, mas revelam que o comércio de

Chichén Itzá se liga a outros lugares. Além de confirmar as trocas maias com os habitantes de Chaco Canyon ao norte, os achados também possibilitam apontar quando os maias começaram a negociar com seus vizinhos ao sul.

Antes de 900 os maias não fabricavam nenhum objeto de luxo com metal. Todos os produtos mais valiosos eram feitos de jade verde brilhante (tecnicamente jadeíta), oriunda do Vale do Rio Motagua na Guatemala. Os maias valorizavam os tons profundos das penas das araras e dos quetçais, assim como das conchas Spondylus. Os produtos negociados mais importantes da época aparecem em uma pintura de um deus comerciante feita entre 700 e 800 em um templo em Cacaxtla, México: cascos de tartarugas marinhas, livros, tecidos, borracha e sal, que os maias obtinham na costa Iucatã.

As lendas maias dizem que o Deus Comerciante L (seu nome não foi decifrado ainda, mas começa com o som "L") era inimigo do Deus do Milho, que voltava com as chuvas do verão para derrotar o Deus L por mais um ano. Diziam que o Deus L viajava à noite; por que era mais fresco? Para escapar de ladrões? Evitar se expor? Tudo parece possível, pois combinam com a personalidade sombria da divindade. Os governantes maias se associavam à agricultura, que era vista como pura. Eles evitavam se retratar como ligados a buscas mercantis, mesmo que, de fato, valorizassem muito os produtos de terras estrangeiras e participassem pessoalmente de longas viagens de negócios.

Se pudéssemos fazer um upgrade da pintura do Deus Comerciante L com base nas descobertas do Cenote Sagrado, teríamos que adicionar itens feitos de metal porque, após 900, os maias começaram a importar objetos de ouro e cobre da Costa Rica, Panamá e Colômbia.

Nenhuma grande cidade na escala de Chichén Itzá ou Cahokia surgiu na América Central. Vivendo em vilas com no máximo mil habitantes, os moradores da América Central se sustentavam pescando e caçando animais locais, cultivando produtos como mandioca, pupunha e milho às vezes. Também participavam da comercialização, usando canoas enormes, feitas de madeira de lei nativa da floresta tropical, para subirem e descerem as costas do Pacífico e do Caribe.

O Cenote Sagrado em Chichén Itzá tinha pequenos sinos de metal feitos de cobre e ouro, assim como discos planos com decoração elaborada, nos quais artistas maias retratavam as vítimas de sacrifício cujos corações eram removidos. O limite sul dos produtos encontrados no Cenote Sagrado foi a Colômbia. Nenhum item feito mais ao sul na América do Sul foi parar no Cenote Sagrado ou em outro lugar no México, indicando que nenhum comércio direto ocorreu entre as áreas culturais dos Andes e os maias antes de 1492.

Embora ninguém tenha comercializado produtos físicos, artesãos da América do Sul que trabalhavam com metal levaram o know-how para fabricar tais objetos para o norte, ao longo da costa do Pacífico até o oeste do México. Os Andes tinham uma longa tradição na metalurgia. Iniciando por volta de 2000 a.C., os metalúrgicos andinos no Peru extraíam minérios das pedras encontradas nos riachos; primeiro ouro, depois cobre e prata (eles nunca trabalharam com ferro). Conforme foram aprimorando suas técnicas metalúrgicas por milhares de anos, aprenderam a triturar, dobrar, perfurar e soldar folhas de metal. Os metalúrgicos andinos conseguiam passar suas habilidades para outras pessoas, que posteriormente transmitiram essas técnicas para artesãos em Iucatã, que criaram os objetos de metal no Cenote Sagrado.

Os metalúrgicos também trouxeram a técnica de fundição com cera perdida, também originária dos Andes. Eles começavam criando o item que queriam em cera de abelha, criavam um molde de argila em torno da cera, queimavam e despejavam metal fundido no molde. A cera derretia, daí o termo "cera perdida". Os nativos usavam essa técnica para produzir pequenos sinos, muitos encontrados no Cenote Sagrado em Chichén Itzá. Os sinos eram responsáveis por cerca de 60% da produção de metal na região oeste do México. Os habitantes valorizavam os sinos porque sempre que seus governantes os vestiam e andavam, eles tocavam, criando um som digno da realeza. Essa troca de conhecimento constituía, para usar a terminologia atual, um comércio internacional de propriedade intelectual.

A circulação de conhecimento, não de produtos, entre os Andes e o México é desconcertante sob a luz de como outras regiões do mundo viveram a globalização. A circulação de produtos com um novo caminho quase sempre precedia a circulação de artesãos especializados que os fabricavam.

Contudo, a transferência de conhecimento andino, em vez de objetos, faz sentido quando levamos em conta que as sociedades andinas se limitavam a usar certos metais para grupos sociais específicos. As pessoas no topo da sociedade (governantes, parentes, sumos sacerdotes) possuíam objetos de ouro, prata, cobre e combinações dos três, ao passo que os membros mais pobres não tinham itens de metal. Metalúrgicos itinerantes podiam levar o conhecimento de como trabalhar o metal, mas não possuíam objetos de alta qualidade feitos de ouro e prata. Apenas a realeza podia enviar tais presentes ao norte e parece que eles não conheciam os maias.

Apesar da falta de contato direto com seus vizinhos distantes no México, os andinos negociavam muito em sua região natal. Os moradores do norte do Peru experimentaram uma combinação de cobre e arsênico para fundir os primeiros bronzes, e o primeiro uso regular desse metal veio em 850 ou 900. Foi quando os andinos aprenderam a extrair diferentes metais de minerais. Fornos com ventilação aqueciam carburante e mineral juntos para produzir um líquido com cobre que podia ser misturado com ouro, prata, estanho e arsênico, produzindo diferentes tipos de cobre. Com tonalidades variadas, essas ligas de bronze tinham diferentes sabores e odores, como observadores espanhóis relataram em 1500.

Por volta do ano 1000 diversas culturas arqueológicas diferentes coexistiam na região andina do Peru, Bolívia, norte do Chile e Argentina atuais. O uso regular do bronze arsênico diferenciava a sociedade andina das outras que usavam metal no mundo inteiro. Esse bronze tem certas vantagens sobre o bronze feito com cobre: ele quebra com menos facilidade, é mais duro e enferruja mais lentamente. Quando o arsênico está sendo trabalhado, ele solta uma fumaça tóxica, mas, quando o metal assume sua forma final, não traz perigo (quase ninguém usa bronze arsênico atualmente por causa dos riscos dos vapores).

Um produto local peculiar que os povos dos Andes faziam com bronze arsênico era dinheiro simbólico. Às vezes eles trocavam machados de verdade e novinhos; em outras, cortavam peças no formato de machado em folha de bronze e as amarravam em maços. Dinheiro em forma de machado, também feito de bronze arsênico e amarrado em maços, foi encontrado na região oeste do México por volta de 1200. Um tipo de dinheiro-machado circulava nos Andes, outro no México. Os dois não eram um meio de troca compartilhado. Os metalúrgicos andinos devem ter transmitido o conhecimento de como fazer tal dinheiro à região norte.

Bronzes arsênicos também foram encontrados na região central do Peru, o centro da cultura arqueológica Wari. Os waris controlavam o maior território nos Andes por volta do ano 1000. Anteriores aos incas, os waris compartilhavam muitas práticas com eles. Os waris foram o primeiro povo a usar registros quipo, enrolando fios coloridos em cordas para mostrar quantidades ou mercadorias; todos continuam indecifrados. Os andinos não tinham sistema de escrita; os únicos sistemas de escrita de índios norte-americanos surgiram no México.

Os waris e os incas usavam uma rede de estradas elaborada. Diferente das estradas brancas maias, essas não eram rituais, seguiam os contornos da terra e ligavam assentamentos maiores, uma função especialmente importante, dado que as pessoas que moravam em elevações diferentes tinham uma dependência mútua de comida.

Antes de a Espanha chegar, o povo andino tinha criado uma extensa rede de negócios, importando turquesa e esmeraldas da Colômbia, safira do Chile e pepitas de ouro de um afluente do Amazonas, o Rio Marañón. Embora suas técnicas metalúrgicas tenham viajado para o norte, eles nunca negociaram diretamente com os maias.

Como sempre acontece, a geografia teve seu papel. A floresta densa do Panamá foi um obstáculo geográfico maior para aqueles que vinham por terra; é o único lugar na América Latina não cortado por grandes rodovias ainda hoje. Os produtos iam do Panamá para a Colômbia quase sempre por meio de navios cargueiros. Nos Andes, caravanas de lhamas carregavam muitas mercadorias pelas regiões montanhosas, onde esses animais tinham grande suprimento de grama fresca. As lhamas podiam subir e descer as montanhas até a costa do Peru, mas por causa da falta de pastagens no nível do mar, elas não podiam caminhar ao longo da costa por muito tempo. O único modo de se locomover pela costa era de barco.

Mas a viagem marítima para o norte não era fácil também. Uma simulação por computador descobriu que levaria dois meses para navegar para o norte, partindo do Equador para a região oeste do México, mas cinco meses no regresso, que requeria perder de vista o litoral por um mês inteiro em razão das correntes oceânicas. Essas correntes também impunham desafios reais para os que viajavam em canoas sem vela, o único tipo de barco em uso antes do contato com os europeus.

Conforme as canoas iam ao norte pela costa do Pacífico, também subiam e desciam a costa caribenha, perto de Chichén Itzá. O porto marítimo de Isla Cerritos fica a 90km de Chichén Itzá no litoral norte da Península do Iucatã. Começando a ser usado por volta do ano 900, o porto é uma miniatura de Chichén Itzá, com uma praça, um pátio redondo, uma fila de colunas e templos. Arqueólogos descobriram obsidiana, vasos de cerâmica com brilho metálico, turquesa, jade, cobre e ornamentos dourados que vinham de barco. Isla Cerritos ligava Itzá ao norte e a oeste do México, a região sudoeste dos EUA, Panamá e Costa Rica. Seu tamanho mostra a importância do comércio marítimo para os moradores maias de Iucatã.

★   ★   ★

O declínio da cidade de Chichén Itzá se iniciou por volta de 1100, o último ano em que monumentos maiores foram construídos; a cidade foi abandonada após 1200. Como sempre acontece, os arqueólogos não têm certeza sobre o motivo, mas suspeitam que a seca foi a causa. A adoração no Cenote Sagrado continuou. Um grupo chamado itza veio da costa oeste de Iucatã para Chichén Itzá nos anos 1220 e deu seu nome à cidade, que significa "boca do poço de Itza".

Depois de sair de Chichén Itzá, o povo itza foi para a cidade de Mayapán no fim de 1200 e matou todos os governantes Mayapán, exceto um príncipe que estava fora em uma expedição comercial a oeste de Honduras. Essa informação, novamente do bispo hispânico Landa, indica a importância do comércio. Os príncipes reais iam nessas expedições e não delegavam o comércio apenas aos comerciantes. Lembre-se também de que os maias adoravam o misterioso Deus Comerciante L, um sinal de respeito pelo comércio.

Mayapán não lembrava Chichén Itzá. Sem pátio redondo nem ruas, a cidade era o lar de, talvez, 15 mil pessoas apertadas em uma área de 6,5km². Sua única vantagem era que os cenotes forneciam uma fonte de água confiável aos moradores da cidade murada, mesmo quando havia cerco.

Após 1325, um novo poder, os astecas, apareceram ao norte do México e o centro político mexicano mudou da Península do Iucatã para a capital asteca Tenochtitlán, fora da atual Cidade do México. O sistema de caminhos pelo México se reorientou para atender esse novo centro. Como os astecas unificaram o México nos anos 1400, grande parte de seus domínios, mas não a Península do Iucatã, caíram nas mãos dos hispânicos depois que sua capital foi conquistada e Montezuma foi assassinado.

Nos anos 1500, quando os espanhóis chegaram à Península do Iucatã, encontraram 12 ou 13 grupos rivais, que os espanhóis tiveram que derrotar antes que pudessem declarar soberania em toda a região maia. A conquista levou séculos. Mesmo sob domínio espanhol, os maias continuaram a viver nas planícies de Iucatã e tropicais, ainda sua terra natal hoje, e falam vários dialetos descendentes do maia clássico. Um dos principais avanços ao decifrar os maias aconteceu nos anos 1970 quando linguistas perceberam que o vocabulário e a sintaxe dos dialetos maias falados podiam ajudá-los a entender as inscrições nos monumentos.

O mar continuou sendo importante para os maias nos séculos após eles deixarem Chichén Itzá. Em 1502, Cristóvão Colombo, seu filho Ferdinand e seus homens encontraram uma canoa maia perto da ilha Guanaja, 70km ao norte de Honduras. Na biografia de seu pai, Ferdinand descreve o que ele viu: "Feita de um tronco de árvore, como outras canoas de índios", a canoa era movida por 25 remadores e tão longa quanto uma "galé veneziana", provavelmente com 20m. Os maias faziam um buraco nos troncos de gigantes árvores orelha de elefante (guanacaste) para construírem suas canoas. Além da tripulação, a canoa levava mulheres, crianças, pertences, diferentes produtos e alimentos, inclusive raízes, grãos e álcool de milho. Ferdinand não registrou o destino da canoa maia, mas ela podia navegar ao longo da costa, ir para Cuba ou outra ilha caribenha.

Colombo captou a importância da canoa gigante: ela revelava "em um único momento… todos os produtos daquele país". Ele confiscou "as coisas mais caras e belas": tecido de algodão bordado e pintado, espadas de madeira, facas de "sílex" (provavelmente obsidiana) "que cortavam como aço" e sinos de cobre.

Os hispânicos não entenderam tudo que viram. Parte da tripulação confundiu cobre com ouro. Colombo não reconheceu as sementes de cacau (ele as chamou de amêndoas), mas notou o cuidado com o qual a tripulação lidava com elas: "quando foram trazidas a bordo com outros produtos e algumas caíram no chão, todos os índios se agacharam para pegá-las, como se tivessem perdido algo de grande valor." Colombo era um observador astuto: a semente de cacau era preciosa.

Entre os produtos na canoa, Colombo identificou "machadinhas parecidas com as feitas de pedra que outros índios usam, embora fossem feitas de cobre de boa qualidade". Era o dinheiro-machado mexicano, que ainda circulava nos tempos de Colombo.

O extraordinário relato de Ferdinand nos lembra um ponto importante que normalmente esquecemos: os moradores das Américas tinham construído uma rede sofisticada de caminhos antes da chegada dos espanhóis. No ano 1000, essa rede tinha como centro Chichén Itzá, estendia-se ao norte até Chaco Canyon e Cahokia, chegando na Colômbia ao sul. Essa rede era flexível. Quando novas cidades surgiam, como aconteceu com Chichén Itzá após 1000 ou Cahokia após 1050, os nativos abriam novos caminhos ou encontravam rotas marítimas que conectassem os novos centros.

Em 1492, quando Colombo chegou, Chichén Itzá não era mais o centro da rede comercial norte-americana; a capital asteca Tenochtitlán estava em seu lugar. Colombo não criou um novo sistema de vias pan--americano, simplesmente conectou as vias nas Américas com os caminhos na Europa adicionando uma nova ligação transatlântica. Quando os nórdicos viajaram para o leste europeu vindo da Escandinávia, criaram um sistema de caminhos inteiramente novo, como explicará o próximo capítulo.

CAPÍTULO QUATRO

Escravos Europeus

Leif Erikson e outros homens que foram para as Américas não eram os únicos nórdicos a mudar de região. Por volta do ano 1000, outros escandinavos velejaram para o leste, cruzaram o Mar Báltico e abriram novos caminhos no leste da Europa com consequências de longo prazo muito maiores. Conhecemos essas pessoas atualmente como rus, viajantes que deram seu nome à Rússia. Em sua maioria homens, casaram-se com mulheres locais, fixaram assentamentos permanentes, aprenderam a falar línguas eslavas e, por fim, foram completamente absorvidos pela sociedade local. Encontrando uma oferta constante de peles e escravos no leste da Europa, os rus se posicionaram como atravessadores e lucraram muito vendendo para clientes bizantinos e muçulmanos na Ásia Central.

Embora a prata e o ouro que os rus enviavam tenham transformado a economia de sua terra natal, a Escandinávia, seu impacto no leste europeu foi ainda maior. Nos anos 900, os rus formaram uma confederação comercial que controlou uma grande área altamente povoada por várias tribos. No ano 988 ou 989, a decisão do chefe da confederação, o governante do povo rus, príncipe Vladimir, de se converter à religião ortodoxa bizantina redesenhou o mapa do mundo cristão, incluindo o leste da Europa e a Rússia (as duas maiores divisões do Cristianismo na época eram a Ortodoxia Bizantina e o Catolicismo Romano; o Protestantismo se delineou após a Reforma, nos anos 1520). Quando Vladimir se converteu, o mundo cristão ainda não estava totalmente formado: Roma substituiu Constantinopla como seu centro apenas em 1204 após a Quarta Cruzada. Um desenvolvimento importante na globalização, a circulação de ideias e a subsequente criação de novas regiões com religiões, afetou profundamente todos, mesmo as pessoas que não deixaram seus lares originais.

Os primeiros migrantes escandinavos para o leste da Europa cultuavam as mesmas divindades tradicionais dos nórdicos que foram para as Américas: Thor, a divindade poderosa do trovão, seu pai, Odin, o deus da guerra, e Freya, a deusa da fertilidade. Os contemporâneos chamavam esses viajantes de "rus", derivado da palavra finlandesa para Suécia, que significa "remar" ou "homens que remam". Embora os primeiros estudiosos escandinavos tenham retratado os rus como puramente escandinavos e os estudiosos soviéticos anteriores a 1989 os tenham descrito igualmente como eslavos, os rus não eram de uma única etnia. Uma combinação de várias pessoas do norte, como nórdicos, anglo-saxões, francos e eslavos, eles se reuniram para formar bandos armados e se separaram com igual rapidez.

Como os nórdicos que foram para o oeste, até as Américas, os chefes rus que foram para o leste para saquear tinham, e aproveitavam algumas vezes, uma superioridade organizacional modesta em relação à população local. Os povos das florestas no leste da Europa pescavam, caçavam animais e viajavam em busca de certas plantas, inclusive aquelas que tinham semeado na primavera e retornavam no outono para colher. Eles seguiam em pequenos grupos e viviam com simplicidade. Alguns desses grupos rus, sobretudo nos limites da bacia do Rio Volga ao norte, misturavam-se aos nativos e negociavam peles com eles de modo pacífico. Em outras localidades, os rus obtinham pele e escravos à força. Grupos maiores de rus, que derrotavam regularmente os nativos quando lutavam, começaram a cobrar "tributos", um eufemismo para taxa de proteção. Em geral, os nativos pagavam com peles e escravos aos soberanos rus uma ou duas vezes ao ano.

A chegada dos rus nas bacias fluviais no leste da Europa lembra o assentamento dos colonos europeus na América do Norte nos anos 1600 e 1700, embora os colonos norte-americanos desfrutassem de uma vantagem tecnológica bem maior. Os dois encontros tiveram consequências diferentes. Basicamente, os colonos norte-americanos criaram uma sociedade que marginalizou os ameríndios, ao passo que os rus se casaram com os nativos e adotaram sua língua e costumes.

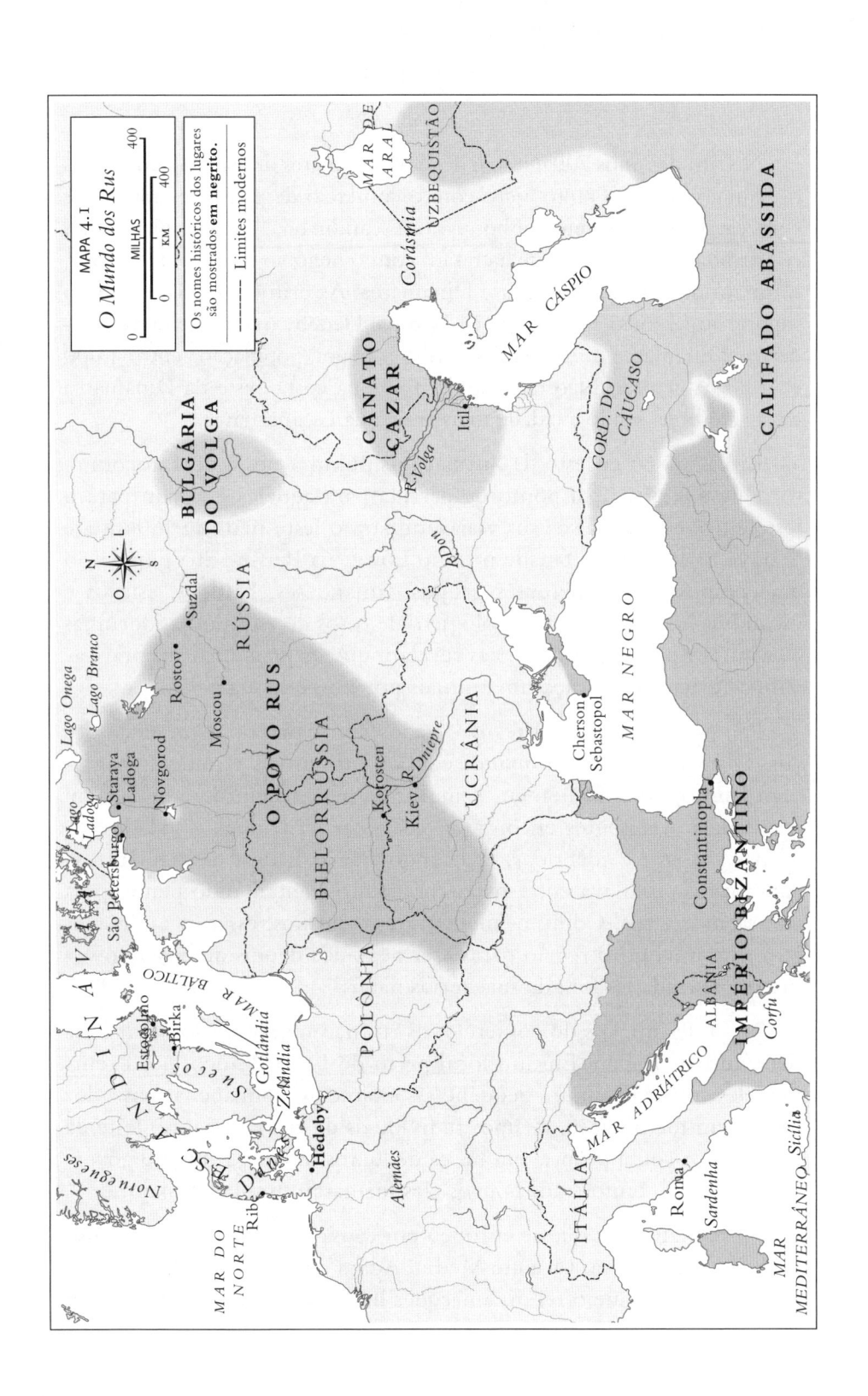

MAPA 4.1
O Mundo dos Rus

Os nomes históricos dos lugares
são mostrados **em negrito**.
——— Limites modernos

0 MILHAS 400
0 KM 400

No fim dos anos 700 e início dos 800, os líderes do bando armado rus tinham conseguido tanto lucro com o comércio de peles e escravos que começaram a enviar seus ganhos para a Escandinávia. Cidades planejadas, construídas pelos chefes que lucraram com o negócio no leste da Europa, surgiram na Suécia, Noruega e Dinamarca. As primeiras cidades deram suporte ao negócio com o leste da Europa: Hedeby (na fronteira das modernas Dinamarca e Alemanha) tinha a maior população, entre 1.000 e 1.500 habitantes. Não tão grande, Ribe na costa oeste da Dinamarca existe até hoje, sendo a cidade mais antiga na Escandinávia.

Birka, na costa leste da Suécia, uns 36km a oeste de Estocolmo, tornou-se o principal ponto de partida para aqueles que iam para o leste europeu. De lá, os rus viajavam para o leste mais de 160km até Staraya Ladoga, uma cidade no Rio Lovat, na Rússia. Sua população era composta por diferentes grupos: finlandeses, bálticos, eslavos e escandinavos. Achados arqueológicos de ossos de esquilos, andorinhas e castores nos campos agrícolas revelam que os primeiros rus praticavam a agricultura e caçavam animais por causa de sua pele.

Pentes de ossos e chifres de veados confirmaram a presença dos rus. Observadores muçulmanos contam que os rus raramente tomavam banho, embora homens e mulheres penteassem os cabelos com frequência. Os pentes encontrados em Staraya Ladoga e cidades vizinhas são quase idênticos, indicando que o grupo de artesãos escandinavos circulava entre os assentamentos, entalhando pentes para os moradores rus. Como os metalúrgicos andinos, esses escandinavos iam para uma nova região para fazer negócios depois de ouvirem sobre oportunidades fora de suas terras natais.

Nas fases iniciais do comércio, os rus não tentavam dominar uma determinada região. Em um local perto do Lago Branco, por exemplo, eles construíram um pequeno assentamento com apenas seis a dez casas, sem fortificação. Grupos individuais de rus iam para o leste da Europa por conta própria em busca de lucros, não a pedido do governante. Com o tempo, aos poucos eles formaram unidades maiores.

Os rus iam para o leste europeu por causa da grande demanda por peles na Europa e no Oriente Médio. Adam de Bremen, o historiador que registrou o que o rei dinamarquês lhe disse sobre a Vinlândia em

1076, expressou o desejo entre os alemães por "peles estrangeiras": o "odor delas introduziu em nosso mundo o terrível veneno do orgulho... Certo ou errado, ansiamos por um traje de pele de marta tanto quanto queremos a alegria suprema." Mesmo em climas mais quentes, os governantes acumulavam milhares de trajes de pele, registrou um observador do século X em Bagdá.

A demanda por escravos também era alta, sobretudo nas duas maiores cidades da Europa e do Oriente Médio da época: Constantinopla, capital do Império Bizantino, e Bagdá, capital do Califado Abássida, no atual Iraque. Os moradores de Constantinopla e Bagdá usavam sua riqueza para comprar escravos, quase sempre pessoas capturadas em ataques às sociedades vizinhas.

No início dos anos 900, um observador muçulmano, chamado Ibn Rusta, notou que os rus "tratavam bem seus escravos e os vestiam com elegância, pois eram um artigo de negociação". Adam de Bremen comentou sobre o ouro guardado na ilha de Zelândia na Dinamarca, que piratas escandinavos tinham pilhado com o comércio de escravos. Os vikings, disse Adam, "não confiam uns nos outros e assim que um deles captura o outro, ele é vendido sem piedade como escravo". Vieram tantos escravos do leste europeu que o significado da palavra grega para "Slav" (*sklabos*) mudou seu sentido original em algum momento nos anos 1000, "eslavo", para assumir uma definição mais ampla de "escravo", sendo eslavo ou tendo outra origem.

Lucrando com escravos e o comércio de peles, os líderes rus do bando armado adquiriram cada vez mais seguidores que eles alimentavam, vestiam e recompensavam com uma fatia da pilhagem. Novos territórios ofereciam uma oportunidade de crescimento a homens ambiciosos. Se fizessem fortunas, poderiam atrair seus próprios seguidores e se tornar líderes.

Os rus foram para o leste da Europa viajando principalmente em pequenas canoas com remos, que eram leves o bastante para carregarem entre os rios. Nenhuma montanha alta era um empecilho. Os rios do leste europeu cruzavam terrenos relativamente planos, possibilitando transportar os barcos por terra onde os rios acabavam ou onde as correntezas eram muito fortes.

O rio Dniepre era o único curso de água contínuo, mas tinha correntezas perigosas. Uma das mais perigosas fica perto de Kiev, que os rus tinham que atravessar para chegar ao Mar Negro. Lá, o rio diminui seu curso em 33m por 62km. Em um trecho particularmente difícil, um observador bizantino notou que os rus tinham que caminhar por terra cerca de 9,5km levando os "escravos acorrentados" antes de retomarem a viagem de barco.

A descrição escrita mais antiga dos rus vem de Ibn Khurradadhbih (820–911), um oficial persa que identificou esse povo como pessoas loiras que viviam nas terras da Saqaliba, o termo árabe geral para as pessoas do norte e do leste da Europa ("Saqaliba" também é a origem de uma das muitas palavras para "escravo" em árabe). "Eles carregam peles de castor, raposa preta e espadas dos confins de Saqaliba até o Mar de Rum" ou Mar Negro. Peles de castor e raposa eram as mais valorizadas por causa da densidade do pelo.

Ibn Khurradadhbih não mencionou escravos, mas ressaltou como as espadas dos rus eram avançadas. Elas eram essenciais para os rus capturarem escravos e exigirem peles dos moradores do leste europeu, e eles também mantinham altos os preços nos mercados.

As espadas rus escavadas por arqueólogos são de dois tipos: fundidas de ferro trabalhado localmente contendo muitas impurezas, e feitas de lingotes de aço produzidos em cadinhos ou pequenos moldes herméticos. Várias fontes em árabe descrevem a complexa tecnologia de fabricar aço a partir do ferro. Elas revelam que o aço de Damasco, com fama mundial, não era feito na Síria. O aço fabricado em cadinhos que os rus usavam era importado de outros lugares, inclusive do Afeganistão.

Algumas das espadas de melhor qualidade, com a maior porcentagem de carbono, carregam o nome Ulfberht, provavelmente o nome do ferreiro que as fez, com um sinal de mais antes da letra *u*, após o *t* final e entre as letras *h* e *t*, uma prática que ninguém explicou com êxito. Cerca de cem espadas Ulfberht existem hoje, mas a qualidade não é a mesma; algumas contêm uma alta porcentagem de carbono e são muito afiadas, ao passo que outras apresentam uma porcentagem menor e são mais cegas. Após o ano 1000, os fabricantes de espadas continuaram a produzi-las ainda combinadas com as letras Ulfberht e sinais de mais, porém com mais erros de ortografia, um sinal claro de que a valiosa marca Ulfberht estava sendo imitada.

Armados com espadas e adagas de aço, os rus seguiram os diferentes rios do leste da Europa rumo ao sul, até chegarem ao Mar Negro. De lá, abriram novas rotas por terra até a atual Sebastopol, na época chamada Cherson. A viagem pelo rio Dniepre levava uns 20 dias.

Cherson era um posto avançado bizantino nos anos 900 com ruas quadriculadas e muros imponentes na cidade. Pastores que viviam nos campos ao norte levavam seus cavalos e ovelhas para os mesmos mercados da cidade, na qual negociantes bizantinos ofereciam sedas, objetos de cristal, utensílios de vidro e de metal, vinho e azeite de oliva, enquanto pescadores vendiam a captura do dia. Os moradores da floresta vendiam peles, mel e cera de abelha. Velas feitas de cera tinham melhor luminosidade no mundo medieval; os óleos eram mais baratos, mas exalavam um cheiro desagradável, como as velas de sebo.

Tais mercados eram o lugar perfeito para vender peles e escravos, e Cherson fica diretamente na rota dos rus para Constantinopla, uma viagem até o Mar Negro que levava seis dias. Os rus que viajavam para Bagdá escolhiam entre duas rotas: por terra a partir do Mar Negro, cruzando o território dos cazares até o Mar Cáspio, ou pelo sul, ao longo do Volga até o importante centro comercial Itil.

Lá, Ibn Khurradadhbih explica em seu *Book of Routes and Realms*, [*Livro das Rotas e dos Reinos*, em tradução livre], que os rus fingiam ser cristãos e judeus para pagar menos impostos que os não muçulmanos. Isso mostra que, pelo menos, alguns rus conheciam o Cristianismo, mas não tinham se convertido ainda.

Uma testemunha ocular de 922 tem mais informações sobre as práticas religiosas tradicionais dos rus do que qualquer outra fonte. Ibn Fadlan foi enviado para o Califado Abássida em resposta ao governante búlgaro que solicitava a visita de alguém com conhecimento sobre o Islamismo. Com merecida fama, a descrição comovente e terrível de Ibn Fadlan detalha sexo em grupo e sacrifício humano que ocorriam durante o funeral do povo rus para "um de seus grandes homens". Em uma cidade no meio do Volga, Ibn Fadlan se deparou com uma cerimônia de negociantes rus cremando seu chefe junto com sua companheira "escrava".

A família do líder falecido pedia que voluntários fossem enterrados com ele e uma jovem escrava concordou (Ibn Fadlan não explica o motivo). Quando chegou a hora do funeral, a jovem bebeu um copo de álcool. Então, "seis homens entraram na tenda. Todos tiverem relações sexuais com a escrava". Ibn Fadlan não faz julgamentos. Ele relata o que viu com imparcialidade. Talvez não tenha percebido que estava observando um rito de fertilidade religioso, no qual os devotos do deus nórdico da guerra, Odin, e a deusa da fertilidade, Freya, faziam sexo.

Depois, uma sacerdotisa "sombria e obesa, nem jovem nem velha" ajudou a preparar o barco funerário para a cremação. Chamando-a de "Anjo da Morte", Ibn Fadlan resume suas obrigações: "É de responsabilidade dela costurar os trajes do chefe e prepará-lo devidamente, e cabe a ela matar as escravas." Quatro homens posicionaram a jovem ao lado do falecido e a seguraram. O Anjo da Morte "colocou uma corda em seu pescoço com as pontas cruzando e a entregou a dois homens para puxá-las. Ela avançou com uma adaga de lâmina larga, enfiando-a e retirando-a entre as costelas da jovem, aqui e acolá, enquanto os dois homens a estrangulavam com a corda até que morresse".

Os parentes mais próximos do falecido colocavam fogo na pira funerária, na qual depositaram o barco e os corpos do chefe e da escrava. As práticas funerárias escandinavas variavam; nesse caso, os rus queimaram um barco carregado de oferendas para o morto, mas arqueólogos também encontraram embarcações com objetos funerários enterradas e intactas.

Comerciantes rus pediam a ajuda de suas divindades ao realizar negócios. Ibn Fadlan relata que, quando um negociante chegava no entreposto comercial de Itil, perto de onde o Rio Volga deságua no Mar Cáspio, ele fazia uma doação. Então, prostrava-se diante de uma estátua de madeira de uma divindade cercada por muitas imagens menores e rezava: "Senhor, vim de uma terra distante, com um número tal de escravas e uma quantidade tal de peles de marta."

Então o comerciante pedia à deidade: "Quero que me abençoe com um rico comerciante com muitos dinares e dirrãs que comprará de mim o que eu quiser sem pechinchar o preço que defini." Dinares eram moedas de ouro; dirrãs, de prata. Ambos podiam ser derretidos para fazer braceletes e colares. Ibn Fadlan conta que os chefes rus davam a suas esposas um colar de prata por cada 10 mil dirrãs de prata que tinham juntado.

Moedas podem revelar muito sobre o passado, sobretudo em sociedades com poucos registros escritos, como o leste da Europa e a Escandinávia dessa época. Se não fossem as moedas, não teríamos ideia de toda a transferência em massa de riqueza para os rus vinda de Constantinopla e do mundo islâmico, e que pagava por peles e escravos importados. Centenas de tesouros, alguns com mais de 10 mil moedas, surgiram ao norte e a leste da Europa. Os rus usavam contêineres de cerâmica, vidro, metal ou canoas de vidoeiro para enterrar prata como cofres temporários, mas, por qualquer motivo, deixaram muitos deles para trás, descobertos com as escavações de arqueólogos.

O maior estoque de moedas já encontrado na Escandinávia foi enterrado após 870 na ilha sueca de Gotlândia, uns 200km ao sul de Estocolmo, no Mar Báltico. Arqueólogos trabalhando em 1999 localizaram um tesouro com 14.295 moedas, datando de 539 a 871 e 486 braceletes feitos de moedas derretidas. Os chefes recompensavam seus seguidores com moedas e braceletes. Juntos, os artefatos de prata pesavam 67kg. Algumas moedas estavam intactas, mas outras tinham sido cortadas.

Assim que a prata era derretida e perdia a forma de moeda, o único modo de determinar o valor de certo item era pesando. Para tanto, os rus adotaram uma nova ferramenta do mundo islâmico: balanças. Elas surgiram por toda a Escandinávia e leste da Europa, uma evidência certa de uma primeira transferência de tecnologia. As novas balanças não substituíram os trabalhadores; ninguém na Escandinávia tinha pesado prata antes. Elas se mostraram muito populares porque forneciam um novo serviço muito necessário, assim como são os celulares atualmente.

Com o tempo os rus foram parando de derreter moedas para fazer braceletes. Um tesouro posterior na mesma ilha de Gotlândia, enterrado logo depois de 991, reflete a confiança crescente nas moedas. Sem braceletes, continha 1.911 moedas de prata: 1.298 com legendas em árabe, 591 da Alemanha, 11 da Bulgária do Volga, 6 da Inglaterra, 3 de Bizâncio e 2 da Boêmia. Tais moedas mostram um panorama valioso dos principais parceiros comerciais dos rus, informações indisponíveis em documentos. O mundo islâmico era muito mais importante para os rus do que o oeste da Europa. Por volta do ano 950, o Império Samânida, um Estado separatista na Ásia Central, substituiu os Abássidas como fabricantes das moedas de prata mais puras.

Qual foi o tamanho da transferência de riqueza do mundo islâmico para a Escandinávia e os territórios dos rus? Primeiro considere a quantidade incrível de dirrãs de prata cunhados entre 670 e 1090 que foram escavados: 80 mil na Suécia, 37 mil na Polônia e 207 mil para Rússia, Bielorrússia e Ucrânia. Uma pesquisa recente conta 400 mil moedas de prata islâmicas totais encontradas nos séculos IX e X. É claro que são apenas as moedas que os arqueólogos recuperaram; a quantidade original das moedas enterradas deve ter sido muito maior, digamos um milhão, porque muitas foram derretidas ou perdidas.

Quantos escravos um milhão de moedas podia comprar? Cem mil durante o século XI, mais ou menos mil por ano.

No fim dos anos 900, no mundo islâmico começou a haver escassez de prata em toda a região. Como resultado, a prata que entrava na Escandinávia graças à venda de peles e escravos dos rus foi diminuindo. Alguns tesouros menores contêm moedas de prata cunhadas no fim de 900 ou início dos anos 1000, mas nenhuma datada após 1013.

As moedas desenterradas na Escandinávia também tinham legendas em inglês, um lembrete importante de que os nórdicos continuaram a invadir as ilhas britânicas por séculos após o ataque inicial em 793. Seguindo a estratégia usual, assim que subjugavam um novo lugar nas ilhas britânicas, exigiam uma taxa de proteção. Controlando grandes partes da região central da Inglaterra, os nórdicos implementaram leis da Dinamarca em uma área conhecida como Danelaw.

Por dois séculos, dos anos 850 até 1060, nórdicos e ingleses não conseguiram garantir um controle duradouro, mas o rei nórdico, Canuto, o Grande, foi quem mais se aproximou de unificar Dinamarca, Noruega e Inglaterra. Em 1016, ele derrotou os ingleses e em 1018 exigiu 82.500 moedas de prata de seus súditos ingleses para que pudesse recompensar seus seguidores (a moeda pesava menos que a atual, portanto, era um pouco mais de 30 mil kg). Em 1028, Canuto recebeu o título de "rei de toda a Inglaterra, Dinamarca, Noruega e parte da Suécia". Entretanto, após sua morte em 1035, o trono da Inglaterra voltou para Eduardo, o Confessor, e o país foi governado separadamente da Dinamarca e da Noruega.

Um tesouro da ilha sueca de Gotlândia tinha 24 moedas da Espanha, uma confirmação das atividades vikings no Mediterrâneo, que ficava bem no extremo sul de onde eles iam na Europa. Arqueólogos interpretaram com muita perspicácia o pouco que existe de evidência da presença dos nórdicos no sul. Por exemplo, um sítio na Ilha da Madeira, no Atlântico, tinha ossos de rato datando entre 900 e 1036. Como o DNA desses ratos é mais parecido com os ratos da Escandinávia e da Alemanha, arqueólogos concluíram que os escandinavos chegaram a essa ilha antes dos portugueses nos anos 1400.

Registros escritos também documentam as viagens dos nórdicos para a Sicília, onde chegaram por volta do ano 900. Depois de expulsarem os monarcas regentes, seu descendente Rogério II (reinou de 1130 a 1154), governou como o rei normando da ilha nos anos 1100 e ficou famoso por dar suporte financeiro a artistas cristãos e muçulmanos, e a estudiosos igualmente. Foi na corte de Rogério que al-Idrisi produziu seu mapa de prata redondo da Afro-Eurásia, com 2m de diâmetro.

No auge das exportações de moedas, alguns rus que foram para o sul acabaram em Constantinopla como mercenários. Eles eram os "varangianos", um antigo termo nórdico que começou a aparecer em 950 e significava "homens de confiança" e, por extensão, escandinavos. O imperador bizantino tinha uma divisão separada de guardas varangianos, que eram famosos por sua ferocidade. Dois deles podem ter escrito em norueguês antigo na sacada da catedral de Santa Sofia (alguns especialistas duvidam de sua autenticidade).

Outros escandinavos simplesmente eram aventureiros ou caçadores de riquezas.

Um típico líder do bando armado, chamado Inguar, o Viajado, é o herói de sua própria saga, uma narrativa que reconta inúmeras batalhas com dragões e gigantes. Inguar e seus companheiros velejaram pelo rio Dniepre, cruzaram o Mar Negro, atravessaram a Cordilheira do Cáucaso e finalmente chegaram ao Mar Cáspio. Aspirando ter seu próprio reino, ele tinha 20 anos de idade na saga, indicando como o jovem conseguiu subir na turbulenta sociedade de bandos armados.

Por fim, Inguar ficou doente e, assim como metade de seus homens, morreu com 25 anos em algum lugar na Ásia Central, muito provavelmente na região do Império Corásmio, atual Uzbequistão. Foi o ponto mais distante a leste que os nórdicos chegaram. Antes de morrer, Inguar pede a seus seguidores para "levarem seu corpo de volta para a Suécia", um pedido que explica a presença de 26 sepulturas em pedras rúnicas de seus seguidores na região central da Suécia.

O mundo dos chefes saqueadores aos poucos deu lugar a monarquias cobrando impostos por volta do ano 1000. Reis recompensavam seus seguidores com terras, não espólios. Um primeiro exemplo foi Guilherme, o Conquistador, cujos ancestrais vieram para a França no início dos anos 900 como piratas, pediram taxa de proteção e, por fim, tornam-se os reis normandos da Inglaterra, eventos representados na famosa Tapeçaria de Bayeux.

A invasão em 1066 da Inglaterra marcou o fim da Era Viking. Na verdade, a administração de Guilherme implementou as mesmas mudanças ocorridas em vários territórios escandinavos, nos quais os governantes recompensavam seus seguidores com terras específicas e o rendimento agrícola possibilitava que novos proprietários de terra pagassem impostos sobre suas terras.

Quando o príncipe Vladimir, o líder que escolheu o Cristianismo para os rus, chegou ao poder, uma mudança parecida ocorreu no domínio rus. Os vários bandos armados de outrora deram lugar a um novo tipo de estrutura dominante, uma liderança compartilhada por diversos membros de um clã carismático. Aqui não temos que lembrar o que aconteceu a partir das moedas porque podemos consultar uma fonte detalhada, a *Crônica de Nestor*, que fornece uma história ano a ano dos príncipes rus e foi escrita entre 1050 e 1113.

A seção relativa aos anos 860 a 862 explica como o primeiro príncipe rus chegou ao poder. Os escandinavos que viviam no leste da Europa "viajaram por mar até o povo rus varangiano" e convidaram três irmãos para vir com eles e governar. Os irmãos fundaram a dinastia Rurikid. Observe que a *Crônica de Nestor* identifica claramente os novos soberanos de além-mar como estrangeiros. A chegada dos Rurikids não colocou fim à era dos bandos armados. A sucessão de governantes era tão caótica e contestada quanto antes. Uma batalha eclodia sempre que um governante Rurikid morria até surgir um vencedor.

Os rus formaram uma esquadra formidável por volta do ano 941, como descobrimos com Liuprando de Cremona (920–972), um cruel mensageiro italiano. Enviado pelos reis otonianos da Alemanha para Constantinopla, Liuprando não estava na cidade em 941, quando os rus atacaram, mas seu padrasto lhe contou sobre uma esquadra de mil barcos comandada pelo príncipe Igor, chefe dos rus que chegara ao poder em 912.

Para defender a capital, o imperador bizantino adaptou 15 embarcações de guerra para que pudessem disparar fogo grego, a arma bizantina mais poderosa. Os bizantinos mantiveram em segredo os ingredientes por séculos: o fogo grego continha petróleo e, como o napalm moderno, continuava a queimar mesmo depois de cair na água. Com os barcos bizantinos lançando fogo grego, os rus sobreviveram pulando dos barcos e nadando até a praia.

Constantinopla impressionou Liuprando de Cremona como a cidade mais avançada de sua época (ele nunca tinha visitado Bagdá). As maravilhas da cidade incluíam pássaros mecânicos e leões em volta do trono do imperador Constantino VII (reinou de 913 a 959). As variadas espécies de pássaros cantavam melodias diferentes e os leões folheados de ouro "pareciam guardá-lo [Constantino] e, ao tocar o chão com suas caudas, eles rugiam com suas bocas abertas e línguas trêmulas". Liuprando ficou especialmente fascinado com o trono do rei, que subia ao teto por meio de um mecanismo oculto (provavelmente uma roldana).

Em 945, os rus assinaram um tratado com os bizantinos. O chefe rus, Igor, ainda precisava consultar seus parentes, um sinal de que ainda não era um monarca experiente. Como os chefes rus compartilhavam o poder com outros, os historiadores os chamam de "príncipes", não de "reis". O tratado também mostra que alguns rus foram batizados como cristãos e já não fingiam só para obter isenção fiscal.

O reinado de Igor era diferente das monarquias agrárias da época, como a França, no sentido de que os príncipes rus tinham funcionários suficientes apenas para taxar o comércio, não a agricultura. Essa taxação envolvia enviar oficiais em todos os pontos de transporte, uma tarefa relativamente simples, ao passo que tributar a agricultura requeria uma burocracia muito maior e elaborada.

Apesar de sua derrota em Constantinopla, os rurikids geralmente eram bem-sucedidos em seus ataques contra os bizantinos, mas não controlavam o Vale Dniepre. Em 945, os derevlians, um povo assentado a leste de Kiev, revoltaram-se contra os rus, recusaram-se a pagar os impostos e mataram Igor. Para vingar seu marido, a viúva de Igor, Olga, liderou uma campanha militar bem-sucedida contra eles, que escravizou ou matou todos os sobreviventes e destruiu a capital, conforme escavações na atual Korosten, a oeste da Ucrânia, confirmaram.

Olga também mudou o modo com os rus coletavam impostos. Em vez de os funcionários rus visitarem as tribos uma a uma para coletar uma parte de diferentes produtos a cada inverno, ela ordenou que os súditos rus fossem a postos comerciais locais. Lá, eles pagavam por peles e outros produtos da floresta diretamente aos funcionários, o que foi um grande passo para fortalecer a monarquia rus porque regularizou a fonte de renda dos príncipes.

Olga foi uma das primeiras rurikids a se converter ao Cristianismo. Ainda atuando como regente no lugar do filho de Igor, Esvetoslau, entre 945 e 961, já que ele era jovem demais para governar sozinho, escolheu ser batizada em Constantinopla. A *Crônica de Nestor* relata que o imperador bizantino Constantino a pediu em casamento. Sua recusa foi inteligente: "Como podemos nos casar depois de você me batizar e me chamar de filha? Entre os cristãos é ilegal, como você mesmo deve saber." Aparentemente, Constantino não se ofendeu, pois logo admitiu a derrota: "Olga, você me enganou." Os dois envolvidos podem não ter falado essas palavras exatas, mas Olga com certeza se converteu à forma bizantina do Cristianismo e, sem dúvida, nunca se casou com Constantino.

Quando Olga pediu que Constantino enviasse missionários ao povo rus para pregar o Cristianismo, ele recusou. Então, ela pediu ao rei alemão Oto I, que também nada fez. Essa sequência mostra que os rus primeiro recorriam aos bizantinos, depois aos otonianos para pedir ajuda. Alguns súditos de Olga em Kiev já eram cristãos, como indicam os túmulos de mulheres enterradas com cruzes no pescoço na metade do século X. Quando seu filho Esvetoslau I subiu ao trono em 963, Olga deixou seu posto de regente e ele não quis se converter.

As duas cidades, Novgorod e Kiev, se tornaram as mais importantes no reino de Esvetoslau. Novgorod, ao norte, era fácil de defender; a primeira cidade, ou kremlin, foi construída com muros por volta do ano 1000. Ao sul, situada em uma margem alta no lado oeste de Dniepre, Kiev despontava como o principal ponto no comércio norte–sul. No ano 1000, milhares de pessoas viviam na região.

Como muitos líderes de grupamentos armados anteriores, Esvetoslau deixou instruções relacionadas a qual filho deveria sucedê--lo como governante após sua morte. Ele especificou que Vladimir, o filho da jovem escrava, deveria governar em Novgorod e o meio--irmão de Vladimir, Iaropolk, assumiria Kiev. E, como geralmente acontecia, a sucessão pacífica planejada não ocorreu. Uma disputa cruel pelo poder surgiu entre os filhos. Em 980, após oito anos de brigas, Vladimir e seu exército de mercenários escandinavos invadiu Kiev, matou seu meio-irmão e conseguiu o controle da cidade.

Só então a posição precária de Vladimir o fez considerar a conversão ao Cristianismo, uma religião que ele conheceu com sua avó Olga. Sendo filho de uma cativa, ele queria legitimidade e precisava superar o golpe em sua reputação por ter assassinado seu irmão. Vladimir também tinha outros problemas. Sua ascensão ao poder coincidiu com uma crise financeira: a escassez de prata em toda a Europa após o ano 1000. Ele teve perda de receita com o comércio de escravos, que fora uma grande fonte de renda para os rus.

Em sua busca por apoio, Vladimir ergueu estátuas para seis divindades rus tradicionais, inclusive Perun, o deus dos relâmpagos. Todavia Vladimir percebeu que, como seus súditos não tinham um sistema de crenças comum, eles não compartilhavam uma divindade, o que enfraquecia seu domínio sobre eles. Um rival político poderia desafiar facilmente o governo de Vladimir reunindo apoiadores em torno de uma divindade concorrente.

Vladimir começou a procurar uma religião maior que pudesse comandar a lealdade de seus súditos. Assim que escolhesse a religião certa e exigisse que os súditos se convertessem, poderia proibir a devoção de outras divindades e evitar desafios a seu governo.

Ele não estava sozinho. Outros monarcas enviavam mensageiros para aprender sobre as práticas religiosas de seus vizinhos. Quando escolhiam uma religião para seus reinos, esses monarcas pouco sabiam sobre os ensinamentos de determinada igreja, talvez apenas o que um missionário lhes havia contado. E mais, os governantes ponderavam muito sobre qual religião adotar para si e seus súditos.

Eles tinham muito a ganhar com a escolha certa. Além dos benefícios de adorar uma divindade mais poderosa e reunir uma igreja maior, também esperavam se aliar a outros governantes que apoiassem a mesma fé. Contatos maiores levaram à agregação de conversões por volta do ano 1000 e à formação de grandes coligações religiosas muito parecidas com as que existem para o comércio e a defesa ainda hoje.

Em 986, segundo a *Crônica de Nestor*, Vladimir recebeu mensageiros de 4 vizinhos: cazares judeus, búlgaros muçulmanos, governantes otonianos cristãos romanos da Alemanha, e cristãos bizantinos em Constantinopla.

Vladimir tinha algum conhecimento do Judaísmo, como revelou em sua resposta aos mensageiros dos cazares, que se converteram ao Judaísmo talvez cem anos antes. Os cazares controlavam uma grande faixa de terra entre os limites superiores do Don e os limites inferiores do Volga. Aparentemente, essa religião oferecia aos cazares um meio-termo entre o Cristianismo do Império Bizantino e o Islamismo do Califado Abássida porque ambos os ensinamentos reconheciam o Judaísmo como uma religião legítima. E mais, o Judaísmo era uma escolha estranha. Não havia aliados judeus poderosos nas proximidades (embora alguns governantes anteriores ao norte do Iraque, Iêmen e norte da África tenham se convertido a essa religião). Na verdade, não havia outros Estados judeus na Eurásia.

Os cazares tinham uma monarquia dupla. Um rei, chamado bei, era responsável pelos trabalhos diários do governo, ao passo que o segundo governante, chamado kaghan, era o chefe cerimonial. É possível que o rei dos cazares, mas não o kaghan, tenha se convertido ao Judaísmo entre 800 e 810, mas a conversão não afetou seus súditos.

Em 837–838, quando parece provável que um kaghan tenha se convertido, o cazar cunhou três novos tipos de moedas. Os dirrãs de Moisés são as moedas mais famosas, mesmo que apenas sete tenham sobrevivido até hoje. Feitas de prata, e com inscrições em árabe, são cópias quase idênticas das moedas dirrãs cunhadas pelos abássidas. A única diferença é a inscrição "Moisés é o Mensageiro de Deus", não "Maomé é o Mensageiro de Deus".

O processo de conversão ao Judaísmo entre os cazares foi gradual e apenas parcial; o geógrafo persa Ibn al-Faqih, escrevendo em 902 ou 903, observou que "todos os cazares são judeus, mas foram convertidos ao Judaísmo recentemente". Arqueólogos buscaram sem sucesso uma evidência do Judaísmo entre pessoas do povo. Vasculhando milhares de tijolos de barro com várias inscrições e desenhos, eles não descobriram nenhum menorá nem outro símbolo judeu.

Às vezes, os historiadores passam por esse tipo de situação quando o registro escrito diz uma coisa, mas o registro arqueológico produz pouco para sua comprovação. Se o registro escrito está correto, os cazares formaram o maior Estado judeu existente entre a destruição do Templo da antiga Israel no ano 70 d.C. e a fundação da moderna Israel em 1948.

Os cazares eram muito observadores, tanto que os autores da *Crônica de Nestor* relatam que um grupo deles tentou converter Vladimir ao Judaísmo por volta de 986 com estes argumentos: os ensinamos do Judaísmo incluíam a "circuncisão, não comer porco nem lebre, e observar o Shabat". O tabu quanto à carne de lebre é um costume da dieta judaica e é possível que os cazares não comessem coelhos. Arqueólogos descobriram muitos amuletos de fertilidade feitos com pés de lebres, sugerindo que os cazares veneravam esses animais.

Os mensageiros cazares explicaram que, como os judeus não viviam em sua terra natal, Jerusalém, "Deus estava zangado com nossos antepassados e nos espalhou entre os gentios por conta de nossos pecados". Nesse ponto, Vladimir rejeitou sumariamente sua proposta: "Se Deus amasse vocês e sua fé, vocês não teriam sido dispersados em terras estrangeiras. Vocês esperam que aceitemos esse destino também?" A resposta de Vladimir mostra que ele sabia que Jerusalém não era governada por judeus (a dinastia Fatímida do Egito que controlava a cidade na época era constituída por muçulmanos xiitas).

Vladimir não queria se converter à religião de qualquer poder cuja força estava em declínio. Ele buscava um aliado mais poderoso que ele. No ano seguinte, quando enviou representantes para vários países cujos emissários tinham urgência de que adotasse a religião deles, deixou de fazê-lo com relação aos cazares.

O candidato seguinte, a Bulgária do Volga, era muito mais poderoso. Em 986, emissários búlgaros explicaram a Vladimir que Maomé "os instruiu a praticar a circuncisão, não comer porco, não beber vinho". Após a morte, continuaram os emissários, Maomé prometeu dar a cada fiel "70 belas mulheres. Ele pode escolher uma e a essa mulher Maomé concederá o charme de todas elas, e ela será sua esposa. Maomé promete que essa única mulher pode atender todos os desejos". A palavra árabe traduzida aqui como "bela mulher" literalmente significa a brancura dos olhos, em oposição a uma pupila muito preta, uma qualidade a ser possuída apenas pelas mais belas virgens.

Para o autor pró-cristão da *Crônica de Nestor*, a descrição dos prazeres sexuais do paraíso era um insulto. Ele acrescenta que os búlgaros do Volga "também falaram outras inverdades, que por uma questão de pudor, não podem ser escritas". Quando mensageiros búlgaros incitaram Vladimir a se converter ao Islamismo, o príncipe rus recusou sumariamente, explicando que "beber é a alegria do povo rus. Não podemos existir sem esse prazer".

A conclusão da *Crônica* é clara: os cazares judeus e os búlgaros muçulmanos não eram fortes o bastante para oferecerem a Vladimir benefícios reais, caso ele se convertesse às suas religiões.

Uma terceira delegação veio dos reis otonianos cristãos romanos da Alemanha. Eles controlavam partes da Itália, inclusive Roma, e escolhiam o papa. Os alemães transmitiram a visão do papa: "Seu país é como o nosso, mas sua fé não." Essa conversa cortada deve ter sido inserida na *Crônica de Nestor* em uma data posterior porque sugere um desacordo entre as igrejas em Roma e Constantinopla. De fato, em 986, os dois braços da igreja cristã em Roma e Constantinopla ainda estavam unificados.

A *Crônica de Nestor* não tem uma descrição precisa dos eventos como eles realmente se desdobraram. É óbvio que o relato da conversão de Vladimir foi cortado e acrescentado de modo atrapalhado a diferentes anos dos anais. É muito provável que a inclusão de cristãos romanos na Alemanha seja uma inserção posterior e o perfeito esquema tripartite da Ortodoxia, do Islamismo e do Judaísmo também levanta suspeitas.

Porém, mesmo que o relato inteiro seja uma história inventada, escrita para explicar o que aconteceu (qual religião Vladimir poderia aceitar, se não a de seu vizinho imediato, os bizantinos?), ainda mostra informações sobre a circulação religiosa logo após o ano 1000, quando a *Crônica de Nestor* ganhou forma. E realmente temos uma confirmação, de um relato islâmico, de que um governante rus chamado "Vladimir" enviou quatro parentes ao governante de Corásmia pedindo informações sobre o Islamismo. Essa fonte externa mostra que ele buscava ativamente informações sobre as várias crenças de seus vizinhos, lidando com a decisão sobre a qual se converter.

A *Crônica de Nestor* dedica muito mais espaço aos ensinamentos da igreja bizantina, como informado por um estudioso que dá um relato completo sobre a criação, a crucificação de Jesus e o Dia do Julgamento. Conhecido como o Discurso do Filósofo, isso foi claramente adicionado ao texto mais tarde pelos redatores. E mais, ressalta uma importante realidade: como os textos cristãos não foram traduzidos em eslavo, todos os novos ensinamentos religiosos tiveram que ser transmitidos oralmente. Depois de ouvir e fazer algumas perguntas, Vladimir respondeu: "Ainda devo esperar um pouco mais", novamente adiando a escolha de uma religião para seu reino.

Em 987, após consultar seus nobres e anciãos da cidade, Vladimir enviou uma equipe de 10 conselheiros primeiro para a Bulgária do Volga, depois para a Alemanha, e finalmente para Constantinopla.

Eles rejeitaram o Islamismo da Bulgária do Volga e o Cristianismo Romano dos alemães.

Constantinopla, por outro lado, impressionou-os. Depois de uma visita à catedral de Santa Sofia, eles relataram: "Não sabíamos se estávamos no paraíso ou na Terra. Na Terra, não existe tamanho esplendor nem beleza, e ficamos perdidos sem saber como descrevê-la. Sabemos apenas que Deus habita lá entre os homens e seu serviço é mais justo do que as cerimônias de outras nações. Quanto a nós, não conseguimos esquecer tal beleza." Apesar do conselho unânime para escolher o Cristianismo dos Bizantinos, Vladimir ainda hesitou.

A *Crônica de Nestor* apresenta a decisão de Vladimir em se converter ao Cristianismo Bizantino como uma sequência de quatro eventos. Primeiro, em Cherson seus exércitos vencem as forças de Bardas Focas, um pretendente ao trono bizantino. Segundo, ele perde a visão. Terceiro, é batizado e a visão volta. Quarto e último, ele se casa com Ana, irmã do governante bizantino, Basílio II.

Nenhum observador contemporâneo em Bizâncio ou na Alemanha viu a conversão de Vladimir ao Cristianismo como um evento maior; para eles, foi uma questão local menor entre bizantinos e rus.

Contudo, do nosso ponto de vista atual, a conversão de Vladimir marcou uma etapa importante na formação do mundo cristão. O reino dele tinha 5 milhões de pessoas morando em uma área com mais de 1 milhão de km², duas vezes o tamanho da França. Com a adoção do Cristianismo por Vladimir, o leste da Europa se voltou para Bizâncio, não para Jerusalém, Roma ou Meca. O povo rus manteve intensos laços econômicos e culturais com a Europa Ocidental, mas tinha apenas um centro sagrado, que estava em Bizâncio.

Sempre que um governante como Vladimir tomava a decisão de se converter a uma nova religião, os contornos das diferentes coligações religiosas mudavam. A tabela a seguir lista alguns governantes que escolheram uma religião para seu reino por volta do ano 1000. Em quase todos os casos, eles escolheram se associar a um ou vários vizinhos; as pessoas com quem eles compartilhavam a nova fé se tornavam aliados militares e principais parceiros comerciais. Embora continuassem a ter contato com governantes de outras fés, eles tinham laços mais fortes com seus correligionários e muitas vezes concebiam o mundo como dividido em coligações religiosas.

As pessoas não tinham mais uma única identidade conforme vinham de uma localidade. Elas (e isso incluía todos que ficavam em casa) começaram a considerar suas regiões nativas como parte de coligações religiosas e a se identificar com grupos maiores, um passo fundamental na globalização.

CONVERSÕES NO ANO 1000

Ano	Povo	Governante	Convertido ao
início de 900	Cazares	(nome desconhecido)	Judaísmo
início de 900	Búlgaros do Volga	(nome desconhecido)	Islamismo
955	Qarakhanidas	Satuq Bugra Khan	Islamismo
cerca de 960	Danes	Haroldo, o Dente Azul	Cristianismo Romano
985	Seljúcidas	Seljuk ibn Duqaq	Islamismo
988-89	Rus	Vladimir	Ortodoxia Bizantina
anos 990	Noruegueses	Olavo Tryggvason Olavo Haraldsson	Cristianismo Romano
991	Poloneses	Miecislau I	Cristianismo Romano
999–1000	Islandeses	Parlamento da Islândia	Cristianismo Romano
após 1000	Ganeses	(nome desconhecido)	Islamismo

Fontes: Anders Winroth, *Conversion of Scandinavia*, 112–18, 162–63; Andreas Kaplony, "The Conversion of the Turks", em *Islamisation de l'Asie Centrale*, 319–38; Barbara H. Rosenwein, *A Short History of the Middle Ages*, 86; Peter B. Golden, "The Karakhanids and Early Islam", em *The Cambridge History of Early Inner Asia*, 362.

Essas conversões não foram todas para o Cristianismo. A leste do reino de Vladimir estava o território da tribo oguz turca, perto do Mar de Aral. Quando Ibn Fadlan cruzou suas terras em 921–922, notou que o povo oguz reconhecia o Tengriismo como o Poder

Supremo do Céu e consultavam os xamãs com frequência. Ele também observou que o tempo era estranhamente frio, um sinal de que o clima da região estava esfriando, assim como a Europa estava entrando no Período de Aquecimento Medieval. No fim dos anos 900, muitos oguzes se fixaram a leste do Mar de Aral, onde seu líder, Seljuk ibn Duqaq, converteu-se ao Islamismo. Uma fonte relata que Seljuk explicou a conversão dizendo: "Se não entrarmos na fé do povo do país no qual desejamos [viver] e fizermos um pacto com eles (ou respeitarmos seus costumes)... seremos um povo pequeno e solitário."

Os seguidores de Seljuk adotaram seu nome como sendo de sua tribo e passaram a ser conhecidos como seljúcidas. Embora existam poucas fontes sobre a história inicial desse povo, Seljuk ibn Duqaq parece ter se convertido ao Islamismo porque, como Vladimir, queria ficar mais poderoso. Na época de sua conversão em torno do ano 1000, seu povo era apenas uma tribo entre muitas na Ásia Central, mas, em meados dos anos 1000, sob liderança de seus netos, a dinastia Seljuk se tornou uma das maiores potências islâmicas do mundo.

Vários governantes escandinavos se converteram ao Cristianismo nessa época. Como Vladimir, o rei dinamarquês Haroldo, o Dente Azul (910–985) cresceu não sendo cristão. Nos anos 960, ele uniu a Dinamarca e conseguiu o controle temporário da Noruega. Reconhecendo o poder do monoteísmo cristão como uma força unificadora para seu novo reino, tomou a decisão de se converter (engenheiros das empresas Intel e Ericsson escolheram chamar a nova tecnologia

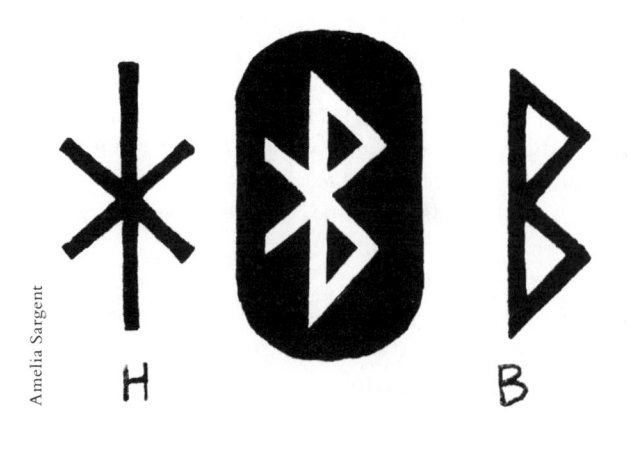

Amelia Sargent

Engenheiros suecos de telecomunicações criaram o logotipo Bluetooth combinando as runas das duas iniciais, H e B, do rei Haroldo, o Dente Azul ou Harald Bluetooth.

deles de "Bluetooth" (dente azul) porque uniram computadores e celulares como Haroldo unificara a Dinamarca e a Noruega).

Assim que um governante se convertia a uma religião maior, tinha acesso ao clérigo, que o ajudaria a governar. Como eles sabiam ler, escrever a fazer cálculos, o clero ajudava monarcas como Vladimir a ter maior controle. Essas habilidades ficaram cada vez mais importantes no ano 1000, sobretudo conforme os governantes precisavam de funcionários letrados para ajudá-los a fazer documentos e pessoas capazes de lidar com aritmética para calcular os impostos coletados.

Pouco tempo após Vladimir ter sido batizado em 988 ou 989, seus súditos foram batizados em massa no rio Dniepre. No primeiro século após a conversão de Vladimir, apenas a família imperial e nobres se casavam regularmente na igreja. Nas áreas dos rus além das sedes episcopais, as pessoas do povo aceitavam os ensinamentos da nova religião mais devagar. Elas tinham contato com funcionários do governo apenas uma ou duas vezes ao ano, quando enviavam impostos na forma de peles. Como as pessoas batizadas em massa não recebiam instruções religiosas, elas continuavam a adorar suas divindades tradicionais.

Vladimir indicava bispos para diferentes partes de seu reino. Kiev se tornou equivalente a uma arquidiocese, sob o patriarcado de Constantinopla. A região média de Dniepre era o centro da nova religião, mais ativa dentro de uma área de 250km em torno de Kiev.

Algumas práticas cristãs tinham grande apelo. Vladimir exumou os corpos de seus dois irmãos, Oleg e Iaropolk, seus rivais ao trono, para que pudesse batizar seus restos mortais. Não era um culto cristão padrão; na verdade, a igreja proibia tal prática. Mas Vladimir escolheu celebrar a morte de modo que fizesse sentido para ele e seus súditos.

O batismo de Vladimir foi apenas o primeiro passo no processo de cristianização, que em geral levava séculos para ser concluído. Foi assim em cada país cujo governante se converteu a um novo sistema de crenças. Os súditos de Vladimir tiveram que abandonar suas práticas pré-cristãs, absorver os ensinamentos da nova religião e aceitar a liderança religiosa dos bispos e clero para se tornarem cristãos completos. Nos anos 1100, fortalezas menores e localidades recém-conquistadas se converteram, e uma rede completa de paróquias ganhou forma nos anos 1200. Os artesãos bizantinos vinham aos montes para construir novas igrejas por todo o reino rus e, por fim, todo o povo aceitou os ensinamentos do Cristianismo. Era a globalização em ação no ano 1000: assim que um governante se convertia, até os súditos que ficavam em suas fazendas tinham que adotar as práticas religiosas de uma igreja cujo centro ficava distante de suas casas.

Quando Vladimir se converteu, a igreja bizantina era muito mais poderosa do que o Vaticano em Roma. Mas em apenas dois séculos, a igreja romana substituiu Bizâncio como a mais poderosa no mundo cristão e o papa passou a ser bem mais influente do que o patriarcado da igreja bizantina em Constantinopla. Entre 1000 e 1200, a Europa Ocidental vivenciou um crescimento em massa, ao mesmo tempo em que o Império Bizantino perdia território. Essas mudanças transformaram a relação entre Vaticano e Constantinopla. E assim que Roma se tornou o centro da igreja cristã, nunca mais perdeu essa posição.

No século IV, após ter o reconhecimento do imperador romano, a igreja cristã tinha centros em cinco cidades: Antioquia, Alexandria, Jerusalém, Constantinopla e Roma. Os clérigos do alto escalão nas quatro primeiras cidades tinham o mesmo título de patriarcado; o bispo de Roma era conhecido como papa. Como os quatro patriarcados e o papa em Roma tinham a mesma posição, nenhum servia como chefe da igreja cristã.

Depois que Alexandria, Antioquia e Jerusalém ficaram sob domínio muçulmano nos anos 630 e 640, seus patriarcados continuaram a guiar os cristãos em seus grupos. Mas, como o papa em Roma e o patriarcado em Constantinopla presidiam acima das igrejas cristãs nas áreas não muçulmanas, eles se tornaram os dois clérigos cristãos mais poderosos. Quando Vladimir se converteu na Ortodoxia, certas práticas das igrejas romanas e bizantinas eram diferentes. A liturgia oriental era lida em grego; a romana, em latim. O clero oriental estava acostumado a ter barba; o clero ocidental, não. Os fiéis orientais comiam pão com fermento na Comunhão; os fiéis ocidentais, pão sem fermento.

Em 1053, governantes normandos no sul da Itália, cujos ancestrais eram nórdicos, atacaram as terras bizantinas vizinhas e o papa, prevendo uma oportunidade de aumentar sua posição, contra-atacou e acabou sendo capturado. É possível imaginar que ter um inimigo em comum, os normandos, uniria Roma e Bizâncio, mas ocorreu o oposto.

Após ser libertado, em 1054, o papa enviou duas cartas (uma com 17 mil palavras) para o patriarca em Constantinopla. Rejeitando a visão de que Roma e Constantinopla eram iguais, o papa insistiu que a igreja romana fosse a igreja-mãe para suas filhas, as igrejas de Jerusalém, Antioquia, Alexandria e Constantinopla. À medida que a guerra de palavras aumentava entre os conservadores nos dois lados, o papa excomungou o patriarcado oriental e o patriarca retaliou excomungando o enviado papal. No entanto, apesar de toda animosidade, observadores contemporâneos não viram a ruptura de 1054 como permanente.

O conflito entre as duas igrejas ocorreu no momento em que o Império Bizantino perdia território. Em 1071, os seljúcidas derrotaram Bizâncio na Batalha de Manziquerta a leste da Turquia e seguiram conquistando grande parte do celeiro do Império Bizantino em Anatólia. Igualmente devastadora, e no mesmo ano, foi a vitória normanda na cidade de Bari, na costa leste da Itália, que levou à perda de todo o território bizantino ao sul da Itália.

Mesmo assim, a essa altura a igreja oriental em Constantinopla ainda era o foco do mundo cristão. A igreja em Roma mergulhou em conflito: o rei alemão Henrique IV se opôs de tal modo às tentativas do papa Gregório VII de aumentar a própria autoridade que o rei invadiu Roma em 1084 e substituiu o papa por um novo, que os historiadores chamam de antipapa.

Levou 120 anos (entre 1084 e 1204) para o centro do mundo cristão mudar-se de Constantinopla para Roma. A mudança ocorreu quando os líderes rus não se envolviam com a Europa Ocidental. Os eventos são tão complicados e os participantes tão numerosos que é melhor focar os dois desenvolvimentos principais para ter uma noção do que aconteceu. Primeiro, veremos a cidade de Constantinopla e descobriremos o que deixou os moradores tão furiosos com os italianos expatriados que viviam lá. Depois, mudaremos para um cenário maior e veremos como as Cruzadas contribuíram para o fortalecimento de Roma e a quase destruição de Constantinopla.

A história da comunidade italiana em Constantinopla ilustra outro aspecto da globalização: um grupo considerável de estrangeiros veio para a cidade fazer negócios, estabeleceu famílias (em geral com mulheres locais) e hostilizou todos à sua volta. A situação problemática teve início em 1081, uma década após a derrota em Manziquerta, quando o imperador bizantino pediu ajuda a mercadores venezianos em Constantinopla para lutar contra os normandos na Albânia.

Nessa época, várias repúblicas italianas eram muitíssimo prósperas e comandavam exércitos poderosos, e os venezianos eram os mais ricos. Em troca da ajuda, o imperador bizantino concedeu aos mercadores venezianos o direito de negociar praticamente em todo o império. E mais: isentou os venezianos de todos os impostos comerciais.

Mais tarde, os imperadores bizantinos perceberam que tinham dado demais aos venezianos, mas sempre que tentavam reduzir esses privilégios, os venezianos atacavam, forçando o recuo dos imperadores. Na esperança de fortalecer os rivais dos venezianos, o imperador ofereceu aos mercadores de Pisa e Gênova seus próprios bairros residenciais em Constantinopla, bem ao lado do bairro dos venezianos. Ele também lhes concedeu incentivos fiscais, mas nada tão generoso quanto os que os venezianos desfrutavam.

Os comerciantes venezianos não tinham um comportamento diferente dos negociantes modernos que gostam de tratamento fiscal preferencial em zonas de livre comércio. Eles formaram sociedades comerciais bem maiores que qualquer uma dos bizantinos. Como a população de estrangeiros venezianos em Constantinopla chegava a 10 mil, o imperador bizantino Manuel lhe concedeu um bairro ainda maior na cidade em 1148.

Logo estouraram brigas de rua entre os venezianos privilegiados e a população ressentida. Em um incidente em 1149 na ilha de Corfu, um conflito no mercado se tornou uma grande batalha. Quando a esquadra bizantina conseguiu expulsar os venezianos, estes foram para um porto em uma ilha vizinha, onde pegaram o melhor barco de guerra do imperador. A bordo, encenaram uma falsa cerimônia de coroação com um etíope no papel de imperador. A encenação tinha claras implicações raciais: o imperador bizantino Manuel era conhecido por sua pela escura.

A situação continuou a piorar, com tensões surgindo entre pisanos, genoveses e venezianos. Em 1171 os venezianos fizeram uma matança no bairro genovês. O imperador bizantino retaliou prendendo todos os venezianos da cidade (inclusive mulheres e crianças) e confiscando suas propriedades.

As tensões continuaram em fogo brando e, dez anos depois, explodiram. Nessa ocasião, havia cerca de 60 mil italianos, grande parte de Pisa e Gênova (os venezianos tinham fugido dez anos antes ou sido aprisionados). Durante a luta entre o imperador e um rival do trono, um grupo de moradores locais se revoltou e matou milhares de italianos, no que foi chamado de Massacre dos Latinos.

Mesmo que os moradores da cidade e os expatriados fossem todos cristãos, o clero da Igreja Ortodoxa encorajava seus seguidores a visar o clérigo católico de língua italiana. Após a multidão cortar a cabeça do representante do papa em Constantinopla, o povo a prendeu ao rabo de um cachorro, arrastando-a pelas ruas. Os bizantinos venderam 4 mil italianos sobreviventes como escravos para os turcos seljúcidas. O Massacre dos Latinos marcou uma nova baixa nas relações entre os moradores de Constantinopla e os comerciantes estrangeiros, assim como entre as igrejas bizantina e romana.

Esses eventos mostram a rapidez com a qual as forças da primeira globalização mudaram as vidas das pessoas, gerando prosperidade, mas também um profundo ressentimento. No espaço de apenas um século, as comunidades italianas em Constantinopla cresceram para 60 mil. Os mercadores italianos aproveitaram as isenções fiscais para acumular fortunas maiores que a de qualquer mercador bizantino. Seu comportamento arrogante alienou tanto os moradores de Constantinopla que a população enfurecida acabou por assassiná-los, apesar de serem todos cristãos. O Massacre dos Latinos se posiciona como um exemplo clássico de pessoas que não têm nada atacando as que têm — podemos até chamá-las de "o 1% da pirâmide de renda".

Porém, o que realmente destruiu Constantinopla foram os eventos externos: as Cruzadas ocorreram ao mesmo tempo que os incidentes que levaram ao Massacre dos Latinos. As Igrejas Romana e Bizantina estavam em desacordo desde 1054, mas, quando um novo papa,

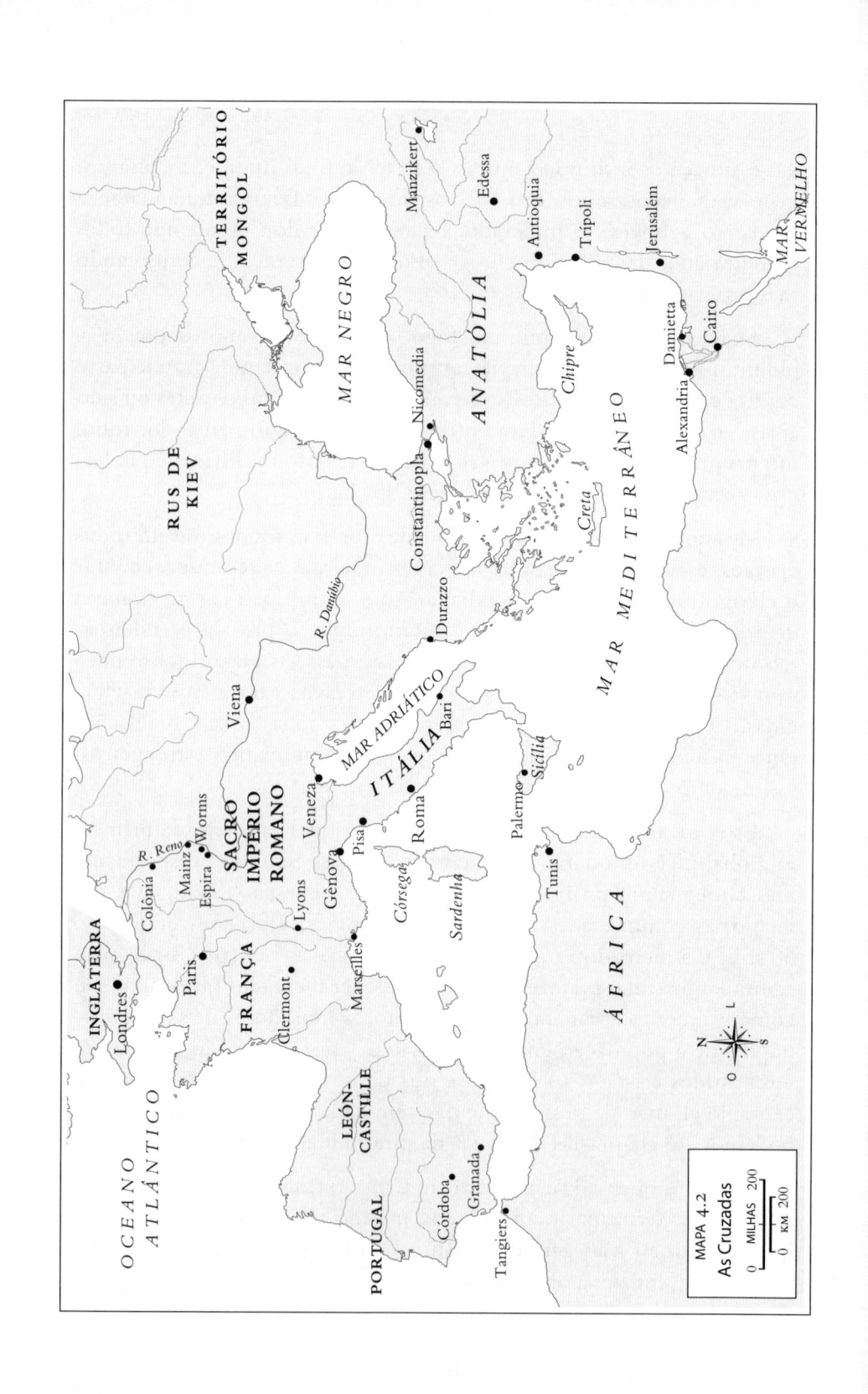

MAPA 4.2
As Cruzadas

chamado Urbano II, tomou o poder em 1088, ele contatou o imperador bizantino para saber se poderia intermediar um compromisso. Ele esperava fortalecer sua posição perante o antipapa. O imperador bizantino Aleixo I foi favorável e indicou um conselho de clérigos das duas igrejas para discutir suas diferenças.

Então, sete anos depois, em 1095, quando o imperador bizantino pediu ajuda ao papa Urbano II contra os inimigos muçulmanos, Urbano concordou. O papa viajou para Clermont, França, para conclamar um grupo de líderes da igreja a enviar exércitos para devolver Jerusalém, sob domínio dos seljúcidas muçulmanos, ao domínio cristão.

Aqueles que responderam ao chamado não formavam um exército poderoso nem unificado. Um contingente, A Cruzada Popular, consistia de homens e mulheres comuns que viajaram por terra até Constantinopla. Em sua jornada pelo Vale do Reno da Alemanha, eles visavam os judeus que viviam em Mainz, Colônia, Espira e Worms em uma série antissemita de assassinatos em massa e conversões forçadas.

Dos 50 mil que partiram da Europa na Primeira Cruzada, apenas 10 mil chegaram em Jerusalém, e desses 10 mil, apenas 1.500, muitos aristocratas, possuíam a armadura completa de um cavaleiro e conseguiram entrar em guerra. Apesar das desvantagens, eles triunfaram. Com a conquista de Jerusalém, os poderes da Europa Oriental, e do papa Urbano II em particular, tiveram uma importante vitória simbólica.

Durante os 88 anos de domínio cristão em Jerusalém, forças europeias lutaram para manter o controle da região em torno da cidade. Quando um poder muçulmano regional conquistou Edessa, a área nordeste da Terra Santa, os europeus iniciaram a Segunda Cruzada em 1147. Eles não conseguiram recuperar nenhum território perdido. Os expedicionários também se mostraram incapazes de se opor à subida de um general extraordinário, Saladino, que aboliu a dinastia Fatímida do Egito, fundou uma nova dinastia e se aliou aos seljúcidas. Em 1187, os exércitos de Saladino reconquistaram Jerusalém.

Em resposta à queda de Jerusalém, os europeus lançaram a Terceira Cruzada. Contingentes franceses e ingleses, inclusive Ricardo, Coração de Leão, evitaram Constantinopla a caminho de Jerusalém, que não conseguiram retomar.

As relações entre a Europa Ocidental e os bizantinos chegaram ao fundo do poço durante a Quarta Cruzada, que foi iniciada pelo papa Inocêncio III em 1201. Os problemas tiveram início quando os líderes da Quarta Cruzada fizeram um empréstimo com os venezianos que não conseguiram pagar e decidiram saquear Constantinopla. Os expedicionários destruíram o altar da catedral de Santa Sofia e dividiram as pedras e os metais preciosos entre as tropas.

Depois de saquear Constantinopla em 1204, os cruzados não foram para Jerusalém. Eles substituíram o imperador bizantino por um novo governo ocidental imposto, chamado Império Latino, que durou até 1261. O Império Bizantino nunca mais recuperou sua força inicial. No início dos anos 1400, ele controlava apenas a cidade de Constantinopla, que caiu em 1453 perante os exércitos muçulmanos dos turco otomanos. A queda de Constantinopla redesenhou os contornos entre as terras cristãs e islâmicas da forma como se encontram hoje, com territórios controlados por governantes cristãos basicamente ocupando a área norte do Mediterrâneo e territórios controlados por muçulmanos localizados na costa sul, assim como a Terra Santa.

A divisão da atual Europa em setores ortodoxos e cristãos romanos ao leste é em grande parte devida à decisão de Vladimir em se converter ao Cristianismo Bizantino e ao surgimento da igreja romana nos séculos seguintes. Esses mesmos séculos entre 1000 e 1200 viram a expansão do mundo islâmico, como veremos no próximo capítulo.

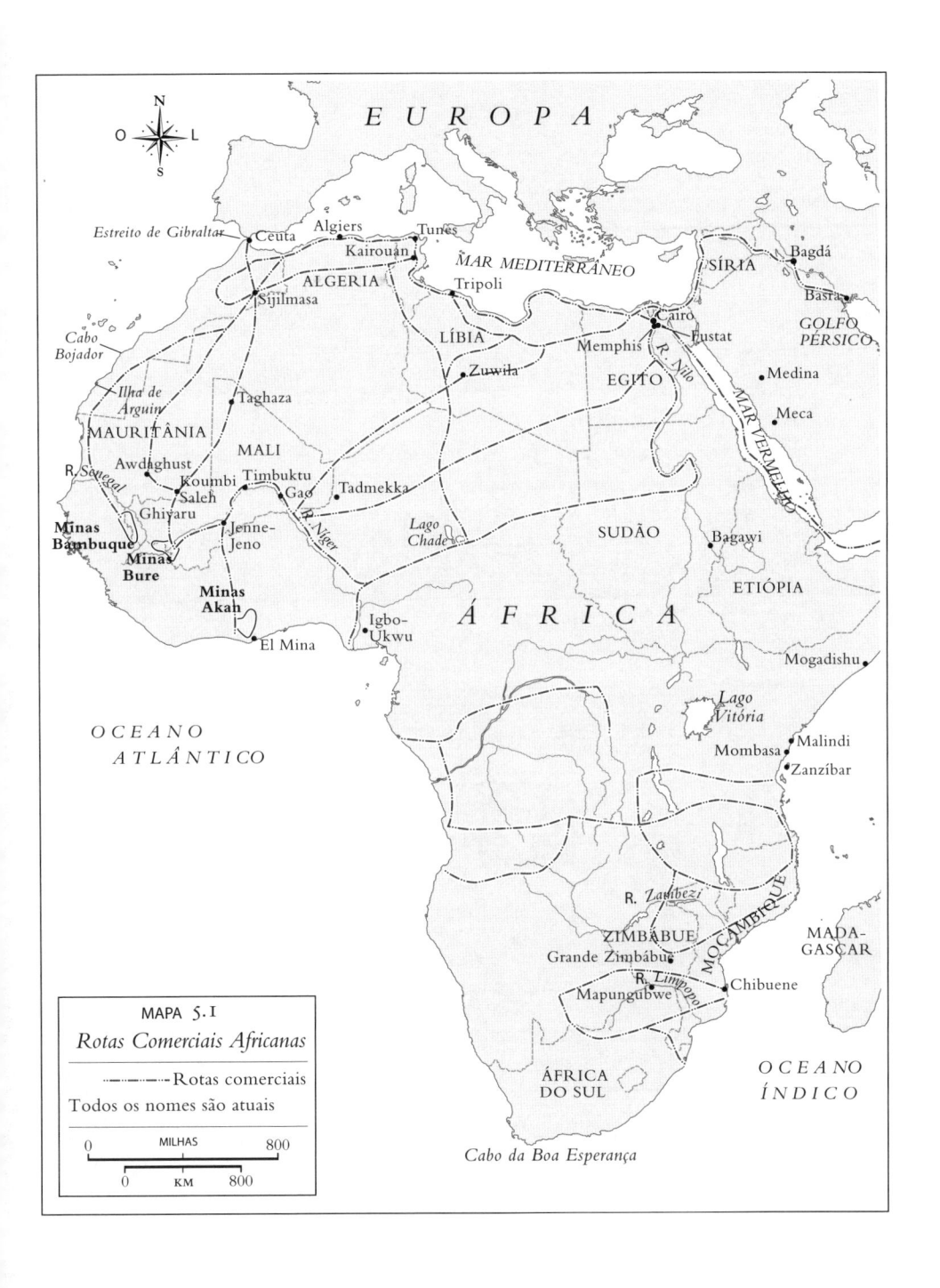

EUROPA

Estreito de Gibraltar — Ceuta — Algiers — Tunes

Kairouan

MAR MEDITERRÂNEO — SÍRIA — Bagdá

ALGERIA — Tripoli — Basra

Sijilmasa

Cabo Bojador

LÍBIA — Memphis — Cairo — Fustat — GOLFO PÉRSICO

Zuwila

R. Nilo — Medina

Ilha de Arguin — Taghaza — EGITO — Meca

MAURITÂNIA — MAR VERMELHO

MALI

Awdaghust

R. Senegal — Koumbi Saleh — Timbuktu — Gao — Tadmekka

Ghiyaru — Jenne-Jeno — R. Níger — Lago Chade — SUDÃO — Bagawi

Minas Bambuque

Minas Bure

Minas Akah

ETIÓPIA

ÁFRICA

El Mina — Igbo-Ukwu

Mogadishu

OCEANO ATLÂNTICO

Lago Vitória

Mombasa — Malindi

Zanzíbar

R. Zambezi

ZIMBÁBUE — MOÇAMBIQUE — MADAGÁSCAR

Grande Zimbábue

R. Limpopo — Chibuene

Mapungubwe

ÁFRICA DO SUL

OCEANO ÍNDICO

Cabo da Boa Esperança

MAPA 5.1
Rotas Comerciais Africanas

------ Rotas comerciais
Todos os nomes são atuais

0 — MILHAS — 800
0 — KM — 800

CAPÍTULO CINCO

O Homem Mais Rico do Mundo

No ano 1000, como hoje, ter um vizinho rico e poderoso fornece oportunidades comerciais para quem é esperto o bastante para reconhecê-las. Como o povo rus no leste da Europa, governantes e mercadores nas regiões leste e oeste da África perceberam as vantagens comerciais de negociar com consumidores que viviam em Bagdá e outras cidades maiores do mundo islâmico que compravam escravos e ouro em grandes quantidades. Com seus lucros, os africanos importavam contas de vidro, cerâmicas chinesa e iraniana, tecidos de seda e algodão.

As novas conexões com regiões fora da África também trouxeram uma mudança religiosa profunda. Conforme governantes africanos, mercadores e pessoas comuns adotavam o Islamismo, a nova religião se espalhou para o sul, pela costa do leste africano, até os vales dos rios Senegal e Níger a oeste da África. Essa islamização não foi apenas o resultado de estrangeiros muçulmanos se estabelecendo na África. Ela ocorreu porque africanos, geralmente comerciantes, escolheram se associar ao mundo islâmico maior e suas decisões expuseram os moradores locais às forças da globalização.

Considere o primeiro documento escrito encontrado na África Ocidental, da cidade comercial Tadmekka, datando de 1011. Escrito em árabe e gravado com uma ferramenta pontiaguda em rocha, ele diz o seguinte: "O filho muçulmano de al-Hasan escreveu isto e ele professa que não existem deuses, exceto um Deus, e que Maomé é Seu servidor e Seu mensageiro." Como uma profissão de fé padrão, esse é o primeiro dogma do Islamismo.

Outra inscrição fica perto de um penhasco que se abre na cidade. Ela explica que Tadmekka recebeu o nome de Meca: "Permanecerá na cidade de Tadmekka um mercado erguido no patamar de Meca." Em Tadmekka não há muitas inscrições em árabe, algumas em rochas, outras em lápides. A forma das letras árabes indica autoria de moradores locais, não estrangeiros. Esse tipo de inscrição marca a expansão do Islamismo em grandes territórios novos a oeste e a leste da África por volta do ano 1000. Os nativos se identificaram com o Islamismo precisamente no mesmo momento em que pessoas por toda a Afro-Eurásia se convertiam a uma das religiões universais.

As inscrições de Tadmekka são uma lembrança poderosa do papel essencial que os africanos tiveram no comércio que os ligava a outros continentes, mesmo que muitas fontes existentes tenham sido escritas por estrangeiros. Embora para uma primeira geração de historiadores o comércio e o progresso na África devam ser creditados aos árabes, historiadores modernos rejeitam com veemência essa visão porque ela ignora a iniciativa africana.

Os africanos tiveram um papel crucial no crescente comércio entre o mundo islâmico e a África. Dois terços do ouro que entrava na Europa e na Ásia antes de 1492 eram provenientes da África Ocidental. E os escravos que deixaram a África e foram levados para o mundo islâmico entre os anos 800 e 1800 são tantos que competem com o número total de escravos embarcados que cruzaram o Atlântico.

Não obstante o comércio de escravos africanos tenha começado cedo, certamente no período romano, só na metade dos anos 900 temos uma clara imagem de como funcionava. Essa informação aparece em uma coleção de contos de marinheiros atribuídos a um persa chamado Buzurg e ambientados no Golfo Pérsico. Em um deles, narra-se uma série de eventos tão pouco plausíveis que devem ser fictícios. Como se baseia na vida real, aprendemos muito sobre o preço dos escravos, local dos mercados e conversão no Islamismo.

A história começa quando um barco do porto de Omã desvia seu curso e vai para Sofala, um posto no leste africano, região central de Moçambique. Conforme a história se desdobra, o narrador explica: "quando vi o lugar, sabia que tinha chegado à terra do povo zanje, que eram canibais [viviam na África Oriental]. Na verdade, chegamos a esse lugar com a certeza de nossa morte." Mas, contrariando as expectativas, o rei local saudou calorosamente os comerciantes estrangeiros e lhes deu permissão para comprar e vender seus produtos sem pagar impostos. Depois de eles terminarem de negociar, o capitão recompensa o rei por ter facilitado o comércio de escravos com presentes luxuosos.

A história, porém, toma um rumo inesperado. Quando o rei vem a bordo do navio para se despedir, o narrador pensa consigo mesmo: "No leilão de Omã o rei valeria 30 dinares, e seus 7 companheiros, 160 dinares; e eles vestem roupas que valem 20 dinares." (Um estudo moderno calcula o custo médio de um escravo entre 800 e 1100 em 20 a 30 dinares de ouro, exatamente o preço médio dado na história.) O capitão ordena que a tripulação parta imediatamente para que ele possa vender o rei e os outros no mercado de escravos em Omã.

A avaliação do capitão quanto ao valor de revenda do rei e seu séquito causa arrepios no leitor moderno: ele podia também estimar o valor de uma carga de presas de elefante ou ouro, as exportações mais comuns no leste da África. O capitão não sente culpa ao vender seres humanos ou trair o governante que facilitou sua compra de escravos.

Sim, pensando bem, é tentador condenar ambos o capitão do navio Omani e o rei africano antes de seu rapto, que lucravam com o comércio de escravos. Mas temos que perceber que, no mundo pré--industrial, a demanda constante por mão de obra significava que tal comércio existia por todo lugar. A primeira crítica abolicionista da escravidão foi feita apenas nos anos 1750. Em grande parte da história humana, a escravidão era um grande negócio.

Quando o navio chega em Omã e o capitão vende o ex-rei no mercado de escravos, os dois homens se separaram, aparentemente para sempre.

Alguns anos depois, o navio do capitão chega ao mesmo porto no leste africano, onde os nativos em canoas mais uma vez levam a tripulação até o governante. O capitão teme ser punido por raptar o rei, mas, quando chega na corte, fica surpreso em ver o mesmo rei vendido no mercado de Omã. Para seu espanto, o rei trata a ele e a sua tripulação com cordialidade e permite que eles negociem livremente.

Antes de o navio partir, o rei explica o que aconteceu. Quando a embarcação aportou em Omã, ele foi vendido e levado à Basra, o porto mais próximo de Bagdá, onde seu dono lhe permitiu estudar os ensinamentos islâmicos. Depois de ser vendido uma segunda vez, foi para Bagdá. Lá, dominou a língua árabe falada, concluiu seus estudos do Alcorão e fugiu, juntando-se a um grupo de peregrinos da Ásia Central a caminho de Meca. De Meca, ele foi para o Cairo e dali seguiu para o sul do Nilo, voltando para seu reino. Uma vez em casa, descobriu que, apesar de sua longa ausência, ninguém o substituíra e ele retomou sua posição como rei. (Sim, com certeza é um conto!)

Perdoando o capitão, o rei o encoraja a voltar a negociar e trazer comerciantes muçulmanos com ele quando voltar. Mas o rei prefere dizer adeus em terra firme, fazendo um último comentário irônico: "Quanto a acompanhá-lo até seu navio, não será possível mesmo."

A moral da história? Tudo bem participar do comércio de escravos, mas você deve tratar os outros com honestidade, sobretudo se são muçulmanos.

Como escravo da África, o rei conseguiu estudar o Alcorão, aprender a língua árabe e participar da peregrinação hajj para Meca. Aqui, a ficção imita a vida real. Na verdade, os atravessadores africanos traziam escravos do interior da África Subsaariana para os portos na costa leste da África e os vendiam para traficantes, os quais os transportavam para o Oriente Médio. Uma descrição rara de um mercado de escravos a 125km ao norte de Bagdá relata a existência de uma praça aberta com estradas saindo de onde "as casas tinham pisos superiores, cômodos e áreas para escravos".

Sofala, o porto de origem do rei fictício, marca o extremo sul da costa leste africana alcançado pelos ventos das monções. Ao sul, os produtos tinham que viajar por terra ou em pequenos barcos a remo ao longo da costa, razão pela qual havia menos cidades para comercializar localizadas ali.

A partir do ano 900, diversos assentamentos surgiram no rio Limpopo em Zimbábue, bem a oeste do porto Sofala e do outro lado da fronteira com a África do Sul. Cada cidade era maior que sua antecessora; Mapungubwe tinha uma população de 5 mil pessoas. Os habitantes ganhavam a vida criando gado e plantando. As pessoas de posses usavam ornamentos de cobre ou ouro e ferramentas de ferro, ao passo que os mais pobres tinham acesso apenas a ferramentas de pedra e ossos.

Essas áreas prosperaram porque os nativos viajavam pelo rio Limpopo até o porto de Chibuene, uns 640km a leste, e se conectavam ao comércio no Oceano Índico. Lá, trocavam escravos, ouro, marfim e peles de animais por diferentes produtos importados, inclusive pequenas contas de vidro do Cairo, usadas como moeda, que eles derretiam para fazer contas maiores. Inicialmente, importação e exportação afetavam apenas algumas pessoas, mas, com o tempo, à medida que o comércio se expandia, os trabalhadores locais começaram a fornecer ouro para consumidores distantes e sentiram os efeitos da globalização.

O maior sítio de produção de ouro na costa leste africana era o Grande Zimbábue, no interior de Sofala, e ao sul do rio Zambezi. O sítio moderno do Grande Zimbábue contém várias construções feitas com blocos de granito cortado entre 1000 e 1300. Uma delas, a Muralha Elíptica, forma uma oval de 89m de diâmetro. Seus muros têm 5m de espessura e quase 10m de altura. A maior estrutura de pedra construída antes de 1500 em toda a África Subsaariana testemunha a riqueza conseguida com o comércio de ouro. Oito estátuas de pedra com corpos de águia, boca e dedos dos pés humanos foram encontradas no local; talvez as estátuas representassem os mensageiros que vagavam entre a vida e a morte.

O Grande Zimbábue basicamente produzia uma tonelada de ouro por ano. Tornou-se uma cidade agitada, com 10 mil pessoas, constituindo-se no principal centro do comércio costeiro, como demonstrou a presença de pedaços quebrados de vasos verde-acinzentados chineses e pratos iranianos com inscrições. Dezenas de milhares de contas também foram encontradas no sítio, indicando que a demanda por importações controlava esse comércio, não apenas o desejo externo por ouro e escravos.

Como sugere o conto do marinheiro sobre o rei escravo, os muçulmanos recebiam bem todos os convertidos e tratavam todos os homens, inclusive escravos, como sendo iguais aos olhos de Deus, ou até mesmo socialmente. Os escravos no mundo muçulmano carregavam produtos e barcos a remo, mas também gerenciavam lojas e até cuidavam das bibliotecas pessoais de seus proprietários. Embora o Alcorão proibisse a prática, os negociantes de escravos castravam os jovens porque escravos eunucos tinham alta demanda como supervisores dos aposentos das mulheres. Os escravos, sobretudo da Ásia Central, também serviam aos exércitos de diferentes poderes militares.

Muitos escravos também tinham posições não militares na região sul do Iraque, perto de Basra, onde entre os anos 600 e 900 eles trabalharam para drenar pântanos, remover a crosta de nitrato da superfície e salitre para que o solo pudesse ser cultivado. Duas pequenas revoltas ocorreram nos anos 690, e outra, nos anos 870, que durou mais de uma década. Os rebeldes impuseram bastante resistência ao domínio abássida, em parte por sua quantidade e também pelas dificuldades para o envio de tropas para a área da malária que eles ocupavam.

A rebelião do ano 870, conhecida como Rebelião Zanje, envolveu dezenas de milhares de escravos, em grande parte da África Oriental (a palavra árabe *zanj* referia-se à região leste da África e a seus moradores). O líder dos escravos era uma pessoa com estudo do Irã. Revoltando-se para protestar contra suas condições brutais de trabalho, os escravos desfrutaram de uns 15 anos de autonomia antes que o governo centralizado, com grande dificuldade, reprimisse a rebelião. Após 900, não ocorreu mais nenhuma revolta, possivelmente porque os donos deixaram de atribuir tarefas pesadas demais a grandes quantidades de escravos não vigiados.

Podemos aprender muito sobre a escravidão no mundo islâmico com um manual para compradores de escravos escrito por um médico cristão chamado Ibn Butlan. Um especialista em higiene e macrobiótica, Ibn Butlan lia em sírio, grego e sua língua nativa, o árabe. Morando em Bagdá, ele até escreveu uma sátira imitando charlatões sem formação. Escrevendo nos anos 1050, seu objetivo era usar seu conhecimento da geografia mundial e da anatomia humana para ajudar seus leitores a comprar os melhores escravos possíveis. Esses leitores conseguiriam examinar os prováveis escravos de perto e descobrir onde tinham nascido.

Ibn Butlan endossou a visão islâmica (herdada dos antigos gregos) de que o ambiente afeta profundamente o funcionamento do corpo humano. Os melhores escravos, em sua opinião, eram do leste (Índia, Afeganistão e Paquistão); raramente adoeciam, tinham boa cabeça e bom temperamento. Os escravos da região oeste (Síria, Egito e Norte da África) tinham saúde fraca porque o clima não era muito bom e sua alimentação, pobre. Os escravos do norte, incluindo os rus e outros eslavos, eram fortes e longevos, mas as escravas do norte não podiam dar à luz porque não menstruavam, acreditava ele. Os escravos do sul eram diferentes dos escravos do norte: tinham vida curta porque foram malnutridos quando crianças e sofriam de diarreias constantes.

Esse tipo de pensamento tende a gerar estereótipos e o livro de Ibn Butlan não desapontou. Em um ponto ele citou um provérbio: "Se um escravo zanje caísse do céu sobre a Terra, a única qualidade que teria seria a sonoridade."

Diferente dos sistemas legais da antiga Roma ou da América do Sul, a lei islâmica oferecia vários caminhos de emancipação aos escravos. Juristas muçulmanos acordavam sobre os princípios básicos, mas divergiam em muitos detalhes. Os muçulmanos tinham permissão para ter não muçulmanos e muçulmanos já escravizados, mas não podiam escravizar muçulmanos livres (embora às vezes escravizassem mesmo assim).

Apesar de a escravidão ser rotineira, desde a época de Maomé os líderes muçulmanos encorajavam a libertação dos escravos. A lei islâmica permitia que os donos tivessem relações sexuais com as escravas, mas exigia que eles reconhecessem qualquer descendência resultante como filhos legítimos. Quando a criança morria, o dono tinha que libertar a mãe, caso ainda não o tivesse feito. O efeito geral dessas medidas para encorajar a emancipação dos escravos foi que a população escrava precisava de um constante reabastecimento. Era por isso que o mundo islâmico continuava a importar escravos em grandes quantidades e por tanto tempo.

As três fontes principais de escravos para o mundo islâmico eram a África, leste da Europa e Ásia Central. É claro que homens, mulheres e crianças tirados de suas casas e vendidos nos mercados de escravos do Oriente Médio sofreram mais diretamente com o comércio de escravos globalizado. Mas as pessoas que permaneciam em suas casas também foram afetadas pela partida de seus compatriotas. Muitos que entraram em contato com os mercadores de escravos muçulmanos se converteram ao Islamismo, o que contribuiu para disseminar essa religião a oeste e a leste da África.

Em Bagdá, e por todo o mundo islâmico, havia mais escravos do sexo feminino do que sua contraparte masculina, e Ibn Butlan dedicou muito mais espaço a elas do que aos escravos homens. Ele generalizou sua aparência física, cheiro corporal e capacidade de procriar. E observou também quais grupos eram adequados para contratos de casamento temporários. Era um artifício legal que permitia aos homens se casarem com prostitutas durante o tempo em que estavam juntos, mesmo por algumas horas, e se divorciarem quando terminassem. Essa elaborada ficção era necessária porque a lei islâmica estabelecia que relações sexuais só poderiam ocorrer entre pessoas casadas ou entre um senhor e suas escravas.

Em sua discussão sobre as mulheres da região fronteiriça de Bagawi, entre os atuais Sudão e Etiópia, Ibn Butlan incluiu um detalhe surpreendente. Os homens tinham bons casamentos temporários com as escravas contanto que "elas fossem importadas quando jovens e estivessem íntegras, porque naquele país a excisão era uma prática. Usando uma lâmina, a pele externa da vulva era completamente removida até o osso". Descrevendo a mutilação da genital feminina que ocorria na terra natal das escravas, Ibn Butlan também afirmava que os negociantes de escravos faziam cirurgias bem invasivas nos homens, removendo as rótulas dos joelhos para que não fugissem.

Ibn Butlan elogiou certos grupos por sua simpatia, desejo de servir a seus senhores e capacidade de serem bons pais. Mas ele concluiu sua pesquisa com um aviso: "Para encerrar o assunto: os escravos armênios são os piores entre os brancos, assim como os zanjes são os piores entre os negros." Ibn Butlan nos lembra que a globalização muitas vezes levava à maior circulação de informações, mas nem todas elas eram passadas com precisão. A desinformação conseguia percorrer longas distâncias também.

O livro de Ibn Butlan fornece uma visão inigualável das origens geográficas dos escravos que vinham para Bagdá, o principal centro de distribuição de escravos para o mundo islâmico no ano 1000. Ele lista locais de origem africana como a região do Lago Chade, nordeste e centro da Etiópia, Núbia no atual Sudão, África do Norte e leste da África. Os escravos também vinham de outros lugares fora da África: Índia, Paquistão, Afeganistão, Ásia Central, Mar Cáspio, atual Turquia, Armênia e Península Arábica. Quase todas as regiões de origem dos escravos ficavam nas terras não muçulmanas localizadas perto das fronteiras do Império Abássida, o que faz muito sentido. Assim que os negociantes de escravos conseguiam capturá-los, eles eram levados para o local mais próximo possível e vendidos.

O volume de comércio de escravos cruzando o Saara antes de 1500 era enorme, mas é difícil determinar números exatos porque não havia fontes documentando o comércio transatlântico. Como as embarcações que levavam os escravos para as Américas os listavam nos manifestos de carga, ou listas de passageiros, os historiadores conseguiram calcular que 12,5 milhões deles atravessaram o Atlântico entre o início do comércio de escravos no começo dos anos 1500 e sua abolição em todo o Império Britânico em 1833.

É extremamente difícil estimar o número de escravos que seguiam a pé pelo Saara. As rotas de escravos transaarianas mais usadas no ano 1000 iam do oeste da África ao Mediterrâneo. A primeira estrada conectava Zuwila, uma cidade na moderna Líbia no extremo norte do Saara, à região do Lago Chade. Até por volta do ano 300 d.C., os norte-africanos usavam veículos com rodas, inclusive carroças, para cruzar o Saara. Entre 300 e 600, o camelo foi domesticado. Com a introdução do transporte com esse animal, as caravanas podiam se descolocar por vários caminhos no deserto porque os camelos não precisavam de estradas.

Poucas fontes fornecem o número de escravos que circulavam pelo Saara. Às vezes, uma testemunha fornece um número exato. Por exemplo, em 1353, a caminho de casa em Marrocos, o famoso viajante Ibn Battuta contou 600 escravas em uma caravana atravessando o Saara. Viajar em um grupo tão grande aumentava os riscos. Como os negociantes de escravos permitiam apenas provisões mínimas de comida e bebida, o menor contratempo podia acabar em muitas mortes. Um quinto de todos os escravos atravessando o deserto pode ter morrido no percurso.

O professor da Universidade de Chicago Ralph A. Austen reuniu fragmentos de informações como essas para estimar que, entre os anos de 650 e 1600, uns 5.500 escravos cruzavam o Saara todo ano rumo à África do Norte e ao Oriente Médio. O número pode ter chegado a 8.700 por ano entre os anos 900 e 1100, o auge do comércio de escravos islâmicos. Trabalhando na pesquisa de Austen, uma estimativa recente coloca o número total de escravos levados da África Subsaariana, no período entre 650 e 1900, em 11,75 milhões, um pouco menos que os 12,5 milhões estimados que atravessaram o Atlântico entre 1500 e 1850.

A conquista da África do Norte pelos exércitos do califado no século VII regularizou e aumentou a quantidade de escravos enviados a compradores fora da África. Uma fonte árabe antiga relata que os escravos vendidos em Zuwila eram "adquiridos em troca de pequenos pedaços de tecido vermelho". Tecidos vermelhos podem parecer algo bem comum para nós atualmente, mas exerciam um enorme encanto para as pessoas não acostumadas com tecidos coloridos na África do Norte ou na América do Norte (lembre-se de como os skraelings comercializavam ansiosos o tecido vermelho dos nórdicos).

As rotas pelo oeste da África eram o principal conduto de escravos para a África do Norte e o Cairo. Nos anos 800, caravanas desbravaram uma nova rota pelo Saara, conectando a cidade de Sijilmassa, no extremo norte do Saara no atual Marrocos, com o Vale do Rio Níger. Geógrafos árabes relatam que Sijilmassa, localizada em "uma planície", deu origem a um pequeno ponto de encontro para negociantes que se juntavam apenas em certas épocas do ano. Com o tempo, "tornou-se uma cidade", conforme seus governantes lucravam com os impostos cobrados dos negociantes. Graças à globalização, pequenos assentamentos se tornaram povoados maiores e, por fim, cidades.

Com a abertura da estrada de Sijilmassa, cada vez mais mercadores e missionários que falavam árabe cruzaram o Saara indo para a África Subsaariana. Em consequência disso, muitos governantes locais se converteram ao Islamismo.

Um geógrafo árabe descreve as circunstâncias que levaram à conversão do rei de Malal no Vale Superior do Rio Senegal. Durante uma longa seca, o rei sacrificou o gado até o último animal, todavia não choveu. Quando ele lamentou a situação, um visitante muçulmano respondeu: "Oh rei, se você acreditasse na missão profética de Maomé (que Deus abençoe a ele e lhe dê paz) e se aceitasse todas as leis religiosas do Islamismo, eu desejaria a você libertação de seu problema e que a piedade de Deus cobrisse todo o povo de seu país." Ouvindo isso, o rei "aceitou o Islamismo e se tornou um verdadeiro muçulmano", e o visitante "o fez recitar algumas passagens simples do Corão, e ensinou-lhe as obrigações e práticas religiosas".

O muçulmano pediu que o rei aguardasse até a sexta-feira seguinte, o Shabat islâmico. Os dois homens oraram até o amanhecer, quando "Deus fez uma chuva abundante descer sobre eles". Nisso, o rei ordenou a destruição de todas as imagens em seu reino e expulsou todos os "feiticeiros". O rei ficou conhecido como "o Muçulmano" e seus descendentes e nobres do reino também se converteram, mas "o povo permaneceu politeísta"; um detalhe revelador, dado que essa narrativa se constitui em um "case" do poder do Islamismo.

O relato mais rico sobre o Islamismo na antiga África Ocidental vem de um estudioso muçulmano que nunca visitou a África. Sediado em Córdoba, Espanha, al-Bakri reuniu a narrativa de viajantes e mercadores vindos da África. Ele também cita informações de uma fonte, hoje perdida, escrita em 955 por al-Warraq. As informações de Al-Bakri eram bem atualizadas para sua época. Ele inclui o nome de um rei que subiu ao trono de Gana em 1063, apenas 5 anos antes de ter concluído seu livro.

O livro de al-Bakri dá um excelente exemplo de textos com "rotas e reinos" que descrevem pessoas e lugares, sobretudo os novos caminhos comerciais, que começaram a ser usados no ano 1000. Ele seguiu o modelo de Ibn Khurradadhbih, um falante nativo da língua persa que escrevia em árabe. Ibn Khurradadhbih era responsável pelos correios e pelas informações no distrito de Jabal no Irã, no século IX (ele pode ter se mudado depois para a capital abássida de Bagdá como chefe do Ministério das Comunicações).

Vivendo dois séculos antes de al-Bakri, Ibn Khurradadhbih teste-munhou o apogeu do Califado Abássida. Estendendo-se da África do Norte até a Ásia Central, o reino abássida era tão grande que os oficiais nem sempre conheciam a rota mais direta para cada localidade. E, se ocorresse uma emergência ou uma revolta, como era comum, eles tinham que agir rápido para enviar tropas. O objetivo de Ibn Khurradadhbih era fornecer ao califa e a seus oficiais a informação geográfica mais atualizada disponível.

Ibn Khurradadhbih organizava suas descobertas para fornecer "um esboço que elucidaria as rotas e os reinos da Terra, descrições junto com distância e proximidade, com informações relativas às terras cultivadas e improdutivas, a distância entre tais áreas, inclusive as paradas temporárias que levam a esses locais remotos da terra". Entendendo a necessidade de itinerários com distâncias precisas entre os pontos, suas "rotas" fornecem um tempo de viagem para as cidades. "Reinos" se referem à descrição que ele deu a cada lugar: produtos locais, habitantes, costumes e crenças.

O texto de "rotas e reinos" descreve pessoas que viviam em diferentes partes do mundo e fala com mais consistência sobre as pessoas da Afro-Eurásia do que qualquer outra fonte no ano 1000. É por isso que sempre cito os observadores árabes. Eles dão informações importantes sobre os rus, complementando a *Crônica de Nestor*, e suas observações dos africanos são até mais importantes porque poucas fontes descrevem a África Subsaariana antes do fim dos anos 1400.

Na época de Ibn Khurradadhbih, Bagdá era um dos grandes centros intelectuais no mundo; sua única possível rival, a capital Chang'an da dinastia Tang, também tinha escolas, bibliotecas e uma elite instruída, mas os estudiosos chineses davam quase que ênfase total à tradição da língua chinesa, cuja presença datava de mais de mil anos. O árabe, por outro lado, era uma língua relativamente nova, com poucos textos escritos antes da morte de Maomé em 632.

Profundamente interessado em aprender sobre outras sociedades, o segundo califa abássida, Mansur, que reinou de 754 a 775, financiou a tradução de livros em grego, latim, sânscrito e persa na língua árabe sobre Geografia, Medicina, Matemática, Física e Lógica. Após o ano 800, fábricas em Bagdá começaram a produzir papel em grandes quantidades usando técnicas de manufatura chinesa, outro primeiro exemplo de transferência tecnológica. Os estudiosos de Bagdá não traduziam apenas; faziam tantas anotações que superaram as descobertas dos gregos. Seus esforços preservaram o aprendizado do mundo clássico para sempre. Os tradutores na Itália renascentista conseguiram recuperar alguns textos gregos antigos porque eles sobreviveram em árabe.

Graças à tradução, al-Bakri pôde ter a leitura embasada que queria para aprender sobre o mundo inteiro. O estilo de rotas e reinos lhe ofereceu um excelente modelo para organizar suas informações. Como Ibn Khurradadhbih, al-Bakri não afirmou ter visitado os lugares sobre os quais escreveu.

Al-Bakri explicou que, após a conversão ao Islamismo porque a seca tinha acabado, o rei de Malal conseguiu continuar como governante. Nos períodos anteriores, quando o mundo islâmico era unificado sob um único governante, qualquer rei convertido tinha que aceitar o califa predominante como seu líder espiritual e político. A palavra "califa" significa "sucessor" e se refere a todos os líderes da comunidade islâmica depois de Maomé.

Quando Maomé morreu em 632, ninguém sabia quem o sucederia porque nenhum de seus filhos tinha maioridade. Apenas sua filha, Fátima, sobreviveu e, por ser mulher, não podia liderar a nova comunidade. Os sunitas acharam que a comunidade muçulmana deveria escolher coletivamente o novo chefe da tribo de Maomé, os coraixitas, ao passo que os xiitas acreditavam que o primo de Maomé, Ali, casado com Fátima, e seus descendentes tinham um direito especial para governar.

Um terceiro grupo, menor, chamado carijitas rompeu com a comunidade muçulmana nos anos 650 e 660. Acreditando que o líder dessa comunidade deveria ser escolhido apenas com base em sua conduta religiosa, eles aceitaram o pedido de Maomé e que os dois primeiros califas governassem, mas não o terceiro califa ou Ali, que se tornou o quarto califa.

Um subgrupo de carijitas eram os ibaditas, mais inclinados a se comprometerem com outros muçulmanos do que com os carijitas. O visitante que persuadiu o rei de Malal a se converter provavelmente era ibadita. Mercadores bem-sucedidos, os ibaditas foram os primeiros missionários a viajar ao sul de Trípoli, quando estabeleceram redes de comércio e, ativamente, tentaram converter os africanos.

Nos primeiros anos após a morte de Maomé, os exércitos do califa conquistaram grandes faixas de território no Oriente Médio e na África do Norte. Hoje, muitos acham que os exércitos forçaram as pessoas capturadas a se converterem — é um estereótipo de conversão pela espada, mas, na verdade, isso não é historicamente preciso. Como os muçulmanos pagavam menos impostos que os não muçulmanos, a maioria dos governantes não queria que os residentes das terras recém-conquistadas se convertessem. Eles precisavam das taxas mais altas pagas pelos não muçulmanos. Por exemplo, no Irã passaram-se séculos até que a maioria da população se convertesse ao Islamismo. Durante os dois primeiros séculos do domínio muçulmano, de 622 a 822, 40% se converteu e, por volta do ano 1000, uns 80%. Após 1000, o Islamismo se estendeu além do Irã, chegando à África e à Ásia Central.

Recompensando as trocas com uma parte da pilhagem, os exércitos islâmicos foram extremamente bem-sucedidos na conquista de novas terras, mas os califas não tiverem êxito em criar estruturas duradouras que extraíssem uma receita satisfatória de seus súditos. Nomeando administradores para comandar grandes províncias, às vezes os governantes abássidas lhes davam autonomia de fato ao lhes conceder extensas faixas de território. Em tal acordo, o administrador ganhava o direito de coletar impostos em seu próprio território como lhe agradasse, contanto que enviasse uma parte da receita para o califa anualmente. Mas, se não o fizesse, o califa tinha pouco recurso, exceto enviar tropas. Isso nem sempre era possível, sobretudo se o califa precisasse das tropas para combater um rival que reivindicava seu trono. Muitas vezes, quando um califa morria, seus filhos, e às vezes seus irmãos, lutavam até que alguém derrotasse todos os inimigos.

Um dos primeiros governantes a romper com os abássidas foi o filho livre de um soldado escravo turco, chamado Ahmad ibn Tulun. Incapaz de conseguir voluntários suficientes para seu exército, os abássidas recrutaram milhares de soldados turcos da Ásia Central, alguns sendo mercenários pagos, e outros, escravos militares comprados. Após entrar no exército, ambos os grupos ganhavam salários e podiam chegar a ocupar altas posições.

Como recruta pago, Ibn Tulun cresceu no Iraque e ficou alocado no Egito como funcionário júnior. Posteriormente, foi promovido e se tornou governador de Fostate, uma cidade antecessora do Cairo, e assumiu a coleta de impostos em todo o Egito. A mesquita que ele construiu ainda é uma das atrações turísticas mais populares no Cairo em virtude de seu imponente pátio e minarete incomum. Ibn Tulun nunca enviava as arrecadações com regularidade (os moradores do atual Cairo adoram contar histórias sobre como ele enganara o califa por mais de mil anos), mas o califa era impotente para agir contra ele.

Uma fonte importante do poder de Ibn Tulun era o exército leal a ele, e não ao califa, pois fora ele que o recrutara. Além de 24 mil escravos militares da Ásia Central turca, no exército havia também 42 mil escravos e homens livres dos extremos sul do Nilo e da África Ocidental. "Gregos", um termo genérico para qualquer um que vivia nos territórios bizantinos, também serviam a esse exército. Ibn Tulun governou até sua morte em 884, quando seu filho o sucedeu. Em 905, os abássidas restabeleceram um controle temporário no Egito.

No entanto, em 945, os califas abássidas perderam o domínio de todo o império. Três irmãos da tribo buída, que tinham formado seus próprios exércitos poderosos, assumiram a administração das cidades mais importantes no centro de Abássida, inclusive Bagdá. O califa nomeou um dos irmãos como "comandante dos comandantes", passando toda a autoridade militar para ele, e o governante buída aprisionou o califa em seu palácio em Bagdá.

Em 1055, os seljúcidas conquistaram Bagdá e substituíram os buídas como sequestradores do califa. Esse arranjo permitiu que o governante abássida continuasse como califa titular até 1258, quando os mongóis invadiram Bagdá e mataram o último califa abássida, mas os califas não tinham exércitos próprios e nenhum poder real. A pessoa que mantinha o califa cativo se tornava o governante de Bagdá. Nas várias regiões previamente sob controle abássida, governantes independentes assumiam o poder.

Esses governantes pós-abássidas incluíam os buídas, os seljúcidas e ainda outras dinastias. Todos, exceto um dos adversários separatistas do califa abássida, eram muçulmanos. Essa única exceção tentou reviver a antiga religião iraniana, o Zoroastrismo, mas não conseguiu.

O termo "Nação muçulmana", inventado pelo famoso historiador britânico do Islã Hugh Kennedy resume a situação política e religiosa do califado abássida após 945. Semelhante à Monarquia Britânica hoje, o califa não tinha autoridade política nem militar, mas permanecia como uma figura simbólica da comunidade muçulmana, e líderes religiosos em todo o mundo islâmico o mencionavam em suas orações às sextas-feiras. Sua posição como chefe da nação lhe permitia intervir em disputas entre muçulmanos sunitas e xiitas.

Ainda que politicamente divididos, todos que viviam nas diferentes partes da nação muçulmana acreditavam no Islamismo, aceitavam a autoridade de Maomé, liam o Alcorão em árabe e faziam a peregrinação hajj para Meca quando possível. Bagdá continuava sendo a cidade mais importante para aprendizado.

Na época, Cairo surgia como uma grande cidade, sendo um marco na história da África do Norte. O Delta do Nilo, com sua posição estratégica, parecia uma escolha natural para a capital do Egito. Mas, com exceção de Mênfis, as capitais do passado se localizavam bem ao sul do Cairo. A disseminação do Islamismo e o estabelecimento de novas rotas comerciais pela África contribuíram para a prosperidade do Cairo. Essas rotas, por terra ou mar, convergiam onde o Nilo encontrava o Mediterrâneo. Caravanas e barcos carregados com produtos do oeste da África viajavam pela costa mediterrânea, enquanto os produtos embarcados ao norte da costa leste africana eram levados dos portos do Golfo Pérsico por via terrestre até o Cairo.

A fundação oficial do Cairo ocorreu em 969, quando os fatímidas, uma dinastia xiita nomeada em homenagem à filha Fátima de Maomé, mudaram-se para Fostate, vindo de sua base original, a atual Argélia. Lá, eles construíram uma cidade totalmente nova, chamada al-Qahira, "os vitoriosos", a origem da palavra inglesa para Cairo. Partes dos muros fatímidas originais existem ainda hoje e Fostate é o nome de um distrito no rio Nilo de frente para Gizé.

Quem visita o Cairo pode andar por uma rua que liga dois portões em lados opostos do muro. No caminho, é possível ver uma mesquita construída no ano 1000 pelo califa fatímida regente, al-Hakim, famoso por dar ordens excêntricas, como banir várias plantas populares e proibir que sapateiros fizessem sapatos femininos, para que as mulheres ficassem em casa. Muitos o julgam responsável por destruir a Igreja do Santo Sepulcro em Jerusalém, mas um observador muçulmano que a visitou 40 anos depois descreveu danos mínimos. Como o 400º aniversário da passagem de Maomé em 622 (o início do calendário islâmico) caiu durante o reinado de al-Hakim, ele publicou muitas leis em preparação para um possível Dia do Julgamento, um dia que os muçulmanos acolheriam com prazer porque a morte os libertaria da espera e do sofrimento. Em 1021, al-Hakim partiu para o deserto, mas não retornou e seu corpo nunca foi encontrado. Sua irmã assumiu como regente no lugar de seu sobrinho e o domínio fatímida continuou.

Essa mesma rua do Cairo tem uma construção simples, ou *wikala*, que abriga um albergue, uma mesquita, um armazém, uma oficina com vários andares e um mercado usado por comerciantes, que facilmente poderia ter funcionado como um mercado de escravos. Diferentemente das dinastias anteriores que tinham aceitado a liderança simbólica dos califas abássidas, os fatímidas reivindicavam para si o título de califa, declarando seu direito de liderar toda a comunidade islâmica. Os fatímidas controlaram o Egito.

A cidade do Cairo, quando governada pelos fatímidas xiitas, tinha grandes populações cristãs e judaicas. A sinagoga Ben Ezra, perto do Museu Copta na moderna Cairo, preservou cada documento com letras hebraicas (esse idioma era considerado a língua de Deus) em um repositório chamado *genizah*, com mais de 200 mil fragmentos.

Os materiais de *genizah* mostram que os judeus tinham escravos, mas algumas práticas eram diferentes em relação aos muçulmanos. Onde a lei islâmica permitia que os proprietários vivessem em concubinato com as escravas, a lei judaica proibia que os proprietários vivessem na mesma casa das escravas, a menos que uma parente mulher morasse no mesmo local também. Os materiais preservados ao acaso do *genizah* dão uma ideia da vida diária como de fato acontecia, não como as leis diziam que deveria ser. Amigos se felicitavam pela compra de um escravo da mesma forma como quando nascia um filho, e escreviam notas de condolências aos proprietários quando as meninas escravas morriam.

O Cairo prosperou sob o domínio fatímida, e sua população girava em torno de 500 mil habitantes. Era a maior cidade da África no ano 1000.

A partir de Alexandria, o porto egípcio mais próximo do Cairo, era possível atravessar do Mediterrâneo até a Sicília e a Itália, e um grande grupo de mercadores da costa Amalfi da Itália (perto de Nápoles) fixou residência na nova capital. Um dos principais produtos comercializados era o marfim, que vinha do leste e do oeste da África. Muitas caixas e objetos belamente esculpidos em marfim, datados entre os anos 1000 e 1100, sobreviveram.

Assim como os venezianos em Constantinopla durante as Cruzadas, mercadores da república italiana Amalfi viviam em seus distritos na cidade do Cairo governada pelos fatímidas. Ocorreram várias explosões de violência espontâneas contra os cristãos nos anos 960 quando notícias das vitórias bizantinas contra os governantes muçulmanos de Chipre e Creta chegaram ao Cairo. Os moradores muçulmanos da cidade se identificavam com os Estados muçulmanos não fatímidas simplesmente por sua identidade religiosa compartilhada, sinal de que, graças à globalização, as antigas identidades locais se expandiram, tornando-se regionais.

No ano 996, os moradores do Cairo se revoltaram contra os mercadores amalfis. O estopim foi um incêndio no dia 5 de maio que destruiu 16 embarcações recém-construídas da esquadra fatímida. Os locais culparam os mercadores amalfis pelos danos, queimaram suas casas e armazéns, e mataram mais de cem italianos. Ocorrendo exatamente um século antes das Primeiras Cruzadas iniciadas em 1096, esse ataque demonstra que os moradores muçulmanos do Cairo se ressentiam com a riqueza dos mercadores estrangeiros com tanta intensidade quanto os moradores cristãos de Constantinopla.

No ano 1000, os produtos exportados da África, com exceção de escravos, que passavam pelo Cairo incluíam marfim, cobre, bronze e o mais sedutor de todos, ouro. Um grande mistério da época era identificar a origem do ouro, ou seja, descobrir não apenas onde se localizavam as minas, mas verificar quem as controlava e quem vendia o ouro produzido. Como esse conhecimento permitia a um portador desafiar o atravessador que negociava ouro, os atravessadores faziam tudo o possível para impedir que intrusos aprendessem como as coisas funcionavam. Eles mantiveram seus segredos por séculos.

Um rei em Gana tinha tanto ouro que al-Bakri dedicou um considerável espaço a suas posses. O rei ostenta um chapéu decorado com ouro e seus dez pajens empunham escudos e espadas de ouro. Os jovens nobres da corte trançam seus cabelos com ouro. Os cavalos usam roupas bordadas com ouro e nos pescoços dos cães de guarda do rei há "colares de ouro e prata adornados com várias bolas dos mesmos metais". Talvez possa parecer implausível, mas a fixação de al-Bakri por ouro é genuína. O rei monopoliza a produção de ouro e relata: seus súditos têm permissão para coletar apenas ouro em pó, mas ele tem o direito de ter todas as pepitas e possui uma "do tamanho de uma pedra grande".

O reino em Gana, disse al-Bakri, "consiste em duas cidades situadas em uma planície. Uma delas é habitada por muçulmanos, é grande e possui 12 mesquitas, em uma das quais eles se reúnem para as orações de sexta-feira". Os moradores dessa cidade incluíam aqueles que chamam para as orações, especialistas legais e estudiosos. Mesmo que alguns súditos e muitos ministros aceitassem o Islamismo, o rei não praticava essa religião. O exército do rei tinha 200 mil soldados. Governando um grande território, ele precisava de muçulmanos alfabetizados para sua burocracia, assim como Vladimir e outros monarcas europeus precisaram de um clero cristão culto na deles.

A outra cidade, distante uns 12km, era a cidade do rei, onde os "feiticeiros, homens responsáveis pelo culto religioso", eram influentes (havia uma mesquita para os visitantes). Os fiéis na religião local viam a morte de modo diferente das pessoas que seguiam o Islamismo. Os muçulmanos colocavam os mortos no solo sem objetos funerários, os praticantes da religião local enterravam o rei com sua cama, tapetes, travesseiros, armas, travessas e copos cheios de comidas e bebidas, e até os corpos dos "homens que costumavam servir suas refeições". Por mais improvável que possa parecer o relato de al-Bakri, os arqueólogos descobriram túmulos de reis enterrados com seus serviçais na região do rio Níger.

Mas onde precisamente estava localizada a capital do rei? É muito provável que fosse a cidade de Cumbi-Salé na Mauritânia. Lá, no início do século XX, escavadores desenterraram inscrições em árabe e seções de uma mesquita, indicando a ocupação de muçulmanos, assim como produtos comuns comercializados na época, sobretudo contas e pesos de vidro. Pode ter sido a cidade dos muçulmanos descrita por al-Bakri, e arqueólogos sugerem que provavelmente o reino teve diversas capitais, que o rei visitava sazonalmente, algo comum na África.

Al-Bakri identifica que o ouro do rei de Gana vinha de Ghiyaru, um entreposto comercial situado na margem do rio Senegal oposta às minas de ouro de Bambuk. Ele não informa nada sobre quem extrai o ouro ou controla esse comércio. Al-Bakri relata que o entreposto fica a 24km "de distância do rio Nilo e nele há muitos muçulmanos".

É claro que o Nilo não chegava nem perto do oeste da África. Mas, como Ptolomeu acreditava que esse rio ligava todos os povoados na África, al-Bakri seguiu o geógrafo grego e chamou vários rios de Nilo. Embora não mencione o rio Senegal ou Níger, al-Bakri sabe um pouco sobre seus cursos; ele descreve corretamente a maior curva no rio Níger perto de Gao.

O rei de Gana tinha uma política fiscal tão incomum que al-Bakri fez uma observação: "Em cada carga de sal trazida para o país, seu rei cobra um dinar [moeda] de ouro e dois dinares quando a envia." Essa política encorajava que negociantes da cidade de Tagaza, no extremo sul do Saara, trouxessem caravanas de camelos com grandes blocos de sal para Gana (que não tinha seu próprio fornecimento) e os vendessem lá. Podemos nos perguntar por qual motivo, se o rei queria encorajar importações de sal, ele as tributava, mas ele talvez precisasse da receita.

A coleta de impostos inovadora do rei de Gana lhe possibilitou beneficiar-se da circulação de produtos, uma fonte importante de receita para os governantes no oeste africano. Contanto que os governantes controlassem os portões de suas cidades e contratassem alguns supervisores de mercado, poderiam lucrar taxando o comércio.

Os impostos sobre produtos que entravam no reino também variavam: embora a maioria dos bens fosse taxada em 10%, a alíquota sobre o cobre, para encorajar as importações, era de apenas 5%. Gana não produzia essa matéria-prima, mas as pessoas que viviam em um local próximo, Igbo-Ukwu, ao leste da Nigéria, sim. Elas fabricavam dois tipos de bronze adicionando estanho (ou chumbo e estanho) ao cobre.

Os bronzes de Igbo-Ukwu, datando do ano 1000, representam imagens humanas, insetos, pássaros e cobras. São exemplos impressionantes do processo de fabricação com perda de cera, embora seus produtores provavelmente usassem látex, de arbustos locais, no lugar da cera para criar moldes nos quais despejavam bronze derretido. Alguns dos vasos de bronze mais intrigantes de Igbo-Ukwu são decorados com pequenas contas de vidro do Cairo, exatamente como os usados em Mapungubwe, na costa leste africana, evidenciando que os compradores a oeste e leste da África também importavam grandes quantidades de contas.

O sítio de Igbo-Ukwu tinha dois depósitos grandes de artefatos. Um funeral real continha três marfins de elefante, tornozeleiras de cobre e outros itens, alguns de ferro. Um depósito separado de regalias tinha mais de 100 mil contas de vidro e cornalinas importadas, muito provavelmente da Índia, e vários vasos de bronze de diferentes formas e tamanhos. As matérias-primas desses objetos — inclusive cobre, estanho e chumbo — vieram de todo o Vale do Níger e atestam as novas rotas comerciais que entrecruzavam a África Ocidental.

A circulação de produtos pela região beneficiava os nativos e seus governantes. O tamanho do sítio arqueológico de Jenne-jeno, 3km a sudeste da moderna cidade de Jenne, indica a riqueza de toda a extensão do rio Níger entre as duas cidades de Jenne e Timbuktu. Um grande entreposto de ouro, Jenne-jeno tinha inúmeros depósitos de cerâmica descartada. Um tinha 8m de profundidade, com 1,5 milhão de fragmentos de cerâmica datando dos anos 300 a.C. até 1400 d.C. Apenas uma grande população poderia ter essa produção. Por volta do ano 1000, a população de Jenne atingia 20 mil habitantes nas épocas do ano em que chuvas eram torrenciais e ficava difícil viajar ou pastorear animais. Sabemos que os residentes vinham de muitos lugares diferentes porque enterravam seus mortos de 40 modos diferentes. Como em Chaco Canyon, diferentes funerais para uma população diversificada que vivia junto, são outro sinal de uma globalização inicial.

Uma telha com inscrições em árabe foi escavada datando do ano 900 (os locais ainda colocam telhas parecidas com uma frase idêntica em árabe em seus telhados atualmente). Os fragmentos de cerâmica continuam logo abaixo, mostrando que estranhos não iniciaram o comércio na África Ocidental; ele antecedeu sua chegada em mais de 1.000 anos.

Os produtos que circulavam pela África e outras partes do mundo islâmico também incluíam colheitas, como al-Bakri explica ao descrever Audagoste, atual Tegdauste na Mauritânia, outra cidade de comércio de ouro ao sul do Saara. Lá, os locais cultivam trigo, sorgo e pepino, assim como "tâmaras e passas", que importam "dos domínios do Islamismo, apesar da grande distância". As tâmaras são originárias do sul do Iraque, perto do Golfo Pérsico, e entraram na África por lá, enquanto o sorgo seguiu na direção oposta, vindo do oeste da África para o centro islâmico. Depois de os indianos terem dominado o processamento da cana-de-açúcar para obterem cristais de açúcar, esse produto entrou no Iraque e, de lá, seguiu para o Egito, onde se tornou uma cultura popular. O açúcar se espalhou pela Europa nos anos 1000. Caro, geralmente era usado em pequenas quantidades como condimento, não como adoçante. Novos gêneros alimentícios de regiões distantes afetavam a todos, não apenas as diferentes pessoas envolvidas no comércio.

Os maiores centros comerciais e agrícolas, como Audagoste, continuaram a prosperar após os almorávidas conquistarem a África Ocidental em 1054. O fundador dos almorávidas era membro de uma tribo berber que vivia ao norte do Deserto do Saara. Voltando de uma peregrinação hajj para Meca, ele estava decidido a elevar o nível de cumprimento da lei islâmica em sua sociedade natal, assim, recrutou um conselheiro espiritual que tinha estudado a lei em Marrocos. O fundador começou liderando os homens das tribos em ataques. Qualquer vizinho derrotado tinha que entregar um terço de sua propriedade, uma fonte de receita valiosa para um movimento crescente.

O Estado almorávida teve êxito em unir as pessoas que viviam ao longo da costa oeste africana, assim como ao sul da Espanha. Grande parte do ouro exportado da África Ocidental acabou na Espanha como moedas almorávidas. Os almorávidas governaram por mais de um século, até serem derrotados por Saladino, o líder que afastou Jerusalém das ações dos cruzados. O domínio almorávida teve um importante e duradouro efeito: ele reduziu de forma permanente a influência dos muçulmanos carijitas, cujos missionários eram ativos desde os anos 900 no oeste da África e converteram o rei de Malal.

Sob o domínio almorávida, surgiu um comércio triangular. Os europeus traziam produtos manufaturados, como contas e tecidos, para os portos da África do Norte. De lá, esses produtos iam por terra para cidades comerciais, como Sijilmassa, onde eram colocados em caravanas transaarianas indo para Tagaza e outras cidades ao sul. Em Tagaza, os locais negociavam sal em troca de contas e tecidos, e as caravanas eram carregadas com blocos de sal. Quando chegavam em seus destinos no Vale do rio Níger, onde não havia sal, eram negociados por ouro e escravos. Na direção oposta, ouro e escravos eram levados para o norte, onde o ciclo retomava quando as caravanas trocavam esses produtos por mais contas e tecidos.

Os residentes em Tagaza não forneciam apenas sal para as caravanas que iam para o sul. Eles criaram um novo produto feito de ouro que as caravanas pudessem levar para o norte: moedas de ouro lisas. Elas eram chamadas de "dinares simples", como explicou al-Bakri, "pois eram de ouro puro sem nenhum selo". Os reis compravam essas moedas lisas, cunhavam inscrições nelas e permitiam que circulassem em seus reinos. Os governantes lucravam com a diferença entre o valor mais alto das moedas cunhadas e o valor real do metal, chamado senhoriagem. Moldes usados para modelar tais moedas de ouro foram encontrados na cidade de Tadmekka, a sudeste de Tagaza e local das primeiras inscrições em árabe na África.

Arqueólogos ainda não descobriram nenhum carregamento de ouro abandonado pelas caravanas, mas um sítio localizado na fronteira entre Mali-Mauritânia era um carregamento de caravana abandonado com uma tonelada de barras de bronze e 4kg de búzios. Os proprietários abandonaram esses produtos no deserto talvez porque os camelos fugiram ou morreram. Originários das Maldivas, os búzios eram usados como moeda. São uma comprovação da demanda a oeste da África por produtos dos negócios feitos no Oceano Índico.

Al-Bakri descreve um produto bem incomum na África Ocidental, cujo caminho para Eurásia mostra claramente a expansão das rotas comerciais após o ano 1000: um tecido com fios que podiam atravessar chamas sem pegar fogo. "Uma pessoa de confiança", conta al-Bakri sobre um "comerciante" que trouxe um "lenço feito dessa substância" para Ferdinand, um monarca que governava na região noroeste da Espanha nos anos 1060 e 1070. Acreditando que o lenço de asbesto [também chamado amianto] tinha "pertencido a um dos Apóstolos", Ferdinand o deu ao imperador bizantino em Constantinopla. Outros, explica al-Bakri, relataram que um lenço de asbesto diferente fora visto em Bagdá, outro exemplo de produtos africanos viajando por novos caminhos (nenhum lenço de asbesto da época existe hoje, mas há uma lenda de que Carlos Magno impressionara seus convidados jogando uma toalha de mesa de asbesto suja no fogo e retirando-a depois impecavelmente branca).

Al-Bakri escreve sobre produtos raros negociados, como é comum nos textos sobre rotas e reinos, mas reconhece a importância maior do ouro, dizendo: "O ouro de Audagoste é melhor e mais puro em comparação com qualquer outro na Terra." Al-Bakri também menciona um homem chamado Yarisna, um mercador que exporta ouro para outros países, mas não diz muito, porque os detalhes sobre de onde o outro era extraído e como era vendido permanecem em segredo.

Outros escritores dão suas próprias explicações para como funcionava o comércio do ouro. Alguns descrevem um comércio silencioso, no qual compradores e vendedores nunca se encontravam. O primeiro historiador foi Heródoto, um grego que escrevia no século V a.C. Os cartagineses, conta Heródoto, deixavam os produtos que desejavam comercializar em uma praia e acendiam uma fogueira para alertar àqueles que tinham ouro sobre sua chegada. Então, os nativos colocavam o ouro perto dos produtos que queriam comprar e se afastavam para um local distante para ver o que acontecia. Se o preço fosse aceitável, os cartagineses recolhiam os pagamentos em ouro e deixavam seus produtos. "Há uma perfeita honestidade nos dois lados", afirma Heródoto. Essa declaração por si só é um bom motivo para duvidar da explicação! A negociação silenciosa presume não só um mundo honesto, como também totalmente seguro, no qual as barras de ouro que ficavam sem vigilância a noite inteira ainda estavam no mesmo lugar pela manhã.

O escritor árabe al-Masudi, que escreveu nos anos 900, relata que os mercadores traziam produtos de Sijilmassa, o centro comercial ao norte do Saara, onde muitas caravanas iniciavam suas viagens, para a "terra do ouro". Sua descrição repete a afirmação de Heródoto sobre o comércio silencioso, com o curioso acréscimo de que, se os vendedores de Sijilmassa não ficassem contentes com a quantidade original de ouro e "quisessem um aumento", podiam deixar o ouro ao lado dos produtos oferecidos e tentar conseguir uma oferta melhor.

Os escritores que não viram o comércio real muito provavelmente chamavam de mito do comércio silencioso. A verdade era que o comércio do ouro envolvia uma rede de negociação sofisticada, inclusive intermediários que negociavam o preço diretamente com os donos das minas, mas mantendo seu papel importante em segredo. Até nos anos 1300 um observador conta a história de mercadores do norte que visitaram Gana por uns dias para que pudessem recrutar nativos para levar com eles e encontrar os mineradores. Esse observador continua a repetir o mesmo mito antigo sobre o silêncio, mostrando que ele também não teve êxito em puxar o manto de segredo dos intermediários.

O reino de Gana caiu em declínio nos anos 1000. Várias fontes árabes relatam que os almorávidas conquistaram Gana em 1076, mas escavações na capital Cumbi-Salé produziram evidências da prosperidade contínua da cidade por mais um século após essa data. Também é possível que tenha ocorrido uma mudança climática na região nessa época.

As evidências provenientes de sedimentos no fundo de lagos indicam que o clima da África Ocidental, ao sul do Saara na zona Sahel, passou por um período de grande precipitação pluviométrica de 1050 até algum ponto entre 1300 e 1400. As chuvas contribuíram para uma abundância de forragem, que sustentou um número crescente de cavalos que tinham vindo da Europa para a região entre os anos 500 e 800. Os cavalos mudaram a natureza dos combates. Antes de 1050, guerreiros armados dos reis de Gana e almorávidas montavam camelos, cujo número chegava a 100 mil, segundo al-Bakri. Mas, após 1200, os governantes passaram a lutar montados em cavalos.

Uma grande mudança política ocorreu nessa época no Cairo, quando um grupo de escravos militares comprados, chamados mamelucos (a palavra é uma das várias em árabe que significa "escravo"), causou a queda do último governante da dinastia Aiúbida em 1250 e tomou o poder. Obtendo lucros consideráveis com o comércio de ouro e escravos, os mamelucos governaram por vários séculos.

O comércio de ouro transaariano chegou ao auge na metade do século XIV porque a demanda por ouro na Europa era muito grande. É difícil estimar a quantidade, mas provavelmente cerca de 3 ou 4 toneladas de ouro, valendo US$150 milhões atualmente, viajaram do norte, cruzaram o Saara todo ano em 1000, continuando assim nos séculos seguintes.

Um homem em particular se destacou em meio a essa bonança dourada. Mansa Musa, o rei de Mali, por quase 25 anos no início de 1300. Sua caravana de 100 camelos carregada de ouro fascinou os moradores do Cairo quando passou pela cidade em 1324 a caminho de Meca. Mansa significa "governante supremo" e Musa era a pronúncia árabe de Moisés, portanto, seu nome significava rei Moisés. A extensão da riqueza do rei impressionou a todos. Ele e sua comitiva gastaram com tanta generosidade que ele sozinho fez o preço do ouro cair no Cairo. Os contemporâneos estimavam que Mansa Musa carregava entre 13 e 18 toneladas de ouro em sua jornada, tornando-o o homem mais rico no mundo em sua época.

Mansa Musa conversou com dois moradores da cidade sobre o comércio de ouro. Esses observadores começaram a juntar as peças sobre onde, o que e como era feito esse comércio.

Um dos homens com quem Mansa Musa conversou no Cairo, al-Dukkali, que vivia em Mali, observou que as pessoas que traziam ouro em pó para Mansa Musa não eram muçulmanos. "Se o sultão Mansa Musa quisesse, poderia estender sua autoridade sobre eles, mas os reis desse reino aprenderam por experiência que assim que um deles conquista uma das cidades do ouro, o Islamismo se difunde, o muezim chama para orar, o ouro começa a diminuir e desaparece, enquanto aumenta nos países vizinhos sem crença." Devido a esse padrão peculiar, os reis de Mali escolheram deixar as regiões produtoras de ouro "sob controle dos céticos". A explicação de al-Dukkali para o motivo das minas de ouro de Mansa Musa ficarem fora do domínio do Islamismo é tão distorcida que não faz sentido.

O segundo informante, um especialista legal chamado al-Zawawi, que teria falado pessoalmente com Mansa Musa, entendeu de modo diferente a relação do reino com os mineradores. Em sua narrativa, as pessoas não muçulmanas que trabalhavam nas minas de ouro viviam dentro do reino de Mansa Musa. Para obter ouro, al-Zawawi explicou, "buracos eram feitos nas minas com a profundidade da altura de um homem e o ouro era encontrado nas laterais dos poços ou, às vezes, coletados no fundo deles". Os mineradores pagavam uma parte do ouro que extraíam a Mansa Musa.

Segundo al-Zawawi, Mansa Musa também importava ouro trocando-o pelo cobre produzido em seu reino. O imposto sobre o cobre era o único que o governo de Mansa Musa coletava (ao contrário dos reis anteriores de Gana, ele não taxava o sal). Os representantes do rei exportavam o cobre para uma terra não especificada de "negros infiéis", que trocavam ouro por cobre, pagando 66,66 unidades de ouro por 100 unidades de cobre. A explicação de al-Zawawi faz muito mais sentido. Não importam os detalhes precisos, está claro que Mansa Musa chegou a um acordo com os mineiros não muçulmanos, dentro e fora de seu reino, e assim conseguia obter o ouro necessário.

Com a Peste Negra de 1347–48, que reduziu a população da Europa de 75 para 55 milhões, a demanda por ouro caiu. Mas a reputação de Mansa Musa como um dos monarcas mais ricos de seu tempo persistiu. Em 1375, Abraham Cresques, um cartógrafo judeu fixado em Maiorca, escolheu o retrato de Mansa Musa para ilustrar o mapa da África Ocidental. Seu Atlas Catalão era o conjunto de mapas mais atual cobrindo a Afro-Eurásia feito antes das explorações portuguesas no fim dos anos 1400, período em que a demanda europeia por ouro tinha se recuperado.

Os portugueses foram os primeiros europeus a velejar pela costa oeste da África, um esforço liderado pelo Infante Dom Henrique, o Navegador. Os portugueses não precisaram criar um sistema de comércio porque já existia um, completo, com entrepostos, atravessadores, fontes de informações sobre mercados (apesar de mal compreendidas no caso do ouro), logística (cidades e vilas que atendiam às caravanas de camelos) e, claro, produtos, alguns com alta demanda na Europa, outros na África. Na metade de 1400, os portugueses aproveitaram uma rede preexistente de comércio de ouro e escravos. Eles não iniciaram a globalização; ela já existia em pleno vapor.

No início, o Infante Dom Henrique, o Navegador, enviou navios para a costa norte da África, esperando recuperar as cidades mediterrâneas, como Ceuta, de seus governantes islâmicos. Ele não queria que seus marinheiros se afastassem muito do sul, na costa oeste africana porque temia a Zona Tórrida. Descrita por geógrafos da antiga Roma, essa região era supostamente tão quente que ninguém conseguia sobreviver ao cruzá-la.

Mas, quando um navio português passou do Cabo Bojador na atual Mauritânia e voltou ileso em 1334, Dom Henrique percebeu que tal zona não existia. Ele enviou navios ao sul para trazer escravos africanos para Portugal. Em 1444, organizou um elaborado cortejo em Lisboa para exibir os africanos capturados aos seus súditos, e seus navios continuaram a viajar para o sul, seguindo a costa oeste africana, trocando cavalos europeus por escravos. Durante sua vida, Dom Henrique, que faleceu em 1460, foi responsável por levar entre 15 mil e 20 mil escravos da África para Portugal.

Os portugueses localizaram rapidamente as minas de ouro na África Ocidental. O comércio do ouro entrou em uma nova fase em 1482 quando os portugueses estabeleceram um forte de negociação em El Mina, na região oeste da atual Gana, então um grande centro de mineração de ouro. No início dos anos 1500, os portugueses embarcavam 700kg de ouro por ano da África para Lisboa. A produção anual da Europa, na época, era de 4 toneladas e Portugal não tinha minas de ouro. Todo o ouro da Europa podia caber em um bloco com pouco mais de 2m;[2] essa pequena quantidade significava que o ouro era extremamente sucessível a flutuações de preço.

Um negociante português chamado João Rodrigues solucionou o mistério de quem de fato controlava o negócio do ouro africano. Vivendo entre a cidade costeira Arguim e o rio Senegal entre 1493 e

1495, Rodrigues estudou com atenção o negócio do ouro local. Ele identificou as diferentes cidades envolvidas nas caravanas, explicou como o sal viajava para o sul passando pelo Saara até Tombuctu, e observou os barcos carregados com produtos da África do Norte sendo levados por rio de Tombuctu por duas semanas até Jenne (uma cidade maior perto de Jenne-jeno), onde eles encontraram os mercadores que negociavam ouro. "Esses negociantes pertencem a uma raça em particular chamada wangara, que são vermelhos ou morenos. Na verdade, ninguém mais tinha permissão para se aproximar dessas minas, exceto pessoas dessa raça, porque eram vistas como muito dignas de confiança." O nome wangara já era usado há vários séculos e a identidade do grupo aumentou com o tempo. No fim do século XV, eles formavam um tipo de casta mercantil, cujos membros Rodrigues descreveu como tendo pele com tons avermelhados e castanhos.

Identificar os wangaras permitiu a Rodrigues pôr fim ao mito do comércio silencioso. "Dizem que os mercadores que trazem sal não veem os outros, mas fazem pilhas levadas pelos negros que colocam ouro no lugar. Mas não é assim." Rodrigues percebeu que o comércio silencioso era simplesmente um disfarce para proteger o monopólio dos wangaras.

Rodrigues também notou o importante papel dos escravos no comércio do ouro: "Quando os wangaras chegam em Jenne, cada mercador entrega 100 ou 200 escravos negros, ou mais, para carregar sal em suas cabeças de Jenne até as minas de ouro, e de lá eles voltam com o ouro. Eles carregam tudo nas cabeças, e por isso são carecas e descobertos." Os wangaras lucravam com a miséria dos escravos: alguns negociavam até 10 mil onças de ouro em um único ano.

Entre 1450 e 1500 o número total de escravos africanos que foram da África para Portugal foi de 80 mil; entre 1500 e 1600, aumentou rápido para 337 mil. Antes de 1600, o comércio de escravos do Deserto do Saara, do Mar Vermelho e do Oceano Índico era maior do que no Atlântico. Após 1600, o comércio escravagista no Atlântico deslocou o comércio para a África do Norte e Oriente Médio.

Como Rodrigues observou, na época em que os portugueses velejavam pela costa oeste africana, um sistema sofisticado de caminhos cruzava a África e conectava o norte e o oeste africanos com o mundo externo. Ouro e lenços de asbesto viajavam pelo Estreito de Gibraltar e chegavam à Espanha; marfim e ouro para a Itália; marfim e escravos na costa leste africana até Omã, Basra e o resto do mundo islâmico. As rotas comerciais levaram produtos para a África Ocidental também, em particular contas e tecido do Mediterrâneo e do Oceano Índico. O tráfego mais pesado era feito pelas caravanas do comércio triangular, levando contas e tecido do sul pelo Saara, pegando sal no caminho e voltando para os portos mediterrâneos com escravos e ouro.

A existência dessas passagens comerciais sofisticadas lança uma nova luz nas viagens portuguesas pela costa oeste. Os europeus não apresentaram o comércio a reis e mercadores que encontraram nos portos. Eles fizeram o melhor possível para driblar os atravessadores africanos que tinham um papel crucial no próspero negócio de escravos e ouro. Por maior que fosse o número de escravos africanos, os compradores de escravos ainda buscavam escravos na Ásia Central, e o próximo capítulo explicará o motivo.

CAPÍTULO SEIS

A Ásia Central Se Divide em Duas

No mundo do ano 1000, a Ásia Central tinha apenas um recurso que dominava: guerreiros montados mais habilidosos que qualquer um na Europa ou na Ásia. Quando os cavaleiros atacavam em formação, a chuva de flechas era a arma mais destrutiva que existia, algo como aviões de baixa altitude de hoje atirando na infantaria inimiga. Só após o ano 1500 que as armas de fogo, como os canhões, puderam vencer o poder das flechas dos nômades.

Líderes ambiciosos usavam meios diferentes de aproveitar a força desses guerreiros ferozes. Um chefe em ascensão podia constituir um exército com seus próprios homens e recompensá-los com uma parte da pilhagem. Também podia recrutar soldados de outras tribos e criar confederações maiores de várias tribos, assim como formar um exército composto inteiramente de escravos guerreiros comprados. Ele podia fazer uma incursão relâmpago em sociedades agrícolas próximas; China e Índia eram os alvos preferidos. Os líderes mais bem-sucedidos não realizavam tais assaltos, eles recebiam pagamentos regulares a título de taxa de proteção dos governantes sedentários.

Os guerreiros a cavalo cobriam distâncias por terra mais rápido do que qualquer outro meio de transporte da época. Às vezes, emissários individuais podiam percorrer quase 500km em um dia, ao passo que os soldados que participavam de uma campanha militar rápida percorriam uma média de 100km ao dia. Por causa das dificuldades logísticas de movimentar milhares de homens, mesmo a cavalo, o ritmo usual dos grandes exércitos era mais lento, cerca de 24km ao dia, em comparação aos exércitos de outras partes do mundo.

O enorme cinturão de pastagens que se estendia da Hungria até o norte da China servia como um caminho natural por 7 mil km. Sempre que os cavalos precisavam pastar, era só parar e se alimentar antes de prosseguir. Essas mesmas pastagens formavam o coração do que se tornaria o Império Mongol, que após 1200 conquistou e unificou todos os poderes preexistentes da Ásia Central e do leste da Ásia.

Até o ano 1000, os guerreiros da Ásia Central abriram caminhos que se estendiam por toda a Eurásia. Comerciantes usavam essas novas rotas para transportar mercadorias leves e de pequeno volume. Os itens mais cobiçados? Os próprios guerreiros e seus cavalos, movidos por sua própria vontade ou como escravos comprados. Depois vêm os tecidos (perfeitos para pendurar nas paredes da tenda), peles (quentes e ideais como presente para vassalos) e pedras preciosas (leves e fáceis de carregar). Conhecimentos especializados em Ciências, Matemática e Calendário (o mais valorizado de todos) seguiam por essas rotas também, conforme os estudiosos viajavam entre as cortes dos líderes em busca de um bom patrono.

Como sempre, o contexto político influenciava a formação dos caminhos e a circulação de produtos e ideias pela região.

Com os abássidas tendo perdido o controle da Ásia Central, uma série confusa de dinastias islâmicas surgia e caía. A mais importante para nossa história são os samânidas, os gaznévidas, os qarakanidas e os seljúcidas. Essas dinastias muçulmanas difíceis de pronunciar (e lembrar) apresentaram o Islamismo aos moradores do Afeganistão na Ásia Central, atual Uzbequistão, ao norte da Índia e ao noroeste da China, uma parte do globo realmente grande que ainda permanece sendo muçulmana e por isso merece nossa atenção.

A globalização do ano 1000 fez com que as maiores religiões do mundo se expandissem para novas áreas. O Cristianismo foi para o leste e o norte da Europa precisamente no mesmo momento em que o Islamismo foi para o oeste da África e a Ásia Central.

Conforme o Islamismo se difundia, os governantes locais enfrentavam as mesmas escolhas sobre religião que seus equivalentes em outros lugares: Qual religião universal atendia melhor seus interesses e poderia trazer os aliados mais poderosos? Alguns chefes de tribos optaram

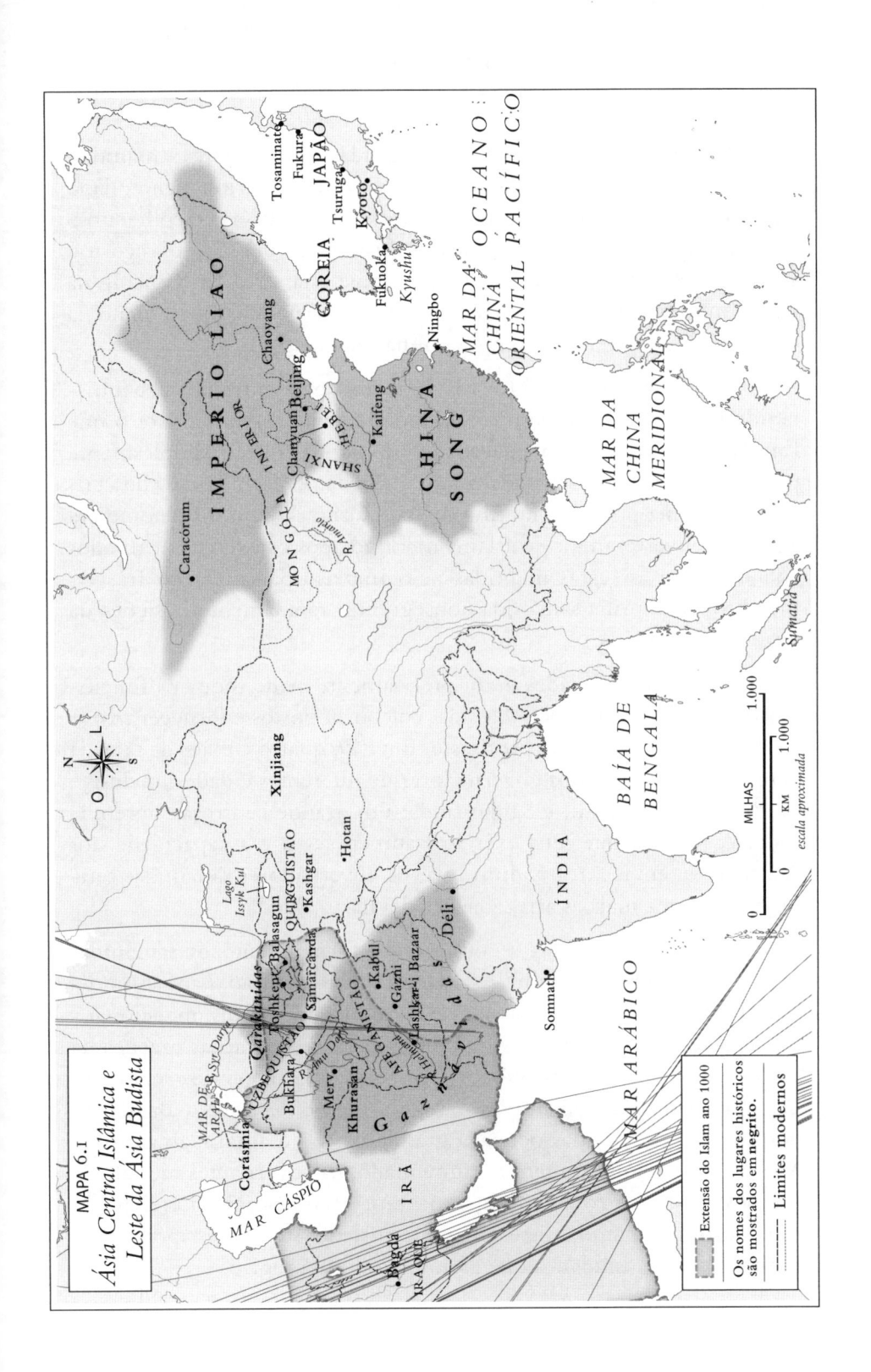

MAPA 6.1
Ásia Central Islâmica e
Leste da Ásia Budista

Extensão do Islam ano 1000

Os nomes dos lugares históricos
são mostrados em **negrito**.

------- Limites modernos

escala aproximada

MILHAS
0   1.000

KM
0   1.000

IMPERIO LIAO

MONGOLIA INTERIOR

Caracórum

Chaoyang

Chanyuan Beijing

HEBEI

SHANXI

Kaifeng

CHINA
SONG

Ningbo

MAR DA
CHINA
ORIENTAL

OCEANO
PACÍFICO

COREIA

JAPÃO

Tosaminato
Fukura
Tsuruga
Kyoto

Fukuoka
Kyushu

MAR DA
CHINA
MERIDIONAL

Sumatra

Xinjiang

Hotan

Kashgar

Lago
Issyk Kul

Balasagun
Toshkent
QUIRGUISTÃO

Samarcanda

QARAKANIDES

Kabul

Lashkar-i Bazaar

Ghazni

AFEGANISTÃO

Déli

G a z n á v i d a s

BAÍA DE
BENGALA

ÍNDIA

Somnath

MAR ARÁBICO

R. Amu Dar'ya

Merv

Bukhara

Khurasan

UZBEQUISTÃO

Corásmia

MAR DE
ARAL

R. Syr Dar'ya

MAR CÁSPIO

Bagdá
IRAQUE

IRÃ

pelo Islamismo, a religião dos califas abássidas e governantes samânidas, cujas capitais ficam próximas de Bagdá e Bucara. Curiosamente, dado o apelo do Islamismo para os povos tribais, alguns líderes escolheram o Budismo. Resultado? A linha entre as duas coligações religiosas cortou ao meio a Ásia Central, perto de onde hoje está a região Xinjiang na China moderna. As tensões contínuas e o governo não muçulmano da China têm muita relação com essa linha imaginária.

Os primeiros governantes islâmicos independentes no Uzbequistão de hoje romperam com os abássidas fazendo precisamente o que Ibn Tulun, o ambicioso governador do Egito, fizera: simplesmente pararam de enviar a arrecadação para Bagdá. Os samânidas, descendentes de uma poderosa família da Ásia Central, cujo sobrenome era Saman, converteram-se ao Islamismo logo após os exércitos califados conquistarem as terras mantidas pelo Império Sassânida do Irã. Os membros da família samânida conseguiram rapidamente posições na burocracia abássida.

Suas responsabilidades eram precisamente as de todos os funcionários dentro do Império Abássida: coletar impostos e fornecer tropas sempre que o governante precisasse. Em 819, quatro irmãos da família Saman foram nomeados governadores de diferentes cidades, inclusive de Bucara, sua capital, e Samarcanda, um grande centro de aprendizado. À medida que seus exércitos aumentavam e a capacidade dos abássidas de enviar tropas diminuía, os governadores samânidas retinham cada vez mais as arrecadações devidas a Bagdá.

Em 875, os abássidas reconheceram formalmente os samânidas como seus representantes na Ásia Central. Os samânidas apoiavam da boca para fora os califas abássidas e de modos incomuns: mencionando seus nomes como líderes da comunidade islâmica nas orações da sexta-feira e enviando relatórios e presentes em intervalos regulares, mas nunca recolhendo impostos regularmente de novo a Bagdá. O domínio dos samânidas ocupava grande parte do atual Uzbequistão. Mesmo após o império ter se fragmentado, os governantes muçulmanos posteriores na Ásia Central aspiravam a reunificação do território sob domínio samânida. Esses diferentes Estados sucessores apoiavam o Islamismo, uma mudança que afetou a todos na região.

Os samânidas controlavam as rotas que ligavam os campos aos Impérios Abássida e Fatímida, onde estavam Bagdá, Cairo e outros grandes mercados de escravos, e com isso conseguiram aumentar a arrecadação vendendo prisioneiros de guerra como escravos. Considere um único exemplo: em uma campanha, um príncipe samânida derrotou algumas tribos turcas que viviam na região da Corásmia entre os mares Aral e Cáspio. Capturando uns 2 mil prisioneiros, ele os vendeu com um belo lucro de 600 mil moedas de prata. Multiplique isso várias vezes e terá uma ideia da magnitude do comércio de escravos da Ásia Central e dos rendimentos consideráveis auferidos.

Ao lado da Europa Oriental e da África, a Ásia Central era a terceira maior fonte de escravos entrando no mundo islâmico. A venda de escravos na Ásia central causou uma grande migração forçada no mundo do ano 1000.

Assim que perceberam que soldados escravos habilidosos tinham um preço mais alto que os escravos inexperientes, os samânidas organizaram uma escola de treinamento para escravos militares. Os lucros com o comércio de escravos tornaram os samânidas tão ricos que eles continuaram a cunhar moedas de prata com um alto grau de pureza até a escassez de prata em todo o continente cortar seus suprimentos do metal um pouco depois do ano 1000.

Na época do domínio samânida, o persa se tornou o segundo idioma mais importante no mundo islâmico. Escrito em 982, um grande trabalho geográfico intitulado *The Limits of the World* [Os Limites do Mundo, em tradução livre] sintetizava várias tradições geográficas sobre as terras de muçulmanos e não muçulmanos. Sua composição em persa, e não em árabe, demonstrava a crescente popularidade da língua na Ásia Central, em comparação com a área em torno de Bagdá, na qual o árabe continuava sendo o principal idioma.

Em sua capital, Bucara, os samânidas davam apoio financeiro a alguns dos estudiosos islâmicos mais brilhantes de todos os tempos, inclusive al-Biruni, que estudou os movimentos dos corpos celestes, a existência de continentes no lado oposto da Terra em relação à Eurásia, e a forja com aço de Damasco. Versado em persa e árabe, em geral ele escrevia em árabe, a língua da ciência durante sua vida. Ele era um dos cientistas muçulmanos mais completos da história; até uma estação de metrô em Tashkent, Uzbequistão, leva seu nome.

Viajando entre as cortes na situação política de rápida mudança nos anos 990, al-Biruni reuniu material para um estudo abrangente dos calendários em diferentes sociedades. Após dois anos em Bucara, ele partiu para sua região de origem, Corásmia, na costa sul do Mar de Aral para continuar sua pesquisa. Al-Biruni combinou um estudo textual rigoroso (na era pré-impressão ele coletou o máximo de manuscritos que conseguiu) com entrevistas com especialistas. Sem nenhum preconceito contra religiões não muçulmanas, ele declara quando considera a informação imprecisa e se recusa a escrever sobre assuntos desconhecidos, como o calendário usado por cristãos sírios na Índia, porque não poderia entrevistar ninguém com conhecimento suficiente sobre o tema.

No ano 1000, quando tinha apenas 27 anos, ele finalizou um livro pioneiro e sofisticado sobre vários calendários em uso entre os muçulmanos e seus vizinhos, inclusive judeus, cristãos e zoroastras, assim como pessoas do passado distante, como egípcios e romanos. Duas lacunas importantes na cobertura foram China e Índia, países que o fascinaram e sobre os quais aprendeu apenas mais tarde em sua vida, após novos caminhos serem abertos para o sul e o leste da Ásia.

Na era dos iPhones, muitos de nós simplesmente aceitamos os movimentos da Lua, planetas e Sol, isso se forem notados. Mas as pessoas que viviam antigamente tinham que saber quando esperar o início da primavera para que pudessem dosar o consumo de seus mantimentos e decidir quando plantar sementes. Todas as sociedades passavam por esse desafio, muito mais dificultado porque os movimentos da Lua, dos planetas e do Sol não eram os mesmos todos os anos.

No parágrafo de abertura de seu livro, *The Chronology of Ancient Nations* [Cronologia das Antigas Nações, em tradução livre], al-Biruni explica que uma noite e o dia que a segue formam uma unidade (o dia solar), porque para os muçulmanos cada novo mês começa no pôr do sol (os judeus também definem o dia como iniciando no pôr do sol). Sua narrativa é densa, mas metódica; ele define os termos com muito cuidado.

A duração do dia não era o problema que mais preocupava: calcular a duração exata do ano era mais importante e mais difícil. Hoje, sabemos que o ano solar tem em torno de 365,24219 dias de duração e os calendários tiveram que levar em conta esse ¼ extra ou atrasariam. Se isso acontecesse, seria impossível calcular corretamente a época do plantio. Os calendários modernos lidam com a fração restante do dia adicionando um dia extra a cada quatro anos. Como o calendário muçulmano era inteiramente lunar, o ano religioso começava em um mês diferente todo ano; assim, esse povo usava um calendário solar para determinar quando plantar e coletar os impostos sobre produtos agrícolas. Os judeus adicionavam 7 meses no curso de cada 19 anos para que seu calendário solar acompanhasse o lunar. Al-Biruni se alegra em explicar tais pontos porque sente muito prazer em analisar grandes quantidades de material discrepante em línguas variadas. Ele também gosta dos cálculos matemáticos complexos necessários para prever o movimento do Sol, da Lua e dos planetas.

Al-Biruni viveu no início do que hoje é chamado de período do Internacionalismo Sunita, um termo inventado pelo falecido estudioso da Universidade de Chicago Marshall G. S. Hodgson. Embora não unificado politicamente após a dissolução do Império Abássida, o Oriente Médio ainda está unificado quanto à cultura. Com início nos anos 1000, acadêmicos estudando em árabe ou persa podiam viajar por novos caminhos para estudar com professores praticamente em qualquer lugar no mundo islâmico, o que, por sua vez, levou a um segundo desenvolvimento: o surgimento de um novo tipo de escola, chamada madraça.

As madraças se diferenciavam das primeiras escolas porque recebiam doações e, portanto, podiam oferecer aos alunos um lugar para morar, não apenas estudar. A maioria dos alunos que estudavam leis tinha um único professor por longos períodos, em geral de quatro anos, seguidos de um estágio, e seu objetivo era conseguir licença para que pudessem instruir outros na lei e escrever pareceres jurídicos. Como conseguir viver onde estudava fazia muito sentido para esses alunos, as madraças ficaram bem populares entre eles. Estabelecidas, as madraças se tornaram tão comuns que no Cairo, em uma única rua, 73 madraças diferentes ofereciam instruções nas quatro escolas de leis maiores dos sunitas.

As mulheres não podiam ficar nas madraças (não havia salas separadas para alunas), mas algumas, sobretudo das famílias eruditas importantes, faziam seus estudos e conseguiam um alto nível de desempenho acadêmico. Trinta e sete livros biográficos listando acadêmicos e intérpretes de destaque do Alcorão preservam os nomes de centenas de estudiosas. Vinte e três por cento dos acadêmicos listados em uma compilação escrita em 1201 eram mulheres. Muitas conseguiram proeminência acadêmica tão considerável, que homens, incluindo os que não eram seus parentes, viajavam com elas para estudar. Como as informações sobre professores e alunos seguiam os mesmos caminhos dos produtos comerciais, até as pessoas que ficavam em casa eram expostas a novos pensamentos e produtos.

Estudiosos e alunos circulavam livremente entre os países islâmicos, caso os conflitos permitissem. Quando al-Biruni tomou a decisão de sair de Bucara em 998, não foi por motivos acadêmicos, mas para escapar da turbulência. Os escravos militares dos governantes samânidas ficaram mais e mais agitados. Durante o século X, os samânidas acharam cada vez mais difícil recrutar os filhos das famílias proprietárias de terras para posições no governo e no exército, então preencheram as vagas comprando escravos turcos.

O risco de delegar o controle para soldados escravos ficou claro de imediato. Em 914, tropas turcas assassinaram o governante samânida e em 943, forçaram seu sucessor a abdicar. Desse ponto em diante, o governante samânida era uma ficção; os escravos militares manipulavam os membros da família samânida como meras marionetes, assim como ocorreu com os califas abássidas nas mãos dos buídas após 945.

Em 961, quando duas facções de escravos militares não chegaram a um acordo sobre um novo governante, um comandante do exército, um ex-escravo chamado Alptegin, deixou o território samânida. Ele levou seus exércitos para um posto avançado na cidade de Gázna (agora Gázni), Afeganistão. Teoricamente subordinado à dinastia samânida, mas de fato totalmente independente, Alptegin criou um novo poder, financiado por ataques em Déli e no norte da Índia. Depois que Alptegin morreu, em 963, seus soldados escolheram vários homens, alguns de procedência escrava, outros não, que governaram por breves períodos de tempo. Em 998, escolheram Mamude, filho de um escravo militar, como seu líder. Com 27 anos, ele se tornou o líder de um dos poderes mais importantes na Ásia Central, os gaznévidas, que apoiaram o Islamismo no Afeganistão, uma região budista nos primeiros séculos.

Mamude declarava ser defensor dos califas abássidas aprisionados, que embora cativos continuavam como líderes espirituais do mundo muçulmano. O califa chamou Mamude de governador de Coração, a região no ponto sudeste do Mar Cáspio. Em 999, o califa concedeu dois títulos a Mamude: "mão direita da dinastia" e "apoiador fidedigno da fé". Ele também recebeu uma veste, que era um presente muito pessoal porque as roupas retinham o cheiro de quem presenteava.

Mamude foi o primeiro governante de antecedência escrava militar a receber aprovação do califa. Seus contemporâneos começaram a se referir a ele como sultão, "a autoridade", um título que sugere o quanto ele era poderoso. Após a fundação da dinastia Gaznévida, Mamude ficou no poder por 32 anos, até sua morte em 1030, com 59 anos.

Até esse momento, os fundadores de todas as dinastias islâmicas eram falantes nativos de árabe ou persa, mas Mamude, nativo da Ásia Central, falava turco como língua materna. Mesmo assim, como governante, Mamude encorajava o uso do persa, que contribuiu para seu aumento como língua de aprendizado, atrás do árabe (o fundador da dinastia seljúcida, ativo nessa época no Iraque e na Anatólia, também falava turco e encorajava o uso do persa). A dinastia de Mamude teve importância porque foi o primeiro império islâmico a governar o Irã, Afeganistão, Paquistão e norte da Índia.

Os gaznévidas e os seljúcidas recrutavam guerreiros gazi ou "lutadores voluntários da fé". Tais guerreiros faziam parte de vários exércitos, portanto, podiam participar de campanhas contra os não muçulmanos. A luta deles tinha uma finalidade religiosa, ou seja, derrotar o infiel, mas também lutavam por sua parte na pilhagem.

A essência do grande exército de Mamude era uma cavalaria de 4 mil homens, todos escravos militares originalmente comprados, mas às vezes o exército tinha mais 50 mil homens. Na curta distância do norte da África a partir de sua base no Afeganistão, Mamude ordenou que seus exércitos atacassem no inverno, quando o clima não era tão quente.

O principal objetivo dos gaznévidas eram as barras de metais preciosos guardadas nos palácios e nos templos hindus. Mamude usava lutadores muçulmanos para saquear templos hindus, o que era permitido porque os hindus não se qualificavam como *dhimmi*, ou pessoas protegidas. O status dos hindus como infiéis significava que qualquer muçulmano que destruísse os santuários hindus estava realizando uma tarefa religiosa, uma crença que reuniu as forças de Mamude e contribuiu para a disseminação do Islamismo por toda a Ásia Central.

Mamude também desenvolveu soluções inteligentes para quando a lei islâmica impunha obstáculos a seus ataques. Como os muçulmanos não tinham permissão para matar nem escravizar outros muçulmanos, às vezes Mamude alistava cativos hindus para seu aparato bélico, de modo que podiam saquear cidades com populações muçulmanas. As famílias dos soldados hindus viviam em um distrito de Gázni. Quando era adequado às suas finalidades, ele formava alianças com vários reis hindus diferentes ao norte da Índia, exatamente como o rei Mansa Musa de Mali conseguia ouro com os não muçulmanos.

Sob domínio de Mamude, o Afeganistão se tornou muçulmano, mas não o norte da Índia, porque lá a conversão não foi encorajada (essa região se tornou predominantemente muçulmana apenas nos anos 1200 sob domínio de uma dinastia posterior). O método preferido dele para captação de receita era a invasão.

Seu ataque mais famoso? A pilhagem de 1025–1026 do santuário de Shiva em Somnath, um importante porto na costa noroeste da Índia. Como até mesmo uma pesquisa superficial no Google indicará, está entre os saques mais controversos de um templo hindu já feito pelos muçulmanos. Al-Biruni incluiu uma descrição detalhada da campanha de Mamude em Somnath em sua grande obra, *On India* [Na Índia, em tradução livre], um estudo que representou os esforços de al-Biruni para explicar todas as complexidades da religião e da sociedade indianas para um público não indiano.

Tais estudos também faziam parte da globalização: surgiram livros explicando costumes de outras pessoas para os leitores. *On India* oferecia um estudo muito maior e mais profundo da Índia que qualquer documento sobre rotas e reinos.

Mamude, com uns cinquenta e poucos anos, entrou no templo em Somnath, e destruiu a principal imagem de Shiva, que tinha a forma de um linga ou falo, para quem os sacerdotes hindus faziam rituais de oferendas. Incorporando o poder reprodutivo dos humanos, linga representava todas as forças criativas do Universo. Como relata al-Biruni, Mamude "ordenou que a parte superior fosse quebrada e o resto, transportado para sua casa, Gázni, com todas as suas capas e enfeites de ouro, joias e vestes bordadas". Mamude enterrou a outra parte do linga danificado na frente da mesquita de Gázni, onde os muçulmanos mostravam seu desdém limpando os pés nele. Talvez Mamude tenha tido soldados hindus em seu exército e tenha formado alianças com governantes hindus, mas ele entendia que atacar não muçulmanos era um modo eficiente de motivar seus guerreiros.

Ele usou os proventos de Somnath e outros ataques para pagar seu exército e construir uma nova capital em Lashkar-i Bazaar, localizada no Rio Helmand, uns 600km a sudoeste de Cabul. Ele também construiu novas mesquitas em Gázni.

O próximo alvo de Mamude foi um poder muçulmano ao norte: a confederação nômade, os qarakanidas, que não usava escravos comprados. Pelo contrário, os líderes qarakanidas recrutavam soldados usando o método consagrado de atacar tribos vizinhas e convidar os seguidores do líder derrotado a se juntar à confederação.

Por volta do ano 950, o líder qarakanida Satuq Bughra Khan se convertera ao Islamismo após um encontro com um jurista muçulmano. Esse encontro iniciou a islamização da região Xinjiang na área noroeste da atual China. Os qarakanidas tinham dois líderes: o cã ocidental, situado em Samarcanda, era subordinado ao cã oriental, baseado em Balasagun, no moderno Quirguistão e Kashgar no lado ocidental da China. Em 999, os qarakanidas orientais conquistaram a capital samânida de Bucara.

O ano 999 marca o fim oficial da dinastia Samânida e o início de uma disputa de 20 anos entre gaznévidas e qarakanidas para obter o controle das antigas terras dos samânidas. Os gaznévidas intensificaram o domínio do Islamismo no Afeganistão, enquanto os qarakanidas levaram o Islamismo para o oeste de Xinjiang.

Em algum momento antes de 1006, os qarakanidas conquistaram Hotan, um oásis budista 500km a sudeste de Kashgar. Um poeta importante estabelecido em Kashgar escreveu mais tarde sobre a queda da cidade oásis do ponto de vista das forças invasoras [em tradução livre]:

Descemos sobre eles como uma torrente,
Saímos por entre as cidades,
Derrubamos seus templos com ídolos,
Chutamos a cabeça do Buda!

O poema dá voz ao desejo de pilhagem dos qarakanidas, legitimado como um ataque justo contra os infiéis budistas.

Com a intenção de expandir seus impérios e ter controle de todo o antigo território samânida, os qarakanidas e os gaznévidas geralmente lutavam entre si. Para aumentar ainda mais a instabilidade, os príncipes qarakanidas continuavam a disputar o poder, mesmo após um novo líder ser escolhido. Mamude interferia diretamente nas disputas de sucessão dos qarakanidas, apoiando um candidato até ele ficar muito forte, e então apoiando abruptamente um rival.

Outro reino vizinho que atraiu a atenção de Mamude foi a Corásmia, que fica ao sul do Mar de Aral e faz fronteira com o território dos qarakanidas e dos gaznévidas. Corásmia ficava no extremo leste de onde os rus vieram; Inguar, o Viajado, morreu lá. Também era onde nasceu al-Biruni. O governante de Corásmia conseguiu independência por 15 anos completos, mas em 1017 Mamude arquitetou um motim com os exércitos locais. Quando as tropas atearam fogo no palácio, o governante morreu entre as chamas, e Mamude conquistou a cidade.

Al-Biruni se mudou para Gázni nessa época, assim como o poeta persa Firdawsi, que em 1010 concluiu o trabalho literário mais importantes já escrito em persa, o *Shahnameh* ou Livro dos Reis. Era uma história dos antigos reis do Irã até o ano 651, quando os exércitos do califa derrotaram o último imperador sassânida. Ele retrata uma longa luta de séculos entre as forças da civilização no Irã e seus inimigos nômades em Turan, as terras além do Irã.

Dos muitos heróis cujos feitos o livro reconta, o mais famoso foi Rostam, um homem forte com um cavalo de raro talento, Rakhsh, capaz de suportar o peso de Rostam e matar leões e dragões. Lutas físicas frequentes entre Rostam e seus oponentes garantem o progresso da narrativa. Um dos momentos mais intensos ocorre quando Rostam mata um menino que ele tinha criado porque não o reconheceu.

Firdawsi escolheu escrever sobre os antigos inimigos dos governantes do Irã, em vez de Mamude e seus contemporâneos. E mais, o livro se desenrola no cenário do ano 1000, com os impérios chinês e bizantino sendo os protagonistas. Embora aconteça em um passado distante, o livro apresenta um modelo de monarquia que Firdawsi acreditava ser aplicável no presente. Os reis (e às vezes as rainhas) precisavam de uma grande destreza física e precisavam governar com justiça também.

Firdawsi pediu apoio financeiro a Mamude, mas nunca obteve nada, e no fim de sua vida escreveu uma sátira bem crítica de Mamude. Outros estudiosos em Corásmia, inclusive o médico especialista e filósofo Avicena, escolheram não ir ao palácio de Mamude. Ao contrário, foram para a região oeste, para as cortes de diferentes governantes iranianos, mostrando que ainda podiam circular por vários países do mundo islâmico não mais unificado.

Em 1019–1020, os qarakanidas e os gaznévidas pararam de lutar quando Mamude confirmou seu apoio a um ambicioso líder qarakanidas chamado Kadir Khan Yusuf, que em 1024 se tornou o governante indiscutível dos qarakanidas. Como um sinal de seus laços estreitos, Mamude casou sua filha com o filho de Kadir Khan em 1025.

Em guerra desde 999, os dois poderes islâmicos principais na Ásia Central finalmente estavam em paz. Em consequência, as trocas entre os diferentes poderes islâmicos nas planícies orientais se intensificaram. Conforme estudiosos, livros e mercadorias circulavam por novos caminhos, o conhecimento das línguas árabe e persa se disseminou e a prática do Islamismo se intensificou.

Os qarakanidas responderam à nova era de paz levando o novo poder para o leste, para o povo kitan, que governava uma faixa de terra eurasiana, cruzando as atuais províncias chinesas do norte: Liaoning, Mongólia Interior, Hebei e Shanxi. Kadir Khan pediu que os kitans enviassem uma princesa para casar com seu filho.

Alegando ser descendente de governante turcos da dinastia wei do norte (386–536), a família real kitan apoiava o Budismo. Sempre que pessoas não chinesas derrotavam os chineses em batalha e assumiam parte do império, elas tinham que escolher qual religião chinesa apoiar: Confucionismo, Taoísmo ou Budismo. Do contrário, os súditos chineses não aceitavam o domínio. Poucas dinastias vitoriosas escolheram o Confucionismo ou o Taoísmo com suas tradições textuais intimidantes.

O Budismo, um sistema de crenças originário da Índia e popularizado na China, agradava os governantes estrangeiros por seus ensinamentos sobre monarcas ideais, chamados governantes chakravartin. Eles não precisavam viver em monastérios ou fazer votos de abstinência sexual como os monges. Continuando a governar no mundo secular, eles contribuíam com terras, dinheiro e outros presentes para os budistas, e assim cumpriam o ideal chakravartin tradicional. Governando de acordo com os dogmas budistas e encorajando seus súditos a seguirem essa religião, eles ampliavam a virtude budista.

Um líder kitan chamado Abaoji unificara diferentes tribos que viviam nas planícies asiáticas ao norte, no início dos anos 900. Ele foi muito habilidoso em aproveitar a riqueza dos poderes no sul, atacando as regiões fronteiriças ou capturando artesãos chineses e forçando-os a ir para o norte. Conforme construía seu império, Abaoji se beneficiava dos desenvolvimentos políticos na dinastia Tang vizinha, que passou por tudo, mas não caiu em 907 quando o imperador foi colocado em prisão domiciliar por um poderoso comandante regional, e teve um fim formal em 907, quando o último imperador jovem foi assassinado. Posicionando-se conscientemente como sucessor de Tang, Abaoji retroagiu o início de seu reino para 907 (ele realmente começou alguns anos mais tarde). Sua dinastia se tornou o poder nômade mais importante nas planícies do leste da Ásia Central, mas, diferentemente dos qarakanidas muçulmanos e dos gaznévidas, os kitans eram budistas.

As tribos na confederação kitan tinham muito em comum com as outras tribos turcas, como os qarakanidas e os gaznévidas, e os historiadores usam a palavra "tanistry" para seu sistema de governo. O princípio básico da tanistry era governar pelo membro mais qualificado da família principal. Isso parece democrático, mas na prática não era bem assim. O governante estabelecia suas qualificações para comandar derrotando todos os rivais, inclusive irmãos, filhos, tios ou sobrinhos. Assim que a batalha terminava, todos os sobreviventes homens e algumas mulheres poderosas se encontravam para ratificar o vencedor como o novo líder.

Abaoji, um produto desse sistema, resistiu a ele. Em particular, ele se opunha a ter que buscar aprovação de todos os líderes da tribo a cada três anos, como era o costume kitan. Em 916, fundou uma dinastia no estilo chinês, mais tarde chamada de Liao, e se autonomeou imperador. Pondo fim aos encontros trienais, declarou que não poderia ser substituído.

Os kitans, que somavam mais de um milhão, eram uma minúscula fração das pessoas que viviam em seu reino. Sua dinastia reinava sobre uma grande população chinesa que incluía diferentes etnias, como os uigures. Esses diferentes grupos se reuniram na sociedade Liao, cujos membros falavam kitan, chinês e outras línguas, e combinaram suas respectivas práticas culturais.

Abaoji deu-se conta de como seus súditos nômades eram diferentes em comparação com os agricultores. Em uma inovação extraordinária, ele criou uma forma de governo chamada dupla administração, estabelecendo um governo voltado para o norte, para as tribos nômades, e outro para o sul, para os súditos sedentários. O governo do sul era composto por funcionários que mantinham registros em chinês e trabalhavam em cargos públicos. O governo do norte incluía um grande séquito multilíngue que viajava com o imperador onde ele fosse. Determinado que sua língua kitan nativa deveria ser escrita, Abaoji pediu a criação de dois textos. Indiretamente relacionado ao idioma mongol, a língua kitan só foi parcialmente decifrada porque alguns documentos sobreviveram e não há equivalentes à Pedra de Roseta.

Os descendentes de Abaoji, os imperadores da dinastia Liao, estavam sempre circulando com seus nobres, conforme migravam de um acampamento imperial para outro em busca de boa caça. Em 938, a atual cidade de Pequim se tornou uma das cinco capitais das quais o império era administrado; os kitans foram os primeiros a nomear Pequim como capital (sucessivas dinastias posteriores mantiveram a cidade como sua capital, e é como se tornou a capital da China hoje).

Abaoji formou seu império após as antigas propriedades da dinastia Tang terem se fragmentado, mas após 960, quando a dinastia Song foi fundada, seus sucessores enfrentaram um desafiante poderoso ao sul. As dinastias Song e Liao travaram várias grandes guerras. Em 1004, as forças Liao invadiram a região sul de Pequim em um ataque relâmpago poderoso, ainda mais rápido porque eles não montavam um cerco nas cidades pelo caminho, só continuavam avançando em direção a Kaifeng, a capital Song. Após menos de um ano de luta, quando os exércitos kitans se aproximaram da cidade de Chanyuan no Rio Amarelo, apenas a 160km de Kaifeng, os chineses propuseram paz.

Os imperadores Song e Liao assinaram o Tratado de Chanyuan em 1005. Os Song concordaram em enviar pagamentos anuais ao norte: 200 mil rolos de seda e 100 mil onças chinesas de prata, consistindo em 2 mil lingotes pesando cerca de 1,9kg cada um.

Salvando sua pele, os funcionários song que elaboraram o acordo não admitiram que os pagamentos aos kitans eram um "imposto", que eles, mais fracos, pagavam ao domínio Liao mais forte. Em vez disso, eles chamaram os pagamentos de "ajuda militar". O Tratado de Chanyuan estabelecia um sistema adequado aos dois lados, tanto que durou por mais de um século. A quantidade de prata e seda era alta, mas, com certeza, os chineses podiam pagar: era igual à receita anual do governo central de apenas uma ou duas cidades. Os pagamentos contínuos dos song asseguravam que Liao tivesse uma fonte de rendimentos fixa — eles não precisavam realizar ataques para obter. Os liao tinham descoberto o modo mais eficiente de as tribos das estepes terem arrecadação dos poderes ricos sedentários, mais eficiente até do que os ataques contínuos de Mamude ao norte da Índia.

Quando Liao e Song assinaram o Tratado de Chanyuan, criaram uma fronteira muito vigiada, que limitou o comércio com certas cidades mercantis, fazendo os song se reorientarem para o sul no sudeste asiático, que se tornou seu principal parceiro comercial de além-mar.

A maioria dos poderes regionais, inclusive os governantes goryeos da Coreia e os monarcas heian do Japão, mantinha relações com Song e Liao. Reconhecendo a superioridade militar dos liao, muitas vezes eles tinham de lidar com os kitans, mas respeitavam as conquistas literárias dos song e continuavam a importar livros e outros produtos da China.

A Ásia Central Se Divide em Duas

Os territórios coreano, japonês e liao formavam um bloco budista no norte da Ásia, comparável ao bloco islâmico a oeste da Ásia Central. No norte asiático, quase todos eram budistas, ao passo que, no oeste da Ásia, eram muçulmanos. O uso de diferentes línguas diferenciava os dois blocos: o islâmico falava árabe e persa, enquanto o budista usava caracteres chineses. Especialistas se consultavam sobre inúmeros tópicos, eruditos estudavam nos países vizinhos e livros circulavam nessa região, mas não fora dos blocos.

O Japão não mantinha relações comerciais oficiais com a Dinastia Song da China, mas mercadores viajavam com frequência entre o porto chinês de Ningbo e o porto de Fukuoka (na época chamado Hakata) na ilha Kyushu, o único porto no Japão no qual a presença de mercadores estrangeiros era permitida. Próximo dali, cerca de uma hora de trem atualmente, ficava um departamento do governo local responsável pelas relações na fronteira que decidia quais visitantes em Fukuoka podiam entrar ou não no Japão.

O porto de Fukuoka dava acesso a produtos, livros e notícias da dinastia Song na China, e também era um canal para mercadorias e informações do reino Liao. Os responsáveis pelas histórias das dinastias de Liao e Song (assim como muitos outros historiadores) registraram inúmeras trocas de presentes entre os governantes, mas ninguém sabia quais eram exatamente esses itens até os anos 1980 e 1990, quando um fluxo de descobertas arqueológicas de tirar o fôlego surgiu na região central da dinastia Liao.

A tumba da princesa de Chen, neta de um imperador Liao que morreu e foi enterrado em 1018, tem uma riqueza incomum porque nunca foi saqueada. O conteúdo confirma a grande variedade de itens luxuosos que a família real kitan consumia, muitos dos quais enviados de terras bem distantes. Vasos de vidro e potes de bronze vieram da Síria, Egito e Irã, ao passo que pequenos itens em quartzo, muito parecidos com vidro, mas esculpidos com muito cuidado para que não quebrassem, tinham origem em Sumatra e na Índia. Muito provavelmente esses itens foram presenteados à família real Liao, trazidos por enviados que participaram dos funerais dos governantes e seus parentes.

Mais macio e fácil de trabalhar que a ágata e o quartzo, o âmbar era claramente o material favorito dos kitans. Esse povo trazia blocos de âmbar para seu território, onde artesãos (em geral chineses) os transformavam em objetos.

A maior quantidade de itens na tumba da princesa era feita de âmbar: contas, pingentes, recipientes em forma de animais, cabos de facas e amuletos do tamanho da mão. Além de seu fascínio, o âmbar desprendia uma leve fragrância de pinho quando em contato com a pele. Um observador árabe, um geógrafo chamado al-Marwazi, explicou que os chineses, para ele um termo que incluía os súditos das dinastias Liao e Song, preferiam o âmbar do "mar esloveno" ao âmbar local porque tinha uma coloração mais clara. Um teste arqueológico, especificamente a espectroscopia infravermelha, mostrou que al-Marwazi estava certo. Alguns pedaços de âmbar vinham da região báltica ao norte da Europa (o "mar esloveno" de al-Marwazi), 6.500km distante da corte Liao. A rota do âmbar era uma das mais longas por terra no mundo do ano 1000.

O conteúdo da tumba da princesa de Chen mostra claramente a prosperidade de Liao após a assinatura do Tratado de Chanyuan com a dinastia Song em 1005. Quando entraram em paz, eles partiram para outras campanhas. Em 1010, os imperadores kitans iniciaram uma invasão na península coreana, onde lutaram sem êxito até 1020. Isso provocou uma parada temporária no comércio, mas assim que a guerra terminou, ele foi retomado e os imperadores liao receberam bem a abertura dos governantes para o oeste. Foi precisamente por isso que, em 1021, aceitaram o pedido do governante qarakanidas, Kadir Khan, para se casar com a princesa liao.

Três anos depois, a dinastia Liao fez seu próprio convite aos gaznévidas. O imperador da dinastia Liao, Shengzong, que governou por quase 50 anos, de 982 a 1031, mandou um mensageiro para Gázni com uma carta propondo que ele e Mamude estabelecessem relações diplomáticas. O nome do mensageiro era Qalitunka e foi descoberto em um relato detalhado escrito pelo geógrafo al-Marwazi.

Qalitunka viajou com um segundo mensageiro, que era de Uigures, outra potência da Ásia Central. A viagem de 4 mil km foi árdua. Os dois mensageiros levaram três anos para cobrir a distância do território Liao até o reino Gaznévida, que sob circunstâncias normais, deveria levar apenas seis meses. Atravessando os blocos budista e islâmico, a missão diplomática abriu um novo caminho pelas planícies que ligavam as duas regiões distantes do norte da China e do Afeganistão.

Quando chegaram na corte de Mamude em Gázni, em 1026, eles encontraram pessoas diferentes, inclusive o brilhante estudioso al-Biruni. Eles falaram sobre o marfim de morsa (a palavra do material em árabe era *khutu*, um empréstimo raro da língua kitan). Os enviados contaram a al-Biruni sobre a principal característica da presa de morsa, responsável por sua popularidade nos territórios Song e Liao: quando colocada perto de um veneno, ela supostamente transpirava, ou liberava líquido, um aviso visível de perigo. Al-Biruni também conheceu o chá, que ficou popular no mundo islâmico séculos depois.

Al-Marwazi providencia a tradução árabe das cartas dos governantes uigur e liao, e descreve a recepção dos enviados na corte de Mamude. É provável que as cartas tenham sido escritas originalmente em turco ou na língua uigur, idiomas muito próximos dos usados na Ásia Central. O relato lúcido de Al-Marwazi analisa apenas um conjunto de cartas e seu conteúdo é bem convincente.

O imperador liao, Shengzong, inicia a carta contando a Mamude que conhece "sua excelência em bravura e coragem, sua notoriedade em força e majestade, sua supremacia sobre os emires pelo medo", uma referência direta mostrando que as notícias das conquistas gaznévidas tinham chegado à corte kitan.

O mensageiro Qalitunka levou vários presentes caros para Mamude, alguns do território kitan, outros vindos de lugares diferentes. Provavelmente 21 túnicas foram feitas com seda paga pelos song, conforme o Tratado de Chanyuan.

O mensageiro liao também presenteou almíscar, um remédio raro, caro e com aroma forte, que era colhido das glândulas do cervo almiscarado que vivia nas planícies tibetanas. Na frente de seu órgão sexual, o macho tem uma pequena glândula com cerca de 4cm, que esguicha uma secreção perfumada. Com o cervo morto, da glândula seca é possível obter uma substância que fabricantes de perfumes e incensos usam para fazer combinações mais perfumadas e duradouras. Essa capacidade de intensificar a fragrância tornou o almíscar extremamente valioso, assim como o âmbar cinza das baleias.

Com certeza umas 200 peles de zibelina e 1 mil peles cinza de esquilo vieram de territórios controlados pelos kitans. Os produtos do imperador Liao representam os presentes típicos trocados pelos governantes dos blocos islâmicos e budistas: peles, tecidos e aromas.

Por último veio o presente do imperador liao expressando seu desejo de se aliar a Mamude: um arco com dez flechas. O enviado uigur ofereceu a Mamude apenas um escravo e uma flecha "como símbolo", explicando de modo não convincente que a estrada era muito perigosa para carregar presentes de valor.

Em um próximo passo para estabelecer uma relação, o imperador liao pediu que os gaznévidas enviassem um mensageiro "escolhido entre homens de grande julgamento, inteligência e coragem". A finalidade de enviar tal emissário? "Para que possamos informá-lo como é nossa situação e comunicar como é a situação dele, estabelecendo o costume de doações mútuas, na amizade com ele." Essa breve afirmação explica por que os governantes no mundo inteiro no ano 1000 enviavam representantes entre as cortes: eles queriam informações sobre os vizinhos e mercadorias raras.

Mamude era diferente. Ele recusou a oferta do imperador liao diretamente: "Paz e trégua existem apenas para terminar a guerra e batalhas. Mas não há religião que nos reúna e através da qual nos conectemos. A distância e a área entre nós que precisa ser percorrida nos dão segurança em relação à traição causada por terceiros. Não preciso de relações próximas com você até que aceite o Islamismo. Adeus."

Sua resposta franca e seca demonstra que os governantes sabiam sobre as conversões ocorridas no ano 1000 e que eles, não apenas os historiadores modernos, dividiram o mundo em blocos religiosos. Mamude recusou o imperador Shengzong porque não era muçulmano e vivia muito distante. Mamude concebia um mundo no qual seus aliados muçulmanos estavam de um lado e o restante, inclusive o imperador budista liao, do outro.

A reação de Mamude à abertura do imperador liao ocorreu no exato momento em que grandes colisões de duas culturas diferentes ocorreram nos caminhos recém-abertos, um momento que nossas fontes geralmente não levam em conta. Isso aconteceu em outro lugar: pense nas Cruzadas, o conflito de um século entre muçulmanos e cristãos para ter o controle da Terra Santa.

Como uma união tribal turca, a cultura kitan tinha muito em comum com os gaznévidas e os qarakanidas, e é possível esperar que eles tenham se convertido ao Islamismo. Mas os governantes liao mantiveram sua longa tradição de apoiar o Budismo, mesmo após a recusa de Mamude de se aliar a eles.

Um modo de os governantes liao demonstrarem suas crenças era construindo pagodas. Os seguidores de Buda colocavam ofertas em recipientes, depositados em lugares fechados no topo ou na base das pagodas. Em geral, tinham fragmentos de ossos cremados ou pedaços de vidro ou pedra; acreditavam-se ser relíquias de Buda.

Um dos depósitos mais ricos foi encontrado em uma câmara oculta no topo da Pagoda do Norte, construída pela família imperial liao em 1043 na cidade de Chaoyang, província de Liaoning. Uma caixa de pedra datando de 19 de maio de 1043, no calendário liao, tinha estas inscrições: "Faltando sete anos do Dharma Semblance [Darma Semelhança, em tradução livre] seguido da entrada no Final Dharma [Darma Final, em tradução livre]." São termos budistas de eras específicas. Essa inscrição levanta problemas complexos de calendário: quando iniciou precisamente o Darma Final? Foi quando os budistas acreditaram que o mundo terminaria.

A resposta dependia do início da contagem. O calendário que a família real liao usava começava com a morte de Buda em 949 a.C., que marcava o fim da era do True Dharma [Darma Verdadeiro, em tradução livre], quando os seguidores de Buda entenderam completamente seus ensinamentos. Após 1.000 anos, em 51 d.C., essa primeira era idealizada deu lugar a uma época em que as pessoas tinham acesso apenas à versão diluída desses ensinamentos, o Dharma Semblance, que terminaria no ano 1051. Em 1052, quando o Final Dharma começaria, tudo seria destruído.

Como os budistas se preparariam melhor para o fim do mundo?

Eles acreditavam que deveriam oferecer ao Buda do Futuro qualquer coisa que ele precisasse para reiniciar o Budismo depois do apocalipse. Era por isso que colocavam ofertas diferentes em um repositório no topo da Pagoda Norte, em Chaoyang.

O conteúdo da pagoda, que encheu um museu inteiro, confirma o amplo contato comercial que a família imperial liao mantinha com povos distantes. O objeto mais marcante é uma câmara de joias com 1m de altura, feita amarrando milhares de pedras preciosas e semipreciosas, inclusive pérolas, coral, jade, quartzo, ágata, vidro e o âmbar favorito dos kitans. Diversos fornecedores internacionais vieram de cada canto da Afro-Eurásia.

A família dos governantes liao forneceu textos budistas para a recuperação do apocalipse em um monastério budista diferente, localizado no distrito de Fangshan, a sudoeste de Pequim. Lá, eles financiaram o entalhe de uma grande biblioteca de textos budistas em milhares de placas de pedra, que funcionavam como blocos impressos. Os tipógrafos podiam pintar os blocos, colocar folhas de papel sobre eles e fazer impressões dos textos. Essas placas foram colocadas em um grande depósito subterrâneo que turistas podem visitar atualmente.

Os budistas discordavam sobre a data exata do fim do mundo. Ninguém na dinastia Song da China esperava que o apocalipse acontecesse em 1052 (eles achavam que viria 5 séculos antes), mas os japoneses temiam o ano 1052 tanto quanto os budistas liao. Vários presságios aterrorizaram os japoneses. Entre 995 e 1030, a capital Kioto sofreu várias epidemias, inclusive de varíola, sarampo e gripe, e em 1006, uma supernova causou enorme consternação.

Com certeza parecia que o mundo estava no fim e os japoneses, como a família imperial liao, achavam que seria em 1052. A crença comum quanto a essa mesma data mostra que japoneses e budistas liao tinham fortes laços, uma descoberta que derruba a visão predominante de que Japão e o reino Liao tinham um contato mínimo.

É certo que as histórias oficiais registram bem poucas missões de tributos entre os dois países. Embora Fukuoka fosse o único porto japonês com permissão para receber produtos estrangeiros, vários portos não oficiais na costa oeste do Japão, como Tsuruga, Fukura e Tosaminato, viram um tráfego considerável com a dinastia Liao nos anos 990, inclusive a importação de asas de águia e peles, como o historiador de arte em Yale, Mimi Yiengpruksawan, demonstrou de forma convincente.

Nessa época, o verdadeiro poder no Japão estava nas mãos de regentes do clã Fujiwara, que governava em nome de imperadores ainda crianças. Sempre que o imperador chegava à idade adulta, podia abdicar em favor de uma criança, permitindo que os regentes continuassem no poder. O regente chamado Fujiwara no Michinaga ficou no poder, por trás do trono, de 996 a 1017, quando seu filho Fujiwara no Yorimichi assumiu e governou até 1058.

Como a família imperial liao, os regentes japoneses também enterravam objetos prevendo uma destruição iminente do mundo. Em 1007, o regente Fujiwara no Michinaga enterrou 15 textos budistas em uma montanha fora de Nara. Centenas de túmulos contêm vários objetos, alguns feitos no Japão, outros na dinastia Song da China e também no território liao, todos indicando a existência de uma zona de comércio não oficial entre países budistas no norte da Ásia.

Livros também seguiam pelos mesmos caminhos. Quando Fujiwara no Yorimichi ouviu falar de um texto budista circulando no território liao que ele queria ler (isso foi antes de se tornar regente), pediu a um monge que vivia na capital song de Kaifeng para encontrar uma cópia para ele. Embora o Tratado de Chanyuan proibisse a exportação de livros chineses, não era eficaz, e o monge conseguiu enviar o livro de Kaifeng para o porto japonês de Fukuoka.

Conforme o apocalipse se aproximava, os japoneses procuravam com ainda mais obstinação informações precisas no calendário. Os governantes valorizavam as ciências do calendário porque o conhecimento dos céus podia ajudá-los a manter um controle político. Eles acreditavam que eventos anormais, como um eclipse surpresa que ninguém tinha previsto, sinalizava o desagrado das forças que controlavam o cosmos e o fim iminente do mundo requeria uma observação ainda mais atenta que o normal.

Em 1040, quando dois astrônomos na corte imperial em Kioto discordaram sobre a hora de um eclipse próximo, o regente Yorimichi tentou evitar a disputa verificando o calendário chinês mais atualizado. Ele enviou representantes para o Reino Goryeo na Coreia, um grande centro de impressão, para localizar uma cópia. A crença no fim do mundo em 1052 era compartilhada por vários poderes no bloco budista (dinastia Song da China, reino Liao, Japão e Coreia) e livros percorriam os caminhos que os ligavam. Especialistas em calendários da Coreia conferiam com os colegas no Japão e no reino Liao, assim como al-Biruni consultou especialistas afins no bloco islâmico.

Quando 1052 finalmente chegou, o regente Yorimichi transformou uma moradia que possuía no subúrbio Uji de Kioto em um templo budista, mais tarde chamado de Salão Fênix (Byodoin em japonês), devido a sua semelhança com um pássaro de asas abertas. O templo Byodoin concluído é tão icônico na cultura japonesa que está cunhado na moeda de dez ienes. Todavia, esse salão mostra vários sinais da influência liao. Em um grande salão interno sem colunas segurando o telhado, os projetistas colocaram uma grande estátua de Buda, decorando-a com vários espelhos e uma incomum ornamentação de metal.

Para surpresa de todos, o ano 1052 chegou e acabou sem nenhuma grande catástrofe. Alguns acreditavam que a era do Final Dharma tinha se iniciado em paz, mas outras pessoas não tinham certeza. Após alguns anos, tudo se acalmou de novo. Ninguém propôs uma nova data para o Final Dharma e a vida seguiu como antes.

Entre 1000 e 1200, ocorreram mudanças desconcertantes na dinastia. O filho de Mamude o sucedeu em 1030, quando ele faleceu com 59 anos, mas os seljúcidas derrotaram os gaznévidas em 1040. Os jurchen, um dos povos da dinastia Liao, derrubaram-nos em 1125 e, nos anos 1140, assinaram um tratado que obrigava os song a pagamentos ainda mais altos que os estimulados no Tratado de Chanyuan em 1005. Mesmo assim, esses eventos não mexeram com os limites entre os blocos budista e islâmico.

Curiosamente, apesar de toda a luta entre as diferentes divisões da família real, os qarakanidas ficaram no poder até 1211 quando, como outros poderes na Ásia Central, renderam-se a um oponente quase invencível, Chinggis Khan (é seu nome mongol; Gengis Khan é a tradução persa). Gengis formou um maior e mais poderoso exército de povos da estepe que qualquer confederação anterior. Cada soldado tinha várias montarias, capaz de diferentes movimentos (como ficar parado o bastante para o cavaleiro descer e pegar algo no chão) e complexas manobras de cavalaria que permitiam aos guerreiros mais jovens montar à frente dos exércitos. Gengis aprendeu muito com os povos conquistados, inclusive uma divisão dos kitans que sobreviveu, a oeste de Xinjiang. Ele não comprava soldados escravos. Ao contrário, dava uma fatia maior da pilhagem para os que lutavam mais.

Gengis adicionou um importante ingrediente ao modelo existente na Ásia Central: o terror. Sempre que as forças mongóis chegavam a um novo lugar, era dada ao governante a chance de se render, aceitar a soberania do cã mongol e enviar pagamentos regulares e elevados para seu representante. Os mongóis indicavam um governador para supervisionar a região, e o antigo governante poderia permanecer no posto desde que concordasse com esses termos. Embora os mongóis continuassem a cultuar seu próprio panteão (o deus do céu, Tengri, era particularmente importante para eles), não impunham suas crenças aos súditos muçulmanos e budistas.

O resultado era muito diferente quando um governante *não* se rendia. Os mongóis cumpriam suas ameaças de aniquilação. Em certa ocasião, eles formaram, do lado de fora dos muros da cidade conquistada, um grande monte com os crânios dos habitantes assassinados; em outra, apenas cortaram as orelhas dos vencidos. O objetivo era sempre o mesmo: persuadir todos no caminho a se render, em vez de lutar. Assim que uma cidade caía, os mongóis dividiam os moradores em grupos diferentes. Tecelões e metalúrgicos habilidosos eram enviados para a capital. Os exércitos mongóis absorviam as pessoas com qualquer especialização útil, como engenheiros militares que podiam lançar artefatos de pólvora que explodiam ao entrar em contato com o alvo (uma inovação chinesa) ou usavam uma catapulta para lançar pedras gigantes pelo ar para destruir os alvos.

Quando um missionário franciscano da Bélgica chamado Guilherme de Rubruck visitou a capital em Caracórum, na atual

Mongólia, ele encontrou prisioneiros de guerra europeus — inclusive de países bem longe de lá, como a França. O homem era um artista habilidoso que fabricava fontes elaboradas. Cativos que eram artesãos podiam casar, formar famílias e viver com conforto, mas não podiam voltar para casa. A circulação de tantas pessoas pelas planícies resultou em trocas de informações sem precedentes: astrônomos iranianos e chineses se consultavam, e um historiador iraniano escreveu uma história do mundo que cobria o mundo islâmico e a China com muitos detalhes. Outro resultado das novas conexões foi a rápida propagação da Peste Negra, ou peste bubônica, que teve origem na região oeste da Ásia Central e se espalhou até o Oriente Médio e a Europa.

Os mongóis formaram o maior império continental da história. Ele se estendia das planícies eurasianas, desde a atual Hungria até a China. Os vários setores do império prometiam lealdade ao grande cã e eles tinham que fornecer cavalos para os membros do serviço postal e os mensageiros de outras terras.

O império mongol se manteve unido durante a vida de Gengis e seu filho que o sucedeu. Incomum para o líder de uma tribo, Gengis conseguiu nomear seu sucessor; dois anos após sua morte, seus guerreiros aclamaram seu terceiro filho como o sucessor em uma grande reunião, parecida com aquelas entre os kitans que Abaoji aboliu. Mas, quando esse filho morreu e os netos de Gengis tiveram que escolher o próximo líder, eles não lutaram para saber qual irmão governaria um império unificado. Ao contrário, dividiram o reino em quatro quadrantes: Irã, Vale do Volga e partes da Sibéria, Ásia Central, China e Mongólia.

Embora Gengis e seus descendentes diretos não tivessem se convertido ao Islamismo nem ao Budismo, os governantes dos vários quadrantes finalmente o fizeram. Por volta de 1330, os governantes dos três quadrantes ocidentais tinham adotado o Islamismo, enquanto apenas o quadrante oriental, que consistia na China e na Mongólia, permaneceu Budista. Lá, os mongóis fundaram uma dinastia no estilo chinês, cujos imperadores eram particularmente atraídos pelos ensinamentos de mestres budistas tibetanos.

O último governante mongol da Ásia Central foi Tamerlane (Timur, o Coxo) que tomou o poder dos guerreiros da estepe para unificar os três quadrantes muçulmanos do Império Mongol. Descrevendo-se como um governante tradicional como Gengis (ele se casou com uma descendente de Gengis para reforçar sua duvidosa afirmação), ele também se identificava explicitamente como muçulmano. No entanto, quando morreu em 1405 na tentava invadir a China, o ideal de um império terrestre criado por guerreiros da estepe morreu com ele. Outros governantes contemporâneos também tinham esperanças de construir grandes impérios, mas focaram o mar, não a terra, e usaram barcos em vez de cavaleiros, como veremos no próximo capítulo.

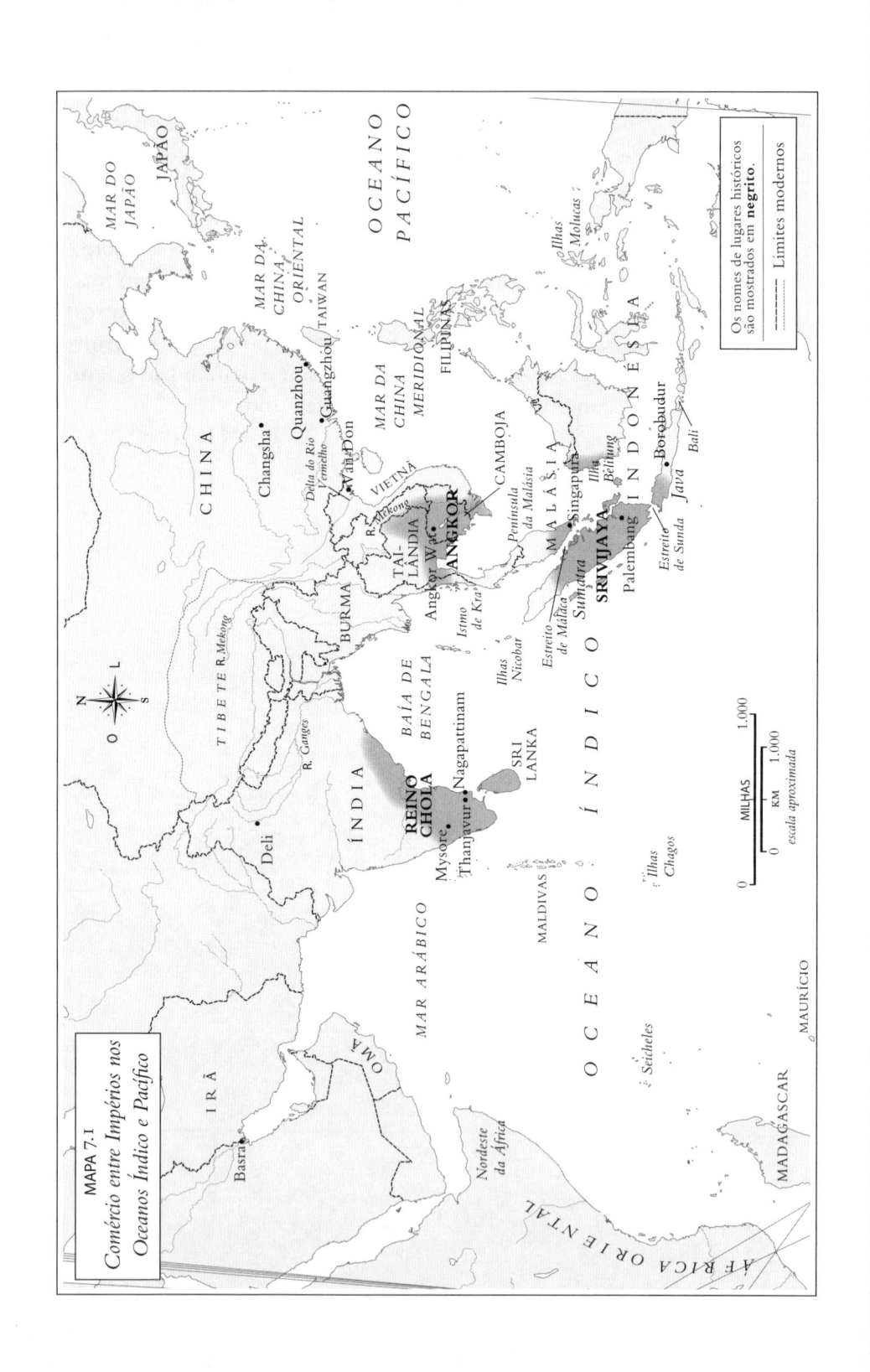

MAPA 7.1
Comércio entre Impérios nos Oceanos Índico e Pacífico

CAPÍTULO SETE

Viagens Incríveis

Cartógrafos dividem as águas entre África e Japão em mares diferentes: Mar Árabe, Oceano Índico, Baía de Bengala, Mar da China Meridional, Mar da China Oriental e Oceano Pacífico. Na verdade, eles formavam um curso de água contínuo, pelo qual os marinheiros navegavam contornando a costa.

As primeiras viagens aproveitavam os ventos das monções para explorar e transportar produtos da Península Arábica para a Índia e, mais tarde, China. Os ventos determinam a melhor época para viajar no Oceano Índico. No inverno, o território eurasiano esfria, mandando ar seco para os oceanos, e no verão, quando a Eurásia esquenta, cria um vácuo que puxa o ar carregado de água dos oceanos, causando chuvas muito fortes, essenciais para a agricultura. Por volta do ano 200 a.C., os navegadores na Baía de Bengala entendiam os ritmos anuais das monções, assim como usavam os ventos para navegar entre a Índia e o sudeste da Ásia; por volta do ano 1000 d.C., certamente eles viajavam em mar aberto.

Os principais itens comercializados na região eram madeira perfumada, plantas e especiarias cultivadas no local, tudo que se qualificava como "aromático", um termo genérico e conveniente para esses diferentes produtos. As Ilhas das Especiarias, ou Molucas na atual Indonésia, são justamente famosas por serem o lar de várias especiarias, inclusive cravos-da-índia e noz-moscada. Em um mundo onde poucas pessoas tomavam banho e a maioria das refeições era simples, esses aromas tinham um grande apelo. Na região, metais como ouro, estanho e prata também eram negociados, e tecidos de algodão eram muitíssimo populares por serem adequados ao clima.

O comércio escravocrata de longa distância no Oceano Índico não era tão grande quando no mundo islâmico, provavelmente porque a maioria das sociedades conseguia suprir escravos e outros tipos de trabalhadores no local. E mais, as sociedades no Oceano Índico não encorajavam a libertação dos escravos, como ocorria nas sociedades contemporâneas no mundo islâmico. Desse modo, não havia necessidade de reabastecer suas populações escravas.

As viagens europeias por esses oceanos por volta do ano 1500 não foram o primeiro capítulo da globalização na região. Mil anos antes os navegadores locais já utilizavam regularmente as rotas marítimas "descobertas" posteriormente por Gama e Fernão de Magalhães. Nem os marinheiros europeus introduziram o comércio de longa distância, que estava bem estabelecido na época da chegada deles. O que os europeus queriam fazer, e finalmente conseguiram, foi eliminar o atravessador e evitar pagar impostos aos governantes. Na África, os europeus conseguiram acesso direito às fontes de ouro e escravos, e nas Ilhas Molucas eles descobriram como comprar especiarias, madeiras e outros itens aromáticos dispensando o intermediário.

As viagens mais incríveis por volta do ano 1000 ocorreram entre a Península da Malásia e Madagascar na costa leste da África, uns 6.500km distante (só um pouco menos que os 7 mil km da primeira viagem de Colombo). Embora Madagascar esteja a apenas uns 400km da costa leste da África, a língua das ilhas, malgaxe, tem relação com as línguas malaias e não com a família bantu (como era de se esperar) dos idiomas predominantes na África e na costa leste africana.

O malgaxe acabou por ficar no mesmo grupo de línguas do malaio, polinésio, havaiano e línguas nativas de Taiwan. Esses idiomas malaio-polinésios têm muito em comum: a palavra havaiana para "proibido" é *kabu*, ao passo que os taitianos pronunciam a mesma palavra como "tabu" (a origem de "tabu" em português). As pessoas que se fixaram no Pacífico entre 1000 a.C. e 1300 d.C. falavam línguas dessa família, como as pessoas que foram para Madagascar.

Então ficou claro para os linguistas que os habitantes que falavam malaio-polinésio chegaram em Madagascar antes de qualquer pessoa do leste da África. Do mesmo modo, testes de DNA na população moderna de Madagascar mostraram que eles têm ancestrais do sudeste asiático e africanos.

Apenas recentemente arqueólogos estabeleceram a data de quando os falantes do malaio vieram para Madagascar. Eles analisaram 2.433 sementes carbonizadas de 18 sítios arqueológicos localizados na ilha de Madagascar e no território leste africano, que datavam entre 650 e 1200. Os sítios costeiros do leste africano continham sementes de sorgo, milheto e painço, feijão-fradinho e baobá, todas culturas africanas típicas, ao passo que as sementes encontradas em Madagascar, como arroz, feijão-da-china e algodão, eram originárias do sudeste asiático. Alguns sítios de Madagascar tinham apenas vestígios de sementes de arroz, indicando a presença de prováveis habitantes asiáticos com uma dieta baseada nesse cereal. Os viajantes também trouxeram animais. Os gatos chegaram nos anos 500 e 600, as galinhas vieram no final dos anos 700, e bois, ovelhas e cabras nos anos 800. Os assentamentos malaios em Madagascar se fixaram por volta do ano 1000.

Como ninguém encontrou vestígios de barcos no Oceano Índico, os arqueólogos não sabem qual embarcação os primeiros navegadores usaram para chegar em Madagascar. Os primeiros registros escritos sobre seus equivalentes polinésios que cruzaram os mares datam do fim dos anos 1700, quando o capitão James Cook chegou ao Havaí e à Polinésia.

Na época de Cook, os nativos dos mares do sul viajavam centenas de milhas no Pacífico. Suas embarcações? Duas canoas amarradas com uma única vela. Os moradores das ilhas usavam uma corda de fibra de coco para amarrar as canoas em uma estrutura de madeira, na qual colocavam uma carga pesada. No Taiti, Cook encontrou um navegador local chamado Tupaia que se autodenominava *arioi*, uma palavra para sacerdote, e tinha profundo conhecimento da geografia local. Cook desenhou um mapa de 130 destinos diferentes para onde Tupaia sabia velejar; o mais distante era a Nova Zelândia.

Os arqueólogos não têm certeza se os polinésios usavam canoas duplas por volta do ano 1000 d.C. A maioria das pessoas supõe que os antigos viajantes que falavam malaio-polinésio usavam embarcações parecidas quando iam para Madagascar ou se afastavam muito da costa no Pacífico, mas o estudioso mais importante dos antigos barcos do sudeste asiático no mundo, o arqueólogo francês Pierre-Yves Manguin, contestou essa visão. Ele acredita que esse povo usava canoas duplas no Pacífico, mas barcos do sudeste asiático no Oceano Índico. Ele se concentra no que é conhecido sobre os barcos feitos no sudeste da Ásia. Lá, os construtores de barcos cortavam tábuas de árvores, entalhavam saliências no interior delas, faziam furos nessas saliências e amarravam as tábuas com cordas. Isso é chamado de técnica "amarra e puxa".

Manguin entende que os navegadores que saíam da Península da Malásia rumo a Madagascar usavam embarcações cujas tábuas eram unidas assim. Com vários mastros e velas, esses barcos foram recuperados arqueologicamente nas águas do Mar da China Meridional e do sudeste asiático. O barco naufragado Phanom Surin, o maior desse tipo encontrado até o momento, tinha 35m de comprimento.

Atualmente não temos como saber se esses primeiros navegadores usavam canoas duplas ou barcos maiores com múltiplas velas. Temos certeza que os navegadores polinésios se aventuraram na região leste do Pacífico na mesma época em que os malaios foram para Madagascar. Iniciando na Micronésia, os polinésios aos poucos se espalharam, chegando a Fiji, Samoa, Havaí, Ilha de Páscoa (Rapa Nui) e Nova Zelândia, o último lugar no planeta a ser ocupado por seres humanos, por volta do ano 1300 d.C. Os colonizadores deixaram para trás fragmentos de cerâmica típica, o que possibilitou refazer sua rota, apesar da controvérsia ainda em torno da data exata em que cada ilha foi povoada.

Sempre há dois lados: os proponentes de uma longa cronologia que vê a colonização de certo lugar como ocorrendo mais cedo e os que são a favor de uma cronologia menor, acreditando em uma ocupação mais recente. Por exemplo, os primeiros determinam a fixação na Nova Zelândia no ano 1000 d.C., ao passo que os últimos sugerem o ano 1300 d.C. A disparidade entre essas cronologias pode ser de até 1 mil anos. Um estudo de 2011 em mais de 1.434 datações de carbono em 45 ilhas diferentes concluiu que as datas da cronologia menor são mais precisas porque contam com materiais como sementes, pequenos galhos e folhas, que duram no máximo algumas décadas, em oposição ao carvão vegetal, que pode perdurar por centenas de anos e, portanto, muitas vezes fornece datas iniciais enganosas.

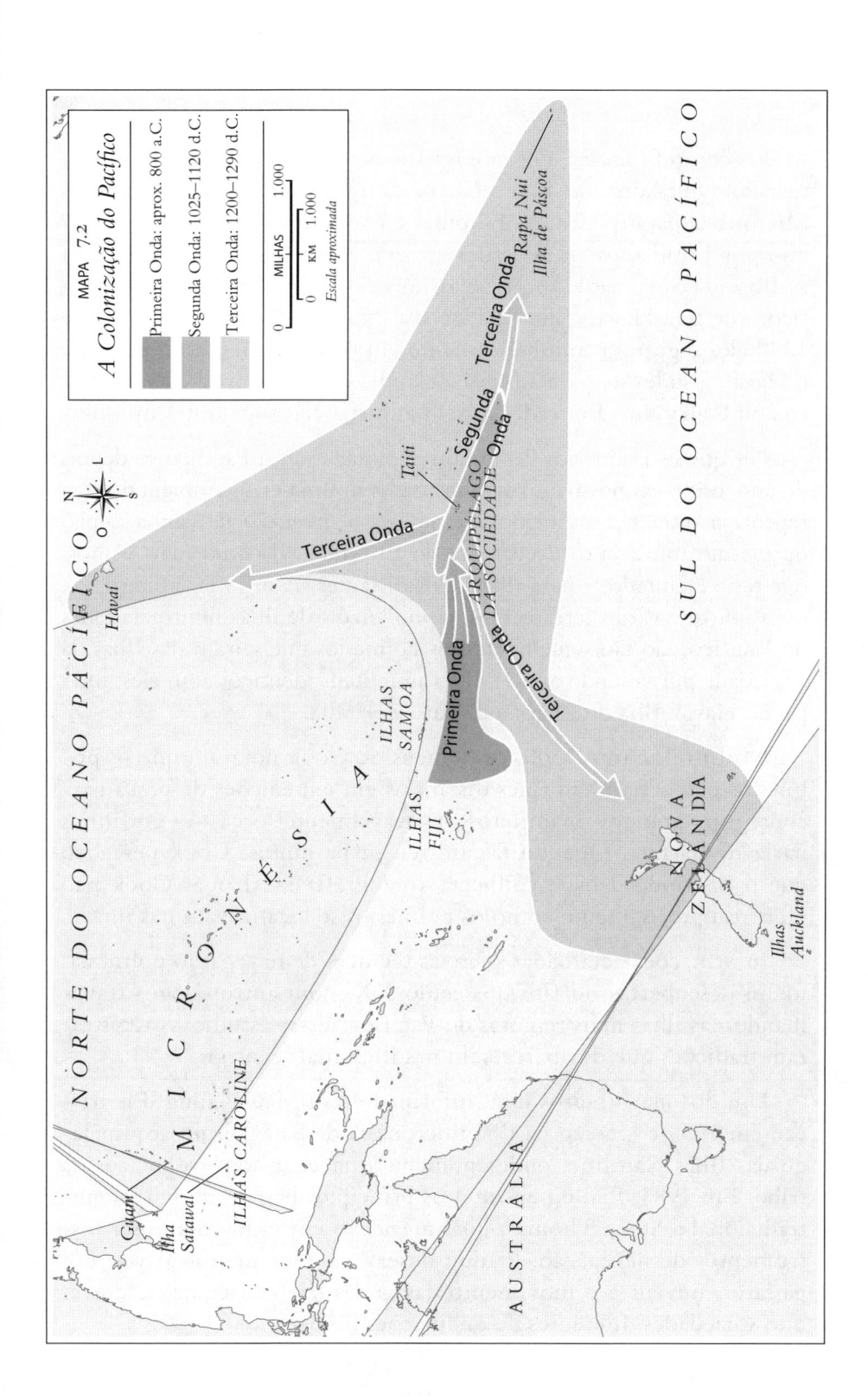

MAPA 7.2
A Colonização do Pacífico

Primeira Onda: aprox. 800 a.C.
Segunda Onda: 1025–1120 d.C.
Terceira Onda: 1200–1290 d.C.

MILHAS 1.000
0
KM 1.000
0
Escala aproximada

NORTE DO OCEANO PÁCÍFICO

SUL DO OCEANO PACÍFICO

MICRONÉSIA

Guam
Ilha Satawal
ILHAS CAROLINE

ILHAS FIJI

ILHAS SAMOA

Primeira Onda

Terceira Onda

Haváí

Taiti

Segunda

Terceira Onda

ARQUIPÉLAGO DA SOCIEDADE
Onda

Terceira Onda

Rapa Nui
Ilha de Páscoa

Terceira Onda

AUSTRÁLIA

NOVA ZELÂNDIA

Ilhas Auckland

Eis como funciona a cronologia mais recente, preferida por muitos. Por volta do ano 800 a.C., os antigos polinésios partiram da Micronésia para o leste das Filipinas e chegaram em Samoa. Lá ficaram por 1.800 anos antes de navegarem, entre 1025–1120 d.C., para as Ilhas da Sociedade, localizadas no centro do Triângulo do Pacífico, que liga Havaí, Ilha de Páscoa e Nova Zelândia. Entre 1190 e 1290 eles seguiram simultaneamente em três direções: ao norte para o Havaí, à sudoeste para a Nova Zelândia e à leste para a Ilha de Páscoa ou Rapa Nui. Em cada viagem as distâncias superam 4 mil km.

Por que os polinésios decidiram explorar todo o Pacífico só depois do ano 1000? As possíveis respostas incluem uma crise ambiental, uma repentina mudança na tecnologia (talvez a invenção da canoa dupla) ou mesmo um evento decorrente do El Niño, tal como mais ventos, que teria facilitado ir para ilhas mais distantes. A nova cronologia explica por que várias ferramentas, como anzóis de ilhas muito afastadas do Pacífico, são tão semelhantes: os polinésios que saíram das Ilhas da Sociedade por volta do ano 1190 levaram itens idênticos com eles, indo para o Havaí, Ilha de Páscoa ou Nova Zelândia.

No fim dos anos 1700, os homens de Cook notaram que os polinésios percorriam enormes distâncias em expedições de pesca para conseguir grandes mamíferos, provavelmente orcas e golfinhos nariz-de-garrafa. Quando faziam seu mapa juntos, Cook percebeu que o instruído Tupaia conhecia a geografia local, mas Cook não registrou precisamente como os polinésios se localizavam nas ilhas.

Informações detalhadas sobre as técnicas de navegação polinésias foram descobertas no fim do século XX, com antropólogos trabalhando nas ilhas mais remotas do Pacífico. Esses estudiosos registraram tradições que desapareceram nas ilhas mais centrais.

Um dos marinheiros mais informados era Mau Piailug. Ele nasceu em 1930 e cresceu na ilha micronésia de Satawal, no arquipélago das Ilhas Caroline, onde aprendeu a navegar com os anciãos da tribo. Em 1983, Piailug ensinou os princípios básicos de seu sistema tradicional a Steve Thomas, um americano em visita. Sem usar instrumentos de navegação, Piailug observava com atenção o voo dos pássaros, nuvens e o movimento das ondas (ele conseguia descrever oito variedades diferentes de ondulações no oceano).

Piailug iniciou suas lições desenhando um círculo no chão para representar o horizonte à noite e usando pedras para indicar onde 15 estrelas diferentes surgiam e desapareciam. Tendo memorizado as sequências de estrelas nas viagens que fez para as Ilhas Caroline, Filipinas e Guam, Piailug também conseguia recitar a ordem das estrelas para as viagens que ele nunca tinha feito para as Américas do Norte e Sul, Taiti, Samoa e Japão. Ele conhecia os cursos de mais de 150 estrelas e como a localização delas no círculo mudava em cada estação. Piailug ganhou fama internacional em 1976 quando navegou com sucesso 4.200km, do Havaí ao Taiti, em uma canoa dupla reconstruída em comemoração ao bicentenário dos EUA. Foi a primeira vez que fez a viagem e não usou nenhum instrumento de navegação.

Contudo, tempestades constantes podem fazer com que até marinheiros experientes como Piailug saiam do curso. Em 2003, com 71 anos, ele iniciou uma viagem de 400km entre duas ilhas. Quando um tufão o atingiu e ele não chegou a seu destino após duas semanas, sua família contatou a Guarda Costeira, que finalmente o localizou. Ele explicou que, apesar do atraso devido ao tufão, ele sabia exatamente onde estava. Recusando ajuda, retomou a navegação pelo sistema tradicional e chegou em casa com segurança.

As informações de Piailug sobre a navegação tradicional explicam como os navegadores podem ter saído da Península da Malásia e chegado a Madagascar. Se eles perdessem de vista certa estrela ao amanhecer e ao anoitecer, poderiam seguir a latitude de mais ou menos 6° ao sul do Equador. Iniciando no Estreito de Sunda (entre Sumatra e Java) e navegando a oeste até o Arquipélago de Chagos, era uma linha reta cruzar o resto do Oceano Índico até as Seicheles, que ficam ao norte de Madagascar. Os marinheiros viajavam em canoas duplas com vela ou, se Pierre-Yves Manguin comprovar estar certo, em grandes embarcações de madeira com diversas velas.

Essas viagens resultaram na colonização de muitas ilhas remotas pelo Pacífico e em Madagascar. Sabemos que os barcos malaio-polinésios levavam homens e mulheres, assim como ratos, porcos e cães, pois seres humanos e animais se reproduziram e povoaram várias ilhas por eles habitadas. Os colonizadores trouxeram plantas, como batata-doce, fruta-pão (uma fruta sem semente com uma textura de pão assado) e inhame dos Açores (uma raiz comestível que deve ser triturada antes de comer), e seu impacto nas ilhas antes desocupadas onde aportaram foi repentino e duradouro.

As pessoas que ficaram no sudeste asiático também viajaram por mar, e com suas viagens entraram em contato com todas as grandes civilizações à sua volta, principalmente a Índia. Até hoje a influência da Índia no sudeste asiático é clara na arquitetura e na vida religiosa nas ilhas da Indonésia e nos países continentais, inclusive Camboja, Tailândia e Vietnã.

Se pudéssemos voltar no tempo, observaríamos nativos usando tecidos de algodão da Índia e comendo alimentos inspirados na cozinha indiana. A evidência da primeira penetração da cultura indiana no sudeste da Ásia ganha forma nas inscrições em sânscrito e tâmil, e nas imagens de pedra do Buda datando entre 300 e 600 d.C. Quando missionários do norte da Índia chegaram ao sudeste da Ásia, encontraram grupos que adoravam espíritos que, acreditavam, viviam nas montanhas, cavernas, árvores, pedras e outros elementos da paisagem. E mais, espíritos guardiões cuidavam de famílias individuais e vilas, como faziam os espíritos ancestrais. Após o ano 600, as divindades hindus, em particular dois deuses principais, Shiva e Vishnu, também passaram a ser adoradas na região.

Nessa época, as maiores unidades políticas na sociedade do sudeste asiático eram vilas e tribos. A densidade populacional era baixa na região: em 1600, havia cerca de 5,5 pessoas por km^2, menos de $\frac{1}{7}$ da densidade populacional da China (sem incluir o Tibete). As populações eram ainda menores nos séculos anteriores, com as áreas mais densas em locais em que o arroz de várzea era intensamente cultivado, como no Delta do Rio Vermelho do Vietnã.

As pessoas que viviam em tribos caçavam animais e coletavam plantas silvestres. Os aldeãos praticavam agricultura de coivara, ou seja, cortavam e queimavam a vegetação em uma área arborizada para limpar o espaço para a plantação. Quando os campos ficavam sem nutrientes, eles mudavam para um novo lugar, assim essa agricultura às vezes é chamada de itinerante. Plantando, caçando e coletando, ou os três, os asiáticos na região sudeste estavam acostumados a circular, montando e desmontado casas temporárias, geralmente construídas acima do solo em estacas de madeira.

Os missionários indianos que trabalhavam como conselheiros reais muitas vezes conheciam sânscrito, tâmil e outras línguas indianas. Introduzindo alfabetos indianos, eles ensinaram aos líderes locais como registrar os presentes para os templos e se corresponder com outros líderes. Às vezes, os escribas faziam inscrições em sânscrito ou tâmil, em outras usavam letras de um dos alfabetos indianos para registrar os sons das línguas locais. Essas inscrições são a fonte mais importante desse período inicial. Uma primeira geração de estudiosos retratou esse movimento da cultura indiana no sudeste da Ásia apenas como resultado da iniciativa indiana, mas de fato muitos governantes do sudeste asiático decidiram quais aspectos da cultura indiana adotar.

Como outros líderes no ano 1000, os do sudeste asiático se converteram a uma religião universal para aumentar seu poder. Budismo e Hinduísmo ganharam muitos seguidores nobres. Em especial, o apelo era o ideal budista do chakravartin donorking. Popular entre os povos das planícies do norte da Ásia, como os kitans, acabou sendo igualmente poderoso no sudeste asiático. O ideal chakravartin não se limitava ao Budismo; os hindus também acreditavam que líderes talentosos podiam governar grandes reinos apenas graças ao apoio divino.

A adoção dessas novas religiões levou à construção de alguns dos monumentos mais impressionantes do mundo, inclusive Borobudur na região central de Java, o templo de Brihadisvara para Shiva em Thanjavur, Índia e Angkor Wat no Camboja. O tamanho e a beleza desses locais religiosos inspiram admiração ainda hoje, e todo visitante imagina como as respectivas sociedades conseguiram construir tais monumentos imponentes. Essas sociedades desenvolveram um padrão distinto de governo, que chamaremos de "Estados-templo" por causa da importância do papel ritual e central dos templos ao organizar esses grandes projetos de construção.

Os governantes dos Estados-templo chegaram ao poder como sempre, enganando os rivais e derrotando-os em batalha, e uma vez no poder não dependiam exclusivamente da força para governar. Eles encorajavam seus súditos a se associarem às principais divindades do

Budismo, Hinduísmo ou ambos. Cumprindo os ideais do domínio chakravartin, os monarcas doavam presentes e terras aos templos, nos quais os súditos viam regularmente os governantes realizando rituais.

Como esses Estados-templo dependiam muito do carisma e da habilidade de um governante individual para projetar seu poder, seu alcance era muito flutuante. Quando os governantes desses Estados eram fortes, eles participavam de redes maiores, presenteando os templos mais afastados e recebendo ofertas de governantes de reinos distantes. Eles conseguiam ter grandes exércitos e enviar expedições navais. Quando os governantes eram fracos, suas redes contraíam; em decorrência, tais Estados eram como um balão enchendo e esvaziando.

Vários Estados-templo eram especialmente importantes no ano 1000. O Império Serivijaia ficava ao sul de Sumatra, uns 500km bem ao sul de Singapura e perto da atual cidade da Indonésia, Palimbão. Na Índia, os cholas no extremo sul do país conseguiram domínio na região no fim dos anos 800. E os reis da dinastia Angkor no Camboja, que construíram o famoso complexo de templos de Angkor Wat, sobreviveram aos serivijaias e aos cholas.

O Império Serivijaia surgiu no mesmo período em que os navegantes malaios foram para Madagascar, por volta de 600 ou 700. Ele prosperou devido à sua posição perto do Estreito de Malaca. Antes de 350, os barcos que iam da Península Arábica para a China descobriram uma nova rota. Antes de 350, a viagem era em dois estágios, parando na atual Tailândia, levando a carga por terra no Istmo de Kra, e recarregando nas embarcações com destino à China. Após 350, os donos dos barcos começaram a fazer uma viagem longa, em vez de perder o carregamento transportando produtos por terra. A nova rota passava pelo Estreito de Malaca e precisava atracar lá por seis meses esperando os ventos das monções mudarem de curso. Mesmo que a espera fosse um tédio, a tripulação não precisava descarregar, levar o carregamento por terra e recarregá-lo.

Soubemos dessa mudança devido a um monge chinês chamado Yijing, que fez essa rota a caminho da Índia em 671 (e várias outras vezes nos anos 680 e 690). As viagens de Yijing entre a China e a Índia, via Estreito de Malaca, lembram-nos que os mercadores não eram as únicas pessoas passando pelos portos na região. Os monges viajavam por todo lugar, às vezes para que pudessem estudar com ilustres professores, em outras aceitando convites de governantes. Esses budistas ofereciam uma poderosa combinação de feitiços, rituais e iniciações, todas práticas que marcam o Budismo Esotérico. Os governantes recebiam esses budistas porque esperavam que homens santos pudessem fortalecer seus reinos.

Os governantes de Serivijaia prosperavam encorajando e tributando o comércio marítimo no Estreito de Malaca. Como o império não tinha registros que sobreviveram, grande parte do que sabemos vem de fontes chinesas oficiais. A descrição de Serivijaia a partir da história da dinastia Song é um bom exemplo. Como os acessos da Wikipédia hoje, as descrições chinesas de terras estrangeiras seguiam uma fórmula definida, que incluía os produtos mais importantes do país, o sistema monetário local (os moradores de Serivijaia trocavam ouro e prata por produtos; não usavam moedas) e um registro cronológico dos eventos mais importantes na história do lugar, quase sempre fornecendo uma lista de delegações visando tributos. Entre os vários itens que o governador de Serivijaia presenteou a dinastia Song estavam presas de elefante, chifres de rinoceronte, quartzo e aromas, como olíbano, todos produtos do sudeste asiático com grande demanda entre os chineses, realeza e plebeus. Uma fonte chinesa diferente relata que o governador de Serivijaia tinha o monopólio do olíbano e do sândalo, e que oficiais do governo vendiam esses produtos para mercados estrangeiros.

Visitantes chineses e árabes retratam a capital serivijaia como uma cidade convencional. Por quase um século, arqueólogos pesquisaram por toda Sumatra buscando suas ruínas, sem êxito. Por fim, perceberam que Serivijaia provavelmente não tinha uma capital fixa. As únicas estruturas permanentes eram torres de tijolos para ofertas a Buda. O governante sempre podia mudar para um novo local se as instalações mercantis fossem destruídas devido a batalhas ou tempestades.

Canoas eram essenciais para o funcionamento do reino serivijaia. Os reis as enviavam rio acima com ordens para subordinar chefes quando precisassem de homens para expedições, e os homens remavam os barcos rio abaixo até a capital para se reunir no momento determinado. Quando a maré baixava, os remadores haviam percorrido 80km em poucas horas. Por volta do ano 900, um escritor árabe testemunhou uma esquadra de mil embarcações reunidas em resposta a tais convocações do rei.

Diferentes tipos de barcos cruzavam os oceanos na época do domínio serivijaia. Um deles era o chamado barco "lashed-lug" do sudeste asiático. Um outro com dois ou três mastros: uma embarcação chamada dhow com tábuas presas com fibra de coco. Por causa de seus cascos flexíveis, esses veleiros tinham menor probabilidade de se partir, caso colidissem com rochas. Os principais centros de construção dos dhows estavam na Península Arábica e no Chifre da África, e seus principais usuários eram mercadores muçulmanos.

Sabemos como eram os dhows no ano 800 porque um barco afundado medindo 18m e toda sua carga foram recuperados na costa da ilha indonésia Belitung, a oeste da cidade portuária de Palimbão (uma réplica moderna, a *Jewel of Muscat*, feita com base nos destroços de Belitung, está em exposição em um museu de Singapura. Recentemente, arqueólogos descobriram outro dhow naufragado, o Phanom Surin, uma embarcação com 35m de data um pouco posterior).

Como a embarcação Belitung foi saqueada por um ano inteiro antes de ser escavada comercialmente, e os restos vendidos para o governo de Singapura por US$32 milhões, alguns arqueólogos acreditam que quaisquer dados da escavação são suspeitos. Eles acham que o pagamento em dinheiro encorajou técnicas de escavação não científicas, mesmo que a empresa tenha contratado arqueólogos profissionais que trabalharam com militares indonésios para evitar mais furtos. Desatentos aos desafios de escavar em uma região com muitos naufrágios sem proteção, esses críticos conseguiram proibir a exposição sobre o naufrágio no Museu Sackler, parte do Instituto Smithsoniano, em 2012. Diz-se ainda que, apesar das objeções, todos os críticos aceitaram a autenticidade dos objetos do navio naufragado.

O navio Belitung era feito de tábuas de madeira da África, unidas na Península Arábica, talvez perto de Omã, onde os dhows ainda são construídos hoje. O barco afundou após 826 (um vaso de cerâmica a bordo atesta a data). Ele carregava grandes quantidades de produtos de ferro, lingotes de prata, vasos de ouro, espelhos de bronze e cerâmica, típicas exportações chinesas da época. Mas a quantidade de cerâmica surpreendeu até os arqueólogos mais experientes. Eles retiraram da embarcação naufragada 60 mil pratos pequenos, feitos em fornos em Changsha, Hunan.

Algumas cerâmicas de Belitung parecem ter inscrições em árabe, mas um exame mais atento mostra que não. É só aparência (os especialistas chamam isso de pseudoárabe). Artesãos chineses talentosos queriam vender para consumidores no Império Abássida e usavam cerâmicas abássidas como modelos, mas esses ceramistas não sabiam muito sobre a língua para escreverem corretamente. Isso não impediu os chineses de produzirem cerâmica em massa para consumidores muçulmanos que viam esse produto como superior por ser quase transparente, ter uma espessura fina e produzir som quando provocado para tal.

Em resposta à ameaça das importações chinesas, os ceramistas abássidas desenvolveram uma nova tecnologia, chamada louça dourada, após 750. Eles aplicavam uma segunda camada de prata e cobre nos potes de vidro que já tinham ido ao fogo. Essa técnica os deixava brilhantes e atraía consumidores porque as pessoas que viviam na costa leste africana os importavam. Isso permitiu que os ceramistas abássidas tivessem sua fatia de mercado, mas no fim das contas as cópias douradas não se igualavam ao brilho dos vidros chineses feitos em altas temperaturas. Assim, a globalização operava como é atualmente.

O navio Belitung também carregava alguns artigos de luxo, como quatro xícaras e três pratos de ouro puro. Uma xícara é o maior objeto de ouro feito na China tradicional já encontrado fora de suas fronteiras. Um vaso de cerâmica, um jarro, tinha 1m de altura e um dragão intrincado cuja boca abria, permitindo que o vinho saísse por ali. Na condição de objetos de arte da mais alta qualidade em circulação no alto escalão da sociedade chinesa, esses itens são tão trabalhados que podem ter sido presentes do imperador tang a um governante islâmico, talvez em troca de produtos oferecidos como tributo. Do contrário, esses objetos eram enviados para venda no Oriente Médio.

Como o design da cerâmica sugere que o barco estava a caminho de um porto no mundo islâmico, é mais provável que fosse para Basra ou Omã. Saindo de Guangzhou entre dezembro de 826 e o fim de março de 827 (ou talvez um ano ou dois mais tarde), a embarcação aproveitou os ventos das monções que sopravam na direção sul. Sob boas condições, esse barco malfadado poderia ter concluído a viagem de Guangzhou para Belitung em menos de um mês. Mas afundou em Belitung antes de chegar ao Estreito de Malaca.

O Belitung não era o único tipo de barco envolvido no comércio de longa distância. Outros tipos contemporâneos (onze, na verdade) aparecem em painéis de pedra no mundialmente famoso templo Borobudur, na região central de Java. Os relevos em pedra dos navios mercantes com apoios laterais fornecem mais detalhes sobre a construção desses barcos do sudeste asiático do que qualquer outra descrição da época. A poucos passos do monumento está o Museu Samudra Raksa. Ele abriga uma embarcação marítima que foi reconstruída com base em um desenho do painel de pedra de Borobudur. Essa embarcação concluiu com êxito uma viagem para Madagascar em 2003–2004.

Borobudur foi construído por reis shailendras, que se casaram com os governantes de Serivijaia. Os reis também forneciam arroz a Serivijaia, uma mercadoria importante para abastecer os barcos visitantes e suas tripulações enquanto esperavam pelo vento para se deslocarem.

Borobudur é o maior monumento budista do mundo. Datando do ano 800 e construído totalmente em pedra, tem 9 níveis e 31,5m de altura. A camada inferior afundou quando foi construído, possivelmente por causa de uma explosão vulcânica ou terremoto. Ela representa o inferno para aqueles que não observam os preceitos budistas.

Os visitantes iniciam o tour no térreo e fazem um círculo completo para ver os painéis de pedra no nível um. Quando terminam, eles sobem um lance de escadas para o próximo nível. É uma caminhada de 5km para ver painéis de pedra mostrando 1.460 cenas diferentes. A maioria retrata as existências passadas de Buda. Em um local, o Buda aparece como capitão naufragado em uma ilha habitada por ogros fêmeas. Em outra cena, Buda salva um navio de uma tempestade e de um monstro marinho.

Um dos relevos nos apresenta aos mercados javaneses, nos quais há mais vendedoras do que vendedores, um padrão confirmado por fontes escritas. Os mercados javaneses são montados em intervalos regulares, muitas vezes a cada cinco dias ou mais, e o rei indicava os funcionários para supervisionar as atividades dos comerciantes temporários, inclusive fazendeiros, tecelões e metalúrgicos, que cultivavam ou faziam os produtos vendidos, e comerciantes que se dedicavam em tempo integral a vender produtos de terceiros. O rei concedia o direito de coletar impostos comerciais a alianças mercantis que, então, transferiam os rendimentos para os templos.

No topo do monumento, os visitantes se deparam com 72 estátuas bodisatvas. Um bodisatva é uma pessoa que alcançou a iluminação, mas escolhe permanecer nesta existência para ajudar os outros; é comum que seguidores de Buda rezem para elas para terem ajuda em seus problemas. Cada bodisatva fica dentro de uma estrutura de pedra em forma de sino com buracos para visualização. Acima dos 72 bodisatvas costuma haver uma torre simples, que provavelmente abriga uma relíquia de Buda, talvez um pequeno osso ou um pedacinho de vidro que lembra uma parte preservada do corpo. Tábuas de argila em muitas línguas diferentes encontradas em Borobudur indicam a atração do local como um centro de peregrinação regional.

Quando Borobudur foi construído por volta do ano 800, mercadores por profissão já participavam do comércio regional de longa distância; eles importavam vasos de ferro e seda da China. Java produzia mais arroz do que sua população consumia, permitindo negociar o excedente em troca de cravo-da-índia, sândalo e noz-moscada das ilhas vizinhas. Embora açafrão e pimenta-do-reino fossem originários do sul da Índia, os javaneses aprenderam a cultivar os dois. Java acabou por se tornar o principal fornecedor de pimenta-do-reino da China; Java e Bali forneciam aos tecelões chineses corante de açafrão, muitíssimo popular porque tingia os tecidos com um rosa avermelhado forte. Os comerciantes javaneses e balineses, bem-sucedidos em sua fatia de mercado no setor agrícola, desbancavam os concorrentes indianos.

Os ceramistas do sudeste asiático tentaram fazer o mesmo no setor manufatureiro. Como os ceramistas islâmicos que copiavam artigos chineses, os javaneses deixaram de fazer potes com espátula e bigorna, passando a usar uma roda de oleiro. Embora replicassem as formas exatas dos produtos chineses, eles também não reproduziam o brilho vistoso da cerâmica chinesa feita em fogo alto, assim como os ceramistas chineses não conseguiam escrever corretamente as letras árabes.

Inscrições registram que comerciantes de escravos atacavam comunidades na costa e levavam os prisioneiros para uma nova ilha. O código legal debate as condições sob as quais os devedores ficavam escravos de agiotas e explica como conseguiam comprar sua liberdade. E mais, não há evidências de um comércio de longa distância referente a escravos.

A uns 50km de Borobudur está o monumento Prambanan, com muitas cenas do grande épico indiano Ramaiana mostrando cenas na vida de Rama, que era adorado como uma divindade hindu. Construído uns 50 anos antes de Borobudur, Prambanan era claramente um templo hindu. É provável que os reis locais não vissem conflitos entre as duas religiões e tenham feito contribuições para o Budismo e o Hinduísmo, provavelmente ao mesmo tempo. Os governantes shailendras em Java financiavam esses monumentos taxando a agricultura e o comércio de arroz de várzea, e podem ter recebido contribuições também de parentes que eram governadores serivijaias.

Os peregrinos de Borobudur paravam nas ilhas perto do Estreito de Malaca. Lá eles encontravam navegadores que vinham do mundo islâmico, ficavam ancorados e esperavam os ventos das monções para poderem seguir para a China. Como nenhum naufrágio foi constatado nessa rota, é preciso consultar outras fontes para saber o que os chineses importavam. Os mercadores islâmicos vendiam olíbano e mirra, aromáticos colhidos com cortes em cascas de árvores para que a seiva endurecesse antes da extração. Pequenas quantidades de olíbano ou mirra podiam perfumar grandes ambientes.

Os mercadores muçulmanos usavam dhows para trazerem esses aromas diretamente da Península Arábica para a China. No início, as pessoas que usavam a rota Golfo Pérsico–China evitavam sobretudo o sudeste asiático sem carregar ou descarregar muitos produtos. Como se costuma dizer atualmente, os usuários finais não estavam no sudeste da Ásia, mas no Oriente Médio e na China.

Com o tempo, os mercadores se voltaram para os produtos do sudeste asiático. Eles começaram a substituir o olíbano trazido da Península Arábica pela resina do pinheiro que crescia ao norte de Sumatra. Essa resina não perfumava tanto quanto o olíbano, mas era muito mais barata.

Do mesmo modo, os mercadores que originalmente compravam mirra do Oriente Médio trocaram para a resina de benjoim mais barata de Sumatra, uma goma sólida da árvore *Styrax officinalis*, que também crescia na costa noroeste de Sumatra. Como a mirra, exalava uma fragrância intensa e agradável quando queimada. Essa mudança nos padrões de compra, do Oriente Médio para o sudeste da Ásia, mostra que a substituição já era um fenômeno comum, pois os atravessadores estavam sempre em busca de locais mais baratos para obter mercadorias.

Cânfora era outro produto diferenciado com alta demanda na China porque sua forma cristalizada repelia insetos e servia como um poderoso descongestionante, e também era um excelente líquido para embalsamar. Cânfora e benjoim cresciam na mesma região em Sumatra, portanto, os mesmos trabalhadores podiam cultivá-los e os mesmos barcos os levavam até os consumidores chineses.

A princípio, a última mudança para mercadorias do sudeste asiático não faz sentido: Por que os mercadores começariam com produtos tão distantes da Arábia e séculos depois mudariam para fontes mais próximas? Com certeza teria feito mais sentido econômico começar vendendo produtos mais próximos para a China. A resposta tem um apelo moderno: inicialmente o sudeste asiático não tinha infraestrutura e fornecedores especializados para dar suporte ao comércio internacional.

Os mercadores precisavam de alguém para organizar a colheita, o processamento e o envio desses recursos para a costa, onde embarcações poderiam pegá-los. Por fim, pessoas diferentes começaram a trabalhar juntas e coletar madeiras e goma das árvores. Em geral, um grupo colhia certo produto nas montanhas, outro os levava rio abaixo até um porto em pequenos barcos e um terceiro grupo vivia no litoral e carregava os produtos em grandes navios.

O aumento da demanda chinesa teve um impacto direto nos nativos que colhiam madeiras aromáticas, assim como nas pessoas que enviavam os produtos para os portos. Antes de os mercadores começarem a parar no sudeste asiático, muitos desses grupos nativos viviam como caçadores e coletores, obtendo diferentes produtos da floresta para seu próprio consumo. Assim, eles ficaram profundamente presos em um sistema sofisticado e quase industrial de atividade agrícola. Eles tiveram que trabalhar em tempo integral para exportar produtos para compradores chineses que nunca tinham visto. Sim, foi antes da introdução dos barcos a vapor ou da eletricidade, mas desse modo a globalização transformou as vidas dessas pessoas que nunca tinham saído de casa.

Por volta do ano 900, diminuiu o comércio em toda a região. Certamente ataques realizados em mercadores estrangeiros que moravam na China contribuíram para essa lacuna no comércio. Em 879, conforme a dinastia Tang enfraquecia, um rebelde chamado Huang Chao liderou uma revolta em massa visando explicitamente mercadores muçulmanos que eram os principais envolvidos no comércio, assim como tumultos xenofóbicos ocorridos um pouco mais tarde no Cairo e em Constantinopla. A quantidade de estrangeiros mortos na cidade de Guangzhou está registrada variando entre 80 mil ou 120 mil. Seja qual for o número real de mortos, os comerciantes muçulmanos saíram da China, alguns indo para o sudeste asiático, e sua partida suspendeu temporariamente o comércio no Oceano Índico.

No entanto, por volta do ano 1000, o comércio marítimo foi retomado. Em 1016, os chineses posicionaram 4 países como seus parceiros comerciais mais importantes e permitiram que cada um enviasse delegações de até 20 pessoas. A essa altura, eles já faziam negócios com árabes, serivijaias e javaneses há séculos, mas o quarto poder (o Império Chola ao sul da Índia) era novo. A primeira delegação chola chegou na China em 1015, meio século após a fundação da dinastia Chola. Nos três séculos seguintes, os governantes cholas e mercadores operaram ativamente no sul da Índia, Penínsulas da Tailândia e da Malásia, partes do Arquipélago da Indonésia e até na costa distante no sul da China.

Superando outros reinos nas costas leste e oeste da Índia, os cholas se tornaram um dos reinos mais poderosos no sul da Ásia, tendo como rival apenas a dinastia Gaznévida de Mamude, bem ao norte do atual Afeganistão. O manejo cuidadoso da água era o segredo do sucesso dos cholas. Eles construíam grandes tanques e canais de irrigação para levar água até os campos. Em vez de coletar impostos diretamente dos súditos, os governantes cholas lhes pediam para contribuir com uma parte da colheita do arroz para os templos que financiavam. Os governantes exerciam maior poder nos vales das planícies, nos quais os fazendeiros cultivavam arroz em campos muito irrigados. Mas tinham muito menos controle nas áreas onde os agricultores tinham culturas secas, criavam animais ou caçavam na floresta.

Patronos apaixonados do Hinduísmo, os cholas adoravam Shiva. O Hinduísmo salientava a adoração pública nos templos e em casa diariamente, de forma privada. Na capital Thanjavur, Rajaraja I doou muitas terras para o templo real Brihadisvara, de Shiva. Esse templo, como aquele em Somnath que Mamude de Gázni invadiu, tinha uma câmara secreta contendo um falo linga de pedra.

Quando Rajaraja I assumiu o trono em 985, ele controlou diretamente as imediações da capital em Thanjavur e outras grandes cidades sob seu domínio, mas muitas vilas em torno das cidades eram basicamente independentes. Ele conquistou um grande território ao sul da Índia e invadiu com sucesso a ilha de Sri Lanka também. Ele estendeu seu poder por meio de uma rede de templos locais subordinados ao templo de Shiva em Thanjavur, que reconhecia os reis cholas como soberanos espirituais.

Rajaraja I, como outros governantes, foi diplomático na proteção dos templos. Ele acreditava que o melhor modo de consolidar laços com os aliados era permitir que eles construíssem templos em seu território, e demonstrava seu apoio fazendo contribuições para os templos pagos por seus aliados. Em 1005, o governante de Serivijaia construiu um monastério budista e financiou um templo hindu em suas terras em Negapatão, o porto mais importante no reino chola. Rajaraja I e seu filho Rajendra reservavam a arrecadação das vilas próximas para dar suporte a essas estruturas, que ainda existiam em 1467, quando alguns monges birmaneses naufragados adoravam no local. Esses tipos de doações para templos ajudavam a unir os Estados distantes nas regiões sul e sudeste da Ásia.

Em 993, Rajaraja I invadiu o Sri Lanka, uma ilha predominantemente budista a apenas 55km do extremo sul da Índia. As conquistas cholas resultaram no domínio direto de algumas cidades importantes no Sri Lanka, onde Rajaraja I construiu templos Shiva. Ele tinha controle suficiente para coletar impostos dos comerciantes que levavam produtos pelas principais estradas, mas não o bastante para coletar outros tipos de taxas, que requeriam um número maior de funcionários.

Conquistas significavam benefícios concretos. As pilhagens eram feitas por ambos, governantes e soldados. Os exércitos cholas hindus saquearam os monastérios budistas, como uma crônica budista posterior descreve em detalhes: "Os cholas pegaram a Mahesi, joias, a coroa que o rei herdara, todos os ornamentos reais, um bracelete de diamantes caríssimo, um presente dos deuses, a espada indestrutível e um pedaço de pano de relíquia [...] Arrombando as câmaras com relíquias, levaram muitas imagens caras de ouro etc., ao mesmo tempo em que destruíam com violência aqui e ali os monastérios feito yakkha [espíritos vampirescos], eles levaram todos os tesouros de Lanka consigo." Os governantes hindus cholas viam os budistas no Sri Lanka como inimigos. O argumento para atacar templos budistas no Sri Lanka lembrava muito o de Mamude de Gázni ao invadir templos hindus no norte da Índia: saquear templos de tradição religiosa diferente.

Nas mãos de governantes habilidosos como Rajaraja I, os cholas fizeram contato com forças distantes. Em 1012, o filho de Rajaraja I, Rajendra, juntou-se a ele como cogovernador e os dois reinaram juntos antes de Rajaraja I morrer, em 1014. Foi quando as coisas começaram a desandar. A capital de Rajendra, que ele chamava com orgulho de Cidade dos Cholas Que Conquistaram os Ganges, nunca substituiu Thanjavur, a mais gloriosa cidade de seu pai.

Atualmente há poucas fontes básicas dos cholas: apenas inscrições feitas em pedra ou placas de cobre. Quaisquer outras coisas, como folhas de palmeira com texto, perderam-se no clima quente e úmido do sul da Índia. As inscrições são pequenos textos, cada um registrando um presente de um grupo, às vezes uma aliança comercial, para um templo em nome do governador. O rei chola forçava esses presentes doados? Ou os doadores tomavam a iniciativa e a creditavam ao governante? Não temos como saber.

Essas diferentes possibilidades fundamentam diversas avaliações da capacidade dos cholas feitas por muitos estudiosos. Aqueles que veem os cholas como um Estado poderoso identificam o rei como o protagonista; os que creditam as maiores iniciativas aos doadores minimizam o papel do rei. Essa divisão de opinião é maior em relação à inscrição chola com a maior ostentação de todas: a do filho Rajendra de Rajaraja I, que afirmou ter enviado uma esquadra em 1025 para conquistar a capital Serivijaia.

Rajendra entalhou esta inscrição no muro a oeste no templo Shiva de seu pai: "Rajendra enviou muitos navios em meio ao mar revolto e com seu exército glorioso capturou o rei de Kadaram e seus elefantes, tomou uma pilha de tesouros que esse rei tinha acumulado por direito, e capturou com estardalhaço o arco chamado Vidiadara torana no portão de guerra de sua extensa capital, Serivijaia." Tirando o fraseado florido, a questão é simples: Rajendra capturou o rei de Serivijaia, seus elefantes, um arco na capital e roubou sua capital.

O que de fato aconteceu? É possível que Rajendra *tenha* enviado uma esquadra a um lugar tão distante, mas suas forças não deixaram rastros em Sumatra. É mais provável que uma aliança comercial indo para Sumatra tenha levado consigo alguns guardas mercenários para proteger suas mercadorias e que estes tenham cumprido com êxito sua função, neutralizando um ataque.

Todos os governantes se valiam de inscrições para enaltecer sua glória e Rajendra não era diferente. Um rei em Burma, governante da dinastia Pagan, declarou que seu representante persuadiu o rei chola a desistir do Hinduísmo e se converter ao Budismo. (Isso nunca aconteceu.)

Vale ressaltar que a inscrição de Rajendra sobre a expedição para Serivijaia menciona 13 lugares diferentes no sudeste da Ásia (5 provavelmente da Península da Malásia, 4 em Sumatra, 1 nas Ilhas Nicobar e 3 ainda sem identificação). O conhecimento detalhado dos escribas de Rajendra sobre a geografia de Sumatra e da Península da Malásia confirma que os caminhos do Oceano Índico ligavam o domínio chola ao sudeste asiático.

Outras inscrições do templo listando doações especificamente de alianças comerciais nos ajudam a entender como seus membros conseguiam esse conhecimento geográfico. Havia associações na Índia nos períodos anteriores e elas se desenvolveram sob o domínio chola. Seus membros eram diversos, com pessoas locais e não indianas que vendiam diferentes mercadorias, mas que se reuniram a fim de poder obter privilégios do governante: às vezes, pagavam impostos menores, em outras, coletavam impostos em nome dele.

As alianças comerciais são o segredo da expansão chola. Grupos de mercadores falantes da língua tâmil se juntaram para negociar no sudeste da Ásia e na China. Eles se especializaram em produtos muito lucrativos: ouro, pimenta, vários produtos aromáticos do sudeste asiático e tecidos de algodão estampados. Os moradores da Índia e do sudeste da Ásia preferiam tecidos de algodão à seda porque o algodão era muito mais confortável no calor. As alianças organizavam a produção do algodão em todos os estágios, do cultivo ao tingimento, tecelagem e etapas finais de impressão em bloco.

Uma dessas alianças comerciais, chamada Five Hundred, ficava na costa leste do sul da Índia. Uma inscrição de 1050 em Mysore afirma que os membros da associação viajavam para a Índia, Malásia e Pérsia para negociarem muitos produtos: elefantes, cavalos, safiras, pérolas, rubis, diamantes e outras pedras preciosas, cardamomo e cravos-da-índia, sândalo, cânfora e almíscar. A enorme variedade de produtos impressiona: a rota do Oceano Índico era um grande caminho e os vários produtos comercializados destacam sua maturidade. A lista é incrível por outro motivo: muitas vezes os estudiosos atuais descrevem a rota da Península da Malásia para a Índia como alinhada com a Rota Marítima da Seda, mas a seda não era o principal produto comercializado nela, nem o principal tecido, que era o algodão.

O estilo floreado da inscrição completa da aliança, que preenche umas três páginas em sua tradução para o inglês, inclui ostentações surpreendentes para um grupo de mercadores hindus: "Como o elefante, eles atacam e matam; como a vaca, eles aguentam e matam; como a serpente, eles matam com veneno; como o leão, surgem e matam." O orgulho deles indica uma fonte principal de sua força: com os impostos recebidos dos membros, eles contratavam mercenários para proteger seus carregamentos.

O protagonismo dos cholas declinava conforme uma série de reis mais fracos sucediam Rajendra. Eles começaram a recuar para o Sri Lanka nos anos 1060 e se retiraram formalmente em 1070. Os cholas e os serivijaias eram rivais na época, como mostram registros chineses, e cada um se dizia superior ao outro. Após vários incidentes nos quais cada poder competia por maior status que seu rival, autoridades chinesas chegaram a uma decisão final para rebaixar os cholas a subordinados dos serivijaias. No século XIII, à medida que enfraqueciam, os governantes cholas cederam partes do território a seus vizinhos.

As alianças comerciais cholas sempre aparentaram estar vinculadas a seus governantes, mas eles não precisavam de governantes para ter êxito em seus empreendimentos comerciais. Mesmo com o declínio da dinastia, as alianças comerciais tâmil continuavam ativas em Burma, Tailândia e China. Na China, eles apoiavam uma comunidade ativa de estrangeiros na cidade do porto de Quanzhou, como mostram inscrições em tâmil e vestígios de templos hindus.

O Império Angkor, situado no atual Camboja, era um Estado-templo contemporâneo aos serivijaias e cholas. O nome da dinastia derivava da palavra em sânscrito para cidade, e a cidade que se tornou sua capital no fim dos anos 800 também recebeu o nome Angkor. Localizado no atual Camboja, perto da cidade Siem Reap, o distrito e templo Angkor Wat é um dos maiores monumentos do planeta, com centenas de templos ocupando uma área central de 200km².

A dinastia Angkor foi fundada em 802 e continuou até após 1400. Cada um de seus governantes bem-sucedidos estendeu a influência da dinastia em uma região maior. O fundador da dinastia, Jayavarman II, que chegou ao trono em 802, conquistou um território considerável. Ela perdeu força durante o reinado de seu sucessor e se fortaleceu de novo quando governantes poderosos subiram ao trono. Jayavarman VII, que governou de 1181 a 1218, foi o último grande construtor no local.

Muitos aspectos do Estado-templo Angkor parecem familiares. Aspirando ao ideal de reis chakravartin, que conseguem mérito dando dinheiro e presentes à ordem budista, os reis Angkor davam apoio financeiro aos governantes que escolhiam uma divindade para seu patrocínio. Quase todos os templos que recebiam apoio real eram construídos com pedra, não com madeira. Eles guardavam inscrições em sânscrito e na língua khmer local. Do mesmo modo, artistas locais modificaram basicamente a iconografia indiana para representar as divindades. Os súditos do rei faziam ofertas ao linga de pedra abrigado em santuários e templos por todo o reino.

Embora muitos usem o nome Angkor Wat para se referir ao local inteiro, na verdade esse é o nome de apenas um complexo de templos entre dezenas — Angkor Thom, Banteay Srei e Ta Prohm — e muitos outros complexos menores. (A palavra "wat" é um termo budista; esse templo em particular começou como hindu e acabou conhecido como Angkor Wat apenas após 1400.) Os templos são distantes uns dos outros. O sol forte, terrível mesmo no inverno, em dezembro, não ajuda. Mas os visitantes podem ir de bicicleta, de moto ou pegar um táxi.

Uma nova técnica de pesquisa chamada LIDAR (abreviação de "light detection and ranging") transformou nossa compreensão de Angkor. Pistolas a laser montadas em superfícies planas ou helicópteros bombardeiam o local com pulsos e usam um software para registrar apenas o pulso que retorna da superfície da Terra. Eliminando a vegetação, o LIDAR produz um mapa bem preciso da forma e dos contornos reais do solo, inclusive ruínas de paredes e templos, normalmente obscurecidos pela densa floresta tropical.

Os exames LIDAR de Angkor capturaram os contornos de canais, aterros, represas e reservatórios, todos parte do sistema de irrigação, que são muito difíceis de detectar, mesmo caminhando pela selva. Sem esses sistemas de água, os súditos do rei nunca teriam cultivado o arroz de várzea que servia de base para toda a economia.

Embora os primeiros investigadores achassem que as áreas fora dos complexos de templos não eram habitadas, como na atualidade, o LIDAR mostra que havia numerosas moradias agrupadas densamente nas ruas da cidade. Combinando as varreduras LIDAR com as informações de inscrições, os arqueólogos aumentaram drasticamente suas estimativas da população de Angkor Wat para 750 mil moradores.

Murais impressionantes em templos também fornecem informações sobre como viviam as pessoas. Os baixos-relevos em pedra com merecida fama em Bayon representam cenas religiosas de épicos hindus e textos budistas, e às vezes dão ideia da vida cotidiana. Os observadores até veem moradores khmers e chineses (com cabelos diferentes) apostando em uma briga de galos.

Essas cenas indicam uma mudança maior na direção do comércio. Embora os governantes e o povo do sudeste asiático continuassem a adorar divindades indianas, tiveram um impacto menos direto no sul da Ásia após o ano 1000. Ao contrário, a China se tornou o maior destino comercial e vários mercadores chineses aumentaram conforme mercadores indianos se retiravam aos poucos da região. Barcos carregados com produtos iam e voltavam da China à medida que os moradores da região forneciam mais e mais produtos para consumidores chineses vorazes.

A mudança no comércio para a China afetou as localidades no sudeste da Ásia de diferentes maneiras. Javaneses e balineses começaram a importar moedas de bronze chinesas para usar como troco no século XI. E, por volta do século XIII, quando os materiais vindos da China diminuíram, eles copiaram as moedas chinesas para seu próprio uso. Nos portos de toda a região, mercadores chineses superavam em número os indianos, sobretudo após a conquista mongol do sul da China nos anos 1270, quando muitos chineses se mudaram de forma permanente para o sudeste da Ásia. O século XIII também foi a época dos primeiros túmulos muçulmanos ao norte de Sumatra, região na qual, por fim, o Islamismo ficou bem estabelecido.

Em 1290, após os mongóis terem conquistado a China, um enviado chinês chamado Zhou Daguan visitou Angkor em nome do imperador mongol Khubilai Khan. O ministro Zhou observou muitas coisas e produziu um dos relatos sobreviventes mais detalhados. Ele listou vários produtos exportados da China para o Camboja, assim como para outras localidades. Tal como ocorria no sudeste asiático, os cambojanos importavam grandes quantidades de cerâmica chinesa. A lista de Zhou inclui matérias-primas (mercúrio, salitre, sândalo), mas uma grande variedade de itens manufaturados se destaca: produtos de estanho, bandejas de laca e cobre, guarda-chuvas, panelas de ferro para cozinhar, cestos, pentes de madeira, agulhas e tapetes de junco. A indústria da China pode não ter sido movida pela eletricidade, mas tinha empresas consideráveis e capazes de produzir grandes quantidades de produtos em massa para exportação.

Veja a lista de Zhou do que os cambojanos exportavam para a China: penas de alcião, presas de elefante, chifres de rinoceronte, cera de abelha, pau-de-águila, cardamomo, resina de gamboge (uma tinta amarela para tecidos), laca, óleo de chaulmoogra (um remédio para doenças da pele), e grãos de pimenta azul e verde. Os muitos produtos da floresta podem dar uma impressão errada de que as pessoas do Camboja mantinham estilos de vida tradicionais quando coletavam essas matérias-primas. De fato, necessitavam de uma logística sofisticada e um processamento quase industrial para preparar todos esses produtos naturais para a exportação. Caçadores profissionais, Zhou explica, atraíam os machos alcião para seus ninhos usando uma fêmea: em um bom dia, eles conseguiam capturar de três a cinco desses pássaros; em um dia ruim, nenhum.

Na época da visita de Zhou Daguan, o maior rival do Camboja era o Vietnã, que conseguiu sua independência da China em 1009. Localizado em uma grande rota comercial que passava pela costa do Golfo de Tonkin, o Vietnã fornecia muitos dos mesmos produtos que o Camboja aos consumidores chineses que viviam ao norte. Com um senso de independência muito forte, os vietnamitas imitavam a China mais do que qualquer outro país do sudeste asiático, mantendo sua própria versão de administração dos serviços públicos.

Situado entre as ilhas perto da Baía de Ha Long, no Delta do Rio Vermelho, Van Don surgiu como o porto mais importante ao norte do Vietnã um pouco depois do ano 1100. Lá, os mercadores vendiam produtos das florestas montanhosas para mercadores de todo o Oceano Índico. Os mercadores chineses eram particularmente importantes porque eram numerosos e influenciavam as pessoas locais, que adotaram as roupas, a alimentação e o chá chineses.

Em 1406, quando o terceiro imperador da dinastia Ming descobriu que tinha apoiado um usurpador do trono vietnamita, ele autorizou uma invasão. Por 20 anos, os ocupantes ming tentaram governar o Vietnã como uma província da China. Eles estabeleceram postos por todo o país que taxavam comerciantes, sal e pesca.

Os ming estabeleceram um posto perto de Van Don para coletar pérolas, um item sempre em demanda na China. Uma fonte contemporânea descreve o mecanismo: "Os ming prepararam uma área para pesca de pérolas. Eles forçavam milhares de pessoas a trabalharem todos os dias. Naquele tempo, os ming eram muito exigentes. Faziam as pessoas coletarem todos os produtos locais: pimenta, essências aromáticas, cervo branco, elefantes brancos, tartarugas de nove caudas, pássaros, macacos de cara branca, cobras e outros animais. Todos levados para a China." Essa passagem dá uma ideia clara do que era ser produtor em uma economia globalizada: trabalhando fora o dia inteiro, os vietnamitas pegavam plantas e animais destinados à China. Quando a dinastia Ming se retirou em 1427, uma dinastia vietnamita retomou o domínio, mas a economia continuou a produzir para consumidores chineses.

A economia globalizada no sudeste da Ásia ganhou forma durante 500 anos. Por milhares de anos os moradores do sudeste asiático e da Índia cruzaram o Oceano Índico, e a intensidade dessas conexões apenas aumentou com o tempo, conforme consumidores de toda a região, particularmente nos portos da China, compravam especiarias, resinas aromáticas e madeiras nativas para a Índia e o sudeste da Ásia. O tráfego em algumas rotas era mais intenso em certos períodos que em outros, mas a tendência geral era clara. Antes do ano 1000, grande parte dos caminhos que ligavam o sudeste da Ásia ao resto do mundo levava à Índia. Mas, iniciando por volta do ano 1000, a região inteira se reorientou para que pudesse abastecer a China, o tema do próximo capítulo.

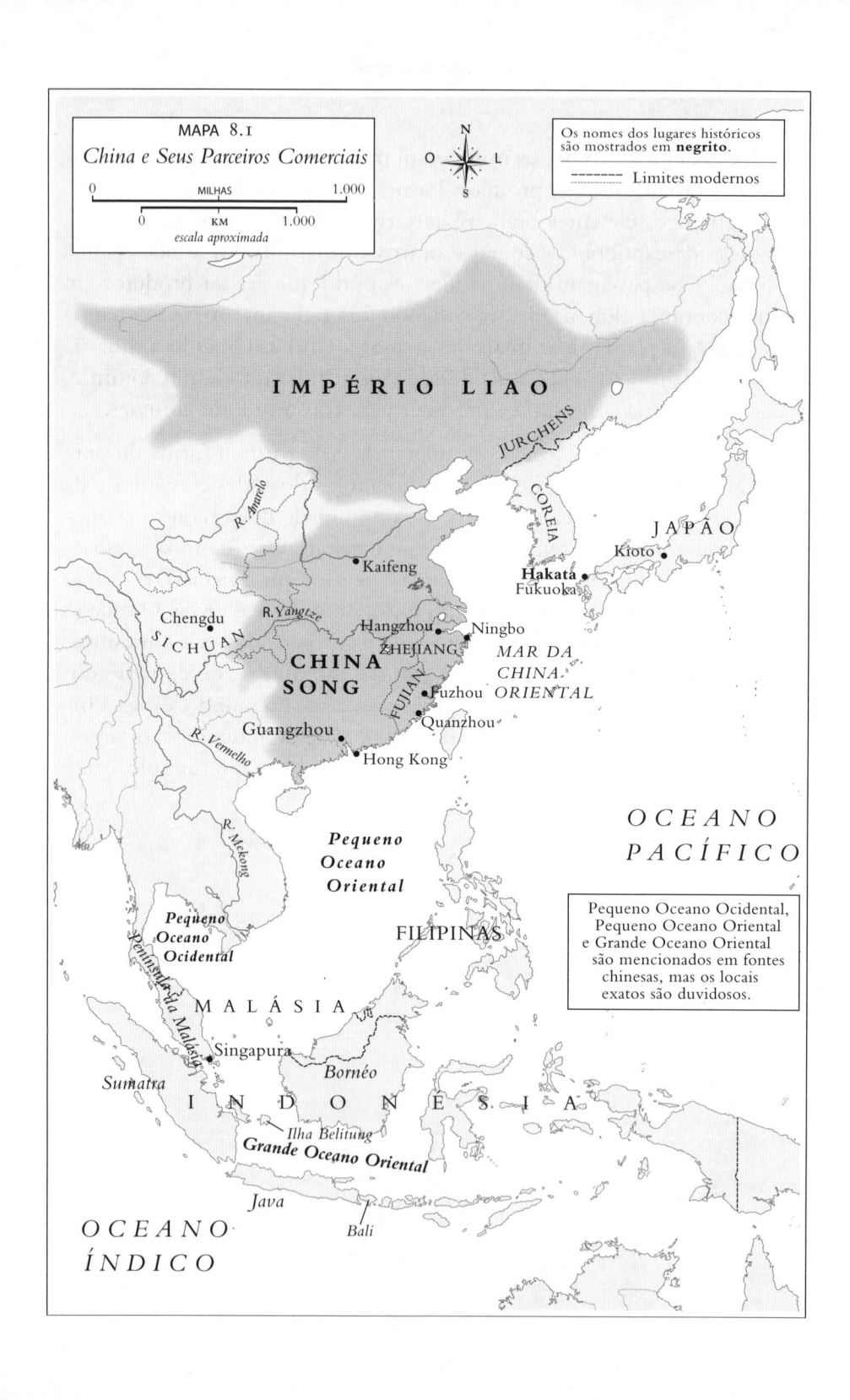

MAPA 8.1

China e Seus Parceiros Comerciais

Os nomes dos lugares históricos são mostrados em **negrito**.

-------- Limites modernos

IMPÉRIO LIAO

JURCHENS

COREIA

JAPÃO

Kioto

Hakata
Fukuoka

R. Amarelo

Kaifeng

Chengdu

R. Yangtze

Hangzhou

Ningbo

SICHUAN

ZHEJIANG

CHINA SONG

FUJIAN

MAR DA CHINA ORIENTAL

Fuzhou

Guangzhou

Quanzhou

R. Vermelho

Hong Kong

Pequeno Oceano Oriental

OCEANO PACÍFICO

Pequeno Oceano Ocidental, Pequeno Oceano Oriental e Grande Oceano Oriental são mencionados em fontes chinesas, mas os locais exatos são duvidosos.

R. Mekong

Pequeno Oceano Ocidental

FILIPINAS

MALÁSIA

Península da Malásia

Singapura

Bornéo

Sumatra

INDONÉSIA

Ilha Belitung

Grande Oceano Oriental

Java

Bali

OCEANO ÍNDICO

CAPÍTULO OITO

O Lugar Mais Globalizado
do Planeta

Os chineses tinham mais laços comerciais extensos com outros países do que qualquer outro povo no mundo no ano 1000. A China exportava cerâmica de primeira qualidade e outros itens manufaturados para meio mundo — Oriente Médio, África, Índia e sudeste da Ásia — e os fornecedores nesses locais enviavam produtos para os consumidores chineses. Os contatos internacionais da China eram tão amplos que afetavam pessoas em todos os níveis sociais, não apenas os moradores das cidades portuárias chinesas, mas também as pessoas que viviam no interior mais longínquo. Os chineses não tiveram uma fase preparatória para a globalização. Eles viviam em um mundo globalizado, pura e simplesmente. E esse mundo alcançou a maturidade durante os 300 anos da dinastia Song (960 a 1276).

Alguns dos produtos que os chineses compravam em grandes quantidades são conhecidos. Pérolas e pedras olho de gato eram usadas como joias ou decoração de vestuário. Os artesãos transformavam presas de marfim e chifres de rinoceronte em belos objetos para decoração de interiores. Coco e jaca eram frutas tropicais que não cresciam na China e com pimenta-do-reino, cravo-da-índia, noz-moscada e cardamomo, adicionavam sabor à culinária. Um produto manufaturado que os chineses importavam em grande quantidade eram os tapetes de junco trançados do extremo sul da Malásia, perto da atual Singapura.

A importação mais comum do sudeste asiático era do pau-de-águila, retirado da aquilária que crescia por toda a costa do sudeste asiático continental e nas ilhas da Indonésia. Quando atacada por certo fungo, a árvore produz uma resina perfumada e a madeira das árvores afetadas também exala um odor agradável. Os chineses colocavam pedaços de pau-de-águila em suportes de metal; que, quando queimados, exalavam uma fragrância que lentamente permeava o ambiente. Muitas receitas para perfumes partem de uma grande quantidade de pau-de-águila graças à sua boa harmonização com outras fragrâncias.

No período anterior à explosão do consumo de produtos aromáticos, seu uso se limitava aos extratos sociais mais elevados. Temos uma noção desse consumo de elite em *O Conto de Genji*, um romance escrito por volta do ano 1000 por Lady Murasaki, uma mulher da corte que viveu em Kioto, na época a capital do Japão.

Nascida em uma família aristocrática de baixo escalão, provavelmente no início dos anos 970, Lady Murasaki se casou por volta dos vinte e poucos anos, uma idade algo tardia, como a segunda esposa de um homem muito mais velho. Após ter dado à luz a uma menina, seu marido morreu, deixando-a viúva perto dos 30 anos; ela viveu por mais de uma década. Como Shakespeare, Lady Murasaki era melhor escritora do que qualquer coisa sugerida em sua biografia. *O Conto de Genji* não é o primeiro romance do mundo, certos textos em grego e latim reivindicam esse título, mas podemos chamá-lo de o primeiro romance psicológico do mundo porque a autora descreve com riqueza de detalhes os sentimentos de vários personagens.

O Conto de Genji põe em relevo um mundo hermeticamente fechado de cortesões vivendo dentro e em torno do palácio imperial de Kioto, em um espaço de apenas 26km². Lady Murasaki ambienta o romance no início dos anos 900, um século antes. A história reconta as amizades, as aventuras amorosas e a morte posterior de Genji, o filho de um imperador que o tirou da linha de sucessão para impedi-lo de se tornar o monarca.

O mais relevante para nossa história é que os protagonistas do romance (família imperial, família do regente e aristocratas do alto escalão) dedicavam muita atenção aos produtos aromáticos, fazendo suas próprias combinações no intuito de obter fragrâncias incomuns para perfumar suas roupas e o ambiente. Essas mercadorias vinham do mundo islâmico e do sudeste asiático, eram transportados via dinastia Song da China para o porto de Fukuoka (na época, Hakata), a porta de ligação do Japão com o resto do mundo.

Nesse mundo refinado, a marca de um gentil-homem era seu odor diferenciado. Os amigos de Genji, e suas muitas amantes, o conheciam por seu olor particular, tão poderoso que perdurava no ambiente um bom tempo depois que ele se retirava. Fazer perfumes não era tarefa para serviçais: Genji passava horas triturando especiarias e diferentes madeiras até conseguir a combinação perfeita.

As mulheres também perfumavam as roupas. Elas ficavam em suas casas e jardins quase o tempo todo, exceto por raras idas às feiras dos templos. Como no Japão atual, até os ricos viviam em casas simples sem mesas nem cadeiras. Todos sentavam e dormiam em tatames.

A certa altura, enquanto planejava uma festa de aniversário luxuosa para sua filha, a princesa Akashi, Genji decidiu promover um concurso para escolher a melhor fragrância. Após reunir variados recipientes elegantes, começou a trabalhar em suas combinações. Julgando ser um pouco inferiores a algumas amostras de madeira perfumada trazidas recentemente da China, ele as combinou com aromáticos mais antigos de melhor qualidade (um dos temas recorrentes em romances é o apelo de um passado mais virtuoso). Sua receita misturava cravos-da-índia com pau-de-águila porque este servia como a base perfeita para uma combinação harmônica. Quando ficou pronto, ele enterrou um punhado perto de um riacho para intensificar a fragrância.

A maioria dos convidados da festa enviou perfumes ligados a uma estação específica: uma fragrância com o cheiro de flores de ameixa lembrava a primavera, mas a combinação de Genji era outonal. O odor de cada um, o produto de seu próprio odor e qualquer combinação usada para vaporizar suas roupas teriam variado com a estação. Uma mulher da corte optou por fazer uma combinação tão forte que podia ser percebida a cem passos de distância. Quando chegou a hora do julgamento, o meio-irmão de Genji, Sochinomiya, não escolheu um vencedor, mas elogiou as diferentes combinações, transmitindo um profundo conhecimento dos vários odores que os moradores do palácio sentiam diariamente.

O romance de Lady Murasaki fornece detalhes incomuns sobre o lugar dos aromas nas vidas da família imperial japonesa; o imperador chinês e aristocratas na corte também teriam se reconhecido por seus odores pessoais. Como muitas das substâncias com fragrâncias eram madeira ou resina, chineses e japoneses não usavam perfume líquido ou loção com frequência. Eles preferiam usar madeira ou resina em seu estado natural, geralmente queimando essas misturas para deixar a fragrância no ar. Eles vaporizavam suas roupas na fumaça de diferentes madeiras, colocavam sachês com fragrância nas roupas e se banhavam em água de cheiro. E também mobiliavam as casas com móveis e caixas de armazenamento confeccionados com madeira perfumada.

Aromas tinham grande popularidade porque os chineses dedicavam grande energia para mudar o cheiro e o gosto das coisas. As pessoas não tomavam banho com frequência e era difícil limpar tecidos de seda. Os pobres tinham poucas coisas, em geral feitas de rami, cânhamo e outras fibras vegetais, e a lavagem não era prática.

Os produtos aromáticos são muito mais importantes no mundo do ano 1000 do que atualmente, quando o principal uso de velas perfumadas e incensos é perfumar o ambiente. Poucas pessoas fazem isso sempre (os principais consumidores de incensos hoje são frequentadores de templos no leste da Ásia). No ano 1000, pessoas muitíssimo ricas (famílias imperiais do Japão e da China) consumiam enormes quantidades de aromáticos. E a China era de longe o maior mercado para elas.

A língua chinesa tinha um termo genérico para "aromático" (*xiang*), que incluía látex perfumado de árvores, madeiras perfumadas e resinas de árvores, e conservantes de perfumes, como almíscar e âmbar. Alguns tinham uma única função: o almíscar, a glândula desidratada do cervo almiscarado tibetano, e o âmbar, uma substância cinza encontrada no intestino da baleia, intensificavam as fragrâncias e as faziam durar mais. Do mesmo modo, olíbano e mirra, ambos resinas de árvores da Península Arábica, desprendiam uma forte fragrância quando queimados. Outros eram mais versáteis: o sândalo, da Índia e de Java, podia ser usado para fazer móveis e caixas, alterar o olor de um perfume e aromatizar alimentos e remédios.

O extenso comércio da China com a região do Oceano Índico começou bem antes do ano 1000. Os primeiros produtos que os chineses importaram nos séculos I e II d.C. eram em grande parte itens de decoração, como pérolas do Sri Lanka, marfim de elefantes e penas coloridas de pássaros, como do alcião azul brilhante. Apenas o imperador e membros da corte podiam pagar por esses itens. A demanda por madeiras perfumadas, resinas de árvores e incenso aumentou após o ano 500, sinalizando uma mudança da demanda por mercadorias raras, antes centrada na corte, para uma base de consumidores maior.

A China tinha muitas cidades portuárias prósperas, mas seu principal centro comercial era Guangzhou, às vezes chamado de Cantão, que fica ao norte de Hong Kong, na costa sudeste da China. Navios partiam de Guangzhou em direção ao sul, na costa do Vietnã, e passavam pelo Estreito de Málaca. Dali, seguiam para oeste, chegando na costa oeste da Índia, e prosseguiam para a Península Arábica. Depois de passar por Omã, descarregavam nos portos de Siraf no Golfo Pérsico, atual Irã, ou Basra, atual Iraque. A rota marítima do Golfo Pérsico–China, com o trecho adicional para o leste da África, ganhou forma nos anos 700 e 800. Na época, grande parte das embarcações seguia essa rota criada na Península Arábica, Índia ou sudeste da Ásia (os barcos chineses assumiram um papel principal após o ano 1000).

Navios mercantes carregavam cerâmica chinesa para o leste da África, e como sempre acontece quando novos caminhos são abertos, informações sobre o nordeste da África logo chegaram na China. Duan Chengshi, que morreu em 863, sabia o suficiente sobre a costa leste de Berbera, moderna Djibouti, para iniciar o comércio de escravos no local: "As pessoas desse país capturam e vendem seus próprios conterrâneos para mercados estrangeiros a preços muitas vezes maiores do que conseguiriam localmente." Ele acrescentou que a região também exportava presas de elefante e âmbar cinza para intensificar perfumes. Algumas narrativas ficcionais ambientadas no porto de Guangzhou contam sobre escravos de pele negra do sudeste asiático ou da África que eram nadadores habilidosos, com poderes mágicos.

Na época em que Duan escreveu, a dinastia anterior à Song, a dinastia Tang (618–907), indicou um superintendente do comércio marítimo para coletar taxas aduaneiras em Guangzhou, mas a dinastia nunca criou um monopólio estatal sobre produtos importados. A política comercial tang consistia em inspecionar navios estrangeiros quando eles aportavam; os funcionários do comércio, geralmente eunucos, escolhiam o que queriam para a corte (um observador árabe conta que eles ficavam com 30% da carga de cada navio) e permitiam que os comerciantes vendessem os produtos restantes.

Encerrado o ciclo da dinastia Tang em 907, a China se fragmentou em diferentes regiões, cada uma com seu governante. O comércio entre a China e o sudeste da Ásia teve uma pausa nessa época, quando rebeldes de Huang Chao atacavam muçulmanos, fazendo com que muitos mercadores estrangeiros deixassem Guangzhou.

A maioria das embarcações que viajavam entre o mundo islâmico, sudeste asiático e China antes do ano 1000 era dhows ou barcos "lashed-lug" fabricados no sudeste da Ásia. Um desses barcos, que afundou no porto Intan na Indonésia, dá uma visão preciosa do comércio da China com o sudeste asiático, quando o comércio começou a reviver no início do século X. Partindo da Ilha Belitung para o noroeste de Java, essa embarcação indonésia carregava uma grande quantidade de metais valiosos, inclusive moedas de ouro, 145 moedas de chumbo chinesas (algumas datando de 918), dinheiro de estanho feito na Península da Malásia, imagens de metal budistas (para derreter e fazer moedas), lingotes de estanho e bronze e cerca de 190kg de prata.

A quantidade de prata do naufrágio em Intan era enorme, quase toda a produção anual de uma das minas mais produtivas da China. Inscrições nos lingotes dão uma dica importante sobre sua finalidade: o posto fiscal de um governante regional os fabricou, muito provavelmente para a compra de produtos aromáticos do sudeste da Ásia.

Um segundo barco afundou longe da costa de Java, perto da moderna cidade de Cirebon por volta de 970. Esse barco lashed-lug media uns 30m de comprimento e carregava uma carga espantosa de 600 mil peças de cerâmica (quase todas chinesas). A capacidade do barco de Cirebon foi estimada entre 200 e 270 toneladas. Pressupondo que tais barcos viajavam entre a China e a Indonésia várias vezes ao ano, podemos imaginar a extensão do comércio entre as duas regiões mesmo antes do ano 1000.

À medida que o comércio entre a China e o sudeste asiático se recuperava, a tecnologia chinesa de construção de barcos começou a melhorar, e barcos a vela chineses assumiram um papel importante no comércio marítimo. Uma inovação importante ocorreu por volta do ano 1000, quando metalúrgicos chineses aprenderam a temperar arames de ferro e fabricar agulhas magnéticas; tal agulha flutuando na água criava uma bússola de bordo, permitindo que marinheiros chineses encontrassem o norte magnético. Outros instrumentos de navegação, como o astrolábio usado em todo o mundo islâmico, precisavam de céu aberto, mas a bússola funcionava em todas as condições climáticas, dando aos navegadores chineses uma vantagem enorme.

Os construtores chineses também usavam pregos de metal para prender as tábuas de madeira, e seus barcos tinham compartimentos separados para passageiros e carga. Anteparos e compartimentos impermeáveis aumentavam a flutuação e deixavam os barcos chineses mais capazes de sobreviver a tempestades. Se o barco tivesse uma rachadura, isso afetava apenas uma seção, não a embarcação inteira, como acontecia com os dhows ou os barcos lashed-lug.

O famoso viajante Ibn Battuta (que viu 600 jovens escravas cruzando o Saara) elogiou as vantagens dos barcos chineses. Em um dhow, todos os passageiros ficavam juntos no convés, ao passo que em um barco chinês eles podiam ocupar compartimentos separados por paredes de madeira. Ibn Battuta amava a efetiva privacidade que isso oferecia. A certa altura, ele insistiu em mudar seus pertences de um barco maior para um barco chinês menor para que pudesse desfrutar da companhia de várias concubinas que viajavam com ele.

Como os barcos chineses assumiram um papel mais importante no transporte marítimo por volta de 960, quando a dinastia Song foi fundada, o imperador continuou a receber tributos dos países vizinhos. O sistema de tributação, existente por mais de 1 mil anos, era estruturado de maneira a possibilitar que os vizinhos da China enviassem presentes, normalmente produtos locais, para os imperadores chineses, os quais, em retribuição, enviavam graciosamente tecidos de seda, em geral.

No início da dinastia, os songs enviavam funcionários para os países do sudeste asiático para recrutar missões tributárias. Os enviados song, munidos de formulários, registravam o nome do governante, país e presentes esperados. Como a dinastia regente usava o sistema de tributação para ter prestígio, em muitos casos os presentes que o

imperador chinês dava valiam mais que os apresentados pelos tributá-
rios. Era por isso que muitos mercadores estrangeiros se apresentavam
como portadores de tributos quando chegavam na China. Os regulamentos requeriam que os agentes do comércio rejeitassem impostores,
mas alguns comerciantes, sobretudo de lugares desconhecidos, conseguiam burlar a fiscalização.

Os regulamentos song dos anos 970 especificam que os enviados
que traziam tributos tinham o direito de visitar a capital song em
Kaifeng para que pudessem dar pessoalmente seus presentes ao imperador. As mesmas regras estipulavam que os mercadores que faziam
negócios deviam ficar no porto no qual haviam desembarcado. Durante os anos 1030, as viagens de tributação cessaram temporariamente. Após esse ano, embora recebesse missões ocasionais, o governo
song passou, basicamente, a taxar produtos estrangeiros.

O tamanho do comércio marítimo levou a dinastia Song a inter-
romper as práticas fiscais das dinastias anteriores e taxar fortemente o
comércio internacional. O novo sistema fiscal da dinastia era complexo, mas inteligente. Seus criadores, como todos os que estabelecem
impostos, buscaram a maior receita possível.

Cada porto tinha um alto funcionário, chamado Superintendente
do Comércio Marítimo, que supervisionava todos os comerciantes estrangeiros que chegavam ao porto e emitia licenças para os mercadores chineses que saíam de sua jurisdição e seguiam para terras estrangeiras. O superintendente era responsável por coletar novos impostos
e enviá-los para o governo imperial ao norte da cidade de Kaifeng.
Guangzhou era um porto comercial tão ativo em 971 que a dinastia
Song indicou o primeiro superintendente para trabalhar lá. Diferente das autoridades tang, que nomearam apenas um superintendente,
também em Guangzhou, o governo song nomeou outros superintendentes nos portos do sul em Hangzhou e Ningbo nos 20 anos seguintes, um sinal da importância das receitas do comércio internacional
para a nova dinastia.

Os fiscais da dinastia estabeleceram três impostos novos. Primeiro,
quando um barco chegava ao porto, eles entravam no barco para estimar
o valor geral da carga. Eles confiscavam uma parte, normalmente entre

10 e 20% do valor. O confisco direto lhes permitia obter os itens que o governo central — na prática o imperador e sua família — desejava.

Os funcionários do comércio coletavam um segundo imposto sobre "produtos finos" ou importações de alto valor, como pérolas, grandes presas de elefantes e âmbar cinza, comprando-os a uma taxa artificial com menor valor do que prevalecia nos mercados. Essa regulação de fato concedia ao governo um monopólio sobre todos os produtos finos e os funcionários da dinastia Song estabeleciam mercados para esses produtos em todo o império. Muitos eram remetidos para atacadistas, mas indivíduos também podiam fazer pequenas compras.

O terceiro imposto era sobre "produtos vulgares" ou a granel, em geral blocos maiores de madeira perfumada, que constituíam o resto da carga. Assim que os mercadores estrangeiros pagavam o imposto sobre os produtos vulgares, tinham permissão para vendê-los diretamente aos compradores chineses, vendas que, às vezes, eram feitas ali mesmo, nas docas.

Como se pode esperar, as taxas mudavam sempre e os mercadores protestavam quando o confisco direto era alto demais ou as taxas pagas pelos produtos finos, baixas demais. Às vezes, os comerciantes ganhavam: em 995, o governo recuou e ordenou a seus funcionários que parassem de comprar produtos a preços baixos artificiais ou vender com taxas excessivamente altas. Assim como hoje, tais práticas comerciais injustas destruíam o incentivo dos mercadores internacionais. Em certo momento, quando o governo, sem dinheiro, aumentou o confisco direto para 40%, bem acima dos 10 ou 20% habituais, os mercadores estrangeiros simplesmente deixaram de aportar na China.

A guerra com a dinastia Liao em 1004 terminou com o Tratado de Chanyuan em 1005. Embora exigisse um patrulhamento cuidadoso do comércio fronteiriço entre as dinastias Liao e Song, na realidade a fronteira entre elas era permeável. Cavalos, cuja venda Liao proibia, eram negociados no território Song; sal, livros, mapas, armas e moedas viajavam ao norte até o Reino Liao, apesar de uma ordem governamental da dinastia Song banir essa exportação.

Os song eliminaram a exportação de moedas para o território liao porque as moedas de bronze com alto conteúdo de cobre ainda eram o principal dinheiro usado no reino song e as autoridades financeiras temiam que sua perda prejudicasse a economia. As moedas chinesas eram redondas, com um quadrado vazado no meio, permitindo que fossem amarradas, originalmente em lotes de 1 mil e, mais tarde, 700, para serem contadas com mais facilidade. Essas moedas tinham desvantagens: eram pesadas, difíceis de transportar em grandes distâncias e nem sempre o fornecimento de cobre acompanhava a demanda.

Devido à escassez de cobre ser particularmente grave na província a noroeste de Sichuan, nos anos 980 o governo lançou moedas de ferro, que eram ainda mais pesadas que as de bronze. Eram necessários 70g de moedas de ferro para comprar 450g de sal. Após uma rebelião em 993–994 iniciada por dificuldades econômicas, os mercadores locais, em atitude revolucionária, substituíram as moedas de ferro por notas promissórias escritas em papel. Preocupados com possíveis abusos, os oficiais locais limitaram o direito de emitir notas de papel a apenas 16 mercadores dignos de crédito. Mas, quando um deles deixou de pagar, os funcionários locais começaram a emitir papel-moeda no ano de 1024. Foi o primeiro dinheiro em papel do mundo, mas como circulava apenas na região de Sichuan, seu impacto foi limitado.

Durante as décadas em que os oficiais em Sichuan conviveram com papel-moeda, os liao e os song assinaram o Tratado de Chanyuan. Os controles fronteiriços resultantes limitaram drasticamente o comércio da dinastia Song com a região norte. Mas, como o exército precisava de cavalos (os chineses nunca tiveram êxito na criação de cavalos tão rápidos e fortes quanto os das planícies da Ásia), eles compravam muitos cavalos de diferentes reinos a noroeste. Esses animais foram a importação por terra mais importante durante a dinastia Song.

Os mercadores chineses enviavam cada vez mais barcos para o sul e o oeste, sudeste da Ásia, Índia, Oriente Médio e leste da África, regiões nas quais nenhum inimigo hostil impedia o comércio. Os chineses lucraram muito com a exportação de tecidos de alta qualidade e cerâmica feita em altos-fornos. As exportações de metais eram importantes também, na forma de cilindros não processados e lingotes, ou como produtos processados, como caldeirões, woks e espelhos. O fluxo constante de receita com as exportações financiou o sucesso do florescente comércio de produtos aromáticos.

A metrópole de Quanzhou em particular lucrou com esse comércio. Na costa sudeste da China, de frente para Taiwan, Quanzhou era o lar de muitos residentes não chineses. Os indianos do sul financiaram um templo budista nos anos 980. A principal mesquita em Quanzhou, a Mesquita dos Companheiros do Profeta, foi primeiro construída em 1009 ou 1010. Mais de 200 lápides com inscrições em árabe foram escavadas em Quanzhou, bem mais do que qualquer outra cidade chinesa antes de 1500, e os muçulmanos de Quanzhou que falavam árabe formavam a maior comunidade estrangeira da China na época.

Esse nível de contato, com estrangeiros e nativos vivendo lado a lado, era incomum para uma cidade chinesa, tanto que passou a provocar comentários entre os funcionários governamentais. Na vizinhança dos mercados internacionais na região sul da cidade, "havia dois tipos de estrangeiros: pretos e brancos", notou um observador, apontando a diversidade de origens na comunidade mercantil da cidade.

Quanzhou se tornou um porto internacional maior no ano 1000. As regulamentações do governo estipulavam que todos os produtos que entravam na China tinham que passar por um porto com um Superintendente de Comércio Marítimo designado, mas Quanzhou prosperou porque o cumprimento não era total (nunca foi no mundo pré-moderno, nem é hoje). Antes de Quanzhou ser nomeado uma superintendência comercial, o contrabando era comum. Um observador notou: "As embarcações comerciais retornam todo ano em grupos de 20 barcos carregando vários produtos e mercadorias proibidas do tamanho de uma montanha." Por fim, em 1087, o governo nomeou o primeiro Superintendente do Comércio Marítimo para o porto de Quanzhou.

Desse ponto em diante, Guangzhou e Quanzhou passaram a ser os dois portos chineses mais importantes, e recebiam navios do sudoeste da Ásia e além. Um terceiro porto, Ningbo, ganhou importância porque era o principal para barcos com destino ao Japão e Coreia. Embora a China dos song e o Japão não tivessem uma relação formal que lhes permitisse trocar tributos, muitas vezes embarcações viajavam entre o porto chinês Ningbo e o entreposto comercial japonês que ficava no porto de Fukuoka, o único mercado oficialmente aberto para mercadores estrangeiros. Os barcos que vinham do Reino Liao, ao norte da China dos song, também ancoravam em Fukuoka.

Escrevendo em 1117, Zhu Yu, filho de um funcionário do comércio em Guangzhou, fornece muitas descrições claras da vida no porto. Para impedir o contrabando, os funcionários do governo colocavam vigias nos 320km do trecho da costa que se aproximava de Guangzhou para identificar qualquer barco chegando. Zhu Yu explica como os barcos navegavam. Conhecendo o contorno da costa, eles podiam determinar seu curso à noite a partir das estrelas e durante o dia pela sombra do Sol. Eles também usavam uma longa corda com um gancho na ponta para verificar a lama do fundo do mar, porque os marinheiros experientes conseguiam determinar seu local a partir do odor e da consistência dela. E quando a visibilidade era ruim, podiam consultar uma bússola.

Contrabandistas, mesmo de uma pequena quantidade de produtos, corriam o risco de ter seus produtos confiscados, portanto, eram estabelecidas elevadas multas para desencorajar a prática. Assim como as leis song ordenavam, o Superintendente do Comércio Marítimo confiscava 10% da carga e classificava o resto em produtos finos e vulgares.

Zhu Yu é o único escritor da dinastia Song que menciona escravos trazidos de outros países. Ele explica que alguns tripulantes, originalmente capturados por piratas, tinham uma habilidade incomum: "os escravos estrangeiros são bons nadadores; eles entram na água sem fechar os olhos." Os escravos sabiam como consertar as rachaduras nos barcos usando "estopa para reparar a parte externa da embarcação".

Os escravos tinham dificuldades para se adaptar aos costumes chineses. Como estavam habituados a comer alimentos crus, a comida cozida lhes dava uma diarreia tão forte que alguns morriam. Zhu Yu conta que os escravos "são pretos como tinta. Seus lábios são vermelhos e os dentes, brancos. O cabelo é crespo e amarelo". Amarelo? Essa palavra em chinês pode indicar a cor do cabelo envelhecido, mas também é possível que os escravos tivessem um distúrbio nutricional chamado kwashiorkor, causado por uma grave falta de proteína. Às vezes, as pessoas que comem apenas alimentos crus têm esse problema, podendo deixar o cabelo com cor de ferrugem.

Escravos que se adaptaram à alimentação chinesa acabaram por compreender os comandos orais chineses, mas nenhum nunca dominou a língua sozinho. O entendimento de Zhu da adaptação cultural espelhava o de seus contemporâneos: vendo a cozinha como um elemento crucial da identidade chinesa, eles tinham dificuldades para acreditar que alguém que nunca tinha ingerido a comida chinesa desde o nascimento pudesse aprender a falar corretamente a língua.

O relato detalhado de Zhu dos escravos estrangeiros é enigmático. Se os chineses importavam grandes quantidades de escravos, é certo que outra pessoa os teria mencionado. Talvez os escravos descritos fossem escravos pessoais dos mercadores islâmicos expatriados vivendo em Guangzhou.

Os chineses não precisavam importar escravos. Eles tinham sua própria oferta de trabalho em massa. As fontes não dão pistas sobre uma escassez de mão de obra. Lembre-se de que a população da China explodiu durante os songs, ultrapassando 100 milhões de habitantes na época em que Zhu escrevia.

Zhu Yu também nos ajuda a entender o aumento drástico no consumo de produtos aromáticos: os chineses os usavam em alimentos e bebidas. "Hoje, o costume é que os convidados bebam chá na chegada e tomem sopa na saída", Zhu Yu explica. "Contendo ingredientes medicinais, um pouco de adoçante e fragrância, a sopa pode ser quente ou fria. O uso de ervas doces é costumeiro em todo o império."

As pessoas no topo da pirâmide social continuavam a usar aromáticos de modos refinados. Um funcionário em particular gostava muito de queimar incenso: "todo dia em que estava de serviço, ele se levantava e, antes de começar a trabalhar, acendia dois incensos e colocava suas vestes oficiais sobre eles. Ao sair de casa, levantava as mangas. Quando se sentava, as soltava, emitindo uma intensa fragrância que preenchia todo o ambiente." Essa prática se difundiu entre os funcionários governamentais chineses.

Às vezes, os abastados consumiam quantidades enormes de plantas aromáticas em uma única ocasião. Durante o reinado do imperador Huizong, entre 1100 e 1126, a família imperial trocou velas sem cheiro por velas com um pedaço de pau-de-águila ou cânfora, com um pouco de âmbar cinza para intensificar a fragrância. No palácio, velas perfumadas eram "colocadas em duas fileiras, cada uma com centenas de velas que iluminavam muito o cômodo e emitiam uma densa nuvem de fragrância. Se alguém procurasse algo comparável no império, jamais encontraria". A história assume um caráter melancólico conforme o escritor recorda um período extravagante na corte que teve um fim repentino em 1126.

Foi o ano de uma invasão feita por uma confederação de pessoas do norte liderada pelos jurchen, originalmente pessoas subordinadas aos kitan liao. Os jurchen viviam na região nordeste da China, perto da fronteira com a Coreia do Norte. Assim como o líder kitan Abaoji criou uma confederação tribal poderosa ganhando a lealdade de diferentes pessoas por volta do ano 900, o líder jurchen Aguda fez exatamente o mesmo após 1100, fundando a dinastia Jin em 1115.

No início, os song se aliaram ao jurchen Jin na esperança de se defenderem dos kitan liao e recuperarem o território cedido a eles no Tratado de Chanyuan. Mas assim que os jurchen venceram os liao, eles se voltaram contra os song. Conquistando toda a parte da China ao norte do rio Huai em 1127, inclusive Kaifeng, a capital song, as forças dos jurchen capturaram o ex-imperador Huizong e o imperador no comando, Qinzong. Quando o Império Song entrou em colapso, os vencedores jurchen forçaram os dois ex-imperadores, com suas muitas esposas e membros da corte, a uma marcha longa e humilhante até o norte, onde por fim os dois homens morreram.

A perda do norte impulsionou mais o comércio chinês com o sudeste da Ásia. O novo imperador Gaozong conseguiu sua posição porque era um dos poucos príncipes da dinastia Song que os jurchen não capturaram. Ele estabeleceu uma capital na cidade sulista de Hangzhou, por si só um importante entreposto comercial (os historiadores chineses se referem à segunda metade da dinastia Song como Song do Sul porque a capital estava localizada nessa região). Hangzhou, uns 160km a sudoeste da atual Xangai, era o único porto a servir como capital do império Chinês, mostrando a importância do comércio marítimo para essa dinastia.

Inicialmente, não estava claro se o imperador Gaozong ou a dinastia sobreviveriam. A guerra dificultava coletar impostos, sobretudo os agrícolas, tradicionalmente a principal fonte de renda das dinastias chinesas. O imperador Gaozong percebeu que taxar o comércio estrangeiro era uma solução para o deficit orçamentário. Ele observou: "Os lucros do comércio exterior são enormes. Se o comércio for tratado do modo certo, o lucro pode facilmente chegar a milhões de moedas. O rendimento com o comércio não é melhor do que obtê-lo do povo? Devo prestar mais atenção ao comércio exterior para poder dar um pouco de alívio ao povo." Foi incrível que o imperador chinês notasse o peso das taxas agrícolas sobre seus súditos e ainda mais notável que ele tentasse aliviar esse peso taxando o comércio internacional.

De fato, a proporção da receita do governo com os impostos sobre o comércio internacional chegou a 20% nos anos seguintes a 1127, quando os song estavam particularmente desesperados por receitas fiscais. Por fim, quando a dinastia recuperou sua posição e restabeleceu sua base agrícola, o imposto sobre o comércio internacional voltou para cerca de 5% da receita total, o nível anterior à queda do norte.

A situação se estabilizou em 1141 quando o imperador Gaozong assinou um tratado com a dinastia Jin que estabelecia pagamentos song para os jurchen ainda mais altos do que os dados à dinastia Liao: 7 mil quilos de prata e 250 mil peças de seda, pagos anualmente. O tratado com a dinastia Jin não teve muito sucesso em manter a paz, como aconteceu com o Tratado de Chanyuan com a dinastia Liao. E mais, embora cada lado se atacasse periodicamente, nenhum conseguiu mudar a fronteira entre o norte e o sul da China.

Apesar da perda do norte e dos altos pagamentos anuais feitos aos jurchen, os moradores do sul da China desfrutaram de quase dois séculos de uma prosperidade inigualável conforme os chineses continuavam a importar quantidades ainda maiores de produtos aromáticos do sudeste da Ásia.

O imperador Gaozong gostava tanto de aromáticos que desenvolveu sua própria marca de incenso para oferecer aos membros da corte favoritos. Arqueólogos recuperaram um quadrado para incenso com quatro caracteres chineses com a caligrafia dele: "O país pode florescer e a antiguidade pode ser restaurada." Cada quadrado tinha um pequeno furo feito em um canto superior para que os funcionários pudessem pendurá-lo em seus cintos. A receita imperial? Claro, pau-de-águila era o principal ingrediente, com pétalas de flor e cânfora de Bornéu para perfumar, e almíscar para intensificar o olor.

Mercadores chineses engenhosos desenvolveram novos meios de aumentar as vendas de aromáticos. Vendedores de rua passaram a adicionar diversas fragrâncias para aprimorar o gosto das refeições e vendiam raiz de lótus e água perfumada com pau-de-águila. Donos de barracas arrojados vaporizavam os caules da cana-de-açúcar in natura na fumaça de almíscar, o aromático caro extraído das glândulas do veado tibetano. Até os consumidores mais pobres conseguiam usufruir de tais delicadezas nos mercados.

O uso de olíbano foi particularmente difundido. O governo central armazenava esse aromático importado em depósitos. Em 1175, percebendo que tinham um grande suprimento em mãos, os funcionários subiram os preços artificialmente e exigiram que os compradores adquirissem grandes quantidades, ocasionando uma rebelião no centro da China, na fronteira com as atuais províncias Hunan e Guizhou.

O olíbano, com outros aromáticos importados, como cravos-da-índia e putchuck, aparece em prescrições médicas pela primeira vez nos séculos X e XI, e nos séculos XII e XIII cada vez mais farmacêuticos prescreviam mirra, bórax e pimenta-do-reino. A maioria das prescrições chinesas consistia em diferentes ervas e aromáticos moídos bem fininho para que os pacientes fervessem em água para fazer chá medicinal. Antes do ano 1000, o único produto importado regularmente que aparece nas prescrições era ginseng da Coreia, mas as receitas após 1000 pedem regularmente diversos componentes importados.

Os aromáticos não eram apenas produtos luxuosos para os mais abastados. Pessoas de todas as classes sociais se abasteciam nos mercados e visitavam curandeiros para obter remédios feitos com diversas plantas aromáticas importadas. Em 1076, o governo criou a primeira farmácia pública do mundo. A principal filial ficava na capital de Kaifeng e, mais tarde, outras filiais foram abertas em todo o império. Um departamento da agência governamental farmacêutica adquiria e acondicionava diferentes ingredientes, enquanto um outro administrava as drogarias que vendiam diretamente para a população.

Os fabricantes de incenso também misturavam fragrâncias importadas. Das 300 receitas contidas no livro do século XIII *Mr. Chen's Guide to Incense* [Guia de Incenso do Sr. Chen, em tradução livre], 66% requerem sândalo, 61% usam almíscar, 47% pau-de-águila, 43% cânfora, 37% cravo-da-índia e 13% olíbano. Aparecendo pela primeira vez no ano 1300, as pequenas varetas de incenso foram outro sinal de seu uso por pessoas pobres, que podiam ter mais facilmente acesso a um único deles contendo bem menos incenso do que o pacote inteiro.

Como o consumo de aromáticos se espalhou por toda a sociedade, os ricos, como sempre, desenvolveram meios ainda mais extravagantes de ostentar sua riqueza. No inverno, eles compartilhavam "salas quentes" ou espaços que podiam ser aquecidos individualmente. Um homem construiu três dessas salas feitas inteiramente de pau-de-águila. Ele pediu bancos entalhados especiais com furos. Com rolos de incenso acesos sob eles, a fragrância impregnava os ambientes. Usou a mesma técnica em um barco construído apenas com cedro chinês. Os mais abastados na dinastia Song da China viviam, sem dúvida, com muito conforto.

Quando o comércio de produtos aromáticos se expandiu, muitas pessoas fizeram fortunas: mercadores chineses e estrangeiros que viviam em Quanzhou e Guangzhou, assim como funcionários governamentais chineses que administravam as vendas de produtos finos e vulgares. Os ricos financiavam barcos inteiros; homens e mulheres com menos dinheiro podiam comprar cotas. Se uma viagem tivesse êxito, todos tinham um belo lucro.

Esse negócio era tão lucrativo que atraiu as pessoas da família imperial com menos posses. Um pouco após 1100, o clã imperial (todos os descendentes homens do imperador e suas famílias) ficou grande demais para viver na capital de Kaifeng. As receitas provenientes de uma única cidade não conseguiam cobrir o custo dos generosos proventos pagos a cada homem. Assim, a família imperial se dividiu em três partes diferentes, e uma delas ficou em Kaifeng.

Após a queda do norte em 1127, a divisão de Kaifeng se mudou para a nova capital em Hangzhou, ao passo que as duas outras buscaram cidades prósperas o bastante para recebê-las. A divisão oeste, com cerca de 200 pessoas, escolheu Fuzhou, um porto ao norte da província Fujian, e a divisão sul, com uns 400 membros, optou por ir para o extremo sul da costa de Quanzhou, onde se envolveram muito com o comércio de aromáticos.

Já a caminho de se tornar o porto mais importante na China, Quanzhou ultrapassou Guangzhou por volta do ano 1200. A população da cidade, de 1 milhão em 1080, chegou a 1,25 milhão em 1240, igualando-se a Bagdá e ficando um pouco abaixo das duas capitais da dinastia Song, Kaifeng (960–1126) e Hangzhou (1127–1276), cujas populações eram em torno de 1,5 milhão de habitantes cada.

A prosperidade de Quanzhou e outros portos vizinhos se espalhou pela província inteira de Fujian, permitindo que seus moradores saíssem da agricultura de subsistência e passassem a fabricar produtos para mercados comerciais. Como os moradores do sudeste da Ásia, que colhiam plantas aromáticas para os chineses, o povo em Fujian se adaptou aos desafios de viver em uma economia globalizada. Eles pararam de plantar seu próprio alimento. Descobriram que podiam ganhar mais dinheiro se cultivassem outras fontes de renda, como lichias, cana-de-açúcar e arroz glutinoso, ou cultivassem fibras têxteis locais, como rami e cânhamo. Eles passaram a comprar alimento para suas famílias nos mercados locais com o dinheiro ganho. Muitos abandonaram a agricultura. Alguns trabalhavam em minas de prata, cobre, ferro e chumbo. Outros pescavam e havia também os que fabricavam sal desviando a água do mar para recipientes, deixando-a evaporar.

O setor de cerâmica absorveu grande parte da força de trabalho. Os empreendedores construíram fornos de escalada com 100m nas encostas das colinas. Produzindo entre 10 mil e 30 mil vasos em uma única fornada, esses locais empregavam centenas, se não milhares, de trabalhadores. Alcançando as temperaturas mais altas em todo o planeta, esses fornos produziam uma cerâmica brilhante, fácil de limpar e apreciada na África, Oriente Médio, Índia e sudeste da Ásia. Não consideramos esses fornos como industriais simplesmente porque não usavam vapor nem energia elétrica (eles queimavam madeira ou carvão), mas essas empresas eram tão grandes e complexas quanto as primeiras fábricas da Revolução Industrial. Cerca de 7,5% da população de Fujian de 5 milhões (umas 375 mil pessoas) estava envolvida na fabricação de cerâmica para exportação nos séculos XII e XIII.

Uma mudança na política monetária song teve um efeito drástico em seus parceiros internacionais. Quando os funcionários do governo song começaram a emitir papel-moeda em 1024, seu uso era limitado na província de Sichuan, mas, em 1170, o governo song estabeleceu um sistema permanente de papel-moeda respaldado pela prata. De repente, as moedas de bronze pesadas caíram em desuso e os mercadores aproveitaram a oportunidade para exportar enormes quantidades de moedas para o Japão. Os principais produtos que os japoneses exportavam para a China eram madeira, enxofre, mercúrio e ouro, todos matérias-primas.

No início, o governo japonês baniu as moedas chinesas, mas depois mudou a política em 1226, permitindo seu uso. E, por volta de 1270, as moedas de bronze chinesas se tornaram, de fato, o dinheiro em todo o arquipélago japonês. As moedas chinesas também circularam amplamente em Java durante os séculos XII e XIII, e os javaneses cunhavam cópias dessas moedas. O uso de moedas chinesas no Japão e em Java mostra a profunda integração das economias do leste e do sudeste asiático.

As pessoas que viviam na costa sudeste da China foram as mais afetadas pela globalização porque muitos portos maiores ficavam nessa região, mas a globalização atingiu quem vivia no interior também. Um mercado costeiro em Shaoxing oferecia "jades, sedas brancas, pérolas, chifres de rinoceronte, perfumes famosos e remédios preciosos, sedas adamascadas e produtos feitos de laca e junco", uma variedade impressionante de produtos encontrados com revendedores em um porto não muito distante da moderna Xangai. Entretanto, em um mercado bem no interior, uns 1.600km a oeste, em Chengdu, Sichuan, os consumidores podiam comprar "mica e olíbano da cor de um cristal brilhante, pau-de-águila e sândalo exalando suas fragrâncias". A disponibilidade de produtos de fora não chegava no nível da Ikea atual, os mercados não eram montados todo dia e os preços da maioria dos produtos importados eram altos, mas chegava perto do que se pode imaginar.

Em 1225, Zhao Rukuo, membro do clã imperial e Superintendente do Comércio Marítimo em Quanzhou, escreveu um livro sobre o comércio exterior da China intitulado *Record of Various Foreign Peoples* [Registro de Vários Estrangeiros, em tradução livre]. Ele fez registros históricos e de suas conversas com pessoas vivendo em Quanzhou. O superintendente Zhao mostrou profundo conhecimento dos parceiros comerciais de longa data da China, como Coreia, Japão e Vietnã, e de muitos locais distantes, como Sicília, Somália e Tanzânia.

Antes, os superintendentes do comércio também deviam ter se relacionado com os mercadores estrangeiros, como ficamos sabendo a partir dos regulamentos do governo especificando com que frequência seus funcionários deviam oferecer um jantar para os mercadores visitantes, mas não sabemos o que eles aprendiam com isso. Caminhando pela atual Quanzhou, é possível ver muitos lugares nos quais o superintendente Zhao pode ter entrevistado os mercadores de fora. Diversos pequenos canais ainda cortam a cidade e um deles leva direto ao antigo posto do superintendente, agora um templo local taoista. A rua principal onde os mercadores estrangeiros viviam está a poucos passos de distância.

O livro do superintendente Zhao tem duas partes. Após o texto inicial de caráter geográfico, a primeira parte fornece uma história concisa de 53 lugares e seus produtos. A segunda era completamente nova. Mercadoria por mercadoria, o autor identifica diferentes países que produziram o item e explica variações na qualidade. Conforme as quantidades de produtos entravam na China vindas do sudeste asiático, os comerciantes perceberam que era preciso reconhecer a maior ou menor qualidade dos produtos, e a diferença muitas vezes estava em determinar a origem desses bens. Esses comerciantes eram o público-alvo de Zhao. Como superintendente do comércio, ele passava longas horas conversando com mercadores de fora e escrevia o que observara para informar seu próprio público.

A China desfrutava de um grande superavit comercial, revelou Zhao. Enquanto exportava os melhores tecidos do mundo, cerâmica e produtos de metal, a China importava uma variedade menor de produtos: madeira, resinas e especiarias, em grande parte do sudeste da Ásia, algumas do Oriente Médio. O livro do superintendente Zhao focava o comércio marítimo, portanto, não menciona as contínuas importações por terra de cavalos, tão necessários pelo exército, vindos do noroeste.

O detalhe de um pergaminho representando a cidade chinesa mostra uma loja de móveis especializada em madeiras importadas. O letreiro informa "Pau-de-águila, sândalo e olíbano de alta qualidade da família Liu".

As importações de produtos aromáticos eram muitíssimo importantes porque todas as classes sociais os consumiam. Eles transmitiam fragrâncias agradáveis para os corpos das pessoas, roupas e o ambiente. Também eram um ingrediente essencial em bebidas, refeições e alimentos. Como entravam em inúmeras prescrições médicas, eram necessários para muitas pessoas.

O livro de Zhao vai muito além das informações comerciais. Considere sua descrição precisa da captura de escravos em Madagascar: "À oeste, há uma ilha com muitos homens selvagens, corpos negros como laca e cabelo crespo. Enganados com ofertas de comida, são capturados e negociados como escravos nos países árabes, onde conseguem um alto preço. Eles trabalham como guardas. Pessoas dizem que eles não sentem falta de seus parentes." O comentário final deve ter surpreendido os leitores chineses, com seu forte sistema familiar: quase se pode ouvir Zhao se perguntando se isso era realmente possível.

O relato de Zhao sobre a caça de elefantes é ainda mais detalhado: "As pessoas não ousam se aproximar dos elefantes. Os caçadores usam arcos de extraordinária força e atiram flechas envenenadas. Quando atingidos, os elefantes fogem, mas, antes de se afastarem 1km ou 2km, o veneno faz efeito e o animal morre. Os caçadores os seguem, retiram as presas da carcaça e os enterram." Quando conseguem dez ou mais presas, elas são vendidas para mercadores árabes que as levam para Serivijaia, explica Zhao. As melhores presas de elefante para os árabes são três vezes maiores e mais brancas que os do sudeste asiático, que tendem a ter um tom avermelhado. Zhao não percebe que as presas superiores são da África. Como os mercadores árabes dominavam o lucrativo comércio de marfim, ele acha que esses homens obtinham as presas de alta qualidade em sua terra natal.

O comércio internacional era tão importante durante os song que livros de Matemática cobrem o assunto. Um enunciado, de 1247, pede para o leitor determinar as partes devidas a quatro parceiros que investiram em uma embarcação que fora e voltara do sudeste da Ásia. "Suponha que há um barco a vela chinês que foi para a alfândega e desembaraçou a mercadoria. Com exceção dos produtos a pagar ao proprietário do barco, restam 188kg de pau-de-águila, 10.430 pacotes de pimenta-do-reino, cada um pesando 23,8kg, e 212 pares de presas de elefante." A escolha de pau-de-águila, pimenta-do-reino e presas de elefantes (importantes mercadorias no comércio com o sudeste da Ásia) é pertinente.

O problema está em explicar que os parceiros A, B, C e D pegaram emprestado diferentes quantias, o que aumenta o desafio. É possível resolver o problema apenas com matrizes, o que mostra que os chineses usavam álgebra linear nessa época.

Uma embarcação que afundou fora de Quanzhou nos anos 1270 dá um exemplo real de como seria uma carga financiada por vários parceiros. Medindo 24,2m de comprimento por 9,15m de largura, o barco foi recuperado por arqueólogos que extraíram 2.400kg de madeiras perfumadas, inclusive pau-de-águila e sândalo; 4,75l de pimenta-do-reino, âmbar cinza da Somália; 6,3g de olíbano e 4kg de mercúrio. Todos os itens na carga eram produtos importantes no comércio do sudeste asiático com a China e a predominância de aromáticos é a esperada. O barco também carregava algumas moedas chinesas, as últimas datando de 1271, portanto, o naufrágio ocorreu nesse ano ou pouco depois.

Diferentemente das embarcações de outros lugares, os barcos chineses tinham compartimentos impermeáveis, uma inovação tecnológica na construção de barcos. Isso limitava danos com rachaduras a apenas uma seção do barco.

Dividido em 13 compartimentos separados de madeira, o barco foi claramente fabricado na China; os trabalhadores entalharam uma constelação, composta de 7 furos pequenos e um grande (talvez uma representação da Ursa Maior) nas duas extremidades da quilha ou na viga principal que atravessava a parte inferior do banco. Essas esculturas eram um modo chinês tradicional de buscar proteção divina. Arqueólogos descobriram evidências de reparos no barco usando a técnica de amarração, um sinal de que ele tinha viajado para o sudeste da Ásia e voltado.

A embarcação também tinha 96 etiquetas de madeira com nomes de pessoas, oficinas, lugares e mercadorias. Presas a caixas diferentes, permitiam que investidores, tripulação e capitão identificassem quais produtos pertenciam a quem. Um quarto das identificações tinha uma etiqueta incomum: "família do sul", que intrigou a todos, até que um historiador local percebeu que o termo se referia à divisão sul do clã imperial, os principais investidores do barco.

É muito provável que a embarcação tenha partido de Quanzhou no início do ano 1270 quando o porto ainda estava sob domínio da dinastia Song do sul. O superintendente do comércio na época era um homem poderoso, de descendência árabe, chamado Pu Shougeng. Seus antepassados tinham se mudado de Guangzhou para Quanzhou por volta de 1200 e ele se tornou o superintendente de Quanzhou em 1266. Assumindo o posto durante o longo colapso da dinastia, Pu trabalhava simultaneamente como comissário de pacificação, uma posição que lhe deu o comando de um pequeno exército, que ele podia complementar com milícias controladas por famílias poderosas locais.

Os mongóis, que já tinham o controle do norte da China, iniciaram ataques intermitentes no sul com sua esquadra. Após terem capturado a capital song de Hangzhou em 1276, o último imperador song, um garotinho, fugiu para Quanzhou, onde a esquadra mongol atacou e deu o golpe final na dinastia Song.

Antecipando a vitória mongol, o Superintendente do Comércio Pu mudou de lado, provavelmente em 1277, quando matou alguns membros imperiais que residiam na cidade.

É provável que a infeliz embarcação tenha retornado para Quanzhou com toda sua carga nessa época. Retirado de uma baía rasa perto de Quanzhou, o barco afundou com seu casco intacto e sem sinais de que alguém a bordo tenha morrido ou de que a causa do naufrágio fora uma rachadura. Alguém removeu o mastro e toda a madeira acima da superfície da água, supostamente para vender ou usar como combustível. Como continha grande parte de sua valiosa carga original, teria o barco sido deliberadamente afundado quando seu capitão percebeu que os mongóis haviam deposto a família imperial song? Por alguma razão, as pessoas que afundaram o navio nunca voltaram para recuperar os produtos e, como os tesouros de moedas de prata enterrados no leste da Europa, o barco ficou intocado até ser descoberto por arqueólogos.

Matando o último imperador menino song em 1279, os mongóis conquistaram toda a China. Eles assumiram como os sucessores da dinastia Song e governaram a China como a dinastia Yuan. O comércio com o sudeste da Ásia continuou a prosperar sob o domínio mongol. Marco

Polo declarou ter visitado Quanzhou nos anos 1280 ou 1290, e seu relato repete informações confiáveis. Ele chama Quanzhou de "Zaiton", um nome árabe que significa "cidade das olivas". "A quantidade total de tráfego em pedras preciosas e outras mercadorias entrando e saindo desse porto é uma maravilha para os olhos [...] Asseguro que para cada navio de especiarias a caminho de Alexandria e outras localidades com o objetivo de obter pimenta para exportação para o mundo cristão, Zaiton recebia centenas de visitantes. Por isso você deve saber que é um dos dois portos no mundo com o maior fluxo de mercadorias." O outro era a antiga capital song de Hangzhou.

Polo conta que todos os navios que entravam no porto pagavam "10% de imposto sobre todos os artigos, inclusive pedras preciosas e pérolas, ou seja, cobrava-se um dízimo sobre tudo." É a mesma alíquota de 10% de imposto aduaneiro que os oficiais song aplicavam no início de sua dinastia em 960. "O pagamento para alugar navios, que é por frete, é calculado em 30% sobre artigos de pequeno porte, 44% sobre pimenta e 40% sobre pau-de-águila, sândalo e todas as mercadorias volumosas." As porcentagens são razoáveis, mas Polo comete um erro crucial: não são taxas de embarque, mas impostos variáveis cobrados sobre produtos finos e vulgares. Os mongóis coletavam os mesmos três impostos sobre barcos estrangeiros, como faziam os funcionários da dinastia Song. Pagas as taxas, Polo explica, os mercadores "tinham tanto lucro que só queriam voltar com outra carga".

Polo comete outros erros. Ele menciona uma porcelana "bela" e "barata" que adquire seu "brilho" por ser enterrada "por 30 ou 40 anos", demonstrando não compreender a tecnologia dos fornos. O viajante muçulmano Ibn Battuta também relatou que os chineses enterravam a cerâmica quando visitou a região muçulmana de Quanzhou antes de voltar para Marrocos. Poucas pessoas fora da China entendiam como era feita a cerâmica de alta qualidade.

O comércio chinês com o sudeste da Ásia continuou a prosperar sob o domínio mongol, como podemos ver em uma lista incluída no dicionário geográfico de Guangzhou com 69 produtos estrangeiros diferentes, 40 do sudeste asiático, comercializados em 1300. Os nove mais caros eram marfim, chifre de rinoceronte, penachos de aves, pérolas, coral, tartaruga e cascos de tartaruga. O tamanho e a variedade da lista fazem muito sentido para a rota marítima mais frequentada em uso antes da chegada dos europeus em 1500.

Conforme as informações sobre os países estrangeiros viajavam com os produtos, os chineses aprendiam mais sobre a geografia do sudeste asiático. O autor do dicionário geográfico de Guangzhou dividiu as águas do Mar da China Meridional em Pequeno Oceano Ocidental (a parte do Mar da China Meridional perto da Península da Malásia), Pequeno Oceano Oriental (o Mar de Sulu a leste de Bornéu) e o Grande Oceano Oriental (o Mar de Java), e explicou quais países se localizavam perto de cada corpo de água.

Por mais que os marinheiros chineses conhecessem a geografia do sudeste da Ásia, Índia, Península Arábica e África, eles não se aventuravam à leste das Filipinas, entrando no Pacífico, porque acreditavam que lá ficava o fim do mundo. Como explicou o superintendente Zhao em 1225: "Ainda além do leste [de Java] é onde o Último Dreno esvazia. Não há pessoas vivendo além desse ponto."

Último Dreno era o nome do lugar no qual os chineses pensavam que as águas do oceano voltavam para a Terra. Os chineses escreveram sobre o Último Dreno no início do século III a.C., quando o grande filósofo chinês Zhuangzi explica: "De todas as águas do mundo, nenhuma é tão grande quanto o mar. Dez mil rios correm para ele — nunca ouvi falar sobre eles terem parado — e mesmo assim nunca está cheio. A água escoa no Último Dreno — e nunca ouvi falar sobre o contrário — e mesmo assim o mar nunca esvazia."

O superintendente Zhao cita uma longa passagem de um livro do fim do século XII que localiza o famoso dreno em um local específico: "No quadrante sudoeste do Mar do Sul, há um grande oceano chamado Mar do Vietnã. Três correntes se encontram nesse ponto." A fonte continua: "Os barcos que vêm do sul sempre encontram a confluência dessas três correntes." Parece provável que o autor se referia ao início da Corrente Kuroshio, que ficava um pouco a oeste de Lução, entre Taiwan e Filipinas.

Os riscos para os marinheiros que se afastavam muito eram grandes: "Se eles pegam uma rajada de vento, podem se safar. Se ficam na calmaria, há o perigo de o barco não conseguir escapar e se partir onde as três correntes se encontram [...] É onde o Último Dreno flui para os Nove Submundos." O local desse dreno era bem à leste, além de qualquer lugar que o leitor chinês teria ouvido falar.

Pode-se fazer um paralelo do medo chinês causado pelo Último Dreno, com a ideia romana da Zona Tórrida que os navegadores portugueses desmentiram aos poucos à medida que seguiam a costa oeste da África. Ao contrário do que o antigo geógrafo romano Ptolomeu escrevera, eles não encontraram nenhuma região tão quente a ponto de seres humanos não poderem sobreviver. Diferentemente dos navegadores portugueses, os observadores song continuaram a acreditar nos perigos do Último Dreno; talvez seja por isso que os chineses não passavam das Filipinas além do Pacífico até depois de os marinheiros europeus terem desbravado a rota.

O comércio chinês de produtos aromáticos com o sudeste asiático continuou a aumentar após o término do domínio mongol. Depois da fundação da dinastia Ming em 1368, um único envio de tributos para a corte foi tão grande que continha 80 toneladas de produtos tropicais, basicamente pimenta e pau-brasil da Malásia.

As viagens marítimas mais longas da China ocorreram entre 1405 e 1433, quando a dinastia Ming patrocinou 7 viagens comandadas pelo almirante Zheng He. Uma esquadra imperial de 317 navios carregando 28 mil homens foi da China para o sudeste asiático, e em seguida para a Índia e o Iraque. Alguns navios se separaram da esquadra principal e chegaram a Mombaça na costa leste da África. Sabemos isso porque evidências escritas e arqueológicas dessas viagens sobrevivem na forma de moedas chinesas encontradas no mar, registros históricos chineses e, a mais convincente, inscrições em chinês entalhadas em placas de pedra no Sri Lanka e em Calicute, Índia.

As maiores embarcações do almirante Zheng tinham 61m de comprimento, tornando minúsculos os barcos de Cristóvão Colombo, provavelmente com 30m (curiosamente não sabemos as dimensões precisas dos barcos de Colombo). Enquanto a esquadra completa do almirante Zheng tinha 317 barcos, Colombo navegava com apenas 3.

As embarcações de Zheng passaram pelo Estreito de Málaca ao longo da costa da Península Arábica e da Índia, cobrindo 13 mil km. Se cruzassem o Oceano Índico em linha reta, a rota teria apenas 10.500km. Se acrescentamos um trecho de 6.500km a partir de Basra, no Iraque, até Sofala, Moçambique, na costa leste da África, a extensão da viagem ainda é notável, sobretudo dado que Colombo percorreu apenas uns 7 mil km em sua primeira viagem.

Resumindo, as viagens de Zheng He estavam em uma escala muito maior comparadas às de Colombo. O objetivo? Proclamar o poder do terceiro imperador da dinastia Ming.

O tamanho da esquadra chinesa e a extensão do patrocínio do governo podem ter sido novidade nos anos 1400, mas a rota não. Zheng He estava na passagem marítima do Golfo Pérsico–China. Os homens de Zheng He não exploravam, mas viajavam em rotas familiares em torno do sudeste asiático, cruzando o Oceano Índico até a Índia, Arábia e África, que os barcos chineses usavam desde o ano 1000.

As viagens patrocinadas pelo governo terminaram em 1433, mas comerciantes particulares continuaram a velejar por essas águas nos séculos seguintes. A economia de toda a região do Oceano Índico estava comercialmente integrada antes das viagens europeias da descoberta nos anos 1500 e depois também. Iniciando em meados dos anos 1400, os portugueses se concentraram em exportar ouro da África para a Europa. Mas assim que passaram a controlar as Ilhas Molucas em 1520, perceberam que podiam ganhar muito mais dinheiro lá do que na África. É certo que podiam. Desde o ano 1000, governantes chineses, mercadores e atravessadores prosperaram explorando essa exata fonte de riqueza.

Epílogo

chega ao fim nosso giro pelo mundo. Seguimos os caminhos abertos pela primeira vez no ano 1000 e observamos seu impacto nos
500 anos seguintes. Após 1500, começa um novo capítulo (o europeu)
da história mundial. Por mais de 400 anos os europeus contaram com
as armas mais avançadas para percorrer os caminhos comerciais preexistentes sempre que possível e criar outros quando nada existia.

Em 1497, Vasco da Gama foi para o sul seguindo a costa oeste africana e contornou o Cabo da Boa Esperança. Na época de sua viagem,
os portugueses já sabiam que era arriscado ir para o interior da África,
pois, não sendo nativos, não tinham resistência à malária. Sempre que
um grupo de portugueses se aventurava no interior saindo da costa,
as fatalidades eram enormes. Fazia muito mais sentido que os europeus se estabelecessem nos portos, onde podiam descansar, estocar
suprimentos e comprar os produtos necessários, basicamente escravos
e ouro, trazidos do interior. Nessa primeira fase do Imperialismo, o
império português lembrava um colar de contas amarradas (portos da
Cidade do Cabo, Mombaça e Mogadíscio) ao longo da costa africana.

É por isso que El Mina, o primeiro forte comercial na costa de
Gana, foi um importante exemplo. Ele demonstrava a possibilidade
de fazer negócios a partir de uma base costeira da qual navios portugueses podiam navegar diretamente, obter os produtos desejados e
voltar para casa. Após os portugueses se estabelecerem em El Mina,
empreendedores africanos mudaram as rotas comerciais existentes
no interior para a costa, para que os comerciantes pudessem entregar
ouro e escravos nos portos do Atlântico. Essa não foi a primeira vez
que os africanos mudaram suas rotas: em torno do ano 1000, quando

Sijilmassa substituiu Zuila como o principal ponto de comércio no norte da África, a grande rota comercial transaariana de ouro e escravos também foi para o oeste.

Depois que Gama contornou o Cabo da Boa Esperança, não mais foi o pioneiro de uma nova rota marítima. Ele se juntou à rota marítima do Golfo Pérsico–China, muito frequentada, que conectava as cidades portuárias do leste da África aos portos do Oceano Índico. Uma vez nessa rota, foi fácil encontrar um navegador para guiar suas quatro embarcações no Oceano Índico até o porto de Calicute, famoso por suas especiarias. O nome do comandante que se juntou a Gama em Malindi era Malemo Caná (possivelmente Canaça), e as duas fontes que o mencionam dizem que era um mouro que falava um pouco de italiano.

A rota que ligava a China à África era a rota marítima mais longa utilizada antes de 1492, e os aromáticos eram a mercadoria mais importante que passava por ela. Após 1492, o tráfego na rota transatlântica da Europa para as Américas e a rota transpacífica das Américas para as Filipinas superou a rota do Golfo Pérsico–China, mas ainda havia comércio circulando nela.

Quando construíram seu império nas Américas, os espanhóis assumiram o controle da capital asteca de Tenochtitlán e estabeleceram a Cidade do México como sua capital. Colombo reconheceu a sofisticação da rede comercial americana quando, em 1502, encontrou uma enorme canoa carregando tecidos de alta qualidade, facas obsidianas, sinos de cobre, espadas de madeira, tudo circulando entre a Península de Iucatã e o Caribe.

Colombo não tinha como saber sobre as rotas comerciais nativas que conectavam os maias ao norte e à região sudeste americana, ao Vale do Rio Mississípi, ao sul do Panamá e aos Andes, mas os hispânicos que o seguiram até as Américas aproveitaram bastante esses caminhos preexistentes para construir novos impérios no México e no Peru.

Em 1519, ao chegar ao México, Cortés fez amizade com uma nobre asteca chamada Malinché que fora capturada pelos maias. Fluente nas línguas maia e náuatle dos astecas, ela ajudou Cortés a fazer alianças com diferentes tribos, buscando derrubar os astecas. Com a ajuda dela, os espanhóis conseguiram conquistar a capital asteca em apenas dois anos. No extremo sul, o Império Inca se mostrou tão vulnerável quanto os astecas, mas por um motivo diferente: Pizarro, aproximando-se por mar a partir do Panamá, chegou no meio de uma disputa de sucessão sobre quem seria o próximo líder dos incas, e soube capitalizar a desordem para obter o controle.

Nenhum espanhol — nem Colombo com certeza — percebeu, mas todos estavam transmitindo germes letais para os quais os ameríndios não tinham imunidade. O longo período de isolamento após os primeiros colonizadores pré-históricos chegarem deixou os nativos das Américas muito vulneráveis a doenças europeias como varíola, gripe e até um resfriado comum.

Como nenhum dado censitário sobreviveu, não há unanimidade dos historiadores quanto à população das Américas em 1492; as estimativas variam de 10 milhões a 100 milhões de habitantes. Nossa primeira informação mais confiável data de 1568, com um censo espanhol. Apenas 2 milhões de ameríndios nas regiões centrais agrícolas do México e do Peru sobreviveram aos surtos em massa de doenças trazidas pelos europeus (é possível que mais um milhão em áreas remotas também tenham sobrevivido). Essas mortes em massa prepararam o caminho para os colonizadores europeus.

Nos anos 1600, britânicos, holandeses e franceses substituíram espanhóis e portugueses como as principais potências da Europa, e seus homens colonizaram a América do Norte. Os nativos ensinaram aos europeus muitas habilidades de sobrevivência que contribuíram com seu sucesso nesses ambientes radicalmente diferentes. Lembre-se: os vikings se retiraram do nordeste do Canadá por volta do ano 1000 e da Groenlândia após 1400 porque acharam o ambiente muito hostil.

Squanto (seu nome completo era Tisquantum) tornou possível aos peregrinos atravessarem o primeiro inverno em Plymouth. Mas poucos sabem que, antes da chegada dos peregrinos, Squanto fora sequestrado em 1614 por um explorador inglês que o levou para a Europa e o vendeu como escravo na Espanha. Squanto conseguiu escapar e voltar para a região de Cabo Cod. Quando os peregrinos o encontraram, ele já falava inglês.

O navegador Malemo Caná, de Vasco da Gama. Malinché. Squanto. Esses intermediários são todos grandes personagens nos relatos históricos recentes da expansão europeia, mas nem sempre entendemos por completo sua relevância. Sim, eles ajudaram os europeus a aprender e ganhar controle sobre suas sociedades nativas. Porém havia mais por detrás disso. Eles deram acesso ao sistema de caminhos e redes comerciais construídas inteiramente pelos nativos bem antes da chegada dos europeus. Esses intermediários permitiram que a Europa entrasse nessas redes locais, e muito rapidamente.

Os europeus chegaram a alguns lugares no mundo bem mais tarde que outros povos. Quando James Cook chegou aos Mares do Sul no fim dos anos 1700, percebeu a importância do conhecimento do padre Tupaia sobre a tradicional navegação e geografia polinésias. Juntos, eles fizeram um mapa da região, um recurso essencial que permitiu a Cook descobrir caminhos para muitas ilhas espalhadas pelo Pacífico. As viagens de Cook deram início à colonização da Austrália e da Nova Zelândia pelos britânicos.

Imagine, por um momento, um mundo no qual as viagens europeias dos anos 1490 e a consequente colonização de muitos países nunca ocorreram. Como seria o mundo? Com certeza o ritmo do comércio mundial teria continuado a aumentar. Já em 1225, o funcionário do comércio chinês Zhao Rukuo listou 41 produtos diferentes vendidos no Mediterrâneo, leste da África, Índia e sudeste da Ásia, todos mercados para as exportações da China.

Sa'di, um observador persa escrevendo uns 30 anos depois, em 1255, descreveu um encontro com um mercador na ilha Quis no Golfo Pérsico. Homem rico, o negociante possuía 150 camelos, 40 escravos e serviçais. Após se gabar a noite inteira de suas viagens e conhecimento de terras estrangeiras, ele admitiu que ainda queria fazer mais uma viagem comercial. Começaria na região de Fars, atual Irã: "Quero levar o enxofre de Fars para a China, pois ouvi falar que tem um grande preço no local. De lá levarei taças chinesas para Anatólia, sedas da Anatólia para a Índia, aço indiano para Alepo, cristal de Alepo para o Iêmen, e espadas do Iêmen para Far."

Era um itinerário e tanto: do Irã para China, desta para a região de Anatólia na atual Turquia, daí para a Índia, Síria, Iêmen e de volta ao Irã. O plano do mercador implicava comprar certo produto em um lugar, vendê-lo na próxima cidade e usar os lucros para financiar o trecho seguinte de sua jornada. Não parece que ele tenha feito realmente a viagem, mas ele conhecia todos esses lugares distantes e seus produtos, e a longa viagem proposta era inteiramente viável.

Como mostra a rota proposta pelo mercador, os caminhos comerciais pelo Oriente Médio continuaram a se desenvolver mesmo após o Império Abássida se separar e governantes independentes assumirem regiões diferentes. Estudiosos e poetas viajavam por esses caminhos em busca de apoio de diferentes governantes, e alunos e alunas estudando nas madraças também circulavam por ali. Milhões de escravos importados da África, leste da Europa e Ásia Central também eram forçados a seguir essas rotas até os mercados principais no Cairo, Bagdá e outras cidades maiores.

Sem as viagens de Colombo e Gama, e as posteriores colonizações europeias, podemos supor que círculos de comércio seriam abertos ainda mais conforme os mercadores descobriam produtos feitos em um local e desejados por consumidores em outros. Realmente era só uma questão de tempo antes de as redes comerciais existentes na Afro-Eurásia e nas Américas se reconectarem. Os vikings já tinham cruzado o Atlântico Norte rapidamente no ano 1000 e suas subsequentes viagens de exploração indicam a capacidade de retornar quando quisessem. Como os chineses famintos por lesmas do mar que fizeram seus pescadores irem para o sul até chegarem à Austrália por volta de 1500, o recorrente desejo chinês por aromáticos levou os marinheiros a vencerem seu medo do Último Dreno e seguirem além das Filipinas, avançando no Pacífico.

Mas as viagens europeias de fato ocorreram e os europeus colonizaram as Américas e a Austrália. Tradicionalmente, historiadores diferenciam a primeira onda da colonização europeia no mundo após 1500, de uma segunda onda, que os permitiu avançar para o interior e estabelecer um maior controle. O barco a vapor possibilitou um transporte mais rápido e confiável do que os barcos a vela, e os primeiros vapores europeus cruzaram o Atlântico nos anos 1820 e 1830. A colocação de canhões no convés transformou essas embarcações em naus de guerra, permitindo que a marinha britânica vencesse a Guerra da Crimeia e as duas Guerras do Ópio com a China. Em 1857, outra invenção, o telégrafo, permitiu aos britânicos impedir um motim em massa na Índia informando a seus oficiais onde as tropas eram mais necessárias.

Os britânicos conseguiram transportar suas tropas pela rodovia, a inovação tecnológica mais importante dos anos 1800. Os trens levavam as tropas para qualquer lugar onde as forças europeias tinham colocado trilhos. A descoberta de que doses diárias de quinina impediam a malária ocorreu em 1850. Essas inovações foram a base para uma nova onda de colonização, não apenas na costa, mas bem no interior da África, no fim dos anos 1800.

Apesar de seu poder, os europeus não colonizaram o planeta inteiro. Um dos maiores lugares que escapou foi a China, que as forças europeias dividiram em diferentes esferas econômicas, cada uma sob controle de um país diferente, mantendo a ficção do domínio contínuo da dinastia Qing.

Historiadores ficam intrigados com o motivo de a Revolução Industrial ter ocorrido na Inglaterra, mas não na China, que tinha uma economia avançada muito antes da Inglaterra. Sem usar energia a vapor nem eletricidade, os chineses conseguiam produzir em grande escala. Algumas das maiores empresas, como os fornos de escalada gigantes que fabricavam milhares de vasos de cerâmica em uma única fornada, datavam do ano 1000. A demanda do consumidor para essas cerâmicas e sedas chinesas movimentou o crescimento econômico chinês por séculos.

A principal diferença entre Inglaterra e China era que esta não tinha escassez de mão de obra. Com excesso de população, a China precisava de máquinas que usassem menos algodão, não menos trabalhadores, para produzir uma peça de tecido. E tais máquinas não existiam.

China e Grã-Bretanha estavam em níveis iguais de desenvolvimento econômico antes da Revolução Industrial. Só depois de 1800 a economia britânica decolou e deixou a China para trás. Essa revolução durou mais de um século, durante o qual a Europa conduziu a economia mundial.

Epílogo

Quando a era do domínio europeu chegou ao fim? Talvez em 1945 com o fim da II Guerra Mundial, com os Estados Unidos se revelando muito mais rico que a Grã-Bretanha, Alemanha ou França. Ou talvez no início dos anos 1960, quando as ex-colônias da Grã--Bretanha, França e Alemanha ficaram independentes. Há os que defendem os anos 1973–1974, período em que a OPEP efetuou seu primeiro embargo do petróleo. De qualquer modo, é certo que hoje ele é coisa do passado.

O que o mundo no ano 1000 pode nos ensinar sobre globalização? É óbvio que nosso mundo atual difere daquele de várias maneiras. Entre as diferenças marcantes: o planeta está muito mais povoado agora, com uma população perto de 8 bilhões de habitantes, ao passo que no ano 1000, 250 milhões de pessoas desfrutavam de muito espaço.

Hoje as pessoas sabem muito sobre as outras no mundo, mesmo que residam em partes distantes do globo, mas no ano 1000 elas se encontraram pela primeira vez.

Vivemos em um mundo repleto de máquinas variadas e sofisticadas, enquanto nossos ancestrais dificilmente conviviam com alguma mecanização. As diferenças entre nações com mais e menos tecnologia de ponta são enormes e aumentam diariamente, mas no passado os países mais sofisticados tecnologicamente tinham somente uma leve vantagem.

Se tiramos todos os inventos e tecnologias, as pessoas continuam sendo elas mesmas. E, como nossos ancestrais responderam ao mundo em transformação no ano 1000 de vários modos, temos que estudar o que fizeram para podermos abordar o futuro diante de nós.

As estratégias que funcionaram no passado ainda devem ter sucesso hoje. Os estudiosos que se dedicaram a aprender sobre todos os países do globo ajudaram a preparar seus compatriotas para os primeiros encontros com pessoas de outros lugares. Os inventores que propuseram produtos inovadores, e negociantes que os levaram para mercados emergentes, abriram novos caminhos e contribuíram para a prosperidade econômica de suas terras natais.

A globalização no ano 1000 trouxe benefícios, mas também produziu vencedores e perdedores, como acontece hoje. Em 879, os rebeldes de Huang Chao visavam os mercadores estrangeiros em Guangzhou, o maior porto da China na época. Em 996, os moradores do Cairo se revoltaram contra comerciantes expatriados de Amalfi, Itália. E, em 1181, os moradores de Constantinopla assassinaram milhares de mercadores italianos no Massacre dos Latinos. Em cada situação dessas, as causas profundas foram as mesmas. A população local se ressentiu com a riqueza dos expatriados e acreditou que os intrusos lucravam à sua custa.

Apesar dos protestos, muitos agarraram as novas oportunidades oferecidas pelo maior contato. Os chineses se destacaram na fabricação de papel, seda e cerâmica, que vendiam por toda a Eurásia. Mercadores fornecedores da China descobriram novos produtos aromáticos no sudeste asiático que substituíram a mirra e o olíbano mais caros da Península Arábica.

O comércio era um incentivo contínuo para alcançar uma posição melhor. Os ceramistas do mundo islâmico podem não ter conseguido as altas temperaturas dos fornos chineses que produziam porcelanas reluzentes, mas nunca pararam de tentar. A cerâmica dourada do Oriente Médio tinha compradores em casa e na África, permitindo que os ceramistas tivessem sua fatia de mercado.

As pessoas que se adaptaram com sucesso à mudança nem sempre tinham uma tecnologia sofisticada. Os thules conseguiram ir do Alasca até o leste do Canadá, e depois à Groenlândia por sua habilidade superior de caçar focas, mesmo no inverno. Essas habilidades permitiram que eles substituíssem os colonizadores nórdicos, que eram menos capazes de se adaptar às condições adversas e voltaram para a Islândia.

O povo thule fornece um lembrete valioso: aqueles que têm sucesso nem sempre são as pessoas que vivem em países mais ricos e com melhor tecnologia. Os habitantes das terras mais avançadas têm certas vantagens; é mais fácil ficar na frente quando se inicia na frente. No entanto, prestar muita atenção ao ambiente e o desejo de aguardar o momento certo podem trazer benefícios também.

A lição mais importante que podemos aprender com nossos ancestrais é como reagir melhor ao desconhecido. Alguns vikings mataram nativos que dormiam sob canoas sem mesmo verificar se eram peri-

gosos. Em outros continentes, as pessoas que encontravam desconhecidos esperaram, cumprimentaram com paciência e negociaram seus
pertences por produtos que os novos conhecidos ofereciam. Os mais
bem-sucedidos aprenderam novas línguas e formaram relações comerciais em longas distâncias. É verdade que a globalização não bene-
ficiou a todos que a vivenciaram. Mas as pessoas que ficaram abertas
ao desconhecido se saíram muito melhor do que as que rejeitaram o
novo. Isso aconteceu no ano 1000, e é assim hoje também.

Agradecimentos

A ideia para este livro veio a mim quando finalizava meu livro sobre a Rota da Seda e percebi que os qarakanida capturaram os kashgar em 1006, apenas um ano após as dinastias Liao e Song assinarem o Tratado de Chanyuan em 1005. Como os nórdicos desembarcaram em L'Anse aux Meadows por volta do ano 1000, quis saber se os três eventos tinham relação, e finalmente percebi que a expansão regional da época fundamentava os três.

O trabalho iniciou de fato na primavera de 2014, quando Anders Winroth, um historiador da Europa medieval especialista em vikings, e Mary Miller, uma historiadora da arte pré-colombiana especializada nos maias, e eu nos encontramos para preparar um seminário que tínhamos combinado em dar juntos intitulado "Circa 1000" [Cerca do ano 1000, em tradução livre]. A diversão começou quando Mary nos mostrou fotografias de pessoas loiras em Chichén Itzá e perguntou a Anders se elas pareciam vikings. A partir daí, Mary e Anders compartilharam sem restrições ideias e materiais, e os alunos no seminário deram excelentes opiniões.

Mary me apresentou a outros dois especialistas na Mesomérica, que foram generosos em seu tempo e conhecimento: Andrew Turner, que agora se juntou a Mary Miller no Getty Research Institute, em março de 2017 conduziu o seminário "Circa 1000" em uma viagem a

Tula, Cidade do México e Chichén Itzá, quando introduziu com habilidade a complexa iconografia dos maias. Michael D. Coe, professor emérito no Departamento de Antropologia de Yale, ficava contente em falar sobre qualquer coisa relacionada aos maias e à sua segunda paixão, Angkor Wat, na casa dele, na nossa ou saboreando uma lagosta no Porto de Branford. Certa vez, quando conversávamos sobre como o Giro do Atlântico Norte poderia ter levado os nórdicos para Chichén Itzá, ele se lembrou de ter lido algo sobre africanos que chegaram à praia na Península do Iucatã. Naquela noite, às 22h, ele me enviou um PDF com a passagem dos textos em espanhol do monge Alonso Ponce. A felicidade dele, ao encontrar a passagem e me ajudar, era palpável. Sua morte aos 90 anos em setembro de 2019 marcou o fim de uma carreira extraordinariamente produtiva nos estudos maias.

O Departamento de Historia de Yale mantém um alto nível de cooperação e muitos colegas responderam às minhas perguntas com rapidez e detalhe. Um agradecimento especial a Paul Bushkovitch, Paul Freedman e Francesca Trivellato, e aos dois colegas de Estudos Religiosos, Phyllis Granoff e Koichi Shinohara.

Um grupo diferente de professores me apresentou à língua árabe: Sarab al-Ani e Elham Alkasimi, em New Haven, e Nevine Mikhail, em Singapura. Por dois anos e meio, Michael Rapoport, um especialista em ciências arábicas extraordinário, fez o melhor que pôde para me ensinar o árabe clássico. Comparando passagens originais com traduções publicadas, ele verificou e refez muitas traduções das fontes árabes neste livro.

Tive muita sorte por passar um tempo longe de Yale durante a escrita do livro. Mira Seo e Emanuel Mayer me hospedaram na faculdade Yale-N.U.S. em Singapura; Lu Xiqi me deu as boas-vindas na Universidade de Xiamen na China, onde Chen Qinfen, Lu Chenyao, Lin Changzhang e Ge Shaoqi tornaram minha estada produtiva; Frantz Grenet me convidou para falar na Collège de France, onde Étienne de la Vaissière e Valérie Kean deram um feedback essencial; Frantz Grenet e Dominique Barthélemy me convidaram para uma conferência dedicada ao ano 1000 realizada em Les Treilles, na França; e Naomi Standen me hospedou no Instituto de Estudos Avançados na Universidade de Birmingham.

Agradecimentos

Naomi Standen e Catherine Holmes tinham acabado de editar um volume pioneiro intitulado *The Global Middle Ages* [Idades Médias Globais, em tradução livre], que foi publicado como um Suplemento da série *Past & Present* nº 13 (novembro de 2018). Em um ato de generosidade acadêmica incomum, Naomi e Catherine convidaram os vários autores de seu volume para Birmingham, para que comentassem o esboço do livro *O Ano 1000*. Apesar de estarem iniciando o semestre, uns dez colegas vieram para um dia de conversas intensas e produtivas, que consegui dar continuidade em reuniões individuais em Birmingham, Durham, Oxford e Sheffield.

Muitas pessoas ajudaram na edição, na revisão e notas. Jan Fitter é mais precisa e gentil que qualquer outro editor que já conheci. No verão dos anos 2018 e 2019, o intrépido e incansável Luke Stanek revisou, identificou as notas, resolveu (e propôs) incontáveis pesquisas, em particular sobre a história do clima. Wei Tai Ting deu uma assistência valiosa na pesquisa desde o início. Quase no final do processo, Matthew Coffin, Emily Giurleo e Nancy Ryan fizeram sugestões importantes para melhorar a versão preliminar. Alexander Laurent transformou fotos ruins em algo publicável, Kate Qian Zhang informou sobre os giros oceânicos, Amelia Sargent contribuiu com desenhos essenciais e Richard Stamelman ajustou com perícia as legendas.

Michael Meng, Haruko Nakamura e os curadores da Biblioteca Sterling deram-me inestimável assistência na pesquisa, e o pessoal do Council of East Asian Studies (Nick Disantis, Amy Greenberg, Injoong Kim, Stephanie Kim e Richard Sosa) resolveu vários problemas, quase que diariamente.

Meu editor, Rick Horgan, e meu agente, Andrew Stuart, acreditaram no livro *O Ano 1000* desde os primeiros e-mails que enviei, e o apoio, e padrões, deles nunca oscilaram. Fred Chase revisou o manuscrito de modo meticuloso e com sensibilidade; Emily Greenwald e Beckett Rueda tiveram papel fundamental na transformação do texto digitado em um livro acabado.

Jim Stepanek ajudou a conceber, escrever e refinar este livro, e tornou todo o processo divertido e gratificante (muitas vezes alugando bicicletas, e é por isso que nossa estada em Angkor foi um ponto alto). Perto do fim, ele brincou que tinha gasto 12 mil horas no livro, com certeza, uma estimativa por baixo para manter sua marca registrada, o otimismo.

Como sempre, as crianças ajudaram. A ideia do prólogo veio de Claire, que em um longo voo, escutou uma conversa sobre a cidade chinesa da dinastia Song que parecia bem moderna. Certa vez, Bret me perguntou sobre algo que aconteceu após o ano 1500 e sugeriu acrescentar um epílogo para que os leitores soubessem sobre esses desenvolvimentos. Lydia enviou uma mensagem: "Talvez minha contribuição seja aconselhar você a não escrever mais nenhum -*logues*?"[um sufixo, em inglês]; ainda assim, ela encontrou tempo para escolher as fotografias.

Os nomes de outras pessoas que leram as versões preliminares, responderam às perguntas e sugeriram materiais aparecem antes das notas finais dos capítulos individuais. Estou em débito com elas e muitas outras cujos nomes não estão aqui devido ao limite de espaço.

Quer Aprender Mais?

Capítulo Um: O Mundo no Ano 1000

O *Atlas of the Year 1000* (2001) de John Man guia o leitor em diferentes regiões do mundo nessa época. O livro *The First European Revolution, c. 970–1215* (2000) de R. I. Moore continua sendo a melhor introdução para a Europa. A tradução de *Beowulf* de Seamus Heaney é a favorita de muitas pessoas. Para ler sobre os maias, veja *The Maya*, de Michael D. Coe e Stephen Houston, 9ª ed. (2015). Para ler uma reflexão fundamentada das dinastias Liao, Jin e Song, veja o livro *The Age of Confucian Rule: The Song Transformation of China* (2011) de Dieter Kuhn.

Os interessados em correntes oceânicas e seus efeitos devem consultar o livro muito explícito *Oceanography: An Invitation to Marine Science* de Tom Garrison e Robert Ellis, 9ª ed. (2016). Para ter as últimas informações sobre demografia, veja *A Concise History of World Population* (2017) de Massimo Livi-Bacci.

Uma coletânea de ensaios publicada em novembro de 2018 como Suplemento nº 13 da série *Past & Present*, intitulada *The Global Middle Ages* e editada por Catherine Holmes e Naomi Standen, apresenta uma visão moderna do campo feita por um grupo de estudiosos extremamente talentosos.

Capítulo Dois: Rumo ao Oeste, Jovem Viking

Começamos com as duas sagas da Vinlândia. A tradução de Magnus Magnusson e Hermann Pálsson intitulada *The Vinland Sagas: The*

Norse Discovery of America (1965) é uma excelente introdução, com notas informativas e um glossário útil. Igualmente valioso (e uma viagem de carro incrível se você dirige) é o museu em L'Anse aux Meadows no extremo norte da ilha canadense Terra Nova. Helge e Anne Stine Ingstad, *The Viking Discovery of America* (2001), contam como encontraram o sítio.

Qualquer coisa da principal investigadora em L'Anse aux Meadows, Birgitta L. Wallace, vale a pena ler, sobretudo seu artigo "The Norse in Newfoundland: L'Anse aux Meadows and Vinland", *Newfoundland Studies* 19.1 (primavera de 2003): 5–43. O catálogo da exposição, *Vikings: The North Atlantic Saga*, editado por William W. Fitzhugh e Elizabeth Ward em 2000, ainda é um clássico pela alta qualidade das fotografias e pelas informações nos artigos.

Capítulo Três: Rotas Pan-americanas do Ano 1000

Comece visitando Chichén Itzá. Se você não se importa com multidão, vá no equinócio da primeira ou do outono (21 de março e 21 de setembro), época em que centenas de milhares de pessoas vão ao sítio. Do contrário, tente visitar antes de ficar quente demais no verão (e nade em um cenote para se refrescar). Cahokia Mounds, Chaco Canyon e Mesa Verde valem a pena, assim como os sítios menores em volta, como as Ruínas de Salmón, se tiver tempo.

Popol Vuh é um dos poucos textos maias tradicionais existentes. A tradução de Dennis Tedlock é a melhor, e a versão do YouTube intitulada *The Popol Vuh, Mayan Creation Myth* (em sete partes) é esclarecedora.

Os melhores livros sobre os maias e a Mesoamérica são todos de Michael D. Coe. Comece com a edição mais recente de *The Maya* ou *Mexico*. Timothy Pauketat, o principal arqueólogo que escreve sobre Cahokia Mounds, editou diversos volumes sobre a arqueologia da América do Norte, inclusive o excelente *The Oxford Handbook of North American Archaeology* (2012). O livro de Justin Jennings, *Globalizations and the Ancient World* (2010), que analisa o impacto das antigas cidades da Mesopotâmia, Mississípi e Wari na zona rural vizinha, é original e fascinante.

Capítulo Quatro: Escravos Europeus

Para obter mapas detalhados mostrando para onde os vikings foram no leste europeu, veja o livro de John Haywood, *The Penguin Historical Atlas of the Vikings* (1995). Para ler uma introdução geral dos escandinavos, consulte os dois livros de Anders Winroth: *The Age of the Vikings* (2014) e *The Conversion of Scandinavia: Vikings, Merchants, and Missionaries in the Remaking of Northern Europe* (2012).

O livro de Simon Franklin e Jonathan Shepard, *The Emergence of Rus, 750–1200* (1996), ainda é a melhor introdução do assunto e *Russian Primary Chronicle* é um excelente volume complementar. As salas no Museu Hermitage em São Petersburgo dedicadas ao povo rus dão uma ideia profunda de sua cultura material.

James E. Montgomery traduziu o relato completo de Ibn Fadlan, *Mission to the Volga*, em *Two Arabic Travel Books*, ed. de Philip F. Kennedy e Shawkat M. Toorawa (2014). O filme hollywoodiano *O 13º Guerreiro* não é muito preciso, mas quando você terá uma nova chance de ver Antonio Banderas representando um enviado árabe do início dos anos 900?

O romance *The Wake*, de Paul Kingsworth, recria o mundo inglês antes e após 1066; o autor usa uma linguagem criada por ele com algum vocabulário inglês antigo que fica mais charmoso conforme nos acostumamos com ele. O romance de A. B. Yehosha, *A Journey to the End of the Millennium*, ambienta-se na França e na Alemanha do ano 1000, ao passo que a história de Robert Lacey e Danny Danziger, *The Year 1000: What Life Was Like at the Turn of the First Millennium: An Englishman's World* (1999), mostra exatamente o que o título promete: como era a vida na virada do primeiro milênio.

Capítulo Cinco: O Homem Mais Rico do Mundo

Três livros excelentes sobre a África apareceram quando este livro estava quase no fim: *Golden Rhinoceros: Histories of the African Middle Ages* de François-Xavier Fauvelle-Aymar, trad. Troy Tice (2018); *African*

Dominion: A New History of Empire in Early and Medieval West Africa (2018) de Michael A. Gomez; e o catálogo da exposição *Caravans of Gold, Fragments in Time: Art, Culture, and Exchange Across Medieval Saharan Africa* (2019) editado por Kathleen Bickford Berzock.

O segundo volume, ainda a ser publicado, de *The Cambridge World History of Slavery* promete mudar por completo nossa compreensão do assunto. Por enquanto, os leitores devem consultar a *Encyclopaedia of Islam* para lerem excelentes artigos especializados sobre qualquer coisa relacionada ao Islamismo.

Os vizinhos medievais do Cairo são um passeio intrigante; um guia profissional, como Enass Saleh, pode fazer com que eles ganhem vida. Veja também o livro *Arts of the City Victorious* (2008) de Jonathan Bloom; Bloom e sua coautora (e esposa) de sempre, Sheila Blair, são intérpretes talentosos da arte islâmica sobre a qual escrevem muito bem.

Os quatro volumes de *The Travels of Ibn Battuta* traduzidos por H. A. R. Gibb são apaixonantes; o livro *The Adventures of Ibn Battuta* (2012) de Ross Dunn tem a melhor introdução, ao passo que o *Travels with a Tangerine* (2012) de Tim Mackintosh-Smith reconta suas aventuras conforme ele reconstitui os passos de Ibn Battuta (os nativos de Tânger, como Ibn Battuta, eram chamados de Tangerinas, e a fruta deu nome à cidade).

Capítulo Seis: A Ásia Central se Divide em Duas

É possível visitar muitos lugares mostrados neste capítulo. O Uzbequistão oferece estruturas samânidas diferentes, com o mausoléu de Ismail Samani, em Bucara, como destaque. O Museu da Mongólia Interior, em Hohhot, tem a melhor coleção do mundo de artefatos da dinastia Liao e outros museus arqueológicos regionais, em especial o Museu Beita, em Chaoyang, são muito interessantes. O museu de Kioto expõe belos objetos heian e pinturas, e o Templo Byodoin fica no subúrbio, perto de Uji, local das muitas cenas em *O Conto de Genji* (a tradução do romance feita por Dennis Washburn é bem emocionante sob a luz do movimento #MeToo). O museu Nacional em Seul é a melhor coleção concentrada da arte coreana e o Monastério de Haeinsa, com seus milhares de blocos impressos, é um Patrimônio Mundial da UNESCO.

O último estudo sobre a dinastia Liao aparece em uma publicação especial intitulada *Perspectives on the Liao of The Journal of Song-Yuan Studies* 43 (2013), e em 2007 a Asia Society recebeu uma exposição, "Gilded Splendor", com um excelente catálogo e site com um tour virtual bem pesquisado da tumba da princesa de Chen.

A tradução de *Shahnameh* feita por Dick Davis é muito acessível e a *Encyclopædia Iranica* online apresenta o melhor estudo sobre todos os tópicos relativos à língua persa e à civilização iraniana. O romance *Samarkand* de Amin Maalouf, um relato fictício da vida de Omar Khayyam, dá uma ideia clara da cidade por volta do ano 1000 e os poemas de Omar Khayyam em Rubaiyaat são um clássico desde a primeira tradução em inglês em meados dos anos 1800. Vladimir Minorsky traduziu o texto geográfico anônimo *The Limits of the World*, com o título em persa, *Hudud al-'Alam*, e os textos de al-Marwazi.

Capítulo Sete: Viagens Incríveis

Museus de naufrágios existem por toda a região sudeste da Ásia. Os artefatos mais impressionantes do naufrágio de Belitung estão em exposição no Museu das Civilizações Asiáticas em Singapura, e é possível ver outros itens do naufrágio em cassinos e hotéis da cidade. Para entender a vida em um dhow, assista ao documentário *Sons of Sinbad*, sobre a fotógrafa Marian Kaplan, da *National Geographic*, que escreveu sobre sua viagem de Omã até o leste da África em 1974. *The Last Navigator*, de Steve Thomas, um registro de seus estudos com Mau Piailug, é o trabalho mais lido da navegação polinésia. O Museu Samudra Raksa, a poucos passos do monumento de Borobudur, tem uma réplica do barco construído usando técnicas de construção tradicionais com base nos painéis de pedra em Borobudur.

Dos sítios mencionados no capítulo, Angkor Wat no Camboja é de longe o maior, e são necessários ao menos cinco dias (o ideal é uma semana) para visitar os templos mais importantes. O melhor guia, *Angkor and the Khmer Civilization* (2018), é do incansável Michael D. Coe, que diversificou seus estudos da Mesoamérica para estudar um terreno parecido no sudeste da Ásia; seu coautor, Damian Evans, foi pioneiro no uso da tecnologia LIDAR. Os templos em Borobudur e Thanjavur, em excelentes condições hoje, iluminam os trabalhos dos Estados templo.

Capítulo Oito: O Lugar Mais Globalizado do Planeta

De todos os portos da China, Quanzhou preserva muitas construções e grande parte da configuração da cidade na época da dinastia Song; é inesquecível andar pelas ruas, visitar templos e mesquitas. O Museu Marítimo é parada obrigatória, assim como o museu dedicado ao naufrágio em 1270, localizado na região do Monastério de Kaiyuan. A cidade, embora próxima de Xiamen, fica um pouco fora do circuito tradicional e pode ser difícil negociar se você não tem um falante chinês para ajudar. Os melhores estudos especializados de Quanzhou são os artigos no volume editado por Angela Schottenhammer, intitulado *The Emporium of the World: Maritime Quanzhou, 1000–1400* (2001). Os principais estudiosos no campo são John Chaffee, Hugh Clark, Huang Chunyan (texto apenas em chinês) e Billy So. Para ler uma introdução geral da história da China, veja meu livro *Open Empire*, 2ª edição (2015).

A dinastia Song do sul, capital de Hangzhou, é muito mais desenvolvida que Quanzhou. Nela é possível visitar um forno de escalada escavado e ver a cerâmica de alta temperatura produzida nele, assim como andar por uma rua subterrânea dos anos 1200. O pergaminho Qingming, terminado antes de 1186, é uma pintura com 5m de comprimento, que pode se chamar a *Mona Lisa* da China. Ele dá uma visão detalhada de uma cena urbana chinesa idealizada; há várias reproduções e apresentações no YouTube e o Museu do Palácio de Pequim às vezes mostra a pintura no outono.

Notas

Prólogo

17 **Este livro é o primeiro a reconhecer esses eventos como "globalização":** Manfred B. Steger escreveu uma bela introdução, que vê a compressão tempo-espaço como o segredo da globalização e foca, como a maioria dos livros, os anos 1970. Algumas análises detectaram a globalização antes do ano 1000: Justin Jennings afirma que a antiga cultura da Mesopotâmia, Cahokia e Wari viu cidades influenciando o ambiente em volta. Os primeiros estudiosos, sobretudo David Northrup e John Man, descreveram a importância do ano 1000, ao passo que Janet Abu-Lughod identificou o período mongol como marcando o principal passo para uma integração maior. C. A. Bayly definiu a globalização como "um aumento progressivo na escala dos processos sociais a partir de um nível local ou regional para o nível mundial" e ele acreditava que a primeira fase, que chamou de globalização arcaica, ocorreu após 1500.

Veja Steger, Globalization: *A Very Short Introduction* (2009); Jennings, *Globalizations and the Ancient World* (2011); Northrup, "Globalization and the Great Convergence: Rethinking World History in the Long Term", *Journal of World History* 16.3 (2005): 249–67; Man, *Atlas of the Year 1000* (2001); Abu-Lughod, *Before European Hegemony: The World System A.D. 1250–1350* (1989); Bayly, "'Archaic' and 'Modern' Globalization in the Eurasian and Africa Arena, c. 1750–1850", em *Globalization in World History*, ed. A. G. Hopkins (2002).

18 **"bateu":** Magnus Magnusson e Hermann Pálsson (trad.), *The Vinland Sagas: The Norse Discovery of America* (1965): 100.

20 **92%:** Jon Emont, "Why Are There No New Major Religions?", *The Atlantic* (6 de agosto de 2017).

Capítulo Um: O Mundo no Ano 1000

21 **um quarto e um terço**: James C. Lee e Wang Feng, *One Quarter of Humanity: Malthusian Mythology and Chinese Realities, 1700–2000* (1996): 6 (Figura 1.1).

22 **prosperidade contínua**: Andrew M. Watson, "The Arab Agricultural Revolution and Its Diffusion, 700–1100", *Journal of Economic History* 34.1 (1974): 8–35; Watson, *Agricultural Innovation in the Early Islamic World: The Diffusion of Crops and Farming Techniques, 700–1100* (1983). Paolo Squatriti demonstrou que a tese original de Watson sobre a disseminação das safras agrícolas pelo mundo islâmico resistiu ao tempo em "Of Seeds, Seasons, and Seas: Andrew Watson's Medieval Agrarian Revolution Forty Years Later", *Journal of Economic History* 74.4 (2014): 1205–20.

22 **entre 35 e 40 milhões**: Andrew Watson, "A Medieval Green Revolution", em *The Islamic Middle East, 700–1900: Studies in Economic and Social History*, ed. A. L. Udovitch (1981): 29–58, 30; Charles Issawi, "The Area and Population of the Arab Empire: An Essay in Speculation", no mesmo volume, 375–96, 387.

22 **"cerealização"**: R. I. Moore, *The First European Revolution, c. 970–1215* (2000): 30–39, 30 (dobro da população), 33 (população de Córdoba), 46–48 (cerealização).

23 **Período Quente Medieval**: H. H. Lamb, "The Early Medieval Warm Epoch and Its Sequel", *Paleogeography, Paleoclimatology, Paleoecology* 1 (1965): 13–37.

23 **Anomalia Climática Medieval**: PAGES 2k Consortium, "Continental - Scale Temperature Variability During the Past Two Millennia", *Nature Geoscience* 6 (2013): 339–46. Para ver um mapa-múndi mostrando tendências de resfriamento e aquecimento, e períodos de seca e chuva, consulte o projeto de mapeamento online do Período Quente Medieval conduzido por Sebastian Lüning: http://t1p.de/mwp [conteúdo em inglês]. Veja também os trabalhos de Quansheng Ge *et al.* sobre a China e Christian Rohr *et al.* sobre a Europa em *Palgrave Handbook of Climate History*, ed. Sam White *et al.* (2018).

23 **Pesquisa em andamento**: Alexander F. More, "New Interdisciplinary Evidence on Climate and the Environment from the Last Millennium", documento não publicado entregue na conferência, "Histoires de l'an mil", Fondation des Treilles, França, 9–14 de setembro de 2019.

23 **60%**: Valerie Hansen, *The Open Empire: A History of China to 1800*, 2ª ed. (2015): 239.

23 **o Império Bizantino era o poder mais próspero**: Cécile Morrisson, "La place de Byzance dans l'histoire de l'économie médiévale (v. 717– 1204): méthodes, acquis, perspectives", em *Richesse et croissance au Moyen Âge. Orient et Occident* (Monographies de Travaux et Mémoires 43), ed. D. Barthélemy e Jean-Marie Martin, (2014): 11–30.

24 *al-jabr*: Sonja Brentjes, "Al-jabr", *Encyclopaedia of Islam*, 3ª ed. (2007).

24 **A maioria das pessoas se referia ao ano pelo reinado**: Uta C. Merzbach, "Calendars and the Reckoning of Time", *Dictionary of the Middle Ages* (1983) 3: 17–30.

24 **Diversos pregadores itinerantes**: Robert E. Lerner, "Millennialism, Christian", *Dictionary of the Middle Ages* 8: 384–88; Norman Cohn, *The Pursuit of the Millennium: Revolutionary Messianism in Medieval and Reformation Europe and Its Bearing on Modern Totalitarian Movements*, 3ª ed. (1970).

24 **10 a 15 milhões**: Tom Clynes, "Exclusive: Laser Scans Reveal Maya 'Megalopolis' Below Guatemalan Jungle", *National Geographic* (1° de fevereiro de 2018). Disponível online.

25 **A cidade maia de Tikal**: Michael D. Coe e Stephen Houston, *The Maya*, 9ª ed. (2015): 73, 84 (agricultura inicial), 126 (população de Tikal), 176 (Chichén Itzá).

25 **mais de 50%**: Massimo Livi-Bacci, *A Concise History of World Population* (2017): 25.

26 **Paris tinha uma população**: William W. Clark e John Bell Henneman, Jr., "Paris", William A. Percy, "Population and Demography" em William W. Kibler *et al.*, *Medieval France: An Encyclopedia* (1995): 698–707, 751–52.

26 **a cidade de Jenne-jeno**: Conrad Leyser, Naomi Standen e Stephanie Wynne-Jones, "Settlement, Landscape and Narrative: What Really Happened in History", *The Global Middle Ages*, ed. Catherine Holmes e Naomi Standen, *Past and Present*, Suplemento 13 (2018): 232–60.

28 **geógrafos posteriores**: Travis E. Zadeh, *Mapping Frontiers Across Medieval Islam: Geography, Translations, and the ʿAbbāsid Empire* (2011).

29 **1421**: Gavin Menzies, *1421: The Year That China Discovered America* (2008).

30 **"Um deles"**: Ishaan Tharoor, "Muslims Discovered America Before Columbus, Claims Turkey's Erdogan", *Washington Post* (15 de novembro de 2004); entrada em 29 de outubro de 1492, *Journal of the First*

Voyage of Christopher Columbus, ed. Julius E. Olson e Edward Gaylord Bourne (1906): 133.

29 **"Biruni Descobriu a América"**: Frederick S. Starr, *Lost Enlightenment: Central Asia's Golden Age from the Arab Conquest to Tamerlane* (2014): 375–78.

30 **a Terra era uma esfera**: Saiyid Samad Husain Rizvi, "A Newly Discovered Book of Al-Biruni: 'Ghurrat-uz-Zijat,' and al-Biruni's Measurements of Earth's Dimensions", em *Al-Biruni Commemorative Volume*, ed. Hakim Mohammed Said (1979): 605–80, 617.

30 **Ele suspeitava que grande parte do lado oposto do globo**: Fuat Sezgin (ed.), *The Determination of the Coordinates of Positions for the Correction of Distances Between Cities: A Translation from the Arabic of al-Biruni's Kitab Tahdid Nihayat al-Amakiin Litashih Masafat al-Masakin by Jamil Ali* (1992): 102–10, que traduziu 136–46 de *al-Bīrūnī, Kitāb Taḥdīd nihāyāt al-amākin li-tas.ḥīḥ masāfāt al-masākin*, ed. P. Bulgakov (Frankfurt, 1992).

31 **os elefantes se tornaram bispos**: Helmut Nickel, "Games and Pastimes", *Dictionary of the Middle Ages* (1985): 5: 347–53.

31 **marfim de morsa**: Anibal Rodriguez, técnico do museu, Museu Americano de História Natural, informação pessoal, 11 de março de 2015.

31 **240km em um único dia**: John Howland Rowe, *Inca Culture at the Time of the Spanish Conquest* (1946): 231–32.

31 **entre 16 e 32km por dia**: Ross Hassig, *Aztec Warfare: Imperial Expansion and Political Control* (1995): 66.

31 **ritmo normal de marcha**: Publicação do Departamento Americano de Técnicas do Exército, "Foot Marches (FM 21-18)" (abril de 2017): Seção 2-41.

32 **100km por dia**: Ashleigh N. Deluca, "World's Toughest Horse Race Retraces Genghis Khan's Postal Route", *National Geographic News* (7 de agosto de 2014); Ḥ Desmond Martin, *The Rise of Chingis Khan and His Conquest of North China* (1950): 18.

32 **penas de arara**: Stephen H. Lekson, "Chaco's Hinterlands", em *The Oxford Handbook of North American Archaeology*, ed. Timothy R. Pauketat (2012): 597–607, 602–3.

32 **27km/h**: Anders Winroth, *The Age of the Vikings* (2014): 72.

32 **metade das velocidades**: Ben R. Finney, *Hokule'a: The Way to*

Tahiti (1979); Ben Finney, *Voyage of Rediscovery: A Cultural Odyssey Through Polynesia* (1994): 127.

32 **esses barcos podem seguir em qualquer direção**: Mark Howard--Flanders, marinheiro experiente, Branford, Connecticut, informação pessoal, 1º de setembro de 2017.

33 **Corrente da Groenlândia**: Birgitta Wallace, "The Norse in Newfoundland: L'Anse aux Meadows and Vinland", *Newfoundland Studies* 19.1 (2003): 5–43, 8.

33 **"o vento cessou"**: Keneva Kunz (trad.), *Vinland Sagas: The Icelandic Sagas About the First Documented Voyages Across the North Atlantic*, ed. Gísli Sigurdsson (2008): 4.

34 **Sua velocidade ultrapassa 160km por dia**: http://oceanservice. noaa.gov/. Veja também este site muito útil: https://earth.nullschool. net/ no qual é possível pesquisar sobre ventos e correntes em qualquer dia escolhido [em ambos os sites, conteúdo em inglês].

34 **ficaram vulneráveis ao escorbuto**: Cassandra Tate, "Japanese Castaways of 1834: The Three Kichis" (postado em 23 de julho de 2009), http://www.historylink.org/File/9065 [conteúdo em inglês]; Frederik L. Schodt, *Native American in the Land of the Shogun: Ranald MacDonald and the Opening of Japan* (2003).

34 **os barcos podem viajar mais rápido**: Tom Garrison e Robert Ellis, *Oceanography: An Invitation to Marine Science*, 9ª ed. (2016): 230 (monções), 232 (Figuras 8.19a e b: padrões das monções), 251 (Figura 9.3: Giro do Atlântico Norte), 255 (Figuras 9.8a e b: correntes da superfície).

35 **"Essa rota marítima"**: George F. Hourani, *Arab Seafaring in the Indian Ocean in Ancient and Early Medieval Times*, revisado e expandido por John Carswell (1995): 61 (rota mais usada), 74 (épocas para navegar).

35 **A direção da corrente**: Robert Delfs, conhecido fotógrafo subaquático vivendo na Indonésia, informação pessoal, outubro de 2015.

36 **Os consumidores chineses gostavam tanto das lesmas do mar**: Wang Gungwu, professor emérito de História, Universidade Nacional de Singapura, informação pessoal, outubro de 2015; C. C. McKnight, *The Voyage to Marege': Macassan Trepangers in Northern Australia* (1976); Derek John Mulvaney, "Bêche-de-mer, Aborigines and Australian History", *Journal of the Royal Society of Victoria* 79.2 (1966): 449–57.

36 **bússolas magnéticas**: Robert K. G. Temple, *The Genius of China: 3.000 Years of Science, Discovery, and Invention* (1986): 148–57.

36 **Mau Piailug**: Steve Thomas, *The Last Navigator: A Young Man, an Ancient Mariner, and the Secrets of the Sea* (1987).

36 **Quando o tempo estava claro**: Mau Piailug obituary, *Washington Post* (21 de julho de 2010).

36 **Os homens do bando armado de Beowulf**: Seamus Heaney (trad.), *Beowulf: A New Verse Translation* (2001).

38 **Pequenos grupos armados**: Ben Raffield, "Bands of Brothers: A Re-appraisal of the Viking Great Army and Its Implications for the Scandinavian Colonization of England", *Early Medieval Europe* 24.3 (2016): 308–37, 314 (tamanho dos bandos), 317 (mulheres), 325 (diferentes etnias).

38 **Os líderes desses grupos armados que tinham êxito**: Jonathan Karam Skaff, *Sui-Tang China and Its Turko-Mongol Neighbors: Culture, Power, and Connections, 580–800* (2012): 12–15, 75–104; Timothy Reuter, "Plunder and Tribute in the Carolingian Empire", *Transactions of the Royal Historical Society*, 5ª série, 35 (1985): 75–94; Naomi Standen, "Followers and Leaders in Northeastern Eurasia, ca. Seventh to Tenth Centuries", em *Empires and Exchanges in Eurasian Late Antiquity: Rome, China, Iran, and the Steppe, ca. 250–750*, ed. Nicola di Cosmo e Michael Maas (2018): 400–18.

38 **por volta do ano 900**: Gwyn Jones, *A History of the Vikings* (1968): 290.

35 **rede de caminhos globais:** John Man, *Atlas of the Year 1000* (2001).

Capítulo Dois: Rumo ao Oeste, Jovem Viking

Meu colega Anders Winroth teve a generosidade de sugerir os principais textos dos últimos 20 anos, mesmo sendo cético quanto ao valor histórico das sagas. Chris Callow, Universidade de Birmingham, e Conrad Leyser, Oxford, também foram ótimos em explicar a posição dos céticos para mim.

40 **Estudiosos ainda debatem**: Keneva Kunz (trad.), *The Vinland Sagas: The Icelandic Sagas About the First Documented Voyages Across the North Atlantic*, ed. Gísli Sigurdsson (2008): 5–10 (viagem de Leif), 31–32 (canto de Gudrid), 45 (encontro de Karlsefni).

40 **Os humanos podiam ser mortos com armas de ferro**: Annette Kolodny, *In Search of First Contact: The Vikings of Vinland, the Peoples of the Dawnland, and the Anglo-American Anxiety of Discovery* (2012): 58 (significado de "skraeling"), 59 (armas de ferro), 60 (Aliança Wabanaki), 272 (Wayne Newell), 274 (chocalhos).

41 **prisioneiros de guerra capturados ou escravos comprados**: Ben Raffield, "Bands of Brothers: A Re-appraisal of the Viking Great Army and Its Implications for the Scandinavian Colonization of England", *Early Medieval Europe* 24.3 (2016): 308–37, 325.

42 **Gudrid [...] é tão virtuosa quanto Freydis é caprichosa**: Nancy Marie Brown, *The Far Traveler: Voyages of a Viking Woman* (2006).

42 **processo que durou séculos**: Anders Winroth, *The Conversion of Scandinavia: Vikings, Merchants, and Missionaries in the Remaking of Northern Europe* (2012).

43 **Salme, Estônia**: Heather Pringle, "New Visions of the Vikings", *National Geographic* 231.3 (março de 2017): 30–51, 39.

43 **introdução da vela quadrada**: John Haywood observa que há runas com imagens de velas quadradas nos anos 600, na península da Dinamarca. Veja *The Penguin Historical Atlas of the Vikings* (1995): 9–10.

43 **réplicas modernas das embarcações vikings**: Max Vinner, *Boats of the Viking Ship Museum* (2017): 20–21.

44 **estatueta de bronze de Buda**: Dieter Ahrens, "Die Buddhastatuette von Helgö", *Pantheon* 22 (1964): 51–52; Scott Ashley, "Global Worlds, Local Worlds, Connections and Transformations in the Viking Age", em *Byzantium and the Viking World*, ed. Fedir Androshchuk *et al.* (2016): 363– 87, 364, 372.

44 **barco de Oseburg**: Thorleif Sjøvold, *The Viking Ships in Oslo* (1985): 22.

45 **Barcos de guerra**: Cinco estruturas diferentes de barco estão expostas no Museu de Barcos Vikings em Roskilde, Dinamarca.

45 **grandes quantidades de espinhas de bacalhau:** James H. Barrett e David C. Orton (eds.), *Cod and Herring: The Archaeology and History of Medieval Sea Fishing* (2016).

45 **Os nórdicos velejavam para a Islândia**: Exposição do Assentamento em Reykjavik de 871±2. O museu calcula a data do primeiro assentamento conhecido na Islândia comparando-o com uma amostra de gelo da Groenlândia.

46 **Provavelmente foram compostas pela primeira vez**: Erik Wahlgren, "Vinland Sagas", *Medieval Scandinavia: An Encyclopedia* (1993): 704–5.

46 **Eles querem salientar a criatividade**: Jesse Byock, professor de norueguês antigo e estudos escandinavos medievais, UCLA, informação pessoal, 23 de agosto 2017.

46 **Esses negacionistas estão convencidos**: Sverrir Jakobsson, "Vinland and Wishful Thinking: Medieval and Modern Fantasies", *Canadian Journal of History/Annales canadiennes d'histoire* 47 (2012): 493–514; Jerold C. Frakes, "Vikings, Vinland and the Discourse of Eurocentrism", *Journal of English and German Philology* 100.1 (abril de 2001): 157–99.

46 **teoria da sopa de relatos**: Theodore M. Andersson lista sete tipos de relatos (por exemplo, relatos biográficos) que circulavam oralmente: *The Growth of the Medieval Icelandic Sagas (1180–1280)* (2006). Veja também Margaret Cormack, "Fact and Fiction in the Icelandic Sagas", *History Compass* 5.1 (2007): 201–17.

46 **duas sagas concordam sobre os principais eventos**: Na *Saga de Érico,* Thorvald morre após Karlsefni chegar à Vinlândia, enquanto na *Saga dos Groenlandeses* a morte dele ocorre antes de Karlsefni desembarcar.

47 **contato ou negociação**: Robert W. Park, "Contact Between the Norse Vikings and the Dorset Culture in Arctic Canada", *Antiquity* 82 (2008): 189–98.

48 **Innu**: Ralph T. Pastore, "Archaeology, History, and the Beothuks", *Newfoundland Studies* 9.2 (1993): 260–78; Ralph Pastore, "The Collapse of the Beothuk World", *Acadiensis: Journal of the History of the Atlantic Region* 19.1 (1989): 52–71.

48 **artefatos em L'Anse aux Meadows**: Birgitta Wallace, *Westward Vikings* (2006): 21–23 (análise detalhada das datas), 25, 29–30 (pessoas que sugeriram L'Anse aux Meadows como um sítio viking), 38–48 (descrição detalhada de cada estrutura), 78 (estimativa da população), 87–88 (beothuks e innus em L'Anse aux Meadows).

48 **Perto da costa**: Birgitta Wallace, "L'Anse aux Meadows: Leif Eriksson's Home in the Americas", *Journal of the North Atlantic*, Volume Especial 2 (2009): 114–25, 116 (rota comercial do século XVI), 120 (evidência de ossos de animais), 121 (Cartier e Baía de Chaleur).

49 **"enviou para terra firme parte das pessoas"**: Ramsay Cook, *The Voyages of Jacques Cartier* (1993): 19–21.

50 **"lançada repentinamente por um grupo de homens"**: Henry Rowe Schoolcraft (1793–1864), *Historical and Statistical Information Respecting the History, Condition and Prospects of the Indian Tribes of the United States*, Volume 1 (1851): 85.

51 **"as pessoas são esverdeadas"**: Adam de Bremen, *History of the Archbishops of Hamburg-Bremen*, trad. Francis J. Tschan, introdução de Timothy Reuter (2002): 218–19.

52 **"Além dessa ilha"**: Outros poucos manuscritos na Islândia, datados entre 1121 e 1400, também mencionam a Vinlândia. Ari Thorgilsson (nascido em 1067), *Book of the Icelanders* (Íslendingabók), escrito em 1127 é um dos mais importantes.

53 **Mas eles nunca testaram suas teorias**: W. A Munn, *Wineland Voyages: Location of Helluland, Markland and Vinland* (reimpressão em 1946 do panfleto de 1914 impresso em particular).

54 **"Demos um grito"**: Anne Stine Ingstad, *The New Land with the Green Meadows* (2013): 169.

54 **Outros objetos**: Helge Ingstad e Anne Stine Ingstad, *The Viking Discovery of America: The Excavation of a Norse Settlement in L'Anse aux Meadows, Newfoundland* (2001): 105–9 (significado de Vinlândia), 137 (fundição), 157 (afiador de agulha e espiral de fuso), 160 (alfinete).

55 **nome genérico como "terra dos prados"**: Erik Wahlgren, "Fact and Fancy in the Vinland Sagas", em *Old Norse Literature and Mythology: A Symposium*, ed. Edgar C. Polomé (1969): 44, 52–53.

55 **descoberta de três nogueiras brancas**: Birgitta Wallace, "The Norse in Newfoundland: L'Anse aux Meadows and Vinland", *Newfoundland Studies* 19.1 (2003): 10 (sagas), 11 (nenhum campo próximo), 18–19 (construção de barcos), 25 (partida prevista), 26 (nogueira branca).

56 **Depois de um estudo cuidadoso**: Erik Wahlgren, *The Vikings and America* (1986): 11–15 (expedições para o norte da Groenlândia), 163–64 (localização da Vinlândia). Para ver outros possíveis locais, consulte o gráfico, "Suggested Locations of Places Mentioned in the Vinland Sagas", em Kunz, *Vinland Sagas*, 66–67.

58 **Foi cunhada entre 1065 e 1080**: Svein H. Gullbekk, "The Norse Penny Reconsidered: The Goddard Coin—Hoax or Genuine?", *Journal of the North Atlantic* 33 (2017): 1–8; Steven L. Cox, "A Norse Penny from Maine", em *Vikings: The North Atlantic Saga*, ed. William W. Fitzhugh and Elizabeth I. Ward (2000): 206–7; Gareth Williams, British Museum, e-mail, 11 de julho de 2016.

59 **tecidos preservados no gelo da Groenlândia**: Joel Bergland, "The Farm Beneath the Sand", em Fitzhugh e Ward, *North Atlantic Saga*, 295– 303, 300.

59 **Um grupo viajou**: Magnus Magnusson e Hermann Pálsson (trad.), *The Vinland Sagas: The Norse Discovery of America* (1965): 21 (expedições para o norte da Groenlândia), 22 (matança em 1379), 23 (carta do papa em 1492), 42–43 (Colombo).

59 **Uma imagem de marfim**: Museu de História, Ottawa, Canadá, catálogo nº KeDq-7:325.

60 **Os nórdicos começaram a abandonar seus assentamentos**: PAGES 2k Consortium, "Continental-Scale Temperature Variability During the Past Two Millennia", *Nature Geoscience* 6 (2013): 339–46.

60 **Todas essas tecnologias**: Robert W. Park, "Adapting to a Frozen Coastal Environment" em *The Oxford Handbook of North American Archaeology*, ed. Timothy R. Pauketat (2012): 113–23.

60 **A população nórdica na Groenlândia**: Niels Lynnerup, "Life and Death in Norse Greenland", em Fitzhugh e Ward, *North Atlantic Saga*, 285–94.

62 **Era só mais um relato**: Roberta Frank, Departamento de Língua Inglesa, Universidade Yale, informação pessoal, 12 de julho de 2016.

62 **Sigurdur Stefansson**: Biørn Jonsen de Skarsaa, Descrição da Groenlândia e Mapa de Skálholt, Det Kongelige Bibliotek. Mapa de Skálholt nº 431.6 (1590), www.myoldmaps.com [conteúdo em inglês].

Capítulo Três: Rotas Pan-americanas do Ano 1000

Três colegas da Yale tiveram a generosidade de compartilhar seu conhecimento: o falecido Michael D. Coe, professor emérito de Antropologia, Universidade Yale; Mary Miller, professora de História da Arte, agora diretora do Getty Research Institute; e Andrew Turner, um curador com pós-doutorado da Galeria de Arte da Universidade Yale, agora também no Getty Research Institute. John E. Kelly da Universidade de Washington, teve a bondade de me acompanhar em uma visitação no sítio Cahokia em 11 de abril de 2015; Michelle Young, também da Yale, fez comentários precisos na seção sobre os Andes; e Caroline Dodd Pennock, Universidade de Sheffield, sugeriu análises maiores na argumentação.

Notas

65 **Chichén Itzá**: Geoffrey E. Braswell, "What We Know, What We Don't Know, and What We Like to Argue About", conversa durante o almoço no Yale Brownbag Archaeological (8 de dezembro de 2017).

65 **maior pátio redondo dos maias**: Mary Miller, *The Art of Mesoamerica: From Olmec to Aztec* (2012): 224.

67 **seiva da flor ipomeia**: Laura Filloy Nadal, "Rubber and Rubber Balls in Mesoamerica", em *The Sport of Life and Death: The Mesoamerican Ballgame*, ed. E. Michael Whittington (2002): 21–31.

67 **Retirando do templo**: Earl H. Morris, *The Temple of the Warriors: The Adventure of Exploring and Restoring a Masterpiece of Native American Architecture in the Ruined Maya City of Chichén Itzá, Yucatan* (1931): 62.

67 **Muitas pinturas no Templo dos Guerreiros representam conquistas**: Michael D. Coe e Stephen Houston, *The Maya*, 9ª ed. (2015): 126, 163, 174–98 (Clássico Terminal), 182, 201 (eventos de 987), 201–15 (descrição de Chichén Itzá), 214–19 (Mayapán), 242 (estradas brancas).

67 **Os invasores tinham peles acinzentadas**: Ann Axtell Morris fez uma aquarela dos murais no Templo dos Guerreiros e os complementou com uma versão em preto e branco de desenhos ainda visíveis. Ela completou as figuras ausentes copiando imagens similares de outras partes do mural, mostrando o cuidado com que trabalhou. Earl H. Morris, Jean Charlot e Ann Axtell Morris, *The Temple of the Warriors at Chichen Itza, Yucatan*, Publicação Nº 406 (1931): I: 386–95, II: gravura 139 (vila maia sendo invadida); gravura 146 (batalha naval); gravura 147b (prisioneiro com contas no cabelo); gravura 147c (prisioneiro em gravura colorida); gravura 159 (vila maia em paz).

68 **Uma segunda tem contas**: Compare com os murais no sítio Bonampak na cidade mexicana de Chiapas, perto da fronteira com a Guatemala.

68 **Azul maia**: também conhecido como paligorsquite, o nome científico dessa argila é hidróxido de silicato de alumínio e magnésio hidratado.

68 **"enfatizar uma diferença de tribo"**: Morris *et al.*, *The Temple of the Warriors*, I: 402.

68 **uma solução extrema**: J. Eric S. Thompson, "Representations of Tlalchitonatiuh at Chichén Itzá, Yucatan, and at Baul, Escuintla", *Notes on Middle American Archaeology and Ethnology* 19 (1943): 117–21. Veja também Donald E. Wray, "The Historical Significance of the Murals in the Temple of the Warriors, Chichén Itzá", *American Antiquity* 11.1 (1945): 25–27.

69 **É precisamente quando essas pinturas foram feitas**: Beniamino Volta e Geoffrey E. Braswell, "Alternative Narratives and Missing Data: Refining the Chronology of Chichén Itzá", em *The Maya and Their Central American Neighbors: Settlement Patterns, Architecture, Hieroglyphic Texts, and Ceramics*, ed. Geoffrey E. Braswell (2014): 356–402, 373–74 (Tabela 13.1 das inscrições), 377–83 (datação).

70 **Las Monjas**: John S. Bolles, *Las Monjas: A Major Pre-Mexican Architectural Complex at Chichén Itzá* (1977): 198 (foto do mural com barcos na sala 22, tirada em 1934), 199 (pintura do mural feita por Adela Breton), 202–3 (aquarela do mural feita por Jean Charlot).

70 **Embora muitos desenhos publicados**: Søren Nielson, chefe da Reconstrução de Embarcações Marítimas, Museu de Barcos Vikings em Roskilde, Dinamarca, e-mail, 7 de junho de 2018.

70 **Chumash**: Jeanne E. Arnold, "Credit Where Credit Is Due: The History of the Chumash Oceangoing Plank Canoe", *American Antiquity* 72.2 (2007): 196–209; Brian Fagan, "The Chumash", em *Time Detectives* (1995).

70 **"alguns recuaram"**: Magnus Magnusson e Hermann Pálsson (trad.), *The Vinland Sagas* (1965): 51.

71 **Xequechakan**: Ernest Noyes (trad.), "Fray Alonso Ponce in Yucatán" (Tulane), *Middle American Research Series*, Publicação Nº 4 (1934): 344–45.

72 **trinta ferramentas**: Bruce J. Bourque e Steven L. Cox, "Maine State Museum Investigation of the Goddard Site, 1979", *Man in the Northeast* 22 (1981): 3–27, 18 (dentes de foca e visom).

72 **sílex da Baía de Ramá**: Kevin McAleese, "Ancient Uses of Ramah Chert", 2002, http://www.heritage.nf.ca/articles/environment/landscape-ramah -chert.php [conteúdo em inglês].

73 **outros sítios contemporâneos**: Bruce J. Bourque, "Eastern North America: Evidence for Prehistoric Exchange on the Maritime Peninsula", em *Prehistoric Exchange Systems in North America*, ed. Timothy G. Baugh e Jonathan E. Ericson (1994): 34–35.

73 **"fazendeiros nômades"**: Elizabeth Chilton, "New England Algonquians: Navigating 'Backwaters' and Typological Boundaries", em *The Oxford Handbook of North American Archaeology*, ed. Timothy R. Pauketat (2012): 262–72.

73 **Algonquianos**: Ronald F. Williamson, "What Will Be Has Always Been: The Past and Present of Northern Iroquoians", em *The Oxford Handbook of North American Archaeology*, 273–84.

73 **Ohio**: Bernard K. Means, "Villagers and Farmers of the Middle and Upper Ohio River Valley, 11th to 17th Centuries AD: The Fort Ancient and Monongahela Traditions", em *The Oxford Handbook of North American Archaeology*, 297–309.

73 **Os feijões chegaram no Vale do Mississípi**: Deborah M. Pearsall, "People, Plants, and Culinary Traditions", em *The Oxford Handbook of North American Archaeology*, 73–84.

73 **milho, feijões e abóboras**: Alice Beck Kehoe, *America Before the European Invasions* (2002): 177 (Cahokia limava os dentes), 178 (milhos, feijões e abóboras).

74 **os moradores não dependiam apenas das safras cultivadas**: Timothy R. Pauketat, *Ancient Cahokia and the Mississippians* (2004): 7–9.

74 **Cahokia**: Justin Jennings, *Globalizations and the Ancient World* (2011): 83–84 (população de Cahokia), 87–88 (influência regional de Cahokia), 92–95 (Spiro).

74 **Diferentes mounds, que são o traço marcante**: Robert L. Hall, "The Cahokia Site and Its People", em *Hero, Hawk, and Open Hand: American Indian Art of the Ancient Midwest and South*, ed. Richard F. Townshend (2004): 93–103.

74 **pedras chunkey**: Timothy R. Pauketat, *Cahokia: Ancient America's Great City on the Mississippi* (2009): 31–36 (comércio), 36–50 (chunkey), 69–84 (Mound 72), 92–98 (duas lendas).

75 **20 mil contas de conchas:** Melvin L. Fowler, "Mound 72 and Early Mississippian at Cahokia", em *New Perspectives on Cahokia: Views from the Periphery*, ed. James B. Stoltman (1991): 1–28.

76 **Vasos de cerâmica**: John E. Kelly, "Cahokia as a Gateway Center", em *Cahokia and the Hinterlands: Middle Mississippian Cultures of the Midwest*, ed. Thomas E. Emerson e R. Barry Lewis (1991): 61–80, 75.

76 **Spiro, Oklahoma**: Townshend, *Hero, Hawk, and Open Hand*, 150, 157.

76 **Essa obsidiana era tão incomum**: Alex W. Barker *et al.*, "Mesoamerican Origin for an Obsidian Scraper from the Precolumbian Southeastern United States", *American Antiquity* 67.1 (2002): 103–8.

76 **Os mesoamericanos alteravam seus dentes**: Gregory Perino, "Additional Discoveries of Filed Teeth in the Cahokia Area", *American Antiquity* 32.4 (1967): 538–42.

76 **vestígios de chocolate**: Michael Bawaya, "A Chocolate Habit in Ancient North America", *Science* 345.6200 (2014): 991.

77 **Popol Vuh**: Dennis Tedlock, *Popol Vuh: The Definitive Edition of the Mayan Book of the Dawn of Life and the Glories of Gods and Kings* (1996).

77 **Nem sempre visível**: Ruth M. Van Dyke, "Chaco's Sacred Geography", em *In Search of Chaco: New Approaches to an Archaeological Enigma*, ed. David Grant Noble (2004): 79–85.

78 **Pueblo Bonito**: Thomas C. Windes, "This Old House: Construction and Abandonment at Pueblo Bonito", em Pueblo Bonito, ed. Jill E. Neitzel (2003): 14–32, 15.

78 **finalidade das casas grandes**: David Grant Noble, *Ancient Ruins of the Southwest: An Archaeological Guide* (1991): 27 (produtos comerciais mesoamericanos em Chaco), 73, 115 (casas grandes e estradas).

78 **migrantes do sudoeste do Colorado**: Michael A. Schillaci, "The Development of Population Diversity at Chaco Canyon", *Kiva* 68.3 (2003): 221–45.

78 **com dentes cortados**: Christy G. Turner II e Jacqueline A. Turner, *Man Corn: Cannibalism and Violence in the Prehistoric American Southwest* (1999): 128–29, 476 (Figura 5.7).

78 **negociavam essa pedra em troca de pássaros tropicais**: Stephen Nash, "Heated Politics, Precious Ruins", *The New York Times* (30 de julho de 2017): TR7–9.

79 **esqueletos de araras escavados**: Identificação no Museu de Ruínas de Salmon e Biblioteca de Pesquisa, Bloomfield, Novo México, 87413 (visitado em 21 de março de 2016); Tori L. Myers, "Salmon Ruins Trail Guide" (2013): 9, 15.

79 **teobromina**: Patricia L. Crown e W. Jeffrey Hurst, "Evidence of Cacao Use in the Prehispanic American Southwest", *Proceedings of the National Academy of Sciences of the United States of America* 106.7 (2009): 2110–13; W. Jeffrey Hurst, "The Determination of Cacao in Samples of Archaeological Interest", em *Chocolate in Mesoamerica: A Cultural History of Cacao*, ed. Cameron L. McNeil (2006): 104–13.

79 **O chocolate foi utilizado pela primeira vez**: Zach Zorich, "Ancient Amazonian Chocolatiers", *Archaeology* (janeiro/fevereiro de 2019): 12.

79 **processamento do chocolate**: Sophie D. Coe e Michael D. Coe, *The True History of Chocolate*, 3ª ed. (2013): 21–24.

82 **colapso da sociedade maia**: Douglas J. Kennett *et al.*, "Development and Disintegration of Maya Political Systems in Response to Climate Change", *Science* (2012): 788–91.

82 **roda**: Richard W. Bulliet, The Wheel: *Inventions and Reinventions* (2016): 36–41.

82 **Via Láctea**: Joel W. Palka, *Maya Pilgrimage to Ritual Landscapes: Insights from Archaeology, History, and Ethnography* (2014): 81; Angela H. Keller, "A Road by Any Other Name: Trails, Paths, and Roads in Maya Language and Thought", em *Landscapes of Movement: Trails, Paths, and Roads in Anthropological Perspective*, ed. James E. Snead *et al.* (2009): 133–57, 145.

82 **Cenote Sagrado**: C. W. Ceram, *Gods, Graves, and Scholars: The Story of Archaeology*, trad. E. B. Garside (1953): 379, 385.

83 **Livros maias**: Veja https://arstechnica.com/science/2016/09/confirmed -mysterious-ancient-maya-book-grolier-codex-is-genuine/ [conteúdo em inglês].

83 **seres humanos em sacrifício**: Friar Diego de Landa, *Yucatan: Before and After the Conquest*, trad. William Gates (1978): 17 (príncipe comerciante maia), 90 (Cenote Sagrado).

83 **Edward Herbert Thompson**: Clemency Chase Coggins e Orrin C. Shane III (eds.), *Cenote of Sacrifice: Maya Treasures from the Sacred Well at Chichén Itzá* (1984): 24–25.

84 **Deus Comerciante L**: Simon Martin, "The Dark Lord of Maya Trade", em *Fiery Pool: The Maya and the Mythic Sea*, ed. Daniel Finamore e Stephen D. Houston (2010): 160–62.

85 **sinos**: Dorothy Hosler, "Metal Production", em *The Postclassic Mesoamerican World*, ed. Michael E. Smith e Frances F. Berdan (2003): 159–71, 163; Warwick Bray, "Maya Metalwork and Its External Connections", em *Social Process in Maya Prehistory: Studies in Honour of Sir Eric Thompson*, ed. Norman Hammond (1977): 366–403.

85 **longa tradição na metalurgia**: Veja Joanne Pillsbury *et al.*, *Golden Kingdoms: Luxury Arts in the Ancient Americas* (2017), em particular as contribuições de Joanne Pillsbury (1–13), John W. Hoopes (54–65), Stephen Houston (78–89), James A. Doyle (84).

85 **os habitantes valorizavam os sinos**: B. Cockrell *et al.*, "For Whom the Bells Fall: Metals from the Cenote Sagrado, Chichén Itzá", *Archaeometry* 57.6 (2015): 977–95.

86 **As pessoas no topo da sociedade**: Izumi Shimada, "The Late Prehispanic Coastal States", em *The Inca World: The Development of Pre-Columbian Peru, A.D. 1000–1534*, ed. Laura Laurencich Minelli (2000): 49–64, 55–56 (uso de metal pelos governantes), 57–59 (comércio de longa distância).

86 **moradores do norte do Peru**: Heather Lechtman, *The Central Andes, Metallurgy Without Iron* (1980).

86 **Com tonalidades variadas**: Ana Maria Falchetti de Sáenz, "The Darién Gold Pendants of Ancient Colombia and the Isthmus", *Metropolitan Museum of Art Journal* 43 (2008): 39–73, 55–56.

86 **bronze arsênico**: Heather Lechtman, "Arsenic Bronze: Dirty Copper or Chosen Alloy? A View from the Americas", *Journal of Field Archaeology* 23.4 (1996): 477–514.

86 **fumaça tóxica**: M. Harper, "Possible Toxic Metal Exposure of Prehistoric Bronze Workers", *British Journal of Industrial Medicine* 44 (1987): 652– 56.

87 **dinheiro–machado**: John Topic, "Exchange on the Equatorial Frontier: A Comparison of Ecuador and Northern Peru", em *Merchants, Market, and Exchange in the Pre-Columbian World*, ed. Kenneth G. Hirth e Joanne Pillsbury (2013): 335–60; Dorothy Hosler, "Ancient West Mexican Metallurgy: South and Central American Origins and West Mexican Transformations", *American Anthropologist*, Nova Série, 90.4 (1988): 832–55; Christopher Beekman, Departamento de Antropologia, Universidade do Colorado, Denver, e-mail, 6 de maio de 2019.

87 **Wari**: Susan E. Bergh (ed.), Wari: *Lords of the Ancient Andes* (2012).

87 **caravanas de lhamas**: Michelle Young, Universidade Yale, e-mail, 27 de junho de 2018.

88 **Simulação por computador**: Richard T. Callaghan, "Prehistoric Trade Between Ecuador and West Mexico: A Computer Simulation of Coastal Voyages", *Antiquity* 77 (2003): 796–804.

88 **descobriram obsidiana**: Finamore e Houston, *Fiery Pool*, Catalog No. 57, 175.

88 **O declínio da cidade de Chichén Itzá se iniciou por volta de 1100**: Kennett *et al.*, "Development and Disintegration", 788–91.

90 **"quando foram trazidas a bordo"**: Fernando Colón, *The Life of the Admiral Christopher Columbus by His Son Ferdinand*, trad. Benjamin Keen (1959): 231–32; Edward Wilson-Lee, *The Catalogue of Shipwrecked Books: Young Columbus and the Quest for a Universal Library* (2019): 87–88.

90 **"machadinhas"**: Fernando Colón, *Historie Del S.D. Fernando Colombo; Nelle quali s'ha particolare, & vera relatione della vita, & de' fatti dell'Ammiraglio D. Christoforo Colombo, suo padre: Et dello scoprimento, ch'egli fece dell'Indie Occidentali, dette Mondo Nuovo, hora possedute dal Sereniss. Re catolico* (1571): 200 (recto); John Florio, *Dictionarie of the Italian and English Tongues* (1611): 297.

Capítulo Quatro: Escravos Europeus

Dois colegas do Departamento de História em Yale ajudaram desde o início: Paul Bushkovitch e Francesca Trivellato, que agora estão no Instituto de Estudos Avançados em Princeton. Quatro colegas em Oxford sugeriram alterações importantes: Catherine Holmes, Marek Jankowiak, Jonathan Shepard e Irina Shingiray. Encontrei-me com Gunilla Larson no Museu Nacional da Suécia, Estocolmo, em março de 2015; em agosto de 2017, Elizabeth Walgenbach com muita gentileza me acompanhou em um visita ao Museu Nacional da Islândia, mostrando-me o manuscrito original da Saga dos Groenlandeses.

91 **Em sua maioria homens**: John Fennell, *A History of the Russian Church to 1448* (1995): 4.

91 **mundo cristão**: Andreas Kaplony, "The Conversion of the Turks of Central Asia to Islam as Seen by Arabic and Persian Geography: A Comparative Perspective", em *Islamisation de l'Asie Centrale: Processus locaux d'acculturation du VIIe au XIe siècle*, ed. Étienne de la Vaissière (2008): 319–38.

92 **Uma combinação de várias pessoas do norte**: *De administrando imperio,* trad. R. J. H. Jenkins (1967): 9, 59 (uso de palavras escandinavas pelo povo rus).

92 **A chegada dos rus**: Simon Franklin e Jonathan Shepard, *The Emergence of Rus, 750–1200* (1996): 12–13 (ferramentas de Staraya Ladoga), 16 (pentes), 47 (comparação com as Américas do século XVIII), 114–19 (tratados de 911 e 945), 135 (resposta de Olga a Constantino), 139 (cidadela de Novgorod), 145–46 (Esvetoslau e os bizantinos), 155 (panteão dos rus), 230 (casamentos limitados nos anos 1000).

94 **Cidades planejadas:** Anders Winroth, *Conversion of Scandinavia: Vikings, Merchants, and Missionaries in the Remaking of Northern Europe* (2012): 3, 30–31 (Canuto), 47–51 (troca de presentes), 48 (título da Figura 5: tesouro 991), 95–97, 97 (Figura 18: runa mencionando Corásmia), 99–100 (layout de Hedeby), 139–41 (conversas escandinavas), 146 (vantagens políticas do monoteísmo), 160, 168 (vantagens da conversa).

94 **aos poucos eles formaram unidades maiores:** Jonathan Shepard, "Review Article: Back in Old Rus and the USSR: Archaeology, History and Politics", *English Historical Review* 131.549 (2016): 384–405, 393–94 (assentamento do Lago Branco), 398 (grupos individuais).

95 **"peles estrangeiras":** Adam de Bremen, *History of the Archbishops of Hamburg-Bremen*, trad. Francis J. Tschan (2002): 190 (escravidão), 198–99 (fascínio por peles).

95 **Mesmo em climas mais quentes:** Janet Martin, *Treasure of the Land of Darkness: The Fur Trade and Its Signficance for Medieval Russia* (1986): 1 (vestes de pele na Arábia), 15 (conquistas dos rus).

95 **Os moradores de Constantinopla e Bagdá:** Bernard Lewis, *Race and Slavery in the Middle East: An Historical Enquiry* (1990): 11; Michael McCormick, *Origins of the European Economy: Communications and Commerce, AD 300–900* (2001): 733–77.

95 **"tratavam bem seus escravos":** Paul Lunde e Caroline Stone, *Ibn Fadlān and the Land of Darkness: Arab Travellers in the Far North* (2012): 126–27; tradução um pouco modificada de Michael Rapoport após comparação com Ibn Rusta, *Kitāb al-Aclāq al-nafīsa*, ed. M. J. de Goeje (1891): 145–46.

95 **"Slav":** Veja Marek Jankowiak, "From 'Slav' to 'Slave': Tracing a Semantic Shift".

96 **Dniepre:** Jonathan Shepard, "Photios' Sermons on the Rus Attack of 860: The Question of His Origins, and of the Route of the Rus", em *Prosopon Rhomaikon: ergänzende Studien zur Prosopographie der mittelbyzantinischen Zeit*, ed. Alexander Beihammer *et al.* (2017): 111–28, 118.

96 **"escravos acorrentados":** Porphyrogenitos, *De administrando imperio*, 9: 57–63 (escravos e peles).

96 **Saqaliba:** Peter Golden, *"al-S.a.kāliba"*, *Encyclopaedia of Islam*, 2ª ed. (2012).

96 **"Eles carregam peles de castor":** Lunde e Stone, *Ibn Fadlān and the Land of Darkness*, 112 (Ibn Khurradadhbih nas rotas de Rādhānīya

e Rūs, cerca do ano 830); tradução um pouco modificada de Michael Rapoport após comparação com Ibn Khurradadhbih, *Kitāb al'masālik wa'l-mamālik*, ed. M. J. de Goeje (1889): 149.

96 **Elas eram essenciais para os rus**: Scott Ashley, "Global Worlds, Local Worlds, Connections and Transformations in the Viking Age", em *Byzantium and the Viking World*, ed. Fedir Androshchuk *et al.* (2016): 363– 87, 376–78.

96 **lingotes de aço produzidos em cadinhos**: Brian Gilmore e Robert Hoyland, "Bīrūnī on Iron", em *Medieval Islamic Swords and Swordmaking: Kindi's Treatise "On Swords and Their Kinds"* (2006): 148–74; James Allan e Brian Gilmour, *Persian Steel: The Tanavoli Collection* (2000): 52 (Figure 4A: lingote em formato de ovo), 60–63, 75 (descrição da metalurgia feita por al-Biruni).

96 **espadas Ulfberht**: Alan Williams, *The Sword and the Crucible: A History of the Metallurgy of European Swords up to the 16th Century* (2012): 24–30 (fontes árabes), 117–22 (espadas originais e falsificadas).

97 **negociantes bizantinos ofereciam seda**: Thomas S. Noonan, "European Russia, c. 500–c. 1050", em *The New Cambridge Medieval History*, Volume 3: c. 900–c. 1204, ed. Timothy Reuter (1999): 487–513, 490–91 (Cherson), 494–95 (assentamentos eslavos ao leste), 506–9 (comércio rus após 900).

97 **os rus fingiam ser cristãos**: Lunde e Stone, *Ibn Fadlān and the Land of Darkness*, 112; Jonathan Shepard, "Byzantine Emissions, not Missions, to Rus', and the Problems of 'False' Christians", em *Rus' in the 9th–12th Centuries: Society, State, Culture*, ed. N. A. Makarov e A. E. Leontiev (2014): 234–42.

98 **rito de fertilidade religioso**: Jens Peter Schjødt, "Ibn Fadlan's Account of a Rus Funeral: To What Degree Does It Reflect Nordic Myths", em *Reflections on Old Norse Myths*, ed. Pernille Hermann *et al.* (2007): 133–48.

98 **práticas funerárias escandinavas**: Anne Stalsberg, "Scandinavian Viking-Age Boat Graves in Old Rus", *Russian History* 28.1–4 (2001): 359–401.

99 **"Quero que me abençoe com um rico comerciante"**: Aḥmad Ibn Faḍlān, *Mission to the Volga*, trad. James E. Montgomery, em *Two Arabic Travel Books*, ed. Philip F. Kennedy e Shawkat M. Toorawa (2014): 165–266, 243–46 (oração do comerciante), 246–47 (Anjo da Morte), 250–51 (relação sexual com uma jovem escrava e sua morte).

99 **Os rus usavam contêineres**: Thomas S. Noonan, "Fluctuations in Islamic Trade with Eastern Europe During the Viking Age", *Harvard Ukrainian Studies* 16 (1992): 237–59, 239–40.

99 **tesouro com 14.295 moedas**: Gunnar Andersson, *Go Beyond the Legend: The Vikings Exhibition* (2016): 37.

100 **Império Samânida**: Marek Jankowiak, "Dirham Flows into Northern and Eastern Europe and the Rhythms of the Slave Trade with the Islamic World", em *Viking-Age Trade: Silver, Slaves and Gotland*, ed. J. Gruszczyn'ski, M. Jankowiak e J. Shepard (disponível em 2020): Capítulo 6.

100 **400 mil**: Marek Jankowiak sugere o valor de 400 mil; 1 milhão é uma "estimativa moderada", Jonathan Shepard, informação pessoal, 26 de outubro de 2018.

100 **mil por ano**: Em 25 de outubro de 2018, Marek Jankowiak me explicou seus motivos para aumentar sua estimativa anterior feita em "Dirhams for Slaves: Investigating the Slavic Slave Trade in the Tenth Century", 27 de fevereiro de 2012; disponível em academia.edu [conteúdo em inglês].

100 **Danelaw**: F. Donald Logan, *The Vikings in History*, 3ª ed. (2005): 122 (região norte), 153–60 (ataques vikings na Inglaterra, 980–1035).

101 **tinha 24 moedas da Espanha**: Ann Christys, *Vikings in the South: Voyages to Iberia and the Mediterranean* (2015): 7–8.

101 **viagens dos nórdicos para a Sicília**: James M. Powell, "Sicily, Kingdom of", *Dictionary of the Middle Ages*: 11: 263–76.

101 **escrito em norueguês antigo na sacada**: Krijnie N. Ciggaar, *Western Travellers to Constantinople, The West and Byzantium, 962–1204: Cultural and Political Relations* (1996): 126–27; Sigfús Blöndal, *The Varangians of Byzantium*, trad. Benedikt S. Benedikz (1978): 233.

101 **Inguar, o Viajado**: Hermann Pálsson e Paul Edwards (trad.), *Vikings in Russia: Yngvar's Saga and Eymund's Saga* (1989): 44–68, 59; Gunilla Larson, "Early Contacts Between Scandinavia and the Orient", *The Silk Road* 9 (2011): 122–42.

102 **Por fim, Inguar fica doente**: Anders Winroth, *The Age of the Vikings* (2014): 82 (Inguar), 128 (aumentando o número de espinhas de bacalhau).

102 **Crônica de Nestor:** Concluída em 1113, a *Crônica de Nestor* mistura mito e história. Veja a introdução em Samuel Hazzard Cross e Olgerd P. Sherbowitz-Wetzor (trad.), *The Russian Primary Chronicle: Laurentian Text* (1953): 3–50, 21 (um autor do texto), 59 (convite aos rurikids),

65–69 (tratado de 911), 82 (proposta de Constantino), 93–94 (divinda-des pré-cristãs), 110 (decisão de Vladimir para esperar), 111 (relato dos enviados), 245n92 (enviados papais aos rus).

103 **Fogo grego**: Paolo Squatriti (trad.), T*he Complete Works of Liudprand of Cremona* (2007): 180 (fogo grego), 197–98 (máquinas do rei).

104 **Os rus foram batizados como cristãos**: Jonathan Shepard, "The Coming of Christianity to Rus", em *Conversion to Christianity: From Late Antiquity to the Modern Age: Considering the Process in Europe, Asia, and the Americas*, ed. Calvin B. Kendall *et al.* (2009): 195–96.

104 **Para vingar seu marido**: Shepard, "Back in Old Rus and the USSR", 384–405, 400.

105 **rei alemão Oto I**: Shepard, "Byzantine Emissions", 234–42, 236.

105 **Olga deixou seu posto**: Shepard, "The Coming of Christianity to Rus", 185–222, 194 (enterros em Kiev), 195 (tratado de 944).

105 **Vladimir e seu exército de mercenários escandinavos**: Janet Martin, *Medieval Russia, 980–1584* (1995): 1–11.

106 **Essa religião oferecia aos cazares um meio-termo**: Peter Golden, "The Conversion of the Khazars to Judaism", em *The World of the Khazars: New Perspectives: Selected Papers from the Jerusalem 1999 International Khazar Colloquium Hosted by the Ben Zvi Institute*, ed. Peter Golden *et al.* (2007): 123–62, 152n145, 153 (conversão ao Judaísmo), 156 (data da conversão).

107 **a conversão não afetou seus súditos**: Michael Toch, *The Economic History of the European Jews: Late Antiquity and Early Middle Ages* (2013): 193–204.

107 **três novos tipos de moedas**: R. K. Kovalev, "Creating Khazar Identity Through Coins: The Special Issue Dirham of 837/8", em *East Central and Eastern Europe in the Middle Ages*, ed. F. Curta (2005): 220–53, 240–42.

107 **"todos os cazares são judeus"**: Golden, "The Conversion of the Khazars to Judaism", 142; Ibn al-Faqih, *Kitāb al-Buldān*, ed. M. J. de Goeje (1885): 298.

108 **amuletos de fertilidade feitos com pés de lebres**: E. E. Kravchenko e A. V. Shamrai, "O gruppe kompleksov s Tsarina goro-dishcha v srednem techenii Severskogo Dontsa", em *Problemi zbere-zhennia i vikoristannia kul'turnoi spadshchini v Ukraini*, ed. P. V. Dobrov e O. V. Kolesnik (2014): 183–92, 185 (amuletos); Irina Shingiray, Universidade de Oxford, informação pessoal, 28 de outubro de 2018.

108 **Jerusalém não era governada por judeus**: Moshe Gil, *A History of Palestine, 634–1099*, trad. Ethel Broido (1992): 51–56 (conquista dos anos 630), 364–66 (fatímidas), 409–14 (seljúcidas), 839–61 (cronologia dos anos 610–1153).

108 **"bela mulher"**: Andrew Rippin, "Ḥourī", *Encyclopaedia of Islam*, 3ª ed. (2016); Maher Jarrar, "Houris", *Encyclopaedia of the Qu'ran* (2002): 2:456– 57.

109 **Essa conversa cortada deve ter sido inserida**: Andrzej Poppe, "Two Concepts of the Conversion of Rus in Kievan Writings", *Christian Russia in the Making* (2007): 488–504, 492–93n16 (data da *Crônica de Nestor*), 495–96 (diferentes jejuns ortodoxos e romanos).

109 **não tem uma descrição precisa**: Fennell, *History of the Russian Church*, 36–37; Paul Bushkovitch, informação pessoal, 20 de julho de 2016.

109 **governante rus chamado "Vladimir"**: Vladimir Minorsky (trad.), *Sharaf al-Zaman tahir Marvazi on China, the Turks, and India: Arabic Text with an English Translation and Commentary* (1942): 36.

109 **Discurso do Filósofo**: Alexander Pereswetoff-Morath, *Grin Without a Cat* (2002): 53–57.

110 **intensos laços econômicos e culturais**: Christian Raffensperger, *Reimagining Europe: Kievan Rus' in the Medieval World* (2012): 164–66.

112 **oguz**: C. Edmund Bosworth, "The Origins of the Seljuqs", em *The Seljuqs: Politics, Society and Culture*, ed. Christian Lange e Songül Mecit (2011): 13–21.

112 **o tempo era estranhamente frio**: Richard W. Bulliet, *Cotton, Climate, and Camels in Early Islamic Iran: A Moment in World History* (2009): 79–81.

112 **"seremos um povo pequeno e solitário"**: Omid Safi, *The Politics of Knowledge in Premodern Islam: Negotiating Ideology and Religious Inquiry* (2006): 16; Ernest Wallis Budge, T*he Chronography of Bar Hebraeus* (1932): 1: 195.

113 **após Vladimir ter sido batizado em 988 ou 989**: Devido a problemas com as fontes, não temos certeza sobre onde ou quando Vladimir foi batizado.

113 **contato com funcionários do governo**: Janet Martin, *Treasure in the Land of Darkness: The Fur Trade and Its Significance for Medieval Russia* (1986): 9.

113 **região média de Dniepre**: Andrzej Poppe, "The Christianization and Ecclesiastical Structure of Kievan Rus' to 1300", *Harvard Ukrainian Studies* 12–13 (1997): 311–92, 341 (sedes episcopais), 344–45 (batismo póstumo).

114 **A Europa Ocidental vivenciou um crescimento em massa**: Angeliki E. Laiou, "Exchange and Trade, Seventh–Twelfth Centuries", em *The Economic History of Byzantium: From the Seventh Through the Fifteenth Century*, ed. Angeliki E Laiou e Charalampos Bouras (2001): 697–770.

114 **Alexandria, Antioquia e Jerusalém ficaram sob domínio muçulmano**: Alfred J. Butler, *The Arab Conquest of Egypt and the Last Thirty Years of Roman Dominion* (1978): xxxviii; "Antioch", *The Oxford Dictionary of Byzantium* (1991): 1: 115–16.

114 **pão com fermento**: Joseph Ḥ Lynch e Philip C. Adamo, *The Medieval Church: A Brief History* (2014): 184–85.

115 **Rejeitando a visão de que Roma e Constantinopla eram iguais**: R. W. Southern, *Western Society and the Church in the Middle Ages* (1970): 67–73.

115 **ruptura de 1054**: John Ḥ Erickson, "Schisms, Eastern-Western Church", *Dictionary of the Middle Ages*: 11: 44–47.

116 **os venezianos eram os mais ricos**: Francesca Trivellato, informação pessoal, 9 de agosto de 2017; David Abulafia, *The Great Sea: A Human History of the Mediterranean* (2011): 276 (comunidades), 278 (campanhas mediterrâneas do século XI), 293 (século XII).

116 **isentou os venezianos**: Especialistas debatem se a data era 1082 ou 1092. Veja Alain Ducellier, "The Death Throes of Byzantium: 1080–1261", em *The Cambridge Illustrated History of the Middle Ages*, Volume 2: 950–1250, ed. Robert Fossier (1997): 505 (eventos de 1082), 507–8 (restauração dos privilégios venezianos).

117 **A encenação tinha claras implicações raciais**: Donald M. Nicol, *Byzantium and Venice: A Study in Diplomatic and Cultural Relations* (1988): 87 (falsa coroação), 90 (categorias de estrangeiros residentes), 106–9 (Massacre dos Latinos), 115 (Terceira Cruzada).

117 **os venezianos fizeram uma matança**: Thomas F. Madden, *Venice: A New History* (2012): 85–87.

119 **imperador bizantino Aleixo I**: Peter Frankopan, *The First Crusade: The Call from the East* (2012): 13–16 (papa e antipapa), 19–22 (Urbano

II), 116 (número de participantes da Primeira Cruzada), 202 (melhor posição de Urbano).

119 **O papa viajou para Clermont, França**: Thomas F. Madden, *A Concise History of the Crusades*, 3ª ed. (2014): 11 (participantes da Primeira Cruzada), 17–21 (Cruzada do Povo), 98–109 (Quarta Cruzada); Barbara Ḥ Rosenwein, *A Short History of the Middle Ages*, 4ª ed. (2014): 170–72 (Primeira Cruzada), 200–201 (Quarta Cruzada).

Capítulo Cinco: O Homem Mais Rico do Mundo

Agradeço a Roderick McIntosh, Departamento de Antropologia de Yale, por dar duas palestras muito informativas na turma iniciante de História: Cerca do ano 1000, em outubro de 2017; a Stephanie Wynne-Jones, Universidade de York, por seus comentários neste capítulo; a Matthew Gordon, Universidade de Miami, Ohio, por sugerir que eu lesse sobre Ibn Butlan; e a Sam Nixon, Museu Britânico, por uma reunião muito proveitosa de 30 minutos sobre a arqueologia da África Ocidental.

123 **"O filho muçulmano de al-Hasan escreveu isto"**: Michael Rapoport modificou a tradução após comparar com o original. Paolo Fernando de Moraes Farias, "Arabic and Tifinagh Inscriptions", em *Essouk-Tadmekka: An Early Islamic Trans-Saharan Market Town*, ed. Sam Nixon (2017): 41–50 (descrição e análise), 48 (manuscrito em kufic simples de Sahel), 299–303 (transcrições). Veja também De Moraes Farias, "Tadmakkat and the Image of Mecca: Epigraphic Records of the Work of the Imagination in 11th Century West Africa", em *Case Studies in Archaeology and World Religion: The Proceedings of the Cambridge Conference*, ed. Timothy Insoll (1999): 105–15.

124 **historiadores modernos rejeitam com veemência essa visão**: E. W. Bovill, *The Golden Trade of the Moors* (1968). Sam Nixon do Museu Britânico trabalha atualmente em uma história mais ampla do comércio. Veja também François-Xavier Fauvelle-Aymar, *Golden Rhinoceros: Histories of the African Middle Ages*, trad. Troy Tice (2018).

124 **Dois terços do ouro**: Andrew M. Watson, "Back to Gold — and Silver", *The Economic History Review* 20.1 (1967): 1–34, 30n1; Bálint Hóman, *Geschichte des ungarischen Mittelalters* (1940): 353.

124 **coleção de contos de marinheiros**: A atribuição tradicional a Buzurg pode estar errada. Veja Jean-Charles Ducène, "Une nouvelle

source arabe sur l'océan Indien au Xe siècle", *Afriques* (2015), online em: http://journals.openedition.org/afriques/1746 [conteúdo em francês].

125 **custo médio de um escravo**: Ralph A. Austen, "The Trans-Saharan Slave Trade: A Tentative Census", em *The Uncommon Market: Essays in the Economic History of the Atlantic Slave Trade*, ed. Henry A. Gemery e Jan S. Hogendorn (1979): 23–73, 31 (pagamento de impostos sobre escravos da Núbia), 44–45 (trabalho escravo no mundo islâmico), 45 (rebelião Zanje), 52–55 (escravos militares), 70 (dados de preço dos escravos).

125 **primeira crítica abolicionista**: David Brion Davis, *The Problem of Slavery in Western Culture* (1967): 484–93.

126 **"quanto a acompanhá-lo até seu navio"**: "Buzurg Ibn Shahriyar of Ramhormuz: A Tenth-Century Slaving Adventure", em *The East African Coast: Select Documents from the First to the Earlier Nineteenth Century*, ed. G. S. P. Freeman-Grenville (1962): 9–13; al-Rāmhurmuzī, *Kitāb cAjā'ib al-Hind,* edição bilíngue em francês e árabe, 1883–1886. Michael Rapoport corrigiu a tradução após comparar com o original em árabe. Freeman-Grenville traduz a partir da versão em francês (não do original em árabe), que tem muitos erros.

126 **"cômodos e áreas para escravos"**: Adam Mez, *The Renaissance of Islam,* trad. Salahuddin Khuda Bakhsh e D. S. Margoliouth (1937): 160; al-Yacqūbī, *Kitāb al-Buldān,* ed. M. J. de Goeje (1892): 260. Veja também Matthew S. Gordon, "Abbasid Courtesans and the Question of Social Mobility", em *Concubines and Courtesans: Women and Slavery in Islamic History,* ed. Gordon and Kathryn A. Hain (2017): 27–51, 32.

127 **escravos, ouro, marfim e peles de animais**: Shadreck Chirikure *et al., Mapungubwe Reconsidered: A Living Legacy, Exploring Beyond the Rise and Decline of the Mapungubwe State* (2016); Fauvelle-Aymar, *Golden Rhinoceros,* 136–42.

127 **uma tonelada de ouro por ano**: Ari Nave, "Gold Trade", *Encyclopedia of Africa* (2010): 1: 525–26.

127 **Dezenas de milhares de contas**: Peter Garlake, *Great Zimbabwe* (1973): 109 (cerâmica chinesa), 132–33 (contas); Bing Zhao, "Chinese-style Ceramics in East Africa from the 9th to 16th Century: A Case of Changing Value and Symbols in the Multi-Partner Global Trade", *L'Afrique orientale et l'océan Indien: connexions, réseaux d'échanges et globalisation* (junho de 2015). Disponível online.

128 **rebeldes impuseram bastante resistência**: Benjamin Reilly, *Slavery, Agriculture, and Malaria in the Arabian Peninsula* (2015): 130.

128 **Rebelião Zanje**: Alexandre Popovic, *The Revolt of African Slaves in Iraq in the 3rd/9th Century*, trad. Léon King (1998): 136, 141n10.

128 **palavra árabe** *zanj*: Gabriele Tecchiato, "Zanj", *The Oxford Encyclopedia of the Islamic World*, Oxford Islamic Studies Online (2009); E. Savage, "Berbers and Blacks: Ibād ⁻ Slave Traffic in Eighth-Century North Africa", *Journal of African History* 33.3 (1992): 351–68.

128 **quinze anos de autonomia**: Gwyn Campbell, "East Africa in the Early Indian Ocean World: The Zanj Revolt Reconsidered", em *Early Exchange Between Africa and the Wider Indian Ocean World*, ed. Gwyn Campbell (2016): 275– 96, 279 (significado de zanj), 281 (líder rebelde zanje), 282 (50 mil rebeldes), 291, 296 (ceticismo quanto ao número de escravos do leste africano).

128 **Ibn Butlan**: Floréal Sanagustin, *Médecine et société en Islam médiéval: Ibn Bu.tlān ou la connaissance médicale au service de la communauté: le cas de l'esclavage* (2010): 233 (sonoridade zanje), 234–35 (escravos de Bagawi), 237 (conclusão). Michael Rapoport fez as traduções com base no texto original, Ibn Butlān, *Risāla fī širā' al-raqīq wa-taqlīb al-'abīd*, em *Nawādir al-makhtū.tāt*, Volume 1, ed. Hārūn (1973): 374 (sonoridade zanje), 375–76 (escravos de Bagawi), 378 (conclusão).

128 **escreveu uma sátira**: Joseph Schacht e Max Meyerhof, *The Medico-Philosophical Controversy Between Ibn Butlan of Baghdad and Ibn Ridwan of Cairo* (1937): 18.

129 **Juristas muçulmanos acordavam sobre os princípios básicos**: Rudolph T. Ware, "Slavery in Islamic Africa, 1400–1800", em *The Cambridge World History of Slavery*, Volume 3: *1420–1804*, ed. David Eltis e Stanley L. Engerman (2011): 47–80.

129 **Apesar de a escravidão ser rotineira**: R. Brunschvig, "Abd", *Encyclopaedia of Islam*, 2ª ed. (2012).

129 **três fontes principais de escravos**: Maurice Lombard, *The Golden Age of Islam*, trad. Joan Spencer (1975): 2: 194–203, 197 (mapa de escravos eslavos), 199 (mapa de escravos turcos), 202 (mapa de escravos africanos).

131 **camelo**: Richard W. Bulliet, *The Camel and the Wheel* (1975).

131 **600 escravas**: H. A. R. Gibb (trad.), *The Travels of Ibn Battuta*, A.D. 1325–1354 (1994): 4: 975.

132 **o menor contratempo**: Paul Lovejoy, *Transformations in Slavery* (2012): 35.

132 **8.700 por ano entre 900 e 1100**: Austen, "The Trans-Saharan Slave Trade", 37 (Tabela 2.3 Estimativas do Comércio de Escravos

Notas

no Atlântico, 1450–1600), 40, 66 (Tabela 2.8 Estimativa Global do Comércio de Escravos Transaariano), 67–68.

132 **11,75 milhões**: Para obter as análises mais recentes sobre o comércio de escravos islâmicos e os desafios de determinar a quantidade, veja Anne Haour, "The Early Medieval Slave Trade of the Central Sahel: Archaeological and Historical Considerations", em *Slavery in Africa: Archaeology and Memory*, ed. Paul J. Lane e Kevin C. MacDonald (2011): 61–78; Roundtable Discussion, "Locating Slavery in Middle Eastern and Islamic History", *International Journal of Middle Eastern Studies* 49.1 (2017): 133–72.

133 **"o povo permaneceu politeísta"**: *"Al-Bakrī"*, em *Corpus of Early Arabic Sources for West African History*, ed. N. Levtzion e J. F. P. Hopkins (1981): 62–87, 64 (tecido vermelho para escravos), 65–66 (Sijilmassa), 68–69 (Audagoste, datas e exércitos de camelo), 79–81 (Gana), 81 (minas de ouro de Ghiyaru), 82 (Yarisna), 82–83 (Malal), 83–84 (asbestos), 85 (dinares simples); verificado por Michael Rapoport comparando com o original e um pouco modificado; al-Bakrī, *Kitāb al-Masālik wa-l-mamālik*, eds. van Leeuwen e Ferré (1992): 658, passagem de 1099 (tecido vermelho para escravos); 835–38, passagens de 1393–99, 840, 1404 (Sijilmassa), 849–50, passagens de 1417–20 (Audagoste, datas e exércitos de camelo); 871–74, passagens de 1455–61 (Gana), 874, passagem de 1460 (minas de ouro de Ghiyārū), 875, passagem de 1463 (Yarisna), 875–76, passagem de 1464 (Malal), 878, passagem de 1469 (asbestos), 880, passagem de 1472 (dinares simples).

134 **Ele pode ter se mudado**: Travis Zadeh, *Mapping Frontiers Across Medieval Islam: Geography, Translation, and the ᶜAbbāsid Empire* (2011): 17 (biografia), 23 (prefácio de Ibn Khurradadhbih); prefácio original em árabe em Ibn Khurradādhbih, *al-Masālik wa-l-mamālik*, ed. M. J. de Goeje (1889): 3.

134 **suas "rotas" fornecem um tempo de viagem**: Marina A. Tolmacheva, "Geography", *Medieval Islamic Civilization: An Encyclopedia*, ed. Josef W. Meri (2006): 1: 284–88.

134 **"Reinos" se referem a**: André Miquel, *La Géographie humaine du monde Musulman jusqu'au milieu de XIe Siècle*, Volumes 1–4 (1967–1988): 1: 267–85.

135 **tradução de livros em grego, latim, sânscrito e persa**: Dmitri Gutas, *Greek Thought, Arab Culture: The Graeco-Arabic Translation Movement in Baghdad and Early Abbasid Society (2nd–4th/8th–10th centuries)* (1998).

135 **fábricas em Bagdá**: Jonathan Bloom, *Paper Before Print: The History and Impact of Paper in the Islamic World* (2001).

135 **"califa" significa "sucessor"**: Hugh Kennedy, *Caliphate: The History of an Idea* (2016): 1–31.

135 **Carijitas**: Fred M. Donner, *Muhammad and the Believers at the Origins of Islam* (2012): 163–70.

136 **dois primeiros séculos do domínio muçulmano**: Richard W. Bulliet, "Conversion to Islam and the Emergence of a Muslim Society in Iran", em *Conversion to Islam*, ed. Nehemia Levtzion (1979): 30–51; Elton L. Daniel, "Conversion ii: Of Iranians to Islam", *Encyclopædia Iranica* (2011).

137 **governador de Fostate**: Michael Bonner, "The Waning of Empire, 861–945", em *The New Cambridge History of Islam, Volume 1: The Formation of the Islamic World, Sixth to Eleventh Centuries*, ed. Chase F. Robinson (2010): 305–59.

137 **coleta de impostos em todo o Egito**: Thierry Banquis, "Autonomous Egypt from Ibn Ṭūlūn to Kāfūr, 868–969", em *The Cambridge History of Egypt, Volume 1: Islamic Egypt, 640–1517*, ed. Carl F. Petry (1998): 86–119, 91–92 (informações de Ibn Ṭūlūn), 98 (composição de seu exército), 103 (motins anticristãos).

137 **"Gregos", um termo genérico**: Michael Brett, "Egypt", em Robinson, ed., *The New Cambridge History of Islam*, Volume 1: 541–80, 558–59.

137 **o governante buída aprisionou o califa**: Hugh Kennedy, "The late ᶜAbbāsid Pattern, 945–1050", em Robinson, *The New Cambridge History of Islam*, Volume 1: 360–93, 361 (tradições compartilhadas), 361–62 (renascimento zoroastra fracassou), 365 (eventos de 945), 387 (povo muçulmano), 387–93 (divisão de sunitas-xiitas).

138 **"os vitoriosos"**: Jonathan M. Bloom, *Arts of the City Victorious: Islamic Art and Architecture in Fatimid North Africa and Egypt* (2007): 54–59.

139 **califa fatímida regente, al-Hakim**: Matthieu Tillier, "Droit et messianisme chez les Fatimides de l'an 1000", documento não publicado entregue na conferência Histoires de l'an mil, Fondation des Treilles, França, 9 a 14 de setembro de 2019; Jonathan Bloom, "Nāsir Khusraw's Description of Jerusalem", em *No Tapping Around Philology: A Festschrift in Honor of Wheeler McIntosh Thackston Jr.'s 70th Birthday*, ed. Alireza Korangy e Daniel J. Sheffield (2014): 395–406; Paul E. Walker, *The Caliph of Cairo: Al-Hakim bi-Amr Allah, 996–1021* (2009): 200–204, 260–61.

140 **notas de condolências:** S. D. Goitein, "Slaves and Slavegirls in the Cairo Geniza Records", *Arabica* 9.1 (1962): 1–20.

140 **população girava em torno de 500 mil**: Jonathan P. Berkey, "Culture and Society During the Late Middle Ages", em Petry, *The Cambridge History of Egypt*, Volume 1: 379–80.

140 **objetos belamente esculpidos em marfim**: Sarah M. Guérin, "The Tusk", in *The Salerno Ivories: Objects, Histories, Contexts*, ed. Francesca dell'Aqua (2016): 21–28.

140 **se revoltaram contra os mercadores amalfis**: Yaacov Y. Lev, "The Fatimid State and Egypt's Mediterranean Trade, 10th–12th Centuries", em *East and West: Essays on Byzantine and Arab Worlds in the Middle Ages*, ed. Juan Pedro Monferrer-Sala *et al.* (2009): 121–25, 123; S. D. Goitein, *Letters of Medieval Jewish Traders* (1973): 39–44; S. D. Goitein, *A Mediterranean Society: The Jewish Communities of the Arab World as Portrayed in the Documents of the Cairo Geniza*, Volume 1 (1967): 46, 49; Claude Cahen, "Un text peu connu relative au commerce oriental d'Amalfi au Xe siècle", *Archivio Storico per le Province Napoletane*, n° 34 (1953–1954): 3–8.

140 **incêndio em 5 de maio que destruiu**: Uma fonte alternativa diz que o fogo ocorreu em 16 de maio e destruiu cinco embarcações. É óbvio que um dos relatos está errado, mas não se sabe qual.

141 **"feiticeiros"**: Al-Bakrī fornece a distância como 6 *mīl*, uma unidade com cerca de 2km. Veja Muhammad Ismail Marcinkowski, *Measures and Weights in the Islamic World: An English translation of Walther Hinz's Handbook Islamische Masse und Gewichte* (2002): 92.

142 **diversas capitais**: Conrad Leyser, Naomi Standen e Stephanie WynneJones, "Settlement, Landscape and Narrative: What Really Happened in History", em *The Global Middle Ages*, ed. Catherine Holmes e Naomi Standen, *Past and Present*, Suplemento 13 (2018): 232–60, 237. Veja também R. A. Mauny, "The Question of Ghana", *Africa: Journal of the International African Institute* 24.3 (1954): 200–13, 205–7.

142 **Ghiyaru**: Nehemia Levtzion, *Ancient Ghana and Mali* (1973): 26 (enterros no rio Níger), 43–47 (declínio de Gana), 132 (auge do comércio de ouro), 155 (localização das minas de ouro).

142 **rio Nilo**: Nehemia Levtzion e Jay Spaulding (eds.), *Medieval West Africa: Views from Arab Scholars and Merchants* (2003): xi.

142 **curva no rio Níger**: Levtzion and Hopkins, ed., *Corpus of Early Arabic Sources for West African History*, 387n53.

143 **100 mil contas de vidro e cornalinas importadas**: Thurston Shaw, *Unearthing Igbo-Ukwu: Archaeological Discoveries in Eastern*

Nigeria (1977): 42–43 (objetos do depósito), 58–59 (objetos da tumba); Thurston Shaw, *IgboUkwu: An Account of Archaeological Discoveries in Eastern Nigeria*, Volumes 1–2 (1970): 1: 237–39.

143 **matérias-primas... novas rotas comerciais**: Frank Willett, "Who Taught the Smiths of Igbo Ukwu?", *New Scientist* (14 de abril de 1983): 65–68; Paul T. Craddock *et al.*, "Metal Sources and the Bronzes from Igbo-Ukwu", *Journal of Field Archaeology* 24.4 (1997): 405–29.

143 **Apenas uma grande população**: Roderick McIntosh, "Jenne-Jeno, Year 1000: Yale's Explorations Along the Niger", palestra na turma iniciante de História: Cerca do ano 1000, Universidade Yale, 9 de outubro de 2017.

144 **como condimento, não como adoçante**: Paul Freedman, *Out of the East: Spices and the Medieval Imagination* (2008): 12–13.

144 **Os maiores centros comerciais e agrícolas**: Levtzion e Hopkins, ed., *Corpus of Early Arabic Sources for West African History*, 62–63.

144 **um terço de sua propriedade**: E. Ann McDougall, "The View from Awdaghust: War, Trade and Social Change in the Southwestern Sahara, from the Eighth to the Fifteenth Century", *Journal of African History* 26.1 (1985): 1–31, 17.

145 **reduziu de forma permanente a influência dos muçulmanos carijitas**: Ousmane Oumar Kane, *Beyond Timbuktu: An Intellectual History of Muslim West Africa* (2016): 46.

145 **ouro e escravos eram levados para o norte**: Ronald A. Messier e James A. Miller, *The Last Civilized Place: Sijilmasa and Its Saharan Destiny* (2015): 110 (comércio triangular), 110 (3–4 toneladas de ouro/ano para almorávidas e dinastia de Saladino), 111–15 (moedas almorávidas); Jean Devisse, "Or d'Afrique", *Arabica* 43 (1996): 234–43.

145 **Moldes usados para modelar tais moedas de ouro:** Sam Nixon e Thilo Rehren, "Gold Processing Remains", em Sam Nixon, ed., *Essouk-Tadmekka*, 174–87, 176 (Figura 15.2: molde de moeda), 185–87 (Al-Bakri).

146 **barras de bronze**: T. Monod, "Le «Ma^{c}aden Ijāfen»: une épave caravanière ancienne dans la Majâbat al-Koubrâ", *Actes du 1er Colloque International d'Archéologie Africaine* (1967): 286–320.

146 **Demanda a oeste da África por produtos**: A.C. Christie e Anne Haour, "The 'Lost Caravan' of the Ma'den Ijafen Revisited: Re-appraising Its Cargo of Cowries, a Medieval Global Commodity", *Journal of African Archaeology* 16.2 (2018): 125–44.

146 **Carlos Magno**: James E. Alleman and Brooke T. Mossman, "Asbestos Revisited", *Scientific American* 277.1 (1997): 70–75.

146 **Heródoto**: Timothy F. Garrard, "Myth and Metrology: The Early Trans-Saharan Gold Trade", *Journal of African History* 23.4 (1982): 443–61.

147 **"Há uma perfeita honestidade nos dois lados"**: Herodotus, *The Histories*, trad. Aubrey de Sélincourt (1996): 4: 277.

147 **"quisessem um aumento"**: al-Mas^cūdī em Levtzion e Hopkins, ed., *Corpus of Early Arabic Sources for West African History*, 32; al-Mas^cūdī, *Murūj al- dhabhab*, Volume 2, ed. ^cAbd al-Ḥ amīd (1958): 261.

147 **escritores que não viram o comércio real**: P. F. de Moraes Farias, "Silent Trade: Myth and Historical Evidence", *History in Africa* 1 (1974): 9–24.

147 **mito do comércio silencioso**: Yāqūt, in Levtzion and Hopkins, ed., *Corpus of Early Arabic Sources for West African History*, 11.

147 **mudança climática**: Sebastian Lüning *et al.*, "Hydroclimate in Africa During the Medieval Climate Anomaly", *Palaeogeography, Palaeoclimatology, Palaeoecology* 495 (2018): 309–22; George E. Brooks, "A Provisional Historical Schema for Western Africa Based on Seven Climate Periods (ca. 9000 B.C. to the 19th Century)", *Cahiers d'Études Africaines* 101.2 (1986): 43–62.

148 **número crescente de cavalos**: Roderick J. McIntosh, *Ancient Middle Niger: Urbanism and the Self-Organizing Landscape* (2005): 177.

148 **3 ou 4 toneladas de ouro**: Ari Nave, "Gold Trade", *Encyclopedia of Africa* (2010): 1: 525–26.

148 **preço do ouro cair no Cairo**: Al-^cUmarī, em Levtzion e Hopkins, ed., *Corpus of Early Arabic Sources for West African History*, 262 (al-Dukkali sobre mineração de ouro), 269 (100 carrinhos cheios), 271 (queda do preço do ouro), 272 (mineração de ouro). Tradução atualizada de Michael Rapoport após comparar com o texto original de al-^cUmarī, *Mamlakat Mālī*, ed. S.alāḥ al-Dīn al-Munajjid (1963), 45–67.

148 **13 e 18 toneladas de ouro**: Essas estimativas são baseadas nos relatos sobre Mansa Musa ter viajado com 80 a 100 carregamentos de ouro, cada um pesando 152,4kg. O ouro nos ombros de seus 500 escravos pesavam toneladas. Michael Gomez, *African Dominion: A New History of Empire in Early and Medieval West Africa* (2018): 106.

150 **Zona Tórrida**: Peter Russell, *Prince Henry the Navigator* (2001): 109–34 (viagens no Cabo Bojador), 256 (cortejo de escravos em 1444), 258 (número de escravos africanos antes de 1460).

150 **El Mina**: Ivor Wilks, *Forests of Gold: Essays on the Akan and the Kingdom of Assante* (1993); Peter L. Bernstein, *The Power of Gold: The History of an Obsession* (2012): 118.

150 **flutuações de preço**: Pierre Vilar, *A History of Gold and Money, 1450–1920*, trad. Judith White (1976): 19 (cubo de 8m³), 56 (exportações de ouro para Europa entre 1500 e 1520).

151 **Wangaras**: Ivor Wilks, "Wangara, Akan and Portuguese in the Fifteenth and Sixteenth Centuries", *Journal of African History* 23.3 (1982): 333–49; Wilks traduziu o original, P. de Cenival e Th. Monod, *Description de la Côte d'Afrique de Ceuta au Sénégal par Valentim Fernandes (1506–1507)* (1938): 84–87.

151 **comércio escravagista no Atlântico**: Lovejoy, *Transformations in Slavery*, 36–37 (Tabela 2.3 Estimativas do Comércio de Escravos no Atlântico, 1450–1600), 40 (comércio no Atlântico).

Capítulo Seis: A Ásia Central se Divide em Duas

Agradeço a Arezou Azad (Universidade de Birmingham), George E. Malagaris (Oxford), Lance Pursey (Universidade de Birmingham), Irina Shingiray (Oxford) e Naomi Standen (Universidade de Birmingham) pela ajuda neste capítulo.

153 **Só após o ano 1500**: Hugh Kennedy, *Mongols, Huns, and Vikings: Nomads at War* (2002): 208–11.

153 **cerca de 24km ao dia**: John Masson Smith, Jr., "From Pasture to Manger: The Evolution of Mongol Cavalry Logistics in Yuan China and Its Consequences", em *Pferde in Asien: Geschichte, Handel und Kultur*, ed. Bert G. Fragner *et al.* (2009): 63–73; "ᶜAyn Jālūt", *Harvard Journal of Asiatic Studies* 44.2 (1984): 307–45, 335 (velocidades da viagem), 336 (consumo de pastagem); Martón Ver, com pós-doutorado na Turfanforschung, Berlin-Brandenburg Academy of Sciences and Humanities, e-mail, 21 de setembro de 2018. Veja também Ashleigh N. Deluca, "World's Toughest Horse Race Retraces Genghis Khan's Postal Route", *National Geographic News* (7 de agosto de 2014).

157 **600 mil moedas de prata**: Peter B. Golden, "The Karakhanids and Early Islam", em *The Cambridge History of Early Inner Asia* (1990): 347; Ibn Khurradādhbih, *Kitab al-Masalik wa-l-mamālik*, ed. M. J. de Goeje (1889): 37, 39.

Notas

157 **escola de treinamento para escravos militares:** Peter B. Golden, *Central Asia in World History* (2011): 66.

157 **persa:** Michael Bonner, "The Waning of Empire, 861–945", em *The New Cambridge History of Islam*, Volume 1: *The Formation of the Islamic World, Sixth to Eleventh Centuries*, ed. Chase F. Robinson (2010): 305–59, 344 (escravidão samânida), 345 (uso do persa), 346 (crenças sunitas dos samânidas).

157 *The Limits of the World:* V. Minorsky, *Ḥudūd al-ᶜĀlam, "The Regions of the World", A Persian Geography, 372 A.H.—982 A.D.* (1937): 3–44.

157 **crescente popularidade da língua:** David Durand-Guédy, "Une 'mutation de l'An mil' en Iran?", documento não publicado entregue na conferência Histoires de l'an mil, Fondation des Treilles, França, 9–14 de setembro de 2019.

159 **dois anos em Bucara:** C. Edmund Bosworth, "Bīrūnī, Abū Rayḥān i. Life", *Encyclopædia Iranica* (1989).

158 **cristãos sírios na Índia:** David Pingree, "Ā t̲ār al-bāqīa", *Encyclopædia Iranica* (2011).

158 **Sua narrativa é densa, mas metódica:** A tradução completa mais recente, feita em 1879, captura o estilo complexo do original. Al-Biruni, *The Chronology of Ancient Nations*, trad. e ed. C. Edward Sachau (1879): 5 (duração do dia), 13 (calendário judeu), 312 (cristãos sírios).

159 **Esse povo usava um calendário solar:** Reza Abdollahy, "Calendars, ii. in the Islamic Period", *Encyclopædia Iranica* (1990).

159 **madraça:** Marshall G. S. Hodgson, *The Venture of Islam: Conscience and History in a World Civilization*, Volume 2, *The Expansion of Islam in the Middle Periods* (1974): 3–61, 255–92.

159 **73 madraças diferentes:** J. Pederson *et al.*, "Madrasa", *Encyclopaedia of Islam*, 2ª ed. (2012).

160 **Muitas conseguiram proeminência acadêmica:** Ruth Roded, *Women in the Islamic Biographical Collections: From Ibn Saᶜd to Who's Who* (1994): 3 (Tabela 1), 12.

160 **O governante samânida era uma ficção:** Elton L. Daniel, "The Islamic East", em Robinson, ed., *The New Cambridge History of Islam*, 1: 448–505, 503–4.

161 **"mão direita da dinastia":** C. E. Bosworth, *The Ghaznavids: Their Empire in Afghanistan and Eastern Iran, 994–1040* (1963): 46 (títulos do califa abássida para Mamude), 126–28 (tamanho do exército).

161 **cheiro de quem presenteava**: Finbarr B. Flood, *Objects of Translation: Material Culture and Medieval "Hindu-Muslim" Encounter* (2009): 76–77.

161 **Mamude ficou no poder**: H. Amedroz e D. S. Margoliouth, *The Eclipse of the* ^C^*Abbāsid Caliphate* (1920–1921): II: 328–29; Hugh Kennedy "The Late ^C^*Abbāsid* Pattern", em Robinson, ed., *The New Cambridge History of Islam*, 1: 390.

161 **Mamude encorajava o uso do persa**: Viola Allegranzi, *Aux sources de la poésie ghaznévide. Les inscriptions persanes de Ghazni* (2 vols.) (2019): 1: 207–18.

161 **campanhas contra os não muçulmanos**: C. Edmund Bosworth, "Asfījāb", *Encyclopædia Iranica* (2011).

162 **principal objetivo dos gaznévidas**: David Morgan, *Medieval Persia, 1040–1797* (1988): 22.

162 **saquear cidades com populações muçulmanas**: Kennedy, "The Late ^C^Abbāsid Pattern", 360–93, 370–73 (crenças sunitas dos gaznévidas), 376–77 (Somnath).

162 **vários reis hindus diferentes**: Flood, *Objects of Translation*, 4 (hindus no exército de Mamude), 78–79 (região hindu em Gázni), 79–86 (alianças com governantes hindus).

162 **nos anos 1200**: Abū l-Fadl Bayhaqī, *The* History *of Beyhaqi (The History of Sultan Mascud of Ghazna, 1030–1040)*, trad. C. E. Bosworth (2011): I: 8–9.

162 **santuário de Shiva em Somnath**: André Wink, *Al-Hind: The Making of the Indo-Islamic World,* Volume 2: *The Slave Kings and the Islamic Conquest, 11th–13th Centuries* (1997): 294–333, 294 (conversões fora do território de Mamude), 327–28.

162 **entre os saques mais controversos**: Romila Thapar, *Somanatha, The Many Voices of a History* (2004).

163 **destruiu a principal imagem de Shiva**: Al-Bīrūnī, *Alberuni's India*, trad. Edward Sachau (1887): 2: 103–4.

163 **Lashkar-i Bazaar**: Finbarr Barry Flood, "Painting, Monumental and Frescoes", em *Medieval Islamic Civilization: An Encyclopedia*, ed. Joseph W. Meri (2006): 586–89; Daniel Schlumberger, *Lashkari Bazar: une résidence royale ghaznévide et ghoride (Mémoires de la Délégation archéologique française en Afghanistan*, Volume 18, Parte 1) (1983); Martina Rugiadi, "The Ghaznavid Marble Architectural Decoration: An Overview", disponível em web.mit.edu [conteúdo em inglês].

163 **qarakanidas**: Desde que documentos existentes se referem a "kara khans" ou "líderes negros", eles são conhecidos como qarakanidas. Peter Golden, "The Origins of the Karakhanids", em *The Cambridge History of Early Inner Asia*, ed. Denis Sinor (1990): 354 (nome dos qarakanidas), 363 (conquista de Corásmia).

163 **Satuq Bughra Khan**: Michal Biran, "The Qarakhanids' Eastern Exchange: Preliminary Notes on the Silk Roads in the Eleventh and Twelfth Centuries", em *Complexity of Interaction Along the Eurasian Steppe Zone in the First Millennium CE*", ed. Jan Bemmann (2015): 575–96, 578.

164 **Hotan**: Valerie Hansen, *The Silk Road: A New History with Documents* (2016): 368–71; William Samolin, *East Turkistan to the Twelfth Century: A Brief Political Survey* (1964): 81.

164 **"Descemos sobre eles"**: Maḥmūd al-Kāšarī *Compendium of the Turkic Dialects*, ed. e trad. Robert Dankoff e James Kelly, Volume 1 (1982): 270.

164 **longa luta de séculos**: Abolqasem Ferdowsi, *Shahnameh: The Persian Book of Kings*, trad. Dick Davis (2016).

165 **antigos inimigos dos governantes do Irã**: C. E. Bosworth, "Barbarian Invasions: The Coming of the Turks into the Islamic World", em *Islamic Civilisation*, 950–1150, ed. D. S. Richards (1973): 1–16.

165 **sátira bem crítica de Mamude**: Djalal Khaleghi-Motlagh, "Ferdowsi, Abu'l-Qāsem, i.Life" *Encyclopædia Iranica* (2012).

165 **Avicena**: William E. Gohlman, *The Life of Ibn Sina: A Critical Edition and Annotated Translation* (1974): 41.

165 **casou sua filha:** Valerie Hansen, "International Gifting and the Kitan World, 907–1125", *Journal of Song-Yuan Studies* 43 (2013): 273–302, 288–89.

166 **dogmas budistas**: Lothar Ledderose, "Changing the Audience: A Pivotal Period in the Great Sutra Carving Project at Cloud Dwelling Monastery Near Beijing", em *Religion and Chinese Society*, ed. John Lagerwey, Volume 1 (2004): 385–409.

166 **Abaoji retroagiu o início de seu reino**: Denis Twitchett, "The Liao's Changing Perceptions of Its T'ang Heritage", em *The Historian, His Readers, and the Passage of Time: The Fu Ssu-nien Memorial Lectures, 1996* (1997): 31–54.

167 **"tanistry"**: Joseph Fletcher, "The Mongols: Ecological and Social Perspectives", *Harvard Journal of Asiatic Studies* 46.1 (1988): 11–50, 17.

167 **diferentes grupos se reuniram na sociedade Liao:** Pamela Crossley, "Outside In: Power, Identity, and the Han Lineage of Jizhou", *Journal of Song-Yuan Studies* 43 (2013): 51–89.

167 **parcialmente decifrada**: Daniel Kane, "Introduction, Part 2: An Update on Deciphering the Kitan Language and Scripts", *Journal of Song-Yuan Studies* 43 (2013): 11–25.

168 **Tratado de Chanyuan**: Nap-Yin Lau, "Waging War for Peace? The Peace Accord Between the Song and the Liao in AD 1005", em *Warfare in Chinese History*, ed. Hans van de Ven (2000): 183–221, 213.

168 **100 mil onças chinesas de prata**: A onça chinesa (*liang*) pesava 37,3g, um terço mais que uma onça no sistema inglês de medida, que é igual a 28,35g. Em 1042, os pagamentos subiram para 200 mil onças chinesas de prata e 300 mil rolos de seda.

168 **2 mil lingotes**: Hsueh-man Shen (ed.), *Gilded Splendor: Treasures of China's Liao Empire (907–1125)* (2006): 363; Brian Thomas Vivier, "Chinese Foreign Trade, 960–1276", tese de doutorado, Universidade Yale (2008): Figura 1.2.

169 **Fukuoka:** Richard von Glahn, "The Ningbo-Hakata Merchant Network and the Reorientation of East Asian Maritime Trade, 1150–1350", Harvard Journal of Asiatic Studies 74.2 (2014): 249–79; Bruce L. Batten, *Gateway to Japan: Hakata in War and Peace, 500–1300* (2006): 40; Yiwen Li, e-mail, 8 de dezembro de 2018.

169 **esses itens foram presenteados à família real Liao**: Hansen, "International Gifting and the Kitan World, 907–1125", 273–302.

170 **artesãos (em geral chineses)**: Zou Tong, informação pessoal, 9 de maio de 2009, no Museu Shangjing.

170 **fragrância de pinho**: Jenny F. So, "Scented Trails: Amber as Aromatic in Medieval China", *Journal of the Royal Asiatic Society*, 3ª Série, 23.1 (2013): 85–101, 94–95.

170 **"mar esloveno"**: Vladimir Minorsky (trad.), *Sharah al-Zaman Tahir: Marvazi on China, the Turks, and India: Arabic Text with an English Translation and Commentary* (1942): 16–17 (importações para China), 19–21 (tradução de cartas), 78 (turco como língua diplomática).

170 **vinham da região báltica**: Curt W. Beck e Edith C. Stout, "Amber from Liaoning Province and Liao Amber Artifacts", em *Adornment for the Body and Soul: Ancient Chinese Ornaments from the Mengdiexuan Collection*, ed. E. C. Bunker *et al.* (1999): 167–72; Xu Xiaodong, *Zhongguo gudai hupo yishu* (2011).

170 **parada temporária do comércio**: Sem Vermeersch, *A Chinese Traveler in Medieval Korea: Xu Jing's Illustrated Account of the Xuanhe Embassy to Koryŏ* (2016): 14–39.

170 **princesa Liao**: Biran, "The Qarakhanids' Eastern Exchange", 578.

170 **Uigures**: Havia dois reinos Uigures na época; é mais provável que os uigures de Turpan tivessem recursos para mandar um enviado até o Afeganistão (o outro Estado uigur, em Ganzhou, foi invadido e destruído em 1028). Veja Minorsky, *Marvazi*, 77–78.

171 *khutu*: Anya King, "Early Islamic Sources on the Kitan Liao: The Role of Trade", *Journal of Song-Yuan Studies* 43 (2013): 253–71, 262–63.

171 **"sua excelência em bravura e coragem"**: A tradução em inglês é de Michael Rapoport, que atualizou a tradução de Minorsky com base no árabe original.

172 **almíscar**: Anya H. King, *Scent from the Garden of Paradise: Musk and the Medieval Islamic World* (2017); James Cave, "You Don't Even Want to Know Where Musk Comes From", *HuffPost*, 24 de fevereiro de 2016.

173 **é possível esperar que eles tenham se convertido ao Islamismo**: Andreas Kaplony, "The Conversion of the Turks of Central Asia to Islam as Seen by Arabic and Persian Geography: A Comparative Perspective", em Étienne de la Vaissière, *Islamisation de l'Asie Centrale: processus locaux d'acculturation du VIIe au XIe siècle* (2008): 319–38; Michal Biran, *The Empire of the Qara Khitai in Eurasian History: Between China and the Islamic World* (2005): 196–201.

173 **"faltando sete anos"**: É uma tradução de Mimi Yiengpruksawan e os nomes das eras budistas foram traduzidos. Mimi Yiengpruksawan, "Countdown to 1051", em *Texts and Transformations: Essays in Honor of the 75th Birthday of Victor Mair*, ed. Haun Saussy (2018): 369–434, 376 (desastres de Kioto), 379–80 (monastério budista no distrito de Fangshan, Pequim), 380 (traduções da Pagoda do Norte), 386–94 (calendários diferentes), 394 (enviado kitan na corte Goryeo), 402–4 (contatos entre Japão-Liao), 406 (eclipse).

174 **ofertas diferentes em um repositório**: D. Max Moerman, "The Archeology of Anxiety: An Underground History of Heian Religion", em *Heian Japan, Centers and Peripheries*, ed. Mikael Adolphson *et al.* (2007): 245–71.

174 **inclusive pérolas**: Liaoning sheng wenwu kaogu yanjiu suo e Chaoyang shi beita bowuguan (eds.), *Chaoyang Beita: Kaogu fajue yu weixiu gongcheng baogao* (2007): gravura 48.

175 **governou até 1058**: William H. McCullough, "The Heian Court, 795– 1070", em *The Cambridge History of Japan*, Volume 2: *Heian Japan*, ed. William H. McCullough e Donald H. Shively (1999): 20–96, 67–80.

175 **quinze textos budistas**: Yiwen Li, "Networks of Profit and Faith: Spanning the Sea of Japan and the East China Sea, 838–1403", tese de doutorado, Universidade Yale (2017): 80, 85–86 (Fujiwara no Michinaga), 112–13 (contêineres liao sutra).

175 **zona de comércio não oficial**: Yiwen Li, "Chinese Objects Recovered from Sutra Mounds in Japan, 1000–1300", em *Visual and Material Cultures in Middle Period China*, ed. Patricia Buckley Ebrey e Shih-shan Susan Huang (2017): 284–318.

175 **especialistas em calendários da Coreia:** Yannick Bruneton, "Astrologues et devins du *Koryŏ* (918–1392): une analyse de l'histoire officielle", *Extrême-Orient Extrême-Occident*, n° 35 (2013): 45–81.

176 **incomum ornamentação de metal**: Mimi Yiengpruksawan, "A Pavilion for the Amitabha", em *Buddhist Transformations and Interactions*, ed. Victor H. Mair (2017): 401–516, 447–52.

177 **dava uma fatia maior da pilhagem**: Igor de Rachewiltz, *The Secret History of the Mongols: A Mongolian Epic Chronicle of the Thirteenth Century* (2004).

177 **história do mundo**: Janet Abu-Lughod, *Before European Hegemony: The World System A.D. 1250–1350* (1989).

177 **Peste Negra**: James Belich, "The Black Death and the Spread of Europe", em *The Prospect of Global History*, ed. James Belich *et al.* (2016).

Capítulo Sete: Viagens Incríveis

Os seguintes acadêmicos me ajudaram neste capítulo fornecendo materiais, debatendo e avaliando a versão preliminar: Haydon Cherry, Departamento de História da Universidade Northwestern; Jan Wisseman Christie, professora emérita no Centre for South-East Asia Studies, Universidade de Hull; David Ludden, Departamento de História da NYU; R. I. Moore, professor emérito de História na Universidade de Newcastle; Himanshu Prabha Ray, Oxford Centre for Hindu Studies; e Charles Wheeler, AcademicEditorial.com.

181 **ventos das monções**: Himanshu Prabha Ray, "Seafaring in the Bay of Bengal in the Early Centuries AD", *Studies in History* 6.1 (1990): 1–14.

181 **Eurásia esquenta**: Sunil S. Amrith, *Crossing the Bay of Bengal: The Furies of Nature and the Fortunes of Migrants* (2013): 10–13.

181 **viajavam em mar aberto**: Gwyn Campbell, "Africa and the Early Indian Ocean World Exchange System in the Context of Human-Environment Interaction", em *Early Exchange Between Africa and the Wider Indian Ocean World*, ed. Gwyn Campbell (2016): 3. Veja também o artigo de Sunil Gupta sobre os contatos entre África e Índia.

182 **língua das ilhas, malgaxe**: Claude Allibert, "Austronesian Migration and the Establishment of the Malagasy Civilization", *Diogenes* 55.2 (2008): 7–16; Ann Kumar, "'The Single Most Astonishing Fact of Human Geography': Indonesia's Far West Colony", *Indonesia* 92 (2011): 59–96.

182 **foram para Madagascar**: Peter Bellwood, *First Islanders: Prehistory and Human Migration in Island Southeast Asia* (2017): 231; Peter Bellwood, "The Austronesians in History: Common Origins and Diverse Transformations", em *The Austronesians: Historical and Comparative Perspectives*, ed. Peter Bellwood, James J. Fox e Darrell Tryon (1995): 1–16.

183 **2.433 sementes carbonizadas**: Alison Crowther *et al.*, "Ancient Crops Provide First Archaeological Signature of the Westward Austronesian Expansion", *Proceedings of the National Academy of the Sciences* 113.24 (14 de junho de 2016): 6635– 40.

183 **dieta baseada nesse cereal**: Nicole Boivin *et al.*, "East Africa and Madagascar in the Indian Ocean World", *Journal of World Prehistory* 26.3 (2013): 213–81.

183 **Tupaia**: Anne Salmond, *The Trial of the Cannibal Dog: Captain Cook in the South Seas* (2003): 38, 110.

184 **Pierre-Yves Manguin**: "Austronesian Shipping in the Indian Ocean: From Outrigger Boats to Trading Ships", em Campbell, ed., *Early Exchange*, 51–76, 59–60 (destroços de Cirebon), 62 (técnica "amarra e puxa"), 65 (locais dos barcos desenterrados).

184 **O barco naufragado Phanom Surin**: Lisa Niziolek *et al.*, "Revisiting the Date of the Java Sea Shipwreck from Indonesia", *Journal of Archaeological Science: Reports* 19 (maio de 2018): 781–90; Horst Hubertus Liebner, "The Siren of Cirebon: A Tenth-Century Trading Vessel Lost in the Java Sea", tese de doutorado, Universidade de Leeds (2014).

184 **A disparidade entre essas cronologias**: Janet M. Wilmshurst *et al.*, "High-Precision Radiocarbon Dating Shows Recent and Rapid Initial

Human Colonization of East Polynesia", *Proceedings of the National Academy of Sciences* 108.5 (1º de fevereiro de 2011): 1815–20.

186 **tradições que desapareceram**: Ben Finney, *Voyage of Rediscovery: A Cultural Odyssey Through Polynesia* (1994).

186 **Sem usar instrumentos de navegação**: Steve Thomas, *The Last Navigator: A Young Man, an Ancient Mariner, the Secrets of the Sea* (1997).

188 **A densidade populacional era baixa**: Anthony Reid, "Low Population Growth and Its Causes in Pre-Colonial Southeast Asia", em *Death and Disease in Southeast Asia: Explorations in Social, Medical and Demographic History*, ed. Norman G. Owen (1987): 33–47, 36.

189 **acostumados a circular**: M. C. Ricklefs (ed.), *A New History of Southeast Asia* (2010): 8–10 (primeiras estruturas sociais), 21 (inscrições indianas), 30, 61–64 (Serivijaia), 40–42 (Angkor), 43 (modelo de Estado-templo).

189 **ideal chakravartin**: John E. Cort, *Open Boundaries: Jain Communities and Cultures in Indian History* (1998): 98.

190 **balão**: A imagem de um balão utiliza o modelo de Burton Stein do Estado segmentado de seu livro *History of India* (1998): 20, assim como o conceito de O. W. Wolters do Estado-mandala em *History, Culture and Region in Southeast Asian Perspectives* (1999): 27–28.

190 **Na Índia, as cholas no extremo sul do país**: Jan Wisseman Christie, "The Medieval Tamil-Language Inscriptions in Southeast Asia and China", em *Southeast Asian Archaeology*, 1994, ed. Pierre-Yves Manguin (1998): 241 (ascensão dos cholas), 244 (inscrição de 883), 244–45 (mudança nos destinos do comércio), 246 (mudança na composição da comunidade mercantil), 249 (crise econômica), 254 (chola ataca no sudeste da Ásia).

191 **Budismo Esotérico**: Andrea Acri, "Introduction: Esoteric Buddhist Networks Along the Maritime Silk Routes, 7th–13th Century AD", em *Esoteric Buddhism in Mediaeval Maritime Asia*, ed. Andrea Acri (2016): 1–25, 4 (práticas do Budismo Esotérico), 7 (Yijing), 16 (Mapa 1.1: Caminhos percorridos pelos monges); Koichi Shinohara, *Spells, Images, and Mandalas: Tracing the Evolution of Esoteric Buddhist Rituals* (2014): 194–204.

191 **história da dinastia Song**: *Songshi* 489: 14088.

191 **monopólio do olíbano e do sândalo**: Zhu Yu, *Pingzhou ketan*, série Song Yuan biji congshu (1989): 1: 2.

192 **esquadra de mil embarcações**: O. W. Wolters, "Studying Śrīvijaya", em *Early Southeast Asia: Selected Essays*, ed. Craig J.

Reynolds (2008): 77–108, 92–94; "Restudying Some Chinese Writings on Sriwijaya", 109–47, no mesmo volume.

192 **centros de construção dos dhows**: Hyunhee Park, *Mapping the Chinese and Islamic Worlds: Cross-Cultural Exchange in Pre-modern Asia* (2013): 30–31 (dhows), 69–70, 219n58 (rebelião de Huang Chao).

192 **Phanom Surin naufragado**: John Guy, "The Phanom Surin Shipwreck, a Pahlavi Inscription, and Their Significance for the History of Early Lower Central Thailand", *Journal of the Siam Society* 105 (2017): 179–96.

192 **exposição sobre o naufrágio**: Michael Flecker, "The Ethics, Politics, and Realities of Maritime Archaeology in Southeast Asia", *International Journal of Nautical Archaeology* 31.1 (2002): 12–24; Michael Flecker, "A Ninth-Century AD Arab or Indian Shipwreck in Indonesia: First Evidence for Direct Trade with China", *World Archaeology* 32.3 (2001): 335–54.

192 **o navio Belitung**: Regina Krahl (ed.), *Shipwrecked: Tang Treasures and Monsoon Winds* (2011): 36; disponível online.

193 **cerâmicas abássidas como modelos**: John W. Chaffee, *The Muslim Merchants of Premodern China: The History of an Asian Maritime Trade Diaspora, 750–1400* (2018): 29.

193 **viam esse produto como superior**: Arthur Lane, *Early Islamic Pottery: Mesopotamia, Egypt, and Persia* (1947): 31.

193 **Em resposta à ameaça das importações chinesas**: Robert B. J. Mason, *Shine Like the Sun: Lustre-Painted and Associated Pottery from the Medieval Middle East* (2004): 2 (como fazer louça dourada); 31 (750, data das primeiras cerâmicas de Basra que copiam modelos chineses); 158 (após 800, louça dourada de Barsa foi encontrada na costa leste africana e na ponta da África).

193 **presentes do imperador tang**: François Louis, "Metal Objects on the Belitung Shipwreck", em Krahl, ed., *Shipwrecked*, 85–91.

194 **relevos em pedra dos navios mercantes**: John N. Miksic, *Borobudur: Majestic, Mysterious, Magnificent* (2010).

194 **reis shailendras**: Kenneth R. Hall, *History of Early Southeast Asia: Maritime Trade and Societal Development, 100–1500* (2011): 125–26.

194 **explosão vulcânica ou terremoto**: Jan Wisseman Christie, "Revisiting Early Mataram", em *Fruits of Inspiration: Studies in Honour of Prof. J. G. de Casparis*, ed. M. J. Klokke e K. R. van Kooij (2001): 25–56, 47.

194 **Buda salva um navio**: August Johan Bernet Kempers, *Ageless Borobudur: Buddhist Mystery in Stone, Decay and Restoration, Mendut and Pawon, Folklife in Ancient Java* (1976): 109–19, gravuras 32, 79, 201 (representações de barcos); Himanshu Ray, informação pessoal, 24 de outubro de 2018.

194 **mais vendedoras**: Jan Wisseman Christie, "Javanese Markets and the Asian Sea Trade Boom of the Tenth to Thirteenth Centuries A.D.", *Journal of the Economic and Social History of the Orient*, 41.3 (1998): 344–81, 348 (alianças comerciais), 350 (funcionários do mercado), 352–53 (pimenta-do-reino e açafrão), 356 (ceramistas), 360 (vendedoras), 360 (importações e cópias de moedas chinesas).

196 **não há evidências de um comércio de longa distância referente a escravos**: Jan Wisseman Christie, e-mail, 10 de dezembro de 2018. Veja "Preliminary Notes on Debt and Credit in Early Island Southeast Asia", em *Credit and Debt in Indonesia, 860–1930: From Peonage to Pawnshop, from Kongsi to Cooperative*, ed. D. Henley e P. Boomgaard (2009): 41–60, 178–190.

196 **não vissem conflitos entre as duas religiões**: Anthony Reid, informação pessoal, 30 de março de 2018.

196 **usuários finais**: G. F. Hourani, *Arab Seafaring in the Indian Ocean in Ancient and Early Medieval Times* (1951, 1995): 89–105.

197 **um grupo colhia certo produto**: Dato Dr Nik Hassan Shuhaimi Nik Abdul Rahman (ed.), *The Encyclopedia of Malaysia: Early History*, Volume 4 (1998): 76.

198 **diminuiu o comércio em toda a região**: Geoff Wade, "An Early Age of Commerce in Southeast Asia, 900–1300 CE", *Journal of Southeast Asian Studies* 40.2 (2009): 221–65.

198 **quantidade de estrangeiros mortos**: John W. Chaffee questiona com veemência esses números em *Muslim Merchants of Premodern China*, 48. Veja também Howard Levy, *Biography of Huang Ch'ao*, Chinese Dynastic History Translations 5 (1961): 109–21 (fontes árabes); Valerie Hansen, *The Silk Road: A New History with Documents* (2016): 266–67.

198 **comerciantes muçulmanos saíram da China**: Chaffee, *The Muslim Merchants of Premodern China*, 52.

198 **parceiros comerciais mais importantes**: O. W. Wolters, "Tambralinga", *Bulletin of the School of Oriental and African Studies* 21.3 (1958): 587–607, 605; *Song Huiyao*, Fanyi 7:20b (edição de Shanghai guji chubanshe, 2014), Volume 16: 9948.

199 **tinham muito menos controle**: David Ludden, *Peasant History in South India* (1985).

200 **Estados distantes**: Gokul Seshadri, "New Perspectives on Nagapattinam", em *Nagapattinam to Suvanadwipa: Reflections on the Chola Naval Expeditions to Southeast Asia*, ed. Hermann Kulke *et al.* (2009): 121–28; Peter Schalk (ed.), *Buddhism Among Tamils in Pre-Colonial Tamilakam and Ilam*, Volume 2 (2002): 513–670, 596.

200 **Rajaraja I invadiu**: George W. Spencer, *The Politics of Expansion: The Chola Conquest of Sri Lanka and Srivijaya* (1983): 5–6 (resultados da conquista), 34 (conquistas de Rajaraja I), 44 (campanha Ganges de Rajendra), 60 (impostos comerciais), 64 (retirada do Sri Lanka), 144–45 (vínculos com outros países).

200 **"Os cholas pegaram Mahesi"**: Spencer, *The Politics of Expansion*, 54–56, tradução de uma passagem original da narrativa histórica do Sri Lanka intitulada *Cūlavaṃsa* 55.16–22.

201 **cholas como um Estado poderoso**: Hermann Kulke, "The Naval Expeditions of the Cholas in the Context of Asian History", em Kulke *et al.*, ed., *Nagapattinam to Suvarnadwipa*, e artigos de Noboru Karashima e Tansen Sen.

201 **"Rajendra enviou muitos navios"**: Spencer, *Politics of Expansion*, 138–39, citando a tradução feita em K. A. Nilakanta Sastri, Sri Vijiya, 80.

201 **persuadiu o rei chola a desistir do Hinduísmo**: Kulke *et alii*, ed., *Nagapattinam to Suvanadwipa*, 12.

201 **conhecimento detalhado dos escribas de Rajendra**: A. Meenakshisundararajan, "Rajendra Chola's Naval Expedition and the Chola Trade with Southeast Asia", em Kulke *et al.*, ed., *Nagapattinam to Suvanadwipa*, 168–77, 170. Veja também o mapa na folha de guarda desse volume.

202 **inscrição de 1050 em Mysore**: Burton Stein, "Coromandel Trade in Medieval India", em *Merchants & Scholars: Essays in the History of Exploration and Trade Collected in Memory of James Ford Bell*, ed. John Parker (1965): 49–62; N. A. Nilakanta Sastri, "A Tamil Merchant-guild in Sumatra", *Tijdschrift voor Indische taal-, land-, en volkenkunde* 72 (1932): 314–27, 322–24.

202 **"como o elefante"**: John Guy, "Tamil Merchant Guilds and the Quanzhou Trade", em *The Emporium of the World: Maritime Quanzhou, 1000–1400*, ed. Angela Schottenhammer (2001): 283–308, 291 (primeiras inscrições tâmil no sudeste da Ásia), 293 (Baros, aliança

Sumatra), 294 (contratação de mercenários), 295–96 (inscrição tâmil em Quanzhou), 296–302 (ruínas do templo).

203 **rebaixar os cholas**: Tansen Sen, *Buddhism, Diplomacy, and Trade: The Realignment of Sino-Indian Relations, 600–1400* (2003): 224.

204 **Os súditos do rei faziam ofertas**: Michael D. Coe e Damian Evans, *Angkor and the Khmer Civilization* (2003, 2018): 11 (dimensões do sítio), 116 (características da civilização Angkor clássica), 163 (dimensões da Terceira Galeria), 188 (Zhou Daguan sobre importações e exportações), 189 (caça de alcião), 209 (cerâmica chinesa importada), 212–14 (tecidos e vestuário), 239 (características do pós-clássico).

204 **LIDAR**: Julia Wallace, "Cambodia's Hidden Cities: Aerial Laser Imaging", *The New York Times* (20 de setembro de 2016): D1, D5.

204 **moradias agrupadas**: Roland Fletcher *et al.*, "Angkor Wat: An Introduction", *Antiquity* 89.348 (2015): 1388–1401, 1396.

205 **população de Angkor Wat**: Damian Evans e Roland Fletcher, "The Landscape of Angkor Wat Redefined", *Antiquity* 89.348 (2015): 1402–19, 1410–11.

205 **primeiros túmulos muçulmanos**: M. C. Ricklefs, *Mystic Synthesis in Java: A History of Islamicization from the Fourteenth to the Early Nineteenth Centuries* (2006): 12–21.

205 **ministro Zhou**: Zhou Daguan, Zhenla Fengtu ji jiaozhu (edição de Zhonghua shuju, 2000): 141–42 (produtos locais), 148 (produtos chineses); Zhou Daguan, *The Customs of Cambodia*, trad. Michael Smithies (2001): 59–60 (produtos locais), 63 (produtos chineses).

206 **Localizado em uma grande rota comercial**: Li Tana, "A View from the Sea: Perspectives on the Northern and Central Vietnamese Coast", *Journal of Southeast Asian Studies* 37.1 (2006): 83–102, 95–96; Momoki Shiro, "Dai Viet and the South China Sea Trade: From the 10th to the 15th Century", *Crossroads* 12.1 (1998): 1–34, 20.

206 **Van Don**: John K. Whitmore, "Vân-Dôn, the 'Mac Gap,' and the End of the Jiaozhi Ocean System", em *The Tongking Gulf Through History*, ed. Nola Cooke *et al.* (2011): 101–16.

206 **posto perto de Van Don para coletar pérolas**: John K. Whitmore, *Vietnam, Hô Quý Ly, and the Ming (1371–1421)* (1985): 112.

206 **Uma fonte contemporânea descreve o mecanismo**: Tatsuro Yamamoto, "Van-don: A Trade Port in Vietnam", *Memoirs of the Research Department of the Toyo Bunko* 39 (1981): 1–32, 5 (trajes,

alimentação e bebida chineses), 10 (área para pesca de pérolas). É a tradução de um artigo em japonês de *Tōhō Gakuhō* 9 (1939): 277–309; a passagem original aparece em Chen Weiwen (ed.) *Qinding Yueshi tong-jian gangmu* (edição da Biblioteca Central de Taipé, 1969): 13: 1549–50.

Capítulo Oito: O Lugar Mais Globalizado do Planeta

Obrigada a Anna Shields (Princeton) e Robert Hymes (Columbia) por me darem a chance de apresentar uma versão preliminar deste capítulo na Universidade de Princeton na conferência sobre a transição Tang-Song, em 2018. Ari Levine, editor do Journal of the Song-Yuan Studies, *enviou uma versão inicial do artigo para dois revisores independentes que fizeram muitas sugestões úteis, assim como Yuan Julian Chen (Yale), Yiwen Li (Cidade Universitária de Hong Kong), David Porter (Yale) e Helen Wang (Museu Britânico).*

209 **Produtos que os chineses compravam**: Angela Schottenhammer, "China's Emergence as a Maritime Power", em *The Cambridge History of China*, Volume 5, Parte 2: *Sung China, 960–1279*, ed. John W. Chaffee e Denis Twitchett (2015): 437–525, 512–18.

209 **tapetes de junco trançados:** Dato Dr Nik Hassan Shuhaimi Nik Abdul Rahman (ed.), *The Encyclopedia of Malaysia*, Volume 4: Early History (1998): 87.

210 **pau-de-águila**: Paul Wheatley, "Geographical Notes on Some Commodities Involved in Sung Maritime Trade", *Journal of the Malayan Branch of the Royal Asiatic Society* 32.2 (1959): 3–139, 22–23 (mudando taxações sobre produtos finos e vulgares), 25–26 (indicação dos superintendentes do comércio), 69–72 (pau-de-águila).

210 **receitas para perfume**: Yang Zhishui, "L'Encens sous les Song (960–1279) and les Yuan (1279–1368)", em *Parfums de Chine: la culture de l'encens au temps des empereurs*, ed. Éric Lefebvre (2018): 68–75.

210 *O Conto de Genji*: Ivan Morris, *The World of the Shining Prince: Court Life in Ancient Japan* (1964); Dennis Washburn (trad.), Murasaki Shikibu, *The Tale of Genji* (2017): 407 (prolongar fragrância), 608–13 (concurso de incensos).

210 **Essas mercadorias vinham do mundo islâmico**: Tanaka Fumio, *Kokusai kōeki to kodai Nihon* (2012): 180.

211 **concurso para escolher a melhor fragrância**: Melissa McCormick, *The Tale of Genji: A Visual Companion* (2018): 149–51.

211 **teriam variado com a estação**: Dennis Washburn, professor de Sociedades, Culturas e Literaturas Asiáticas, Dartmouth College, e-mail, 2 de outubro de 2019.

212 **móveis e caixas de armazenamento confeccionados com madeira perfumada**: Joseph Needham, "Constituents of Incense, and Other Aromatics", em *Science and Civilisation in China*, Volume 5: *Chemistry and Chemical Technology, Part II, Spagyrical Discovery and Invention: Magisteries of Gold and Immortality* (1974): 137 (Tabela 94); Olivia Milburn, "Aromas, Scents, and Spices: Olfactory Culture in China Before the Arrival of Buddhism", *Journal of the American Oriental Society* 136.3 (2016): 441–64; Frédéric Obringer, "Dans L'empire de fous de parfums. Une introduction au monde des senteurs en Chine impériale", em Lefebvre (ed.), *Parfums de Chine*, 10–24.

212 **almíscar**: Anya H. King, *Scent from the Garden of Paradise: Musk and the Medieval Islamic World* (2017); Paul Freedman, *Out of the East: Spices and the Medieval Imagination* (2008): 15–16.

212 **olíbano e mirra**: Jenny F. So, "Scented Trails: Amber as Aromatic in Medieval China", *Journal of the Royal Asiatic Society*, 3ª Série, 23.1 (2013): 85–101, 90; Edward Schafer, *Golden Peaches of Samarkand* (1963): 155.

213 **portos de Siraf no Golfo Pérsico**: John Chaffee, *The Muslim Merchants of Premodern China: The History of a Maritime Asian Trade Diaspora, 750–1400* (2018): 27–28.

213 **"As pessoas desse país"**: Duan Chengshi, *Youyang zazu* 4: 25, edição de Sibu congkan, acessado pelo banco de dados de Zhongguo jiben gujiku; Carrie E. Reed, "Motivation and Meaning of a 'Hodge-podge': Duan Chengshi's 'Youyang zazu'", *Journal of the American Oriental Society* 123.1 (2003): 121–45.

213 **Algumas narrativas ficcionais**: Julie Wilensky, "The Magical Kunlun and 'Devil Slaves': Chinese Perceptions of Dark-Skinned People and Africa Before 1500", *Sino-Platonic Papers* 122 (2002): 1–51.

213 **taxas aduaneiras em Guangzhou**: Wang Gungwu, "The Nanhai Trade: A Study of the Early History of Chinese Trade in the South China Sea", *Journal of the Malayan Branch of the Royal Asiatic Society* 31.2 (1958): 1–135; Hugh R. Clark, *Community, Trade, and Networks: Southern Fujian Province from the Third to the Thirteenth Century* (1991): 49.

213 **política comercial tang**: Huang Chunyan, *Songdai haiwai maoyi* (2003), 129–32; Abū Zayd al-Sīrāfī, *Accounts of China and India*, trad. Tim McIntosh-Smith (2017): 17.

214 **Um desses barcos**: Michael Flecker, *The Archaeological Excavation of the Tenth Century Intan Shipwreck, Java Sea, Indonesia*, BAR International Série S1047 (2002); Michael Flecker, "Treasure from the Java Sea: The Tenth-Century Intan Shipwreck", *Heritage Asia Magazine* 2.2 (2004– 2005), disponível online.

214 **inscrições nos lingotes**: Denis Twitchett e Janice Stargardt, "Chinese Silver Bullion in a Tenth-Century Indonesian Wreck", *Asia Major* 15.1 (2002): 23–72, 25 (valor da prata), 41 (natureza do pagamento).

214 **Cirebon**: Horst Hubertus Liebner, "The Siren of Cirebon: A Tenth-Century Trading Vessel Lost in the Java Sea", tese de doutorado, Universidade de Leeds (2014): 85 (tonelagem), 304 (quantidades de cerâmica levada por diferentes barcos naufragados).

215 **bússola de bordo**: Robert K. G. Temple, *The Genius of China: 3,000 Years of Science, Discovery, and Invention* (1986): 148–57.

215 **construtores chineses**: Chaffee, *Muslim Merchants*, 81–83.

215 **companhia de várias concubinas**: H. A. R. Gibb (trad.), *The Travels of Ibn Battuta*, a.C. 1325–1354 (1994): 4: 813–14.

215 **Os enviados song, munidos de formulários**: *Song Huiyao*, Zhiguan 44: 2 (edição de Shanghai guji chubanshe, 2014), Volume 7: 4204; Derek Heng, *Sino-Malay Trade and Diplomacy from the Tenth Through the Fourteenth Century* (2009): 73.

216 **as viagens de tributação cessaram temporariamente**: Chaffee, *Muslim Merchants*, 65–75.

217 **em 995**: *Song Huiyao*, Zhiguan 44: 3 (edição de Shanghai guji chubanshe, 2014), Volume 7: 4204.

217 **aumentou o confisco direto para 40%**: Em relação ao ano 1141, veja *Song Huiyao*, Zhiguan 44:25 (edição de Shanghai guji chubanshe, 2014), Volume 7: 4216.

217 **Tratado de Chanyuan**: Nap-Yin Lau, "Waging War for Peace? The Peace Accord Between the Song and the Liao in AD 1005", em *Warfare in Chinese History*, ed. Hans van de Ven (2000): 183–221, 213.

217 **Cavalos, cuja venda Liao proibia**: Shiba Yoshinobu, "Sung Foreign Trade: Its Scope and Organization", em *China Among Equals: The Middle Kingdom and Its Neighbors, 10th–14th Centuries*, ed. Morris Rossabi (1983): 89–115, 98; Brian Thomas Vivier, "Chinese Foreign Trade, 960–1276", tese de doutorado, Universidade Yale (2008).

218 **papel-moeda**: Richard von Glahn, "The Origins of Paper Money in China", em *The Origins of Value: The Financial Innovations That*

Created Modern Capital Markets, ed. William N. Goetzmann e K. Geert Rouwenhorst (2005): 65–89.

218 **Esses animais foram a importação por terra mais importante**: Paul J. Smith, *Taxing Heaven's Storehouse: Horses, Bureaucrats, and the Destruction of the Sichuan Tea Industry, 1074–1224* (1991).

219 **Os indianos do sul financiaram um templo budista**: Friedrich Hirth e W. W. Rockhill (trad.), *Chau Ju-kua, His Work on the Chinese and Arab Trade in the Twelfth and Thirteenth Centuries, Entitled Chu-fan-chi* (1911): 111; Zhao Rukuo, *Zhufan zhi jiaoshi* (1996): 86; Wu Wenliang e Wu Youxiong, *Quanzhou zongjiao shike* (2005).

219 **Mesquita dos Companheiros do Profeta**: Nancy Shatzman Steinhardt, *China's Early Mosques* (2015): 38–52.

219 **maior comunidade estrangeira da China**: Chaffee, *Muslim Merchants*, 80–81 (resumo de Heng — mudança do comércio de luxo para mercadorias a granel), 141–42 (lápides árabes encontradas em Quanzhou).

219 **Esse nível de contato**: Clark, *Community, Trade, and Networks*, 32–37 (origens do comércio de Quanzhou), 129 (número alto e incomum de moradores estrangeiros).

219 **"havia dois tipos de estrangeiros"**: *Fangyu shenglan*, prefácio datado de 1239, 12:6a, edição de Siku quanshu, acessado pelo banco de dados de Zhongguo jiben gujiku.

219 **"Embarcações comerciais"**: Chao Buzhi (1053–1110), *Jileji* 70: 370. Edição de Sibu congkan, acessado pelo banco de dados de Zhongguo jiben gujiku; Huang, *Songdai haiwai maoyi*, 185n1.

219 **o primeiro Superintendente de Comércio Marítimo**: Huang, *Songdai haiwai maoyi*, 101–3 (investimento chinês em embarcações), 103 (investidora chinesa), 120–21 (rua principal onde viviam mercadores estrangeiros), 147, 162–63 (atacadista e compras diretas da carga), 186 (superintendente de comércio para Quanzhou), 223–24 (Quanzhou ultrapassando Guangzhou).

219 **porto de Fukuoka:** Yiwen Li, "Networks of Profit and Faith: Spanning the Sea of Japan and the East China Sea, 838–1403", tese de doutorado, Universidade Yale (2017).

209 **Zhu Yu**: Don J. Wyatt, *The Blacks of Premodern China*, 43 (Guangzhou), 48–60 (Zhu Yu).

220 **Zhu Yu é o único escritor**: O livro tinha o título *Pingzhou ketan* (Assuntos de conversa em Pingzhou) porque Zhu Yu foi para Pingzhou, localizada na atual Huanggan, Hubei. Veja a edição de

Notas

Song Yuan biji congshu (1989): 2: 25 (chegada dos barcos, popularidade das bebidas), 2: 26 (bússola). Veja também Derek Heng, "Shipping, Customs Procedures, and the Foreign Community: The 'Pingzhou Ketan' on Aspects of China's Maritime Economy in the Late Eleventh Century", *Journal of Song-Yuan Studies* 38 (2008): 1–38.

220 **"os escravos estrangeiros são bons nadadores"**: Zhu, *Pingzhou ketan*, 2: 26.

220 **"O cabelo é crespo e amarelo"**: Zhu, *Pingzhou ketan*, 2: 28, 56.

220 **kwashiorkor**: Veja uma análise sobre kwashiorkor em healthline.com [conteúdo em inglês]. Obrigada a John Southworth pela excelente sugestão.

221 **"todo dia em que estava de serviço"**: Ouyang Xiu, *Guitian lu* 2: 10b. Edição de Baihai, impressão Ming acessada pelo banco de dados de Zhongguo jiben gujiku.

222 **A guerra dificultava coletar impostos**: William Guanglin Liu, "The Making of a Fiscal State in Song China, 960–1279", *Economic History Review* 68.1 (2014): 48–78.

223 **"Os lucros do comércio exterior"**: *Song Huiyao*, Zhiguan 44: 20 (edição de Shanghai guji chubanshe, 2014), Volume 7: 4213–14; John Chaffee, "The Song Dynasty and the Multi-State and Commercial World of East Asia", *Crossroads: Studies on the History of Exchange Relations in the East Asian World* 1 (2010), disponível online.

223 **cerca de 5%**: Jung-Pang Lo, "The Emergence of China as a Sea Power During the Late Sung and Early Yuan Periods", *Far Eastern Quarterly* 14.4 (1955): 489–503, sobretudo 499n37; Li Xinchuan, *Jianyan yilai chaoye zaji*, Parte 1, juan 15, p. 211; edição de Yuhai 1883, 186: 11.

224 **pau-de-águila era o principal ingrediente**: Lefebvre (ed.), *Parfums de Chine*, 72–73, ilustração 4 (presente para cortesões), 75 (primeiras varetas de incenso).

224 **Até os consumidores mais pobres**: Huang, *Songdai haiwai maoyi*, 210, citing *Dongjing menghua lu and Mengliang lu*.

224 **funcionários subiram os preços artificialmente**: Robert Hartwell, "Foreign Trade, Monetary Policy and Chinese 'Mercantilism'", em *Liu Tzu-chien hakushi shoshū kinen Sōshi kenkyū ronshū*, ed. Kinugawa Tsuyoshi (1988): 456, chama essa revolta de "A Rebelião do Olíbano", mas as fontes (biografia *xingzhuang* de Zhu Xi em *Hui'an xiansheng Zhu Wengong wenji*, 97.4a; *Songshi* 185: 4358) não dão detalhes.

224 **prescrições médicas**: Hartwell, "Foreign Trade", 477–80 (Apêndice, Tabela IV, "Medical Use of Foreign Commodities for Specific

Syndromes of Symptoms, Tang, N. Song, S. Song").

224 **primeira farmácia pública**: Asaf Goldschmidt, *The Evolution of Chinese Medicine; Song Dynasty, 960–1200* (2009): 123–36.

225 *Mr. Chen's Guide to Incense*: Hartwell, "Foreign Trade", 480 (Apêndice, Tabela V, "Number and Percentage of Foreign Commodities Contained in a Sample of 300 Recipes for Incense"); Chen Jing, *Chenshi xiangpu*, edição de Siku quanshu zhenben.

225 **barco construído apenas com cedro chinês**: Zhou Mi, *Guixin zashi* (1988): xuji, Parte 2, 197.

225 **todos tinham um belo lucro**: Fu Zongwen, "Houzhu guchuan: Song ji nanwai zongshi haiwai jingshang de wuzheng", *Haiwai jiaotong yanjiu* 2 (1989): 77–83.

225 **Esse negócio era tão lucrativo**: O clã imperial incluía "todos os descendentes por parte de pai dos fundadores song, independentemente da relação de luto", John Chaffee, *Branches of Heaven: A History of the Imperial Clan of Sung China* (1999): 11–12.

226 **se envolveram muito com o comércio de aromas**: Ma Duanlin, *Wenxian tongkao* (2011): 259: 7066; Clark, *Community, Trade, and Networks*, 140.

226 **População da cidade**: Em 1080, a província de Quanzhou tinha 201.406 famílias; em 1241–52, 255.758 famílias. Clark, *Community, Trade, and Networks*, 77. Para Bagdá, consulte Maya Shatzmiller, *Labour in the Medieval Islamic World* (1994): 62. Para Kaifeng e Hangzhou, consulte Bao Weimin, *Songdai Chengshi Yanjiu* (2014): 304–5.

226 **os que fabricavam sal**: Clark, *Community, Trade, and Networks*, 158–63 (população envolvida no cultivo agrícola), 163–67 (trabalhadores em setores não agrícolas).

226 **setor de cerâmica**: So Kee Long, "The Trade Ceramics Industry in Southern Fukien During the Sung", *Journal of Song-Yuan Studies* 24 (1994): 1–19, 13 (número estimado de vasos por fornada), 14 (porcentagem da população trabalhando no comércio de cerâmica). A estimativa do professor So de 3 milhões para a população de Fujian é muito baixa. Ela se aproximava mais dos 5 milhões, na opinião do professor Lu Xiqi, Departamento de História, Universidade de Wuhan (21 de abril de 2019, e-mail), cuja estimativa se baseia na população de 6.214.195 para 1283–1285, como dado em *Yuanshi* 26: 1504.

227 **o dinheiro em todo o arquipélago japonês**: Richard von Glahn, "Cycles of Silver in Chinese Monetary History", em *The Economy of*

Lower Yangzi Delta in Late Imperial China: Connecting Money, Markets, and Institutions, ed. Billy K. L. So (2013): 18–25; "The Ningbo–Hakata Merchant Network and the Reorientation of East Asian Maritime Trade, 1150–1350", *Harvard Journal of Asiatic Studies* 74.2 (2014): 249–79, 252 (políticas chinesas sobre papel-moeda), 258 (uso japonês de moedas chinesas).

227 **"mica e olíbano"**: Shiba Yoshinobu, *Commerce and Society in Sung China*, trad. Mark Elvin, Michigan Abstracts of Chinese and Japanese Works on Chinese History (1970): 160 (tradução do relato do mercado Shaoxing em *Jiatai Kuaiji zhi* 7: 9b), 162–63 (tradução sobre o mercado Chengdu de Du Zheng, *Xingshang tanggao*, juan 1).

227 **Zhao Rukuo**: Para ver o epitáfio de Zhao, consulte *Kaogu* 19 (1987): 956–57; tradução em alemão, Angela Schottenhammer, *Grabinschriften in der Song-Dynastie* (1995): 172–74.

227 *Record of Various Foreign Peoples*: Friedrich Hirth e W. W. Rockhill (trad.), *Chau Ju-kua, His Work on the Chinese and Arab Trade in the Twelfth and Thirteenth Centuries, Entitled Chu-fan-chi* (1911): 111; Zhao Rukuo, *Zhufan zhi jiaoshi* (1996).

228 **Superintendentes do comércio**: Huang, *Songdai haiwai maoyi*, 115–16.

228 **detalhe de um pergaminho**: Yang Zhishui, *Gushiwen mingwu xinzheng* (2004): 1: 115–16; Valerie Hansen, "The Beijing Qingming Scroll and Its Significance for the Study of Chinese History", *Journal of Song-Yuan Studies* (1996): Seção 25.

228 **antigo posto do superintendente**: A divindade taoista, o Imperador das Trevas (Xuantian shangdi), é chamado de Marshal Tian Du do Palácio das Águas Imortais (Shuixian gong Tian Du yuanshuai).

229 **reconhecer a maior ou menor qualidade dos produtos**: Heng, *Sino-Malay Trade*, 136.

229 **"A oeste, há uma ilha"**: Hirth e Rockhill, *Chau Ju-kua*, 149; Zhao, *Zhufanzhi jiaoshi*, 127.

230 **"As pessoas não ousam se aproximar"**: Hirth and Rockhill, *Chau Ju-kua*, 232; Zhao, *Zhufanzhi jiaoshi*, 207.

230 **"Suponha que há um barco a vela"**: Qin Jiushao, *Shushu jiuzhang* 17: 119–20; Shiba, *Commerce and Society*, 32; Ulrich Libbrecht, *Chinese Mathematics in the Thirteenth Century* (1973): 152–62.

230 **Uma embarcação que afundou fora de Quanzhou**: Jeremy Green, "The Song Dynasty Shipwreck at Quanzhou, Fujian Province,

People's Republic of China", *International Journal of Nautical Archaeology and Underwater Exploration* 12.3 (1983): 253–61. Os relatórios iniciais em chinês sobre o naufrágio foram publicados em *Wenwu* (1975): 1–34 e uma versão atualizadas em chinês-inglês do relatório surgiu agora: Fujian Sheng Quanzhou haiwai jiaotong shi bowuguan (ed.), *Quanzhou wan Songdai haichuan fajue yu yanjiu* (2017): 16–18, 99–100 (decoração da quilha); 26–31, 105–6 (aromáticos); 32–36, 106–7 (etiquetas de madeira na carga); 83–87, 148–52 (como o barco afundou). Também visitei várias vezes no outono de 2016 o Museu do Naufrágio de Quanzhou, localizado na região de Kaiyuansi, em Quanzhou.

231 **reparos no barco usando a técnica de amarração**: Janice Stargardt, "Behind the Shadows: Archaeological Data on Two-Way Sea-Trade Between Quanzhou and Satingpra, South Thailand, 10th –14th Century", em *The Emporium of the World: Maritime Quanzhou, 1000–1400*, ed. Angela Schottenhammer (2001): 309–93, 373 (evidência dos reparos), 375 (hipótese do navio afundado).

232 **"família do sul"**: Fu Zongwen, "Houzhu guchuan: Song ji nanwai zongshi haiwai jingshang de wuzheng", *Haiwai jiaotong yanjiu* 2 (1989): 77–83.

232 **Pu Shougeng**: John W. Chaffee, "Pu Shougeng Reconsidered: Pu, His Family, and Their Role in the Maritime Trade of Quanzhou", em *Beyond the Silk Roads: New Discourses on China's Role in East Asian Maritime History*, ed. Robert J. Antony e Angela Schottenhammer (2017): 63–75; Kuwabara Jitsuzō, "On P'u Shou-keng", *Memoirs of the Research Department of the Tōyō Bunko* 2 (1928): 1–79; 7 (1935): 1–104, 57–59.

232 **comissário de pacificação**: Billy K. L. So, *Prosperity, Region, and Institutions in Maritime China: The South Fukien Pattern, 946–1368* (2000): 107–14, 302–5.

232 **Pu mudou de lado**: John Chaffee, "The Impact of the Song Imperial Clan on the Overseas Trade of Quanzhou", em Schottenhammer, ed., *The Emporium of the World*, 34–35.

233 **"Quantidade total de tráfego"**: Ronald Latham (trad.), *The Travels of Marco Polo* (1958): 237.

233 **porcelana "bela" e "barata"**: Latham, *The Travels of Marco Polo*, 237–38.

233 **Ibn Battuta**: H. A. R. Gibb (trad.), *The Travels of Ibn Battuta, A.D. 1325– 1354* (1994): 4: 813–14.

234 **dicionário geográfico de Guangzhou**: *Dade nanhaizhi* 7:17b, edição de Song Yuan difangzhi congshu xubian, p. 1412; Shiba, "Sung Foreign Trade", 105.

234 **Mar da China Meridional**: Heng, *Sino-Malay Trade*, 136 (sistema de classificação), 138 (dicionário geográfico de Guangzhou); *Dade nanhai zhi*. Edição de Song Yuan difangzhi congkan xubian (1990): 7:19a–20b.

234 **"ainda além do leste [de Java]"**: Hirth and Rockhill, *Chau Ju-kua*, 75, 79n2; Zhao, *Zhufan zhi*, 54–55.

234 **"De todas as águas do mundo"**: Burton Watson, *Chuang Tzu: Basic Writings* (1964): 97.

235 **Corrente Kuroshio**: Huang Chunyan, *Zao chuanye shiye xia de Songdai shehui* (2017): 216–17; Joseph Needham, *Science and Civilisation in China*, Volume 4: *Physics and Physical Technology, Part III: Civil Engineering and Nautics* (1971): 549.

235 **"Se eles pegam uma rajada de vento"**: Zhou Qufei, *Lingwai daida jiaozhu* (1999): 36–37; Matthew Torck, "The Unimaginable and Immeasurable? China's Visions of the Pacific—Needham's Views Re-examined", em *The Perception of Maritime Space in Traditional Chinese Sources*, ed. Angela Schottenhammer e Roderich Ptak (2006): 141–52, 146.

235 **dinastia Ming**: Roderich Ptak, "Ming Maritime Trade to Southeast Asia", em *From the Mediterranean to the China Sea: Miscellaneous Notes*, ed. Claude Guillot *et al.* (1998): 157–91, 164; *Ming Shilu*, 201:3008; Geoff Wade, *The Ming Shi-lu*, 2: 133.

235 **Uma esquadra imperial de 317 navios**: G. F. Hourani, *Arab Seafaring in the Indian Ocean in Ancient and Early Medieval Times* (1951): 61.

235 **inscrições em chinês**: J. V. G. Mills, *Ying yai sheng lan: "The Overall Survey of the Ocean's Shores"*, [1433] (1970): 6, 11, 12, 49, 59, 138.

236 **cobrindo 13 mil km:** Luke Stanek usou o software Google Earth Pro para calcular as distâncias.

236 **os portugueses se concentraram em exportar ouro**: Pierre Vilar, *A History of Gold and Money, 1450–1920*, trad. Judith White (1976): 57.

Epílogo

237 **malária**: Daniel Headrick, *The Tools of Empire: Technology and European Imperialism in the Nineteenth Century* (1981): 58–79.

238 **Malemo Caná**: Uma fonte fornece seu nome como Caná e outra como Canaca. Sanjay Subrahmanyam, *The Career and Legend of Vasco da Gama* (1997): 119–28.

238 **Malinché**: Stuart B. Schwartz e Tatiana Seijas, *Victors and Vanquished: Spanish and Nahua Views of the Fall of the Mexica Empire*, 2ª ed. (2018): 38.

239 **surtos em massa de doenças**: Noble David Cook, *Demographic Collapse: Indian Peru, 1520–1620* (1981): 94; Michael E. Smith, *The Aztecs* (1996): 62.

239 **Squanto**: Neal Salisbury, "Squanto: Last of the Patuxets", em *Struggle and Survival in Early America*, ed. David G. Smith e Gary B. Nash (1982): 228–46.

240 **"Quero levar o enxofre"**: Shaykh Mushrifuddin Sa'di of Shiraz, *The Gulistan (Rose Garden) of Sa^{c}di*, trad. Wheeler M. Thackston (2008): 85; Benedikt Koehler, *Early Islam and the Birth of Capitalism* (2014): 185.

242 **A China precisava de máquinas que usassem menos algodão**: Mark Elvin, "The HighLevel Equilibrium Trap", em *Another History: Essays on China from a European Perspective*, ed. Mark Elvin (1996): 38.

242 **Só depois de 1800**: Kenneth Pomeranz, *The Great Divergence: China, Europe, and the Making of the World Economy* (2000).

Créditos de Ilustrações e Fotografias

Suplemento

1. Mapa de Al-Idrīsī: Al-Idrīsī, *Nuzhat al-mushtāq fī ikhtirāq al-āfāq*, páginas 3b–4a, Manuscrito Pococke n° 375. ©Bodleian Libraries, Universidade de Oxford.

2. Alfinete de bronze: número do catálogo 4A600A1-169. Museu em L'Anse aux Meadows. Parks Canada.

3. Moeda viking: Museu do Estado do Maine, MSM 72.73.1.

4. Capela de Hvalsey: Alamy Stock Photo Image ID GJA07F.

5. Lewis Chessman: Foto n° 00156777001. The Lewis Chessmen, Uig (Escócia), 1150–1175 (cerca de). © The Trustees do Museu Britânico.

6. Cena de batalha maia: aquarela de Ann Axtell Morris em Earl Halstead Morris, *The Temple of the Warriors at Chichén Itzá, Yucatan* (Carnegie Institution of Washington, 1931): volume II, gravura 139.

7. Vikings presos: aquarela de Ann Axtell Morris em Earl Halstead Morris, *The Temple of the Warriors at Chichén Itzá, Yucatan* (1931): volume II, gravuras 147b e 147c.

8. Barco em Gokstad: Creative Commons License: CC BY-SA 4.0. ©Museu de História Cultural, Universidade de Oslo, Noruega.

9. Barco de Las Monjas: "Cerco da Cidade", aquarela do afresco em Chichén Itzá (detalhe). Arquivo digital n° 60743049, 60743050. ID Peabody da Universidade de Harvard n° 11-20/25208a. ©2019 The Jean Charlot Estate LLC/Member, Artists Rights Society (ARS), NY. Com permissão.

10. Chacmool, Chichén Itzá: Museu Nacional de Antropologia, Cidade do México, México. Alamy Stock Photo Image ID E1FP24.

11. Vasos para chocolate em Chaco Canyon: Imagem n° 3521, Biblioteca AMNH, "Cerâmica Anasazi (Ancestral Pueblo) datando de 1100 d.C., Pueblo Bonito, Chaco Canyon, Novo México". Museu Americano de História Natural, Antropologia, Catálogo N° H/3239.

12. Quipo "Middle Horizon Kipu": Museu Americano de História Natural, Antropologia, Catálogo N° 41.2/6740.

13. Tesouro de prata: Alamy Stock Photo Image ID BHG3BF.

14. Príncipe Vladimir: Natalia Kolesnikova/AFP/Getty Images.

15. Inscrições árabes: Gian Pagnoni.

16. Rinoceronte em Mapungubwe: Heritage Images/Hulton Archive/Getty Images.

Créditos de Ilustrações e Fotografias

17. Mansa Musa: Alamy Stock Photo Image ID PWCGDH.

18. Palácio Bost: Alamy Stock Photo Image ID A47C10.

19. Mamude de Gázni: Mahmud b. Sebüktigin recebendo uma veste do califa al-Qadir no álbum Jami al-tawarikh, Universidade da Biblioteca de Edimburgo.

20. Alça de âmbar: Instituto de Relíquias Culturais e Arqueologia da Mongólia Interior e Museu de Zhelimu, Tumba da Princesa de Chen (Pequim: 1993). Gravura colorida 30: n° 1. Cultural Relics Publishing House.

21. Guerreiro montado: Stag Hunt. Atribuído a Huang Zongdao. Coleção da Família Edward Elliott, Purchase, The Dillon Fund Gift, 1982. Número do catálogo: 1982.3.1. Museu Metropolitano de Arte.

22. Budas de Borobudur: Alamy Stock Photo Image ID EDKXHN.

23. Embarcação em baixo relevo de Borobudur: Alamy Stock Photo Image ID C95YNM.

24. Canoa dupla: *A canoe of the Sandwich Islands, the rowers masked, Series*. Rex Nan Kivell Collection (NK1224/15), *Imagens da Coleção da Biblioteca Nacional da Austrália*. N° ID 1789062.

25. Dois vasos persas: Louvre, n° do catálogo Mao S 2488 e 524. ©RMN-Grand Palais/Art Resource NY.

26. Genji: *The Plum Tree Branch (Umegae), Ilustração no Capítulo 32 de*
O Conto de Genji *(Genji monogatari)* de Tosa Mitsunobu, datado
em 1509–10. Número da versão: 75054A; Número do catálogo:
1985.352.32.A. Museus de Arte de Harvard/Arthur M. Sackler,
Legado da Coleção Hofer de Artes da Ásia.

27. Biblioteca de Haeinsa: Geoff Steven; Our Place World Heritage
Collection.

28. Byodoin: Alamy Image ID: A4ATPR

Interior

48 Entalhe inuíta: Desenho de Amelia Sargent.

51 Mapa da Islândia: Royal Danish Library, GKS 2881 kvart, Mapa de
Skálholt.

103 Logotipo Bluetooth: Desenho de Amelia Sargent.

218 Loja de móveis no pergaminho de Qingming: Zhang Zeduan,
Qingming shanghetu, cópia no Museu do Palácio de Pequim, seção 25
de 26 fotografias, quase no fim da pintura. Cultural Relics Press,
China.

221 Naufrágio de Quanzhou: Museu Marítimo de Quanzhou, Fujian
(Fujian sheng Quanzhou haiwai jiaotongshi bowuguan) (ed.),
Quanzhouwan Songdai haichuan fajue yu yanjiu (1987): 191, foto n° 7.

Índice

Índice

Projetos corporativos e edições personalizadas
dentro da sua estratégia de negócio. Já pensou nisso?

Coordenação de Eventos
Viviane Paiva
viviane@altabooks.com.br

Assistente Comercial
Fillipe Amorim
vendas.corporativas@altabooks.com.br

A Alta Books tem criado experiências incríveis no meio corporativo. Com a crescente implementação da educação corporativa nas empresas, o livro entra como uma importante fonte de conhecimento. Com atendimento personalizado, conseguimos identificar as principais necessidades, e criar uma seleção de livros que podem ser utilizados de diversas maneiras, como por exemplo, para fortalecer relacionamento com suas equipes/ seus clientes. Você já utilizou o livro para alguma ação estratégica na sua empresa?

Entre em contato com nosso time para entender melhor as possibilidades de personalização e incentivo ao desenvolvimento pessoal e profissional.

PUBLIQUE SEU LIVRO

Publique seu livro com a Alta Books. Para mais informações envie um e-mail para: autoria@altabooks.com.br

CONHEÇA OUTROS LIVROS DA **ALTA CULT**

Todas as imagens são meramente ilustrativas.

Como se tratava de uma prática comum no mundo islâmico, o cartógrafo al-Idrisi colocou o sul no topo quando fez seu atlas em 1154. Com a origem do Nilo mostrada como três pontos conectados a uma montanha, a África aparece acima do Mediterrâneo. Se você virar o mapa de cabeça para baixo, poderá identificar a Europa à esquerda e a Ásia à direita. Os geógrafos islâmicos sabiam mais sobre o mundo no ano 1000 do que qualquer outra pessoa.

Parks Canada

A descoberta deste alfinete para prender capas comprovou que os vikings, e não os índios do nordeste do Canadá, chegaram em L'Anse aux Meadows no ano 1000. Eles ficaram lá por apenas dez anos.

Museu do Estado do Maine, MSM 72.73.1

Encontrada no Maine, essa moeda de prata viking é autêntica, mostrando o rei norueguês coroado Olavo III. Cunhada entre 1065 e 1080, ela sugere que os vikings retornaram às Américas para obter madeira, mesmo depois de terem abandonado seu assentamento em L'Anse aux Meadows.

Dois anos após um casamento realizado nesta capela, os nórdicos saíram da Groenlândia. Um dos muitos povos fora da Europa que abriram novos caminhos no ano 1000, os ancestrais Thule dos inuítes conseguiram expulsar os vikings por causa de sua tecnologia superior para caçar focas.

© The Trustees of the British Museum

As peças de xadrez de Lewis, um dos itens mais populares no Museu Britânico, foram esculpidas em 1150 em marfim de morsa. Na época em que grande parte do marfim de elefante africano de alta qualidade ia direto para os mais ricos na Ásia, os consumidores europeus tinham que se contentar com um marfim mais bruto.

Ann Axtell Morris

Nesta cena de uma batalha típica do Templo dos Guerreiros, artistas maias usam cores distintas para diferenciar os invasores cinza de seus oponentes, que têm listras pretas horizontais na pele. Acima, os dois lados lutam para conquistar uma vila; no quadro inferior, dois guerreiros cinza vitoriosos caminham atrás de seus prisioneiros.

Ann Axtell Morris

Vikings presos? Um prisioneiro está na água com os braços amarrados, ao passo que quem o capturou segura outro pelos cabelos. Ambos são loiros, têm olhos claros e pele branca. Os dois quadros no Templo dos Guerreiros são uma forte evidência de que algumas embarcações nórdicas desviaram o curso até a Península Iucatã por volta do ano 1000.

Ann Axtell Morris

Sabemos exatamente como eram as embarcações vikings e como eram construídas, porque os nórdicos enterravam os mortos em barcos intactos, como neste exemplo encontrado em Gokstad.

Esse mural maia da construção Las Monjas em Chichén Itzá mostra uma embarcação com tábuas de madeira diferentes das mostradas no barco viking de Gokstad.

A barriga lisa desta estátua chacmool em Chichén Itzá pode ter sido utilizada como uma plataforma para oferendas, como corações retirados de vítimas sacrificadas. Tais estátuas são um sinal do novo estilo de arquitetura internacional que apareceu no local após o ano 950.

Quando arqueólogos testaram os resíduos nestes vasos de armazenamento de Chaco Canyon, Novo México, encontraram evidências de um comércio de chocolate de longa distância com os maias. Vestígios de teobromina, a assinatura química dos grãos de cacau, demonstraram que povos ancestrais importavam chocolate de locais a 4 mil km de distância.

Museu Americano de História Natural, Antropologia, Catálogo Nº 41.2/6740.

Os governantes do Império Wari, atual Peru, usavam nós e linhas enrolados em cordões coloridos para registrar quantidades variadas de mercadorias, algo muito parecido com o pagamento de impostos. Quinhentos anos depois, os incas usavam registros quipo parecidos para administrar sua complexa economia.

Tesouros enterrados por toda a Escandinávia e leste da Europa, como cerca de 400 mil moedas de prata, muitas com inscrições árabes, são uma forte evidência de que pessoas do Oriente Médio compravam escravos eslavos e escandinavos dos chefes de bandos armados na Europa. Os chefes dividiam com seus seguidores uma parte dos pagamentos recebidos na forma de moedas ou braceletes feitos de moedas derretidas.

Alamy

Natalia Kolesnikova/AFP/Getty Images

Em 988 ou 989, o príncipe Vladimir escolheu a Ortodoxia Oriental como a religião do reino Rus, o principal passo para o surgimento de religiões globais em torno do ano 1000. Mais de 1000 anos depois, em 2016, Vladimir Putin fez um discurso em Moscou ao lado da nova estátua de 17m de seu homônimo, príncipe Vladimir.

Gian Pagnoni

Em 1011, habitantes entalharam inscrições árabes em uma cidade de comércio em Mali. Está escrito "Não há deuses, mas um Deus" e a outra inscrição explica porque a cidade local recebeu o nome de Meca. No ano 1000 as pessoas em toda a Afro-Eurásia abandonaram as divindades locais pelo Islamismo, Cristianismo, Budismo ou Hinduísmo.

Heritage Images/Hulton Archive/Getty Images

A possibilidade de encontrar este rinoceronte de ouro, de 15cm de comprimento, em Mapungubwe, na fronteira do atual Zimbábue com a África do Sul, levou à descoberta de uma grande sociedade exportadora de ouro. No ano 1000, e nos séculos seguintes, os africanos controlaram a mineração, as expedições de longa distância e a venda de ouro.

Quando o rei de Mali cruzou o Cairo em direção a Meca, levou 100 camelos carregados de ouro, o equivalente a US$800 milhões atualmente. A notícia de sua riqueza se espalhou até a Espanha, onde um cartógrafo fez a única imagem que temos do rei Mansa Musa.

Um belo arco emoldura o palácio de inverno Ghaznavid em Bost, Afeganistão. Em 1027, Mahmud recebeu um mensageiro da dinastia budista Liao, no norte da China. Mas, ao recusar a abertura diplomática, Mahmud traçou o limite entre os mundos budista e muçulmano.

Com conquistas e alianças inteligentes, o governante Mahmud de Ghazna fortaleceu o Islamismo na Ásia Central. Aqui, ele está em seu trono vestindo um traje oferecido pelo califa Abbasid, que em 999 se autodenominou "defensor fiel da fé".

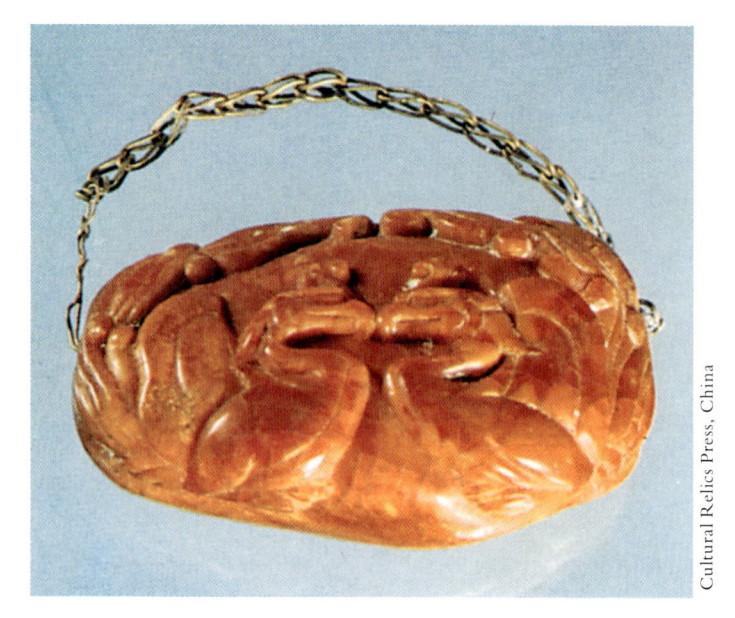

Uma princesa da dinastia Liao foi enterrada em 1018 segurando esta alça de âmbar, que mostra duas fênix de frente. Em geral, os artesãos imperiais esculpiam em âmbar trazido da região báltica da Escandinávia a 6.400km de distância.

Este quadro chinês captura a ferocidade de um guerreiro montado da Ásia Central, prestes a pegar uma flecha. A Ásia Central se tornou um dos principais fornecedores de escravos militares no ano 1000 porque muitos governantes compravam a melhor arma da época: milhares de arqueiros habilidosos.

Localizado na atual Indonésia, Borobudur, o maior templo budista do mundo, atraiu visitantes de todo o sudeste da Ásia, muitos viajando para o local de barco. Peregrinos escalavam 9 níveis e andavam 4,8km antes de chegar ao topo, onde ficam 72 estátuas.

Esta embarcação com dois mastros em baixo relevo de Borobudur, com uma canoa, mostra um barco usado após 800. Estranhamente, os fabricantes de barcos no sudeste da Ásia não usavam pregos. Eles uniam as tábuas com pinos e cordas. Tais barcos podiam transportar até 600 mil pratos de cerâmica.

Observando as ondas, os pássaros e as estrelas, os tradicionais navegadores da Polinésia percorriam o Pacífico sem instrumentos. Eles construíam suas embarcações amarrando duas canoas em uma estrutura de madeira e prendendo uma vela.

Estes dois vasos, feitos por volta do ano 1000, vieram da mesma cidade persa. A superfície branca suave do vaso chinês à esquerda representa a tecnologia de ponta na época, que os ceramistas persas copiavam para que pudessem ter sua fatia de mercado. Eles conseguiam replicar o bico, mas não o brilho espetacular.

Museu de Arte de Harvard/Museu de Arthur M. Sackler, Legado da Coleção Hofer de Artes da Ásia

Na representação de uma cena de *O Conto de Genji* feita pelo artista, o príncipe Genji está sentado com seu meio-irmão e lê uma carta enviada em dois jarros sobre um concurso de fabricação de incensos. O uso de madeiras perfumadas importadas da China e do Japão contribuiu para que os aromas se tornassem um produto largamente disponível para o consumidor.

Geoff Steven; Our Place World Heritage Collection

A Coreia foi um grande centro de publicação internacional, onde compradores chineses, japoneses e de Kitan vinham para encontrar textos raros, impressos em folhas de papel sobre blocos de madeira com tinta. Aqui vemos um monge no monastério Haeinsa examinando um dos 81 mil blocos feitos nos anos 1200.

Alamy

Ao saber que o mundo acabaria no fim de 1052, o regente do Japão, que governava em nome do imperador ainda jovem, preparou-se para o apocalipse transformando sua casa em Uji, perto de Kioto, em um templo budista; atualmente tão admirado que aparece na moeda de dez ienes.